数值计算方法

下册

（第二版）

林成森　编著

科学出版社
北　京

内 容 简 介

本书详细地介绍了计算机中常用的数值计算方法，主要内容包括：解线性方程组的迭代法、线性最小二乘问题、矩阵特征值问题、解非线性方程组的数值方法、常微分方程初值和边值问题的数值解法、函数逼近. 本书每章末均附有丰富、实用的习题.

本书可作为高校数学系、计算机系教材，也可供工程技术人员参考.

图书在版编目（CIP）数据

数值计算方法. 下册/林成森编著. —2 版. —北京：科学出版社，2005. 1

ISBN 978-7-03-014390-7

Ⅰ. 数… Ⅱ. 林… Ⅲ. 数值计算-计算方法-高等学校-教材 Ⅳ. O241

中国版本图书馆 CIP 数据核字（2004）第 102400 号

责任编辑：姚莉丽 / 责任校对：钟 洋

责任印制：赵 博 / 封面设计：陈 敬

科学出版社 出版

北京东黄城根北街 16 号

邮政编码：100717

http://www.sciencep.com

北京中石油彩色印刷有限责任公司印刷

科学出版社发行 各地新华书店经销

*

1998 年 3 月第 一 版 开本：B5（720×1000）

2005 年 1 月第 二 版 印张：22 1/4

2025 年 6 月第十五次印刷 字数：428 000

定价：59.00 元

（如有印装质量问题，我社负责调换）

目　　录

第 6 章　解线性方程组的迭代法

6.1　迭代法的基本理论

这一章,我们将继续讨论解线性方程组

$$A\boldsymbol{x} = \boldsymbol{b} \tag{1.1}$$

的数值方法,此处 $A = [a_{ij}]$是 n 阶非奇异矩阵.通常,将线性方程组(1.1)的数值解法分为两类:一类是如第 3 章介绍的直接法;另一类是迭代法,它是一种极限方法,即对任意给定的初始近似向量 $\boldsymbol{x}_0, \boldsymbol{x}_1, \cdots, \boldsymbol{x}_{r-1}$,按某规则逐次生成一个无穷向量序列

$$\boldsymbol{x}_0, \boldsymbol{x}_1, \cdots, \boldsymbol{x}_{r-1}, \boldsymbol{x}_r, \cdots, \boldsymbol{x}_k, \cdots, \tag{1.2}$$

并使极限

$$\lim_{k\to\infty} \boldsymbol{x}_k = \boldsymbol{x}^*$$

为方程组(1.1)的解.

直接法和迭代法各有优缺点.直接法的计算工作量较小,但需要较大的存储量,并且程序复杂.一般来说,它适用于方程组的系数矩阵阶数不太高的问题.以后我们将看到,迭代法需要的存储量较小,程序较简单,但计算工作量有时较大.它适用于某些高阶问题.

解线性方程组(1.1)的迭代法的一般迭代公式可写成

$$\boldsymbol{x}_k = \boldsymbol{f}_k(\boldsymbol{x}_{k-1}, \boldsymbol{x}_{k-2}, \cdots, \boldsymbol{x}_{k-r}), \quad k = r, r+1, \cdots, \tag{1.3}$$

其中 r 为某一个正整数,$\boldsymbol{f}_k(\boldsymbol{x}_{k-1}, \boldsymbol{x}_{k-2}, \cdots, \boldsymbol{x}_{k-r})$为 $\boldsymbol{x}_{k-1}, \boldsymbol{x}_{k-2}, \cdots, \boldsymbol{x}_{k-r}$的一个(向量值)函数(参见 9.1 节).给定初始近似向量 $\boldsymbol{x}_0, \boldsymbol{x}_1, \cdots, \boldsymbol{x}_{r-1}$,据公式(1.3)便可逐次生成向量序列(1.2).

我们称(1.3)为 **r 阶迭代公式**或 **r 阶迭代法**.

若对任意给定的一组初始近似向量 $\boldsymbol{x}_0, \boldsymbol{x}_1, \cdots, \boldsymbol{x}_{r-1}$,由迭代法(1.3)生成的向量序列$\{\boldsymbol{x}_k\}$都收敛于方程组(1.1)的解 $\boldsymbol{x}^*$,则说该迭代法**收敛**,否则,说该迭代法**不收敛**或**发散**.我们称向量

$$\boldsymbol{e}^{(k)} = \boldsymbol{x}^* - \boldsymbol{x}_k$$

为迭代法(1.3)的第 k 步的**误差向量**.若迭代法收敛,则称 $\boldsymbol{x}_k$ 为第 k 步迭代得到的方程组(1.1)的**近似解**.

一阶线性迭代法的一般迭代公式可写成

$$\boldsymbol{x}_k = \boldsymbol{x}_{k-1} + H_k(\boldsymbol{b} - A\boldsymbol{x}_{k-1}), \quad k = 1,2,\cdots, \tag{1.4}$$

其中$\{H_k\}$为 n 阶矩阵序列. 由(1.4)式

$$\begin{aligned}\boldsymbol{x}_k &= \boldsymbol{x}_{k-1} - H_kA\boldsymbol{x}_{k-1} + H_k\boldsymbol{b}\\ &= (I - H_kA)\boldsymbol{x}_{k-1} + H_k\boldsymbol{b}.\end{aligned}$$

记

$$G_k = I - H_kA \tag{1.5}$$

以及

$$\boldsymbol{g}_k = H_k\boldsymbol{b},$$

那么,迭代公式(1.4)还可写成

$$\boldsymbol{x}_k = G_k\boldsymbol{x}_{k-1} + \boldsymbol{g}_k. \tag{1.6}$$

反之,若方程组(1.1)的解是与迭代公式(1.6)相应的方程组集

$$\boldsymbol{x} = G_k\boldsymbol{x} + \boldsymbol{g}_k, \quad k = 1,2,\cdots$$

的每一个方程组的解,则迭代公式(1.6)也可以写成(1.4)式的形式. 事实上,设 $\boldsymbol{x}^*$是方程组(1.1)的解,则

$$\begin{aligned}\boldsymbol{x}_k &= G_k\boldsymbol{x}_{k-1} + \boldsymbol{g}_k\\ &= \boldsymbol{x}^* - G_k\boldsymbol{x}^* - \boldsymbol{g}_k + G_k\boldsymbol{x}_{k-1} + \boldsymbol{g}_k\\ &= \boldsymbol{x}^* - \boldsymbol{x}_{k-1} + \boldsymbol{x}_{k-1} - G_k(\boldsymbol{x}^* - \boldsymbol{x}_{k-1})\\ &= \boldsymbol{x}_{k-1} + (I - G_k)A^{-1}A(\boldsymbol{x}^* - \boldsymbol{x}_{k-1})\\ &= \boldsymbol{x}_{k-1} + (I - G_k)A^{-1}(A\boldsymbol{x}^* - A\boldsymbol{x}_{k-1})\\ &= \boldsymbol{x}_{k-1} + H_k(\boldsymbol{b} - A\boldsymbol{x}_{k-1}),\end{aligned}$$

其中

$$H_k = (I - G_k)A^{-1}. \tag{1.7}$$

在一阶线性迭代公式(1.6)中,取 $G_k = G$, $\boldsymbol{g}_k = \boldsymbol{g}$ $(k = 1,2,\cdots)$得到迭代公式

$$\boldsymbol{x}_k = G\boldsymbol{x}_{k-1} + \boldsymbol{g}, \quad k = 1,2,\cdots. \tag{1.8}$$

我们称(1.8)式为**一阶线性定常迭代法**,称 G 为该迭代法的**迭代矩阵**.

假定由一阶线性定常迭代公式(1.8)生成的向量序列$\{\boldsymbol{x}_k\}$有极限 $\boldsymbol{x}^*$,显然,$\boldsymbol{x}^*$是与(1.8)相应的方程组

$$\boldsymbol{x} = G\boldsymbol{x} + \boldsymbol{g},$$

即

$$(I - G)\boldsymbol{x} = \boldsymbol{g} \tag{1.9}$$

的解. 自然,我们也希望 $\boldsymbol{x}^*$是方程组(1.1)的解. 若方程组(1.1)与方程组(1.9)同解,则说迭代法(1.8)与方程组(1.1)是**完全相容**的.

我们可以按下面方式来构造与方程组(1.1)完全相容的一阶线性定常迭代法的迭代公式. 将矩阵 A 分裂成矩阵 Q 和 R 之差

$$A = Q - R, \tag{1.10}$$

其中矩阵 Q 为非奇异的.我们称 Q 为**分裂矩阵**.于是,方程组(1.1)便可表示成

$$Q\boldsymbol{x} = R\boldsymbol{x} + \boldsymbol{b}$$

或

$$\boldsymbol{x} = Q^{-1}R\boldsymbol{x} + Q^{-1}\boldsymbol{b}.$$

令

$$G = Q^{-1}R = I - Q^{-1}A, \quad \boldsymbol{g} = Q^{-1}b, \tag{1.11}$$

则得方程组

$$\boldsymbol{x} = G\boldsymbol{x} + \boldsymbol{g}.$$

这个方程组显然与方程组(1.1)同解.因此,这样构造的一阶线性定常迭代法

$$\boldsymbol{x}_k = G\boldsymbol{x}_{k-1} + \boldsymbol{g}$$

与方程组(1.1)是完全相容的.

在6.2节和6.3节中,我们将介绍一些基本的一阶线性定常迭代法:Jacobi迭代法,Gauss-Seidel迭代法和逐次超松弛迭代法.

关于一阶线性迭代法,我们有下面的收敛性定理.

定理1 迭代法(1.4)收敛的充分必要条件为矩阵序列

$$T_k = (I - H_kA)(I - H_{k-1}A)\cdots(I - H_1A), \quad k = 1,2,\cdots \tag{1.12}$$

收敛于零矩阵.

证明 设 $\boldsymbol{x}^*$ 是方程组(1.1)的解.由迭代公式(1.4),我们有

$$\begin{aligned}\boldsymbol{e}^{(k)} &= \boldsymbol{x}^* - \boldsymbol{x}_k \\ &= \boldsymbol{x}^* - \boldsymbol{x}_{k-1} - H_k(A\boldsymbol{x}^* - A\boldsymbol{x}_{k-1}) \\ &= (I - H_kA)(\boldsymbol{x}^* - \boldsymbol{x}_{k-1}) \\ &= (I - H_kA)(I - H_{k-1}A)\cdots(I - H_1A)(\boldsymbol{x}^* - \boldsymbol{x}_0),\end{aligned}$$

因而,据(1.12)式有

$$\boldsymbol{e}^{(k)} = T_k(\boldsymbol{x}^* - \boldsymbol{x}_0) = T_k\boldsymbol{e}^{(0)}. \tag{1.13}$$

迭代法收敛的充分必要条件为误差向量序列对任意的初始误差向量 $\boldsymbol{e}^{(0)}$ 都收敛于 $\boldsymbol{0}$.于是我们便得到迭代法(1.4)收敛的充分必要条件为

$$\lim_{k\to\infty} T_k = O.$$

在实践中,常常用到一阶线性定常迭代法.下面我们讨论这类迭代法的收敛性.

我们总是希望由一阶线性定常迭代公式(1.8)构造的向量序列 $\{\boldsymbol{x}_k\}$ 的极限 $\boldsymbol{x}^*$ 是方程组(1.1)的解.因此,今后总假定所讨论的一阶线性定常迭代法(1.8)与方程组(1.1)是完全相容的.

据定理1和(1.5)式,我们立即得到下面定理.

定理 2　与方程组(1.1)完全相容的迭代法(1.8)收敛的充分必要条件为

$$\lim_{k\to\infty} G^k = O.$$

由定理 2 和 3.4 节定理 8,立即得到下面定理.

定理 3　与方程组(1.1)完全相容的迭代法(1.8)收敛的充分必要条件为迭代矩阵 G 的谱半径小于 1,即

$$\rho(G)<1.$$

由定理 3 和 3.4 节定理 3,立即得到下面定理.

定理 4　若 $\| G \| <1$,则迭代法(1.8)收敛.

现在,我们来讨论一阶线性定常迭代法(1.8)的收敛速度问题.据(1.13),(1.12)和(1.5)式知,误差向量满足

$$\boldsymbol{e}^{(k)} = G^k \boldsymbol{e}^{(0)}. \tag{1.14}$$

由(1.14)式两边取范数(所取矩阵范数必须与向量范数相容),便有

$$\| \boldsymbol{e}^{(k)} \| \leqslant \| G^k \| \ \| \boldsymbol{e}^{(0)} \| .$$

$\| G^k \|$ 的大小决定误差向量收敛于零向量的速度.若要求 $\| \boldsymbol{e}^{(k)} \|$ 减小为 $\| \boldsymbol{e}^{(0)} \|$ 的 ξ 倍($\xi<1$),即要求

$$\| \boldsymbol{e}^{(k)} \| \leqslant \xi \| \boldsymbol{e}^{(0)} \| ,$$

则只要

$$\| G^k \| \leqslant \xi,$$

或

$$\left(\| G^k \|^{\frac{1}{k}} \right)^k \leqslant \xi,$$

从而迭代次数 k 应满足不等式

$$k \geqslant \left(-\frac{1}{k} \ln \| G^k \| \right)^{-1} \ln \xi^{-1}.$$

这样,所需要的最小迭代次数与量

$$-\frac{1}{k} \ln \| G^k \|$$

成反比.我们称这个量为平均收敛速度,记作 $R_k(G)$,即

$$R_k(G) = -\frac{1}{k} \ln \| G^k \| . \tag{1.15}$$

可以证明(参见[10]p.87~88)

$$R(G) = \lim_{k\to\infty} R_k(G) = -\ln \rho(G), \tag{1.16}$$

其中 $\rho(G)$ 为 G 的谱半径.我们称 $R(G)$ 为**渐近收敛速度**.这样,我们可以粗略地说,为使误差向量 $\boldsymbol{e}^{(k)}$ 的范数减小为 $\| \boldsymbol{e}^{(0)} \|$ 的 ξ 倍,只要

$$k \geqslant [-\ln \rho(G)]^{-1} \ln \xi^{-1} = \frac{-\ln \xi}{R(G)}. \tag{1.17}$$

再引进量

$$RR(G)=[-\ln\rho(G)]^{-1}, \tag{1.18}$$

称它为迭代法(1.8)的**收敛速度倒数**.据(1.18)式知,为使 $\| e^{(k)} \|$ 减小为 $\| e^{(0)} \|$ 的 ξ 倍,所需的最小迭代次数近似地和收敛速度倒数成正比.

应用一阶线性定常迭代法(1.8)计算得方程组(1.1)的近似解,有下面的误差估计式.

定理 5 若 $\| G \| <1$,则按迭代法(1.8)计算得方程组(1.1)的近似解 $\boldsymbol{x}_k$ 满足不等式:

$$\| \boldsymbol{x}_k - \boldsymbol{x}^* \| \leqslant \| G \|^k \| \boldsymbol{x}_0 - \boldsymbol{x}^* \| \tag{1.19}$$

和

$$\| \boldsymbol{x}_k - \boldsymbol{x}^* \| \leqslant \frac{\| G \|^k}{1-\| G \|} \| \boldsymbol{x}_1 - \boldsymbol{x}_0 \|, \tag{1.20}$$

其中 $\boldsymbol{x}^*$ 是方程组(1.1)的(准确)解(这里假设矩阵范数与所使用的向量范数相容).

证明 由于

$$\boldsymbol{x}_k - \boldsymbol{x}^* = G(\boldsymbol{x}_{k-1} - \boldsymbol{x}^*) = \cdots = G^k(\boldsymbol{x}_0 - \boldsymbol{x}^*),$$

因此有

$$\| \boldsymbol{x}_k - \boldsymbol{x}^* \| = \| G^k(\boldsymbol{x}_0 - \boldsymbol{x}^*) \| \leqslant \| G \|^k \| \boldsymbol{x}_0 - \boldsymbol{x}^* \|,$$

即(1.19)式成立.

由于 $\| G \| <1$,据定理 4 知,

$$\lim_{k\to\infty} \boldsymbol{x}_k = \boldsymbol{x}^*.$$

于是

$$\begin{aligned}\boldsymbol{x}_k - \boldsymbol{x}^* &= \sum_{i=k}^{\infty}(\boldsymbol{x}_i - \boldsymbol{x}_{i+1}) = \sum_{i=k}^{\infty}G(\boldsymbol{x}_{i-1} - \boldsymbol{x}_i) \\ &= \sum_{i=k}^{\infty}G^i(\boldsymbol{x}_0 - \boldsymbol{x}_1) = \left(\sum_{i=k}^{\infty}G^i\right)(\boldsymbol{x}_0 - \boldsymbol{x}_1).\end{aligned}$$

再据 3.4 节定理 10,便有

$$\begin{aligned}\| \boldsymbol{x}_k - \boldsymbol{x}^* \| &\leqslant \left\| \sum_{i=k}^{\infty}G^i \right\| \| \boldsymbol{x}_0 - \boldsymbol{x}_1 \| \\ &\leqslant \frac{\| G \|^k}{1-\| G \|} \| \boldsymbol{x}_1 - \boldsymbol{x}_0 \|.\end{aligned}$$

据定理 5 和 3.5 节定理 3 及定理 4,我们似乎可以得到迭代法(1.8)的收敛速

度与其迭代矩阵的谱半径之间的如下关系：

$$\| \boldsymbol{x}_k - \boldsymbol{x}^* \| \simeq [\rho(G)]^k \| \boldsymbol{x}_0 - \boldsymbol{x}^* \| .$$

这就意味着 $\rho(G)(<1)$越小则该迭代法收敛越快.

6.2　Jacobi 迭代法和 Gauss-Seidel 迭代法

6.2.1　Jacobi 迭代法

设线性方程组

$$A\boldsymbol{x} = \boldsymbol{b}$$

的系数矩阵 $A = [a_{ij}]_{n \times n}$非奇异，且其主对角元素 $a_{ii} \neq 0, i = 1,2,\cdots,n$.将矩阵 A 分裂成

$$A = D - (D - A),$$

其中 $D = \mathrm{diag}(a_{11}, a_{22}, \cdots, a_{nn})$.于是方程组 $A\boldsymbol{x} = \boldsymbol{b}$ 可写成

$$D\boldsymbol{x} = (D - A)\boldsymbol{x} + \boldsymbol{b}$$

或

$$\boldsymbol{x} = (I - D^{-1}A)\boldsymbol{x} + D^{-1}\boldsymbol{b}. \tag{2.1}$$

令

$$B = I - D^{-1}A, \quad \boldsymbol{g} = D^{-1}\boldsymbol{b}, \tag{2.2}$$

则(2.1)式可写成

$$\boldsymbol{x} = B\boldsymbol{x} + \boldsymbol{g}. \tag{2.3}$$

这样，我们便得到一阶线性定常迭代公式

$$\boldsymbol{x}_k = B\boldsymbol{x}_{k-1} + \boldsymbol{g}, \quad k = 1,2,\cdots. \tag{2.4}$$

我们称(2.4)为 **Jacobi 迭代法**，它与方程组 $A\boldsymbol{x} = \boldsymbol{b}$ 是完全相容的. B 是 Jacobi 迭代法的迭代矩阵.

记 $\boldsymbol{x}_k = [x_1^{(k)}, x_2^{(k)}, \cdots, x_n^{(k)}]^{\mathrm{T}}$，由于

$$B = \begin{bmatrix} 0 & b_{12} & b_{13} & \cdots & b_{1,n-1} & b_{1n} \\ b_{21} & 0 & b_{23} & \cdots & b_{2,n-1} & b_{2n} \\ \vdots & \vdots & \vdots & & \vdots & \vdots \\ b_{n-1,1} & b_{n-1,2} & b_{n-1,3} & \cdots & 0 & b_{n-1,n} \\ b_{n,1} & b_{n,2} & b_{n,3} & \cdots & b_{n,n-1} & 0 \end{bmatrix}$$

$$
= \begin{bmatrix}
0 & -\dfrac{a_{12}}{a_{11}} & -\dfrac{a_{13}}{a_{11}} & \cdots & -\dfrac{a_{1,n-1}}{a_{11}} & -\dfrac{a_{1,n}}{a_{11}} \\
-\dfrac{a_{21}}{a_{22}} & 0 & -\dfrac{a_{2,3}}{a_{22}} & \cdots & -\dfrac{a_{2,n-1}}{a_{22}} & -\dfrac{a_{2,n}}{a_{22}} \\
\vdots & \vdots & \vdots & & \vdots & \vdots \\
-\dfrac{a_{n-1,1}}{a_{n-1,n-1}} & -\dfrac{a_{n-1,2}}{a_{n-1,n-1}} & -\dfrac{a_{n-1,3}}{a_{n-1,n-1}} & \cdots & 0 & -\dfrac{a_{n-1,n}}{a_{n-1,n-1}} \\
-\dfrac{a_{n1}}{a_{nn}} & -\dfrac{a_{n2}}{a_{nn}} & -\dfrac{a_{n3}}{a_{nn}} & \cdots & -\dfrac{a_{n,n-1}}{a_{nn}} & 0
\end{bmatrix}, \tag{2.5}
$$

$$
\boldsymbol{g} = [g_1, g_2, \cdots, g_n]^{\mathrm{T}} = \left[\frac{b_1}{a_{11}}, \frac{b_2}{a_{22}}, \cdots, \frac{b_n}{a_{nn}}\right]^{\mathrm{T}},
$$

因此,易从(2.4)式推得 Jacobi 迭代法计算 $\boldsymbol{x}_k$ 的各分量的公式为

$$
x_i^{(k)} = \frac{1}{a_{ii}}\Big(b_i - \sum_{\substack{j=1 \\ \neq i}}^{n} a_{ij} x_j^{(k-1)}\Big),
$$
$$
i = 1,2,\cdots,n, k = 1,2,\cdots. \tag{2.6}
$$

例 1 应用 Jacobi 迭代法解方程组

$$
\begin{cases}
10x_1 - x_2 = 9, \\
-x_1 + 10x_2 - 2x_3 = 7, \\
-4x_2 + 10x_3 = 6.
\end{cases}
$$

对此方程组,Jacobi 迭代法的迭代公式为

$$
x_1^{(k)} = \frac{1}{10}(9 + x_2^{(k-1)}),
$$

$$
x_2^{(k)} = \frac{1}{10}(7 + x_1^{(k-1)} + 2x_3^{(k-1)}),
$$

$$
x_3^{(k)} = \frac{1}{10}(6 + 4x_2^{(k-1)}).
$$

从初始向量 $\boldsymbol{x}_0 = [0,0,0]^{\mathrm{T}}$ 出发,迭代 6 次得到结果如下:

k	0	1	2	3	4	5	6
$x_1^{(k)}$	0	0.9	0.97	0.991	0.9973	0.99919	0.999757
$x_2^{(k)}$	0	0.7	0.91	0.973	0.9919	0.99757	0.999271
$x_3^{(k)}$	0	0.6	0.88	0.964	0.9892	0.99676	0.999028

该方程组的准确解为 $\boldsymbol{x}^*=[1,1,1]^T$. 因此

$$\|\boldsymbol{x}^*-\boldsymbol{x}_6\|_\infty=9.72\times10^{-4}.$$

算法 6.1　应用 Jacobi 迭代法解线性方程组 $A\boldsymbol{x}=\boldsymbol{b}$.

输入　方程组的阶数 n；A 的元素 $a_{ij}(i,j=1,\cdots n)$；$\boldsymbol{b}$ 的分量 $b_i(i=1,\cdots,n)$；初始向量 $\boldsymbol{x}_0$ 的分量 $x0_i(i=1,\cdots,n)$；误差容限 TOL；最大迭代次数 m.

输出　近似解 $\boldsymbol{x}=\{x_1,\cdots,x_n\}^T$ 或迭代次数超过 m 的信息.

step 1　对 $k=1,\cdots,m$ 做 step 2～4.

step 2　对 $i=1,\cdots,n$

$$x_i\leftarrow(b_i-\sum_{\substack{i=1\\ \neq i}}^{n}a_{ij}x0_j)/a_{ii}.$$

step 3　若 $\|\boldsymbol{x}-\boldsymbol{x}_0\|<TOL$，则输出$(x_1,\cdots,x_n)$；停机.

step 4　对 $i=1,\cdots,n$

$$x0_i\leftarrow x_i.$$

step 5　输出('Maximum number of iterations exceeded')；停机.

在第 3 步中的迭代终止准则，可用

$$\frac{\|\boldsymbol{x}-\boldsymbol{x}_0\|}{\|\boldsymbol{x}\|}<TOL.$$

所用的向量范数可以是任何一种简便的范数，最常用的是 l_∞ 范数.

现在讨论 Jacobi 迭代法的收敛性.

由 6.1 节定理 3，立即得到下列定理.

定理 1　Jacobi 迭代法收敛的充分必要条件为

$$\rho(B)<1.$$

定理 1 中的条件 $\rho(B)<1$ 很难检验，但由 6.1 节定理 4，我们有

定理 2　Jacobi 迭代法收敛的充分条件为

$$\|B\|<1.$$

这样，下面的任一条件都是 Jacobi 迭代法的充分条件：

(1) $\|B\|_1=\max\limits_{1\leqslant j\leqslant n}\sum\limits_{\substack{i=1\\ \neq j}}^{n}\left|\dfrac{a_{ij}}{a_{ii}}\right|<1$；

(2) $\|B\|_\infty=\max\limits_{1\leqslant i\leqslant n}\sum\limits_{\substack{i=1\\ \neq i}}^{n}\left|\dfrac{a_{ij}}{a_{ii}}\right|<1$；

(3) $\|B\|_F=\left(\sum\limits_{\substack{i,j=1\\ i\neq j}}^{n}\left|\dfrac{a_{ij}}{a_{ii}}\right|^2\right)^{\frac{1}{2}}<1$.

Jacobi 迭代法的渐近收敛速度为

$$R(B)=-\ln\rho(I-D^{-1}A).$$

就例 1，由于

$$\|B\|_\infty=\max\left\{\frac{1}{10},\frac{3}{10},\frac{4}{10}\right\}=\frac{2}{5}<1,$$

因此 Jacobi 迭代法收敛.

据 6.1 节定理 5，若 $\|B\|<1$，则 Jacobi 迭代法有误差估计式：

$$\|\boldsymbol{x}_k-\boldsymbol{x}^*\|\leqslant\|B\|^k\|\boldsymbol{x}_0-\boldsymbol{x}^*\|$$

和

$$\|\boldsymbol{x}_k-\boldsymbol{x}^*\|\leqslant\frac{\|B\|^k}{1-\|B\|}\|\boldsymbol{x}_1-\boldsymbol{x}_0\|,\tag{2.7}$$

其中 $\boldsymbol{x}^*$ 是方程组 $A\boldsymbol{x}=\boldsymbol{b}$ 的准确解.

6.2.2 Gauss-Seidel 迭代法

我们仍然假设方程组 $A\boldsymbol{x}=\boldsymbol{b}$ 的系数矩阵 $A=[a_{ij}]_{n\times n}$ 的主对角元 $a_{ii}\neq0$，$i=1,\cdots,n$. 将 A 分裂成

$$A=D(I-L)-DU,\tag{2.8}$$

其中

$$D=\mathrm{diag}(a_{11},\cdots,a_{nn}),$$

$$L=\begin{bmatrix}0&0&0&\cdots&0&0\\-\frac{a_{21}}{a_{22}}&0&0&\cdots&0&0\\-\frac{a_{31}}{a_{33}}&-\frac{a_{32}}{a_{33}}&0&\cdots&0&0\\\vdots&\vdots&\vdots&&\vdots&\vdots\\-\frac{a_{n1}}{a_{nn}}&-\frac{a_{n2}}{a_{nn}}&-\frac{a_{n3}}{a_{nn}}&\cdots&-\frac{a_{n,n-1}}{a_{nn}}&0\end{bmatrix},$$

$$U=\begin{bmatrix}0&-\frac{a_{12}}{a_{11}}&-\frac{a_{13}}{a_{11}}&\cdots&-\frac{a_{1,n-1}}{a_{11}}&-\frac{a_{1n}}{a_{11}}\\0&0&-\frac{a_{23}}{a_{22}}&\cdots&-\frac{a_{2,n-1}}{a_{22}}&-\frac{a_{2n}}{a_{22}}\\\vdots&\vdots&\vdots&&\vdots&\vdots\\0&0&0&\cdots&0&-\frac{a_{n-1,n}}{a_{n-1,n-1}}\\0&0&0&\cdots&0&0\end{bmatrix}.$$

注意,由(2.5)式,显然有

$$B = L + U. \tag{2.9}$$

于是,方程组 $A\boldsymbol{x} = \boldsymbol{b}$ 可写成

$$D(I - L)\boldsymbol{x} = DU\boldsymbol{x} + \boldsymbol{b}. \tag{2.10}$$

由于 D 和 $I - L$ 都是非奇异的,因此可用 $(I - L)^{-1}D^{-1}$ 左乘(2.10)式两端,得

$$\boldsymbol{x} = (I - L)^{-1}U\boldsymbol{x} + (I - L)^{-1}D^{-1}\boldsymbol{b}. \tag{2.11}$$

由(2.11)构造一阶线性定常迭代公式

$$\boldsymbol{x}_k = (I - L)^{-1}U\boldsymbol{x}_{k-1} + (I - L)^{-1}D^{-1}\boldsymbol{b}, \tag{2.12}$$

它与方程组 $A\boldsymbol{x} = \boldsymbol{b}$ 完全相容.我们称(2.12)为 **Gauss-Seidel 迭代法**.(2.12)式还可以写成

$$\boldsymbol{x}_k = L\boldsymbol{x}_k + U\boldsymbol{x}_{k-1} + D^{-1}\boldsymbol{b}. \tag{2.13}$$

从而,容易得到 Gauss-Seidel 迭代法计算 $\boldsymbol{x}_k$ 的分量的公式

$$x_i^{(k)} = \frac{1}{a_{ii}}\left(b_i - \sum_{j=1}^{i-1} a_{ij}x_j^{(k)} - \sum_{j=i+1}^{n} a_{ij}x_j^{(k-1)}\right),$$

$$i = 1,2,\cdots,n,\ k = 1,2,\cdots. \tag{2.14}$$

Gauss-Seidel 迭代法是 Jacobi 迭代法的修正.从 Jacobi 迭代法(2.6)我们看到,在迭代过程的第 k 步中,计算 $x_i^{(k)}$ 之前,$x_1^{(k)},x_2^{(k)},\cdots,x_{i-1}^{(k)}$已经计算好,但计算 $x_i^{(k)}$ 时仍然用 $x_1^{(k-1)},x_2^{(k-1)},\cdots,x_{i-1}^{(k-1)}$.在 Gauss-Seidel 迭代法(2.14)中,计算 $x_i^{(k)}$ 时则改用 $x_1^{(k)},x_2^{(k)},\cdots,x_{i-1}^{(k)}$分别代替 $x_1^{(k-1)},x_2^{(k-1)},\cdots,x_{i-1}^{(k-1)}$.

例 2　我们应用 Gauss-Seidel 迭代法解例 1 的方程组,其迭代公式为

$$x_1^{(k)} = \frac{1}{10}(9 + x_2^{(k-1)}),$$

$$x_2^{(k)} = \frac{1}{10}(7 + x_1^{(k)} + 2x_3^{(k-1)}),$$

$$x_3^{(k)} = \frac{1}{10}(6 + 4x_2^{(k)}).$$

从初始向量 $\boldsymbol{x}_0 = [0,0,0]^{\mathrm{T}}$ 迭代四次得到结果如下:

k	0	1	2	3	4
$x_1^{(k)}$	0	0.900	0.97900	0.9981100	0.999829900
$x_2^{(k)}$	0	0.790	0.98110	0.9982990	0.999846910
$x_3^{(k)}$	0	0.916	0.99244	0.9993196	0.999938764

于是有

$$\| x^* - x_4 \|_\infty = 1.70\times 10^{-4},$$

其中 $x^* = [1,1,1]^T$ 是该方程组的准确解.

对于这个例子,Gauss-Seidel 迭代法比 Jacobi 迭代法收敛得快.欲使近似解向量的每个分量都精确到小数后第三位,Jacobi 迭代法需要迭代六次,而 Gauss-Seidel 迭代法则只需四次.

算法 6.2 应用 Gauss-Seidel 迭代法解线性方程组 $Ax = b$.

输入 方程组的阶数 n;A 的元素 $a_{ij}(i,j=1,\cdots,n)$;右端项 $b_i(i=1,\cdots,n)$;初始向量 x_0 的分量 $x0_i(i=1,\cdots,n)$;误差容限 TOL;最大迭代次数 m.

输出 近似解 $x = [x_1,\cdots,x_n]^T$ 或迭代次数超过 m 的信息.

step 1 对 $k=1,\cdots,m$ 做 step 2~4.

step 2 对 $i=1,\cdots,n$

$$x_i \leftarrow \left(b_i - \sum_{j=1}^{i-1} a_{ij}x_j - \sum_{j=i+1}^{n} a_{ij}x0_j\right)/a_{ii}.$$

step 3 若 $\| x - x_0 \| < TOL$,则输出$(x_1,\cdots,x_n)$;停机.

step 4 对 $i=1,\cdots,n$

$$x0_i \leftarrow x_i.$$

step 5 输出('Maximum number of iterations exceeded');
停机.

现在,我们来讨论 Gauss-Seidel 迭代法的收敛性和误差估计.由 6.1 节定理 3,立即得到

定理 3 Gauss-Seidel 迭代法收敛的充分必要条件为

$$\rho((I-L)^{-1}U)<1.$$

关于 Gauss-Seidel 迭代法收敛的充分条件,据 6.1 节定理 4,它是 $\| (I-L)^{-1}\cdot U \| <1$.这个充分条件不太好检验,不过我们有下面定理.

定理 4 若

$$\| B \|_\infty = \max_{1\leqslant i\leqslant n} \sum_{\substack{j=1\\ j\neq i}}^{n} \left| \frac{a_{ij}}{a_{ii}} \right| < 1, \tag{2.15}$$

则 Gauss-Seidel 迭代法收敛.且若记

$$\mu = \max_{1\leqslant i\leqslant n}\left\{ \left(\sum_{j=i+1}^{n} \left| \frac{a_{ij}}{a_{ii}} \right| \right) \Big/ \left(1 - \sum_{j=1}^{i-1} \left| \frac{a_{ij}}{a_{ii}} \right| \right) \right\}, \tag{2.16}$$

则

$$\mu \leqslant \| B \|_\infty < 1, \tag{2.17}$$

$$\| e^{(k)} \|_\infty = \| x_k - x^* \|_\infty \leqslant \frac{\mu^k}{1-\mu} \| x_1 - x_0 \|_\infty. \qquad (2.18)$$

证明 首先证明(2.17)式. 对一切 $i(i=1,\cdots,n)$有

$$\sum_{j=1}^{i-1}\left|\frac{a_{ij}}{a_{ii}}\right| + \sum_{j=i+1}^{n}\left|\frac{a_{ij}}{a_{ii}}\right| \leqslant \| B \|_\infty < 1,$$

于是

$$\begin{aligned}&\sum_{j=1}^{i-1}\left|\frac{a_{ij}}{a_{ii}}\right| + \sum_{j=i+1}^{n}\left|\frac{a_{ij}}{a_{ii}}\right| - \left(\sum_{j=i+1}^{n}\left|\frac{a_{ij}}{a_{ii}}\right|\right)\Big/\left(1-\sum_{j=1}^{i-1}\left|\frac{a_{ij}}{a_{ii}}\right|\right)\\ &= \left(\sum_{j=1}^{i-1}\left|\frac{a_{ij}}{a_{ii}}\right|\right)\left(1-\sum_{j=1}^{i-1}\left|\frac{a_{ij}}{a_{ii}}\right| - \sum_{j=i+1}^{n}\left|\frac{a_{ij}}{a_{ii}}\right|\right)\Big/\left(1-\sum_{j=1}^{i-1}\left|\frac{a_{ij}}{a_{ii}}\right|\right)\\ &\geqslant 0,\end{aligned}$$

即

$$\left(\sum_{j=i+1}^{n}\left|\frac{a_{ij}}{a_{ii}}\right|\right)\Big/\left(1-\sum_{j=1}^{i-1}\left|\frac{a_{ij}}{a_{ii}}\right|\right) \leqslant \sum_{j=1}^{i-1}\left|\frac{a_{ij}}{a_{ii}}\right| + \sum_{j=i+1}^{n}\left|\frac{a_{ij}}{a_{ii}}\right|.$$

上式两边取最大值便得到(2.17)式.

其次证明收敛性. 设 x^* 是方程组 $Ax=b$ 的解. 由(2.13),(2.2)和(2.9)式有

$$\begin{aligned}x_k - x^* &= Lx_k + Ux_{k-1} + D^{-1}b - x^*\\ &= Lx_k + Ux_{k-1} + D^{-1}Ax^* - x^*\\ &= Lx_k + Ux_{k-1} - Bx^*\\ &= L(x_k - x^*) + U(x_{k-1} - x^*).\end{aligned}$$

假设 $\max\limits_{1\leqslant j\leqslant n}|x_j^{(k)} - x_j^*| = |x_p^{(k)} - x_p^*|$,其中 x_j^* 是 x^* 的第 j 个分量($j=1,\cdots,n$),则

$$\begin{aligned}\| x_k - x^* \|_\infty &= |x_p^{(k)} - x_p^*|\\ &\leqslant \sum_{j=1}^{p-1}\left|\frac{a_{pj}}{a_{pp}}\right| |x_j^{(k)} - x_j^*| + \sum_{j=p+1}^{n}\left|\frac{a_{pj}}{a_{pp}}\right| |x_j^{(k-1)} - x_j^*|\\ &\leqslant \sum_{j=1}^{p-1}\left|\frac{a_{pj}}{a_{pp}}\right| \| x_k - x^* \|_\infty + \sum_{j=p+1}^{n}\left|\frac{a_{pj}}{a_{pp}}\right| \| x_{k-1} - x^* \|_\infty,\end{aligned}$$

从而

$$\begin{aligned}\| x_k - x^* \|_\infty &\leqslant \left\{\left(\sum_{j=p+1}^{n}\left|\frac{a_{pj}}{a_{pp}}\right|\right)\Big/\left(1-\sum_{j=1}^{p-1}\left|\frac{a_{pj}}{a_{pp}}\right|\right)\right\} \| x_{k-1} - x^* \|_\infty\\ &\leqslant \mu \| x_{k-1} - x^* \|_\infty \leqslant \mu^k \| x_0 - x^* \|_\infty.\end{aligned}$$

由于 $0\leqslant\mu<1$,因此

$$\lim_{k\to\infty} \| x_k - x^* \|_\infty = 0.$$

故证得 Gauss-Seidel 迭代法收敛.

最后,证明(2.18)式.由(2.13)式有

$$\boldsymbol{x}_k-\boldsymbol{x}_{k-1}=L(\boldsymbol{x}_k-\boldsymbol{x}_{k-1})+U(\boldsymbol{x}_{k-1}-\boldsymbol{x}_{k-2}).$$

仿前面的证明,可证得

$$\|\boldsymbol{x}_k-\boldsymbol{x}_{k-1}\|_\infty\leqslant\mu^{k-1}\|\boldsymbol{x}_1-\boldsymbol{x}_0\|_\infty.$$

再由

$$\boldsymbol{x}_k-\boldsymbol{x}^*=\sum_{i=k}^{\infty}(\boldsymbol{x}_i-\boldsymbol{x}_{i+1})$$

便得到

$$\begin{aligned}\|\boldsymbol{x}_k-\boldsymbol{x}^*\|_\infty&\leqslant\sum_{i=k}^{\infty}\|\boldsymbol{x}_i-\boldsymbol{x}_{i+1}\|_\infty\\&\leqslant\sum_{i=k}^{\infty}\mu^i\|\boldsymbol{x}_1-\boldsymbol{x}_0\|_\infty\\&\leqslant\frac{\mu^k}{1-\mu}\|\boldsymbol{x}_1-\boldsymbol{x}_0\|_\infty.\end{aligned}$$

我们还可以证明,若 $\|B\|_1<1$,则 Gauss-Seidel 迭代法亦收敛.

在 6.3 节中,我们将证明,若方程组 $A\boldsymbol{x}=\boldsymbol{b}$ 的系数矩阵 A 为对称正定的,则 Gauss-Seidel 迭代法收敛,然而 Jacobi 迭代则未必收敛.

例 3 方程组

$$\begin{cases}x_1+0.8x_2+0.8x_3=2.6,\\0.8x_1+x_2+0.8x_3=2.6,\\0.8x_1+0.8x_2+x_3=2.6\end{cases}$$

有唯一解 $[1,1,1]^{\mathrm{T}}$.它的系数矩阵

$$A=\begin{bmatrix}1&0.8&0.8\\0.8&1&0.8\\0.8&0.8&1\end{bmatrix}$$

是对称正定的.因此 Gauss-Seidel 迭代法收敛.经计算得 $B=I-D^{-1}A=I-A$ 的特征值是 0.8,0.8 和 −1.6,因此 $\rho(B)=1.6>1$.故知 Jacobi 迭代法不收敛.

我们也可以举出 Jacobi 迭代法收敛,而 Gauss-Seidel 迭代法不收敛的例子.

例 4 方程组

$$\begin{cases}x_1+2x_2-2x_3=1,\\x_1+x_2+x_3=3,\\2x_1+2x_2+x_3=5\end{cases}$$

有唯一解 $[1,1,1]^{\mathrm{T}}$.它的系数矩阵为

$$A=\begin{bmatrix}1 & 2 & -2\\ 1 & 1 & 1\\ 2 & 2 & 1\end{bmatrix}.$$

于是

$$\begin{aligned}B&=I-D^{-1}A=I-A\\&=\begin{bmatrix}0 & -2 & 2\\ -1 & 0 & -1\\ -2 & -2 & 0\end{bmatrix}.\end{aligned}$$

容易计算得 B 的特征值全为零,因而 $\rho(B)=0<1$. 故 Jacobi 迭代法收敛. 由于

$$\begin{aligned}(I-L)^{-1}U&=\begin{bmatrix}1 & 0 & 0\\ 1 & 1 & 0\\ 2 & 2 & 1\end{bmatrix}^{-1}\begin{bmatrix}0 & -2 & 2\\ 0 & 0 & -1\\ 0 & 0 & 0\end{bmatrix}\\&=\begin{bmatrix}1 & 0 & 0\\ -1 & 1 & 0\\ 0 & -2 & 1\end{bmatrix}\begin{bmatrix}0 & -2 & 2\\ 0 & 0 & -1\\ 0 & 0 & 0\end{bmatrix}\\&=\begin{bmatrix}0 & -2 & 2\\ 0 & 2 & -3\\ 0 & 0 & 2\end{bmatrix},\end{aligned}$$

因此 $\rho((I-L)^{-1}U)=2>1$. 故 Gauss-Seidel 迭代法不收敛.

若 $\|B\|_\infty<1$,则 Jacobi 和 Gauss-Seidel 迭代法都收敛. 由于 $\mu\leqslant\|B\|_\infty$,从误差估计式(2.7)和(2.18)看到,当 $\|B\|_\infty<1$ 时,Gauss-Seidel 迭代法一般地比 Jacobi 迭代法收敛得快. 例 1 和例 2 便说明这种情况.

最后,我们简单提一下在科学和工程计算中常常会遇到的解一类特殊线性方程组的迭代法的收敛性问题. 设矩阵 $A=[a_{ij}]_{n\times n}$ 的元素满足:

$$|a_{ii}|\geqslant\sum_{\substack{j=1\\ j\neq i}}^{n}|a_{ij}|,\quad i=1,2,\cdots,n,$$

则称 A 为对角占优矩阵. 若 A 的元素满足:

$$|a_{ii}|>\sum_{\substack{j=1\\ j\neq i}}^{n}|a_{ij}|,\quad i=1,2,\cdots,n,$$

则称 A 为严格对角占优矩阵(参见上册 3.2.6 节).

严格对角占优矩阵 $A=[a_{ij}]_{n\times n}$ 是非奇异的. 事实上,设 $\det A=0$,则方程组 $A\boldsymbol{x}=\boldsymbol{0}$ 有非零解,设它为 $\boldsymbol{x}=[x_1,x_2,\cdots,x_n]^{\mathrm T}$,从而 $|x_k|=\max\limits_{1\leqslant i\leqslant n}|x_i|\neq0$. 于是,我们有

$$\sum_{j=1}^{n}a_{kj}x_j=0.$$

据此,

$$|a_{kk}x_k| = \left|\sum_{\substack{j=1\\j\neq k}}^{n} a_{kj}x_j\right| \leqslant \sum_{\substack{j=1\\j\neq k}}^{n} |a_{kj}|\,|x_j|$$

$$\leqslant |x_k| \left|\sum_{\substack{j=1\\j\neq k}}^{n}\right| |a_{kj}|,$$

即

$$|a_{kk}| \leqslant \sum_{\substack{j=1\\j\neq k}}^{n} |a_{kj}|.$$

这与 A 为严格对角占优的假设矛盾,故 $\det A\neq 0$.

定理 5 设方程组 $A\boldsymbol{x}=\boldsymbol{b}$ 的系数矩阵 A 是严格对角占优的,则解 $A\boldsymbol{x}=\boldsymbol{b}$ 的 Jacobi 迭代法和 Gauss-Seidel 迭代法均收敛.

证明 我们仅证明 Gauss-Seidel 迭代法收敛,Jacobi 迭代法的收敛性的证明留给读者作为练习.Gauss-Seidel 迭代法的迭代矩阵是 $G=(I-L)^{-1}U$,而

$$\det(\lambda I - G) = \det(\lambda I - (I-L)^{-1}U)$$
$$= \det((I-L)^{-1})\cdot\det(\lambda(I-L)-U).$$

由于 $\det((I-L)^{-1})\neq 0$,因此 G 的特征值 λ 是 $\det(\lambda(I-L)-U)=0$ 的根.现在

$$\lambda(I-L)-U=\begin{bmatrix} \lambda & \dfrac{a_{12}}{a_{11}} & \cdots & \dfrac{a_{1n}}{a_{11}} \\ \lambda\dfrac{a_{21}}{a_{22}} & \lambda & \cdots & \dfrac{a_{2n}}{a_{22}} \\ \vdots & \vdots & & \vdots \\ \lambda\dfrac{a_{n1}}{a_{nn}} & \lambda\dfrac{a_{n2}}{a_{nn}} & \cdots & \lambda \end{bmatrix}.$$

因 A 是严格对角占优矩阵:

$$|a_{ii}| > \sum_{\substack{j=1\\j\neq i}}^{n} |a_{ij}|, \quad i=1,2,\cdots,n,$$

即有

$$1 > \sum_{\substack{j=1\\j\neq i}}^{n} \left|\frac{a_{ij}}{a_{ii}}\right|, \quad i=1,2,\cdots,n.$$

设 $|\lambda|\geqslant 1$,则有

$$|\lambda| > |\lambda|\left(\sum_{j=1}^{i-1}\left|\frac{a_{ij}}{a_{ii}}\right| + \sum_{j=i+1}^{n}\left|\frac{a_{ij}}{a_{ii}}\right|\right)$$

$$> \sum_{j=1}^{i-1}\left|\lambda\frac{a_{ij}}{a_{ii}}\right|+\sum_{j=i+1}^{n}\left|\frac{a_{ij}}{a_{ii}}\right|,\quad i=1,2,\cdots,n.$$

因此矩阵 $\lambda(I-L)-U$ 是严格对角占优的,从而 $\det(\lambda(I-L)-U)\neq 0$. 这就表明 $|\lambda|\geqslant 1$ 时,λ 不是 G 的特征值,因此 G 的特征值的模必小于 1,即 $\rho(G)<1$,故 Gauss-Seidel 迭代法收敛.

6.3 逐次超松弛迭代法(SOR 方法)

6.3.1 SOR 方法

一般说来,Jacobi 迭代法收敛太慢,在实践中很少使用. 在 Jacobi 迭代法收敛很慢的情况下,Gauss-Seidel 迭代法也并不明显快一些. 因此,欲对 Gauss-Seidel 迭代法作简单的修改,以提高其收敛速度.

假设方程组 $Ax=b$ 的系数矩阵 $A=[a_{ij}]_{n\times n}$, $a_{ii}\neq 0(i=1,\cdots,n)$, $\boldsymbol{b}=[b_1,\cdots,b_n]^{\mathrm{T}}$. 我们用下面的迭代格式来建立解方程组 $A\boldsymbol{x}=\boldsymbol{b}$ 的**逐次超松弛迭代法(SOR 方法)**:

$$\begin{aligned}\tilde{x}_i^{(k)}&=\frac{1}{a_{ii}}\Big(b_i-\sum_{j=1}^{i-1}a_{ij}x_j^{(k)}-\sum_{j=i+1}^{n}a_{ij}x_j^{(k-1)}\Big),\\ x_i^{(k)}&=x_i^{(k-1)}+\omega(\tilde{x}_i^{(k)}-x_i^{(k-1)}),\end{aligned}\quad i=1,2,\cdots,n. \tag{3.1}$$

这里,引入一个中间量 $\tilde{x}_i^{(k)}$ 和一个加速收敛的参数 ω(限于实数),称 ω 为**松弛因子**. $x_i^{(k)}$ 可以看作是 $x_i^{(k-1)}$ 和 $\tilde{x}_i^{(k)}$ 的加权平均. 当 $\omega=1$ 时,(3.1)就是 Gauss-Seidel 迭代法. $\omega>1$ 时,(3.1)称为逐次超松弛迭代法;$\omega<1$ 时,(3.1)称为逐次低松弛迭代法. 通常,统称为逐次超松弛迭代法,或简称为 SOR 迭代法.

我们把(3.1)式中的中间量 $\tilde{x}_i^{(k)}$ 消去,则有

$$x_i^{(k)}=\frac{\omega}{a_{ii}}\Big\{b_i-\sum_{j=1}^{i-1}a_{ij}x_j^{(k)}-\sum_{j=i+1}^{n}a_{ij}x_j^{(k-1)}\Big\}+(1-\omega)x_i^{(k-1)},$$

$$i=1,2,\cdots,n,\quad k=1,2,\cdots. \tag{3.2}$$

上式的矩阵表示形式是

$$\boldsymbol{x}_k=\omega(L\boldsymbol{x}_k+U\boldsymbol{x}_{k-1}+D^{-1}\boldsymbol{b})+(1-\omega)\boldsymbol{x}_{k-1}, \tag{3.3}$$

或者

$$\boldsymbol{x}_k=T_\omega\boldsymbol{x}_{k-1}+\omega(I-\omega L)^{-1}D^{-1}\boldsymbol{b}, \tag{3.4}$$

其中

$$T_\omega=(I-\omega L)^{-1}((1-\omega)I+\omega U), \tag{3.5}$$

它是 SOR 方法的迭代矩阵. 特别,若取 $\omega=1$,则 $T_1=(I-L)^{-1}U$ 是 Gauss-Seidel 迭代法的迭代矩阵.

若将矩阵 A 分裂成

$$A=\frac{1}{\omega}(D-\omega DL)-\frac{1}{\omega}((1-\omega)D+\omega DU),\omega\neq 0,$$

按 6.1 节所述的建立相容迭代法的方法,立即可得 SOR 方法.因此,SOR 方法与方程组 $A\boldsymbol{x}=\boldsymbol{b}$ 是完全相容的.

例 1 方程组

$$\begin{cases}5x_1-x_2-x_3-x_4=-4,\\-x_1+10x_2-x_3-x_4=12,\\-x_1-x_2+5x_3-x_4=8,\\-x_1-x_2-x_3+10x_4=34\end{cases}$$

有唯一解 $\boldsymbol{x}^*=[1,2,3,4]^{\mathrm{T}}$.我们应用 Gauss-Seidel 迭代法和 SOR 方法(取 $\omega=1.2$)来解这个方程组.Gauss-Seidel 迭代公式为

$$\begin{aligned}x_1^{(k)}&=\frac{1}{5}(-4+x_2^{(k-1)}+x_3^{(k-1)}+x_4^{(k-1)}),\\x_2^{(k)}&=\frac{1}{10}(12+x_1^{(k)}+x_3^{(k-1)}+x_4^{(k-1)}),\\x_3^{(k)}&=\frac{1}{5}(8+x_1^{(k)}+x_2^{(k)}+x_4^{(k-1)}),\\x_4^{(k)}&=\frac{1}{10}(34+x_1^{(k)}+x_2^{(k)}+x_3^{(k)}),\\&\qquad k=1,2,\cdots.\end{aligned}$$

取初始向量 $\boldsymbol{x}_0=[0,0,0,0]^{\mathrm{T}}$,迭代六次得结果见表 6.1.

从表 6.1 得到

$$\|\boldsymbol{x}_6-\boldsymbol{x}^*\|_\infty=1.022\times 10^{-3}.$$

表 6.1

k	0	1	2	3	4	5	6
$x_1^{(k)}$	0	−0.800000	0.476480	0.899131	0.977001	0.995141	0.998978
$x_2^{(k)}$	0	1.120000	1.773888	1.956090	1.990592	1.998025	1.999585
$x_3^{(k)}$	0	1.664000	2.769754	2.949447	2.989412	2.997773	2.999531
$x_4^{(k)}$	0	3.598400	3.902012	3.979467	3.995701	3.999094	3.999809

应用 SOR 方法(取 $\omega=1.2$)的迭代公式为

$$x_1^{(k)}=-0.2x_1^{(k-1)}+0.24x_2^{(k-1)}+0.24x_3^{(k-1)}+0.24x_4^{(k-1)}-0.96,$$
$$x_2^{(k)}=0.12x_1^{(k)}-0.2x_2^{(k-1)}+0.12x_3^{(k-1)}+0.12x_4^{(k-1)}+1.44,$$
$$x_3^{(k)}=0.24x_1^{(k)}+0.24x_2^{(k)}-0.2x_3^{(k-1)}+0.24x_4^{(k-1)}+1.92,$$
$$x_4^{(k)}=0.12x_1^{(k)}+0.12x_2^{(k)}+0.12x_3^{(k)}-0.2x_4^{(k-1)}+4.08,$$
$$k=1,2,\cdots.$$

取初始向量 $\boldsymbol{x}_0=[0,0,0,0]^{\mathrm{T}}$,迭代六次得结果见表 6.2.

表 6.2

k	0	1	2	3	4	5	6
$x_1^{(k)}$	0	−0.960000	1.079288	1.073990	0.985091	1.000087	1.0004554
$x_2^{(k)}$	0	1.324800	2.069223	2.031651	1.988027	2.002394	1.999524
$x_3^{(k)}$	0	2.007552	3.321656	2.957059	3.004735	2.998491	3.000556
$x_4^{(k)}$	0	4.364682	3.983484	4.010827	3.995177	4.001081	3.999848

从表 6.2 得到

$$\|\boldsymbol{x}_6-\boldsymbol{x}^*\|_\infty=5.56\times10^{-4}.$$

算法 6.3　应用 SOR 方法解方程组 $A\boldsymbol{x}=\boldsymbol{b}$.

输入　方程组的阶数 n;A 的元素 $a_{ij}(i,j=1,\cdots n)$;$\boldsymbol{b}$ 的分量 $b_{(}i=1,\cdots,n)$;初始向量 $\boldsymbol{x}_0$ 的分量 $x0_i(i=1,\cdots,n)$;参数 ω;容限 TOL;最大迭代次数 m.

输出　近似解 $x_1,x_2,\cdots,x_n$ 或迭代次数超过 m 的信息.

step 1　对 $k=1,\cdots,m$ 做 step 2～4.

step 2　对 $i=1,\cdots,n$

$$x_i\leftarrow(1-\omega)x0_i+\frac{\omega\left(b_i-\sum_{j=1}^{i-1}a_{ij}x_j-\sum_{j=i+1}^{n}a_{ij}x0_j\right)}{a_{ii}}.$$

step 3　若 $\|\boldsymbol{x}-\boldsymbol{x}_0\|<TOL$,则输出$(x_1,\cdots,x_n)$;停机.

step 4　对 $i=1,\cdots,n$

$$x0_i\leftarrow x_i.$$

step 5　输出('Maximum number of iterations exceeded');停机.

6.3.2 SOR 方法的收敛性

现在,我们来讨论逐次超松弛迭代法的收敛性问题.

定理 1 设方程组 $Ax=\boldsymbol{b}$ 的系数矩阵 A 的主对角元素 $a_{ii}\neq 0(i=1,\cdots,n)$，则 SOR 方法收敛的充分必要条件为

$$\rho(T_\omega)<1,$$

其中 T_ω 是 SOR 方法的迭代矩阵.

定理 2 设方程组 $Ax=\boldsymbol{b}$ 的系数矩阵 A 的主对角元素 $a_{ii}\neq 0(i=1,\cdots,n)$，则 SOR 方法的迭代矩阵 T_ω 的谱半径大于等于 $|1-\omega|$，即

$$\rho(T_\omega)\geqslant|1-\omega|,$$

且 SOR 方法收敛的必要条件是

$$0<\omega<2. \tag{3.6}$$

证明 由(3.5)式，有

$$\begin{aligned}\det(T_\omega)&=\det((I-\omega L)^{-1})\det((1-\omega)I+\omega U)\\&=\det((1-\omega)I+\omega U)\\&=(1-\omega)^n,\end{aligned}$$

从而，迭代矩阵 T_ω 的所有特征值之积等于 $(1-\omega)^n$. 因此有

$$\rho(T_\omega)\geqslant|1-\omega|.$$

据定理 1，若 SOR 方法收敛，则 $\rho(T_\omega)<1$，因此 $|1-\omega|<1$. 由于 ω 取实数，故有 $0<\omega<2$.

定理 2 说明，若要 SOR 方法收敛，必须选取松弛因子 ω，使 $\omega\in(0,2)$. 但当 $\omega\in(0,2)$ 时，未必对任何线性方程组，SOR 方法都收敛.

定理 3 若线性方程组 $Ax=\boldsymbol{b}$ 的系数矩阵 A 是对称正定的，则当 $0<\omega<2$ 时，SOR 方法收敛.

证明 设 λ 是 SOR 方法的迭代矩阵

$$T_\omega=(I-\omega L)^{-1}((1-\omega)I+\omega U)$$

的任意一个特征值，$\boldsymbol{x}$ 为与其相应的特征向量，则有等式

$$(I-\omega L)^{-1}((1-\omega)I+\omega U)\boldsymbol{x}=\lambda\boldsymbol{x}$$

或

$$((1-\omega)I+\omega U)\boldsymbol{x}=\lambda(I-\omega L)\boldsymbol{x}.$$

用 $\boldsymbol{x}^{\mathrm{H}}D$ 左乘上式两端得

$$(1-\omega)\boldsymbol{x}^{\mathrm{H}}D\boldsymbol{x}+\omega\boldsymbol{x}^{\mathrm{H}}DU\boldsymbol{x}=\lambda(\boldsymbol{x}^{\mathrm{H}}D\boldsymbol{x}-\omega\boldsymbol{x}^{\mathrm{H}}DL\boldsymbol{x}),$$

其中 $D=\mathrm{diag}(a_{11},\cdots,a_{nn})$，$\boldsymbol{x}^{\mathrm{H}}$ 表示 $\boldsymbol{x}$ 的共轭转置. 记 $\boldsymbol{x}^{\mathrm{H}}D\boldsymbol{x}=q$，$\boldsymbol{x}^{\mathrm{H}}DL\boldsymbol{x}=\alpha+i\beta$. 由(2.8)式有

$$A=D-DL-DU.$$

又因假设 A 是对称正定的，因此

$$DU=(DL)^{\mathrm{T}},$$
$$\boldsymbol{x}^{\mathrm{H}}DU\boldsymbol{x}=\boldsymbol{x}^{\mathrm{H}}(DL)^{\mathrm{T}}\boldsymbol{x}=(\boldsymbol{x}^{\mathrm{H}}DL\boldsymbol{x})^{\mathrm{H}}=\alpha-i\beta,$$
$$q>0.$$

从而有

$$\boldsymbol{x}^{\mathrm{H}}A\boldsymbol{x}=\boldsymbol{x}^{\mathrm{H}}(D-DL-DU)\boldsymbol{x}=q-2\alpha>0.$$

于是

$$\lambda=\frac{q-\omega q+\omega\alpha-i\omega\beta}{q-\omega\alpha-i\omega\beta},$$
$$|\lambda|^2=\frac{[q-\omega(q-\alpha)]^2+\omega^2\beta^2}{(q-\omega\alpha)^2+\omega^2\beta^2}.$$

由假设 $0<\omega<2$,有

$$[q-\omega(q-\alpha)]^2-(q-\omega\alpha)^2=q\omega(2-\omega)(2\alpha-q)<0,$$

因此

$$|\lambda|^2<1.$$

从而

$$\rho(T_\omega)<1.$$

故 SOR 方法收敛.

当 $\omega=1$ 时,SOR 方法就是 Gauss-Seidel 迭代法.因此,若 A 是对称正定矩阵,则 Gauss-Seidel 迭代法亦收敛.

例 2 容易验证例 1 的线性方程组的系数矩阵是对称正定的.因此,对于解这个方程组,Gauss-Seidel 迭代法收敛,并且取 $\omega=1.2$ 时,SOR 方法亦收敛.

6.3.3 相容次序、性质 A 和最佳松弛因子

我们从例 1 看到,SOR 方法收敛得快慢与松弛因子 ω 的选择有关.松弛因子选择得好,会加快 SOR 方法的收敛速度.这一段,我们将对一类特殊的矩阵(在偏微分方程数值解法中常遇到的),简要地叙述最佳松弛因子如何选取的问题.

定义 1 给定一个 n 阶矩阵 $A=[a_{ij}]$,对 $i\neq j$,若 $a_{ij}\neq 0$ 或 $a_{ji}\neq 0$,则说 i,j 是**有联系**的.

定义 2 给定一个 n 阶矩阵 $A=[a_{ij}]$,记自然数集合 $W=\{1,2,\cdots,n\}$.若存在 W 的 t 个互不相交的子集 $W_1,W_2,\cdots,W_t$ 使得

(1) $\bigcup_{k=1}^{t}W_k=W$;

(2) 对 $i\in W_k$,若 i,j 有联系,则当 $j>i$ 时,$j\in W_{k+1}$;当 $j<i$ 时,$j\in W_{k-1}$,

则说 A 是具有**相容次序**的矩阵.

注意:若矩阵 $A=[a_{ij}]$具有相容次序,则属于同一子集的元素之间没有联系,

即若 $i,j\in W_k$,则 $a_{ij}=0$,且 $a_{ij}=0$.

例 3 设

$$A=\begin{bmatrix}4 & 0 & 0 & -1\\ -1 & 4 & -1 & 0\\ 0 & -1 & 4 & 0\\ -1 & 0 & 0 & 4\end{bmatrix}.$$

取三个互不相交子集 $W_1-\{1\}, W_2=\{2,4\}, W_3=\{3\}$. 容易验证它们满足定义 2 中的条件(1)和(2). 例如, $i=1\in W_1, a_{21}=-1\neq0, 2\in W_2, a_{14}=-1\neq0, 4\in W_2$; $i=2\in W_2, a_{21}=-1\neq0, 1\in W_1, a_{23}=-1\neq0, 3\in W_3$. 因此矩阵 A 具有相容次序.

定义 3 给定一个 n 阶矩阵 $A=[a_{ij}]$,记 $W=\{1,2,\cdots,n\}$. 若存在 W 的两个不相交的子集 S_1,S_2 使得

(1) $S_1\cup S_2=W$;

(2) 若 i,j 有联系,则 i,j 分别属于这两个子集,

则称矩阵 A 具有**性质 A**.

注意:定义 3 中 S_1 或 S_2 可以是空集. 若有一个是空集,则矩阵 A 必为对角阵. 从定义 3 还可看到,若矩阵 A 具有性质 **A**,则属于同一子集的元素之间没有联系,即若 $i,j\in S_1$ 或 $i,j\in S_2$,则 $a_{ij}=0$ 且 $a_{ji}=0$.

就例 3,取 $S_1=\{1,3\}, S_2=\{2,4\}$,易知它们满足定义 3 中的条件(1)和(2). 因此例 3 的矩阵 A 具有性质 **A**.

例 4 考虑 (x,y) 平面的区域 G 内的 Dirichlet 问题.

$$\begin{aligned}&\frac{\partial^2 u}{\partial x^2}+\frac{\partial^u}{\partial y^2}=0, \quad (x,y)\in G;\\ &u|_\Gamma=f(x,y), \qquad (x,y)\in\Gamma,\end{aligned} \tag{3.7}$$

此处 Γ 为区域 G 的边界, G,Γ 如图 6.1 所示.

我们在 (x,y) 平面上作两组平行直线

$$\begin{aligned}x&=x_0+ih,\\ y&=y_0+jh,\end{aligned} \quad i,j=0,\pm1,\pm2,\cdots. \tag{3.8}$$

(x_0,y_0) 是平面 (x,y) 上的任意一点,通常取 (x_0,y_0) 为坐标原点, $h(>0)$ 称为**步长**. 这样,整个平面就被这两组平行直线构成的正方形网格所覆盖,所讨论的区域 $G+\Gamma$ 可被有限个正方形网格所覆盖. 两组平行直线的交点称为**网格结点**. 我们只考虑属于 $G+\Gamma$ 的结点. 若一结点的所有四个相邻结点都属于 $G+\Gamma$,则称此结点为内部结点;若一结点的四个相邻结点中至少有一个不属于 $G+\Gamma$,则称此结点为**边界结点**.

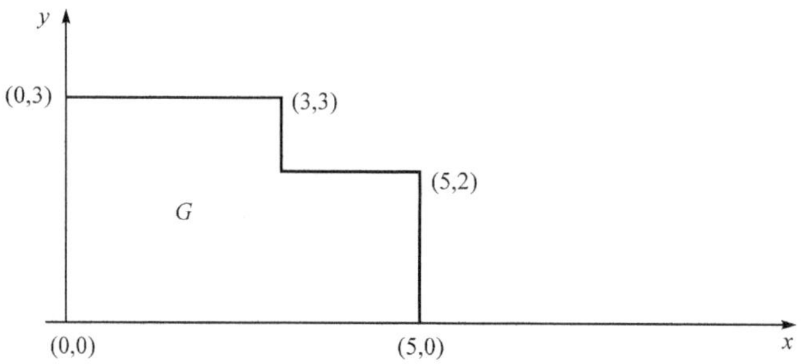

图 6.1

在每一个内部结点上，我们用二阶中心差代替问题(3.7)中的二阶导数

$$\frac{u(x_i+h,y_j)-2u(x_i,y_j)+u(x_i-h,y_j)}{h^2}\simeq\left(\frac{\partial^2 u}{\partial x^2}\right)_{(x_i,y_j)},$$

$$\frac{u(x_i,y_j+h)-2u(x_i,y_j)+u(x_i,y_j-h)}{h^2}\simeq\left(\frac{\partial^2 u}{\partial y^2}\right)_{(x_i,y_j)},$$

则有

$$\left(\frac{\partial^2 u}{\partial x^2}\right)_{(x_i,y_j)}+\left(\frac{\partial^2 u}{\partial y^2}\right)_{(x_i,y_j)}$$

$$\simeq\frac{u(x_i+h,y_j)+u(x_i-h,y_j)+u(x_i,y_j+h)+u(x_i,y_j-h)-4u(x_i,y_j)}{h^2}.$$

用 u_{ij}表示 $u(x_i,y_j)$的近似值，便得到与问题(3.7)的微分方程相应的方程

$$4u_{ij}-u_{i+1,j}-u_{i-1,j}-u_{i,j+1}-u_{i,j-1}=0. \tag{3.9}$$

对 $G+\Gamma$ 内的每一个内部结点都建立这样的方程，便可得到一个线性方程组.

对所考虑的区域 $G+\Gamma$，我们采用步长 $h=1$ 的正方形网格，按图 6.2 所示的内部结点编号次序列方程. 于是，由(3.9)式便得到方程组

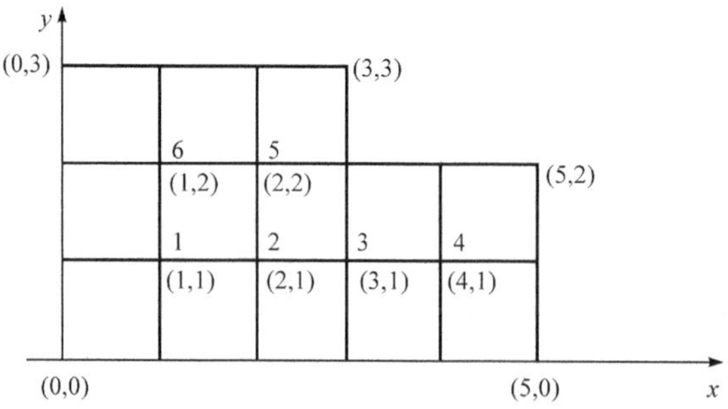

图 6.2

$$\begin{cases} 4u_{11}-u_{21}-u_{01}-u_{12}-u_{10}=0, \\ 4u_{21}-u_{31}-u_{11}-u_{22}-u_{20}=0, \\ 4u_{31}-u_{41}-u_{21}-u_{32}-u_{30}=0, \\ 4u_{41}-u_{51}-u_{31}-u_{42}-u_{40}=0, \\ 4u_{22}-u_{32}-u_{12}-u_{23}-u_{21}=0, \\ 4u_{12}-u_{22}-u_{02}-u_{13}-u_{11}=0. \end{cases} \tag{3.10}$$

由于边界结点上问题(3.7)的解的值已知为

$$\begin{aligned} &u_{i0}=f(i,0), \quad i=0,1,\cdots,5, \\ &u_{i2}=f(i,2), \quad i=3,4,5, \\ &u_{i3}=f(i,3), \quad i=0,1,2,3, \\ &u_{0j}=f(0,j), \quad j=1,2, \\ &u_{51}=f(5,1), \end{aligned}$$

因此方程组(3.10)可写成

$$\begin{cases} 4u_{11}-u_{21}-u_{12}=f(0,1)+f(1,0) \\ -u_{11}+4u_{21}-u_{31}-u_{22}=f(2,0), \\ -u_{21}+4u_{31}-u_{41}=f(3,0)+f(3,2), \\ -u_{31}+4u_{41}=f(4,0)+f(4,2)+f(5,1), \\ -u_{21}+4u_{22}-u_{12}=f(3,2)+f(2,3), \\ -u_{11}-u_{22}+4u_{12}=f(1,3)+f(0,2), \end{cases} \tag{3.11}$$

或写成

$$\begin{bmatrix} 4 & -1 & 0 & 0 & 0 & -1 \\ -1 & 4 & -1 & 0 & -1 & 0 \\ 0 & -1 & 4 & -1 & 0 & 0 \\ 0 & 0 & -1 & 4 & 0 & 0 \\ 0 & -1 & 0 & 0 & 4 & -1 \\ -1 & 0 & 0 & 0 & -1 & 4 \end{bmatrix} \begin{bmatrix} u_{11} \\ u_{21} \\ u_{31} \\ u_{41} \\ u_{22} \\ u_{12} \end{bmatrix} = \begin{bmatrix} f(0,1)+f(1,0) \\ f(2,0) \\ f(3,0)+f(3,2) \\ f(4,0)+f(4,2)+f(5,1) \\ f(3,2)+f(2,3) \\ f(1,3)+f(0,2) \end{bmatrix}. \tag{3.12}$$

方程组(3.12)的系数矩阵是强优对角的,因而是非奇异的.因此方程组(3.12)有唯一解 $\boldsymbol{u}=[u_{11},u_{21},u_{31},u_{41},u_{22},u_{12}]^{\mathrm{T}}$.我们可以将它的分量作为问题(3.7)的数值解,即问题(3.7)的解在内部结点处的近似值.

(3.9)是常用的所谓**五点格式**(参见图 6.3).

注意(3.9)式中内部结点(i,j)处 u_{ij} 的系数为 4,其相邻结点处系数均为 -1,且若相邻结点中只要有一个为边界结点,如图 6.2 中点(1,1)的相邻结点(0,1)和

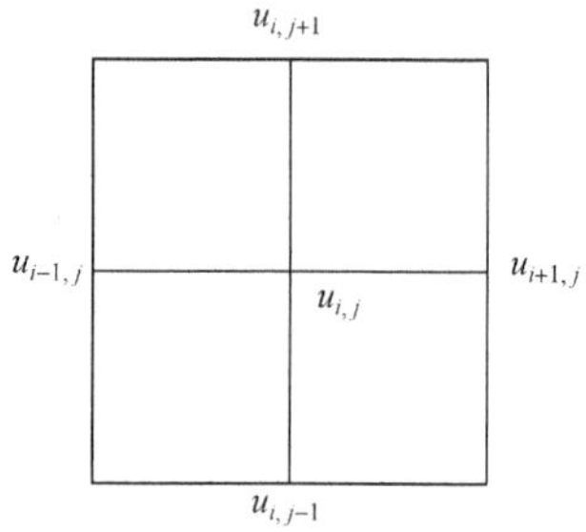

图6.3

(1,0)为边界结点,则因在边界结点处问题(3.7)的解值为已知,如 $u_{01}=f(0,1)$, $u_{10}=f(1,0)$为已知,从方程组(3.11)看到,它们被移到方程组的右端.因此,如果我们指定解向量 $\boldsymbol{u}$ 的分量次序与内部结点的编点次序相同(图6.2),那么方程组(3.11)的第 m 个方程(以第 m 个内部结点列出的方程)中,第 m 个内部结点处的系数为4,而与其相邻的内部结点处的系数为 -1(从而它们的结点编号是有联系的),其余不相邻的内部结点处系数均为0.这样,我们极容易根据内部结点的编号次序,直接写出方程组(3.12)的系数矩阵.例如,内部结点的编号次序如图6.4,我们便得到方程组 $A\boldsymbol{u}=\boldsymbol{f}$,其中

$$A=\begin{bmatrix} 4 & -1 & -1 & 0 & 0 & 0 \\ -1 & 4 & 0 & -1 & -1 & 0 \\ -1 & 0 & 4 & 0 & -1 & 0 \\ 0 & -1 & 0 & 4 & 0 & -1 \\ 0 & -1 & -1 & 0 & 4 & 0 \\ 0 & 0 & 0 & -1 & 0 & 4 \end{bmatrix},$$

$$\boldsymbol{u}=\{u_{11},u_{21},u_{12},u_{31},u_{22},u_{41}]^{\mathrm{T}},$$

$$\boldsymbol{f}=\begin{bmatrix} f(0,1)+f(1,0) \\ f(2,0) \\ f(0,2)+f(1,3) \\ f(3,0)+f(3,2) \\ f(2,3)+f(3,2) \\ f(4,0)+f(4,2)+f(5,1) \end{bmatrix}.$$

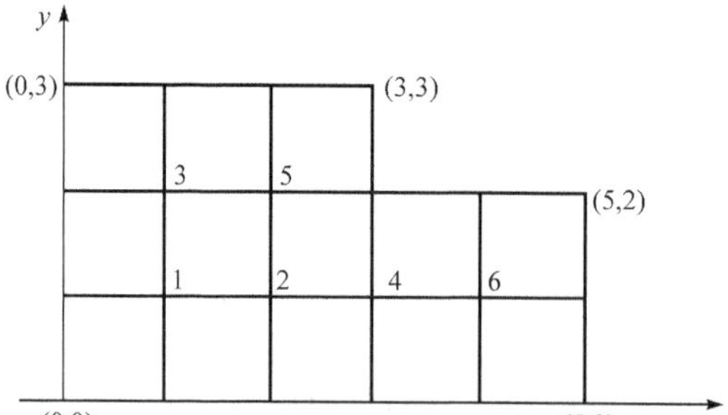

图6.4

方程组(3.12)的系数矩阵具有性质 **A**. 事实上,取 $S_1=\{1,3,5\}$, $S_2=\{2,4,6\}$,易知它们是满足定义 3 中的子集. 然而,这个矩阵不具有相容次序. 这一点可以从图 6.2 中内部结点的编号次序看出. 假定该矩阵具有相容次序,设编号 1 在某一子集 W_k 中,而与 1 有联系的是编号 2 和 6,因 $2>1,6>1$,因此它们必须在 W_{k+1} 中. 与编号 2 有联系的是 1,3,5,因 $3>2,5>2$,因此 $3\in W_{k+2}$, $5\in W_{k+2}$. 但 6 与 5 有联系,因而 $6\in W_{k+3}$,这是不可能的(否则 W_{k+1} 与 W_{k+3} 相交). 故方程组(3.12)的系数矩阵不具相容次序.

具有性质 **A** 的矩阵未必具有相容次序,反之,我们有下面的定理.

定理 4 若矩阵 A 具有相容次序,则它必具有性质 **A**.

证明 若矩阵 A 具有相容次序,则必存在 W 的子集 $W_1,W_2,\cdots,W_t$ 满足定义 2 中的条件(1)和(2). 令

$$S_1=\bigcup_{\substack{j\leqslant t\\ j\text{为奇数}}} W_j,\qquad S_2=\bigcup_{\substack{j\leqslant t\\ j\text{为偶数}}} W_j,$$

则 S_1 和 S_2 必为满足定义 3 的两个子集,因此矩阵 A 具有性质 **A**.

定理 5 若矩阵 A 具有性质 **A**,则对任意一个排列矩阵 P,矩阵 $B=PAP^{\mathrm{T}}$ 仍具性质 **A**.

证明 我们只要证明,P 为任一初等排列矩阵 I_{rs}(参见 3.1.6 节)时,$B=I_{rs}AI_{rs}$ 仍具有性质 **A** 就行了,这样,矩阵 B 便是交换矩阵 A 的第 r 行与第 s 行,第 r 列与第 s 列得到的. 记 $A=[a_{ij}]_{n\times n}$, $B=[b_{ij}]_{n\times n}$,则有

$$b_{ri}=a_{si},\quad b_{si}=a_{ri},\quad b_{ir}=a_{is},\quad b_{is}=a_{ir}(i\neq r,s);$$
$$b_{rr}=a_{ss},\quad b_{rs}=a_{sr},\quad b_{sr}=a_{rs},\quad b_{ss}=a_{rr};$$
$$b_{ij}=a_{ij}\quad (i,j\neq r,s).$$

由于假定矩阵 A 具有性质 **A**. 因此必存在满足定义 3 的两个子集 S_1 和 S_2.

我们首先证明,若 r 和 s 属于同一个子集,则 S_1 和 S_2 也是关于矩阵 B 满足定义 3 的子集,从而矩阵 B 具有性质 **A**.

事实上,对于矩阵 B,假定 i 和 j 有联系,即 $b_{ij}\neq 0$ 或 $b_{ji}\neq 0(i\neq j)$. 若 $i,j\neq r,s$,则 $a_{ij}=b_{ij}$, $a_{ji}=b_{ji}$,于是 $a_{ij}\neq 0$ 或 $a_{ji}\neq 0$. i 和 j 便分别属于这两个子集. 若 i,j 中有与 r 或 s 相同的,则 i,j 中只能有一个与 r 或 s 相同(否则,$i=r,j=s$ 时,$b_{ij}=b_{rs}=a_{sr}=0$, $b_{ji}=b_{sr}=a_{rs}=0$;同样,$i=s,j=r$ 时,$b_{ij}=b_{ji}=0$). 若 $i=r,j\neq s$,则 $b_{ij}=b_{rj}=a_{sj}$, $b_{ji}=b_{jr}=a_{js}$,于是 $a_{sj}\neq 0$ 或 $a_{js}\neq 0$, s 和 j 属于不同子集,但 r 和 s 属于同一子集,因此 i 和 j 属于不同子集;同理,若 $i=s,j\neq r$,则 i 和 j 属于不同子集. 因此矩阵 B 具有性质 **A**.

其次,假设 r 和 s 属于不同的子集,不妨设 $r\in S_1$, $s\in S_2$. 将 S_1 中的 r 与 S_2 中的 s 对调,得到两个新的子集 S'_1 和 S'_2. 不难验证,S'_1 和 S'_2 是关于矩阵 B 满足定义 3 的两个子集. 因此矩阵 B 具有性质 **A**.

定理6 矩阵 A 具有性质 **A** 的充分必要条件是存在排列矩阵 P 使得矩阵 $B=PAP^{\mathrm{T}}$具有形式

$$B=PAP^{\mathrm{T}}=\begin{bmatrix} D_1 & H \\ K & D_2 \end{bmatrix}, \tag{3.13}$$

其中 D_1 和 D_2 为对角阵.

证明 *必要性* 假设矩阵 A 具有性质 **A**,那么存在满足定义3的两个子集 S_1 和 S_2.若 S_1 或 S_2 是空集,则 A 为对角阵,它具有(3.13)的形式,因此只要取 $P=I$ 就行了.否则,可设 S_1 中有 $r(\neq 0)$个元素,因而 S_2 中有 $n-r$ 个元素.记 $T_1=\{1,2,\cdots,r\}$,$T_2=\{r+1,r+2,\cdots,n\}$.若 $S_1=T_1$,则 $S_2=T_2$,显然矩阵 A 具有形式(3.13),从而取 $P=I$ 就行了.若 $S_1\neq T_1$,则将 S_1 中 $r+1$ 与 n 之间的某一个数(例如 q)与 S_2 中1与 r 之间的某一个数(例如 p)对调,得到两个新的子集 $S_1^{(1)}$ 和 $S_2^{(1)}$,同时交换矩阵 A 的第 p 行与第 q 行,第 p 列与第 q 列,得到矩阵 $A^{(1)}=I_{pq}AI_{pq}$.$S_1^{(1)}$ 和 $S_2^{(1)}$ 是关于矩阵 $A^{(1)}$满足定义3的两个子集,从而矩阵 $A^{(1)}$仍具有性质 **A**.若 $S_1^{(1)}=T_1$,则矩阵 $A^{(1)}$具有形式(3.13),且取 $p=I_{pq}$就行了;若 $S_1^{(1)}\neq T_1$,则仿上述过程,继续将 $S_1^{(1)}$ 中 $r+1$ 与 n 之间的数与$S_2^{(1)}$ 中1与 r 之间的数对调,同时对矩阵 $A^{(1)}$作相应的行、列的交换,直到 $S_1^{(k)}=T_1$(假设 S_1 中有 k 个$r+1$ 与 n 之间的数),从而 $S_2^{(k)}=T_2$.经过上述行交换和列交换,最后得到的矩阵记作 B,于是 T_1 和 T_2 便是关于矩阵 B 满足定义3的两个子集,显然矩阵 B 具有(3.13)的形式.假设最后一次是将 $S_1^{(k-1)}$ 中的数 l 与$S_2^{(k-1)}$ 中的数 m 对调,这样,$P=I_{lm}\cdots I_{pq}$.

充分性 设 D_1 和 D_2 分别为 r 和$n-r$ 阶对角阵,取 $S_1=\{1,2,\cdots,r\}$,$S_2=\{r+1,r+2,\cdots,n\}$.显然 S_1 和 S_2 是关于矩阵 B 满足定义3的两个子集,因此矩阵 B 具有性质 **A**.由于 $A=P^{\mathrm{T}}BP$,据定理5知矩阵 A 具有性质 **A**.

在例4中,如果将图6.2的结点编号2与5对调,那么得到的方程组的系数矩阵是

$$\begin{bmatrix} 4 & 0 & 0 & 0 & -1 & -1 \\ 0 & 4 & 0 & 0 & -1 & -1 \\ 0 & 0 & 4 & -1 & -1 & 0 \\ 0 & 0 & -1 & 4 & 0 & 0 \\ -1 & -1 & -1 & 0 & 4 & 0 \\ -1 & -1 & 0 & 0 & 0 & 4 \end{bmatrix},$$

它具有(3.13)的形式.这个矩阵实际上又是交换方程组(3.12)的系数矩阵(具有性质 **A**)的第2行与第5行,第2列与第5列得到的,因此排列矩阵 $P=I_{2,5}$.

定理7 矩阵 A 具有性质 **A** 的充分必要条件是存在排列矩阵 P 使得 $B=$

PAP^T 具有相容次序.

定理 7 的证明留给读者作为练习.

据定理 7,具有性质 **A** 的矩阵经过适当的行列交换后便具有相容次序.因此,下面仅对具有相容次序的矩阵,讨论 SOR 方法的最佳松弛因子的选取问题.为此,我们先来建立 SOR 方法的迭代矩阵 T_ω 和 Jacobi 迭代法的迭代矩阵 B 的特征值之间的关系,并在讨论中总假定 $\omega\in(0,2)$.

定理 8 若矩阵 $A=[a_{ij}]_{n\times n}$ 具有相容次序,则行列式

$$\Delta=\det(\alpha E+\alpha^{-1}F-\beta D) \tag{3.14}$$

的值与 α 无关($\alpha\neq0$),其中 β 为任何数,E 为严格下三角阵,F 为严格上三角阵,D 为对角阵,且 $E+F+D=A$.

证明 行列式 Δ 的一般项是

$$t(\sigma)=\pm\prod_{i=1}^{n}a_{i,\sigma(i)}\alpha^{l-u}\beta^{n-(l+u)},$$

其中 $\sigma(1),\sigma(2),\cdots,\sigma(n)$ 是自然数 $1,2,\cdots,n$ 的某种排列,l 和 u 分别满足 $i>\sigma(i)$ 和 $i<\sigma(i)$ 的 i 的数目.由于只要 $t(\sigma)$ 中有一个因子 $a_{i,\sigma(i)}=0$,则 $t(\sigma)=0$,因此,我们只要考虑 Δ 中 $a_{i,\sigma(i)}\neq0(i=1,\cdots,n)$ 的那些项.

由于假设 A 具有相容次序,因此存在满足定义 2 的子集 $W_1,W_2,\cdots,W_t$.令

$$r_i=m,\text{若 } i\in W_m(1\leqslant m\leqslant t),\quad i=1,2,\cdots,m.$$

于是,若 $i\in W_m$,且若 i 和 j 有联系,则当 $i<j$ 时,$j\in W_{m+1}$,$r_j=m+1=r_i+1$;当 $i>j$ 时,$j\in W_{m-1}$,$r_j=m-1=r_i-1$.因此,若 $\sigma(i)>i$,且 $a_{i,\sigma(i)}\neq0$,则 $r_{\sigma(i)}=r_i+1$;若 $\sigma(i)<i$,且 $a_{i,\sigma(i)}\neq0$,则 $r_{\sigma(i)}-r_i=-1$.因而

$$l=\sum_{\substack{i=1\\ \sigma(i)<i}}^{n}(r_i-r_{\sigma(i)}),\quad u=\sum_{\substack{i=1\\ \sigma(i)>i}}^{n}(r_{\sigma(i)}-r_i).$$

于是

$$l-u=\sum_{\substack{i=1\\ \sigma(i)\neq i}}^{n}(r_i-r_{\sigma(i)})=\sum_{\substack{i=1\\ \sigma(i)\neq i}}^{n}r_i-\sum_{\substack{i=1\\ \sigma(i)\neq i}}r_{\sigma(i)}.$$

由于 σ 是一种排列,因此 $l-u=0$.故 $t(\sigma)$ 与 α 无关,从而行列式 Δ 的值与 α 无关.

定理 9 设矩阵 $A=[a_{ij}]_{n\times n}$ 具有相容次序且其主对角元全不为零,$B=I-D^{-1}A$,$D=\mathrm{diag}(a_{11},\cdots,a_{nn})$.那么

(1) 若 $\mu\neq0$ 是 B 的 p 重特征值,则 $-\mu$ 也是 B 的 p 重特征值;

(2) 对于 B 的特征值 μ,若 λ 满足

$$(\lambda+\omega-1)^2=\omega^2\mu^2\lambda \tag{3.15}$$

或

$$\lambda + \omega - 1 = \omega\mu\lambda^{\frac{1}{2}}, \tag{3.16}$$

则 λ 是 T_ω 的一个特征值,反之,若 λ 是 T_ω 的特征值,则必存在 B 的一个特征值 μ 满足(3.15)和(3.16)式.

证明　假设 A 具有相容次序. 由于 $B - I = -D^{-1}A$,因此 $B - I$ 也具有相容次序. 又由(2.9)式有

$$B - I = L + U - I,$$

因此据定理 8 知行列式

$$\Delta = \det(\alpha L + \alpha^{-1}U - \beta I) \tag{3.17}$$

的值与 α 无关. 在(3.17)式中取 $\alpha = \pm 1, \beta = \mu$,则

$$\begin{aligned}\det(B - \mu I) &= \det(-B - \mu I)\\ &= (-1)^n \det(B + \mu I)\\ &= (-1)^n \det(B - (-\mu)I),\end{aligned}$$

从而可知,若 μ 是 B 的 p 重特征值,则 $-\mu$ 也是 B 的 p 重特征值.

现证明(2). 由(3.5)式,我们有

$$\begin{aligned}\det(T_\omega - \lambda I) &= \det((I - \omega L)^{-1}((1-\omega)I + \omega U) - \lambda I)\\ &= \det(I - \omega L)^{-1}\det((1-\omega)I + \omega U - \lambda(I - \omega L))\\ &= \det(\omega\lambda L + \omega U - (\lambda + \omega - 1)I).\end{aligned} \tag{3.18}$$

若 $\lambda \neq 0$,则

$$\det(T_\omega - \lambda I) = \omega^n \lambda^{\frac{n}{2}} \det\left[\lambda^{\frac{1}{2}}L + \lambda^{-\frac{1}{2}}U - \frac{\lambda + \omega - 1}{\omega\lambda^{\frac{1}{2}}} I\right].$$

据定理 8 有

$$\begin{aligned}\det(T_\omega - \lambda I) &= \omega^n \lambda^{\frac{n}{2}} \det\left[L + U - \frac{\lambda + \omega - 1}{\omega\lambda^{\frac{1}{2}}} I\right]\\ &= \omega^n \lambda^{\frac{n}{2}} \det\left[B - \frac{\lambda + \omega - 1}{\omega\lambda^{\frac{1}{2}}} I\right].\end{aligned} \tag{3.19}$$

若 μ 是 B 的特征值,$\lambda \neq 0$ 满足(3.15)式,则 λ 满足(3.16)式或 $\lambda + \omega - 1 = -\omega\mu\lambda^{\frac{1}{2}}$,但由(1)可知 $-\mu$ 也是 B 的特征值,因此无论(3.15)或(3.16)式,$(\lambda + \omega - 1)/\omega\lambda^{\frac{1}{2}}$ 是 B 的特征值,于是

$$\det\left[B - \frac{\lambda + \omega - 1}{\omega\lambda^{\frac{1}{2}}} I\right] = 0.$$

由(3.19)式,$\det(T_\omega - \lambda I) = 0$. 这样,$\lambda$ 是 T_ω 的特征值. 若 $\lambda = 0$ 满足(3.15)或(3.16)式,则 $\omega = 1$,由(3.18)式得 $\det(T_\omega) = 0$,因此 $\lambda = 0$ 是 T_ω 的一个特征值.

反之,设 λ 是 T_ω 的特征值,则 $\det(T_\omega - \lambda I) = 0$. 若 $\lambda = 0$,则由(3.18)式得 $\omega = 1$,因此,B 的任何一个特征值 μ 都满足(3.15)和(3.16)式;若 $\lambda \neq 0$,则由

(3.19)式得

$$\det\left[B-\frac{\lambda+\omega-1}{\omega\lambda^{\frac{1}{2}}}I\right]=0,$$

因此$(\lambda+\omega-1)/\omega\lambda^{\frac{1}{2}}$必等于 B 的一个特征值μ,从而(3.15)和(3.16)式都成立.

引理　若 b 和 c 都是实数,则二次方程

$$x^2-bx+c=0 \tag{3.20}$$

的根的模小于 1 的充分必要条件是

$$|c|<1,\quad |b|<1+c. \tag{3.21}$$

证明　先设方程(3.20)的根 x_1,x_2 为复数,此时不妨设

$$x_1=\rho(\cos\theta+i\sin\theta),\quad x_2=\rho(\cos\theta-i\sin\theta),$$

其中 ρ 为实数,从而有

$$x_1+x_2=2\rho\cos\theta=b,\quad x_1x_2=\rho^2=c>0.$$

若$|x_1|<1,|x_2|<1$,则

$$|c|=|x_1||x_2|<1,$$
$$|b|=|2\rho\cos\theta|\leqslant 2|\rho|<1+\rho^2=1+c.$$

反之,若$|c|<1$,则

$$|x_1|=|x_2|=|\rho|=\sqrt{c}<1.$$

其次,设方程(3.20)的根为实数.若$|x_1|<1,|x_2|<1$,则$|c|=|x_1||x_2|<1$.由于 $b=x_1+x_2$,因此,若 $x_1+x_2\geqslant 0$,则

$$\begin{aligned}1+c-|b|&=1+x_1x_2-(x_1+x_2)\\&=(1-x_1)(1-x_2)>0;\end{aligned}$$

若 $x_1+x_2<0$,则

$$\begin{aligned}1+c-|b|&=1+x_1x_2+x_1+x_2\\&=(1+x_1)(1+x_2)>0,\end{aligned}$$

因此,无论在哪种情形下,都有$|b|<1+c$.

反之,若(3.21)式成立,则有

$$|c|=|x_1||x_2|<1,$$
$$|x_1x_2|<1,\quad |x_1+x_2|<1+x_1x_2,$$

即 x_1,x_2 同时满足不等式$|x_1x_2|<1$.$(x_1-1)(x_2-1)>0$ 和$(x_1+1)(x_2+1)>0$.从而推得$-1<x_1<1$,$-1<x_2<1$,即$|x_1|<1,|x_2|<1$.

定理 10　设矩阵 $A=[a_{ij}]_{n\times n}$具有相容次序,其主对角元全不为零,而且 $B=I-D^{-1}A$的特征值全为实数,$D=\mathrm{diag}(a_{11},\cdots,a_{nn})$,那么,$\rho(T_\omega)<1$ 的充分必要条件是

$$0<\omega<2,\quad \rho(B)<1.$$

证明　据定理 9, T_ω 的特征值 λ 满足方程

$$\lambda - \omega\mu\lambda^{\frac{1}{2}} + \omega - 1 = 0. \tag{3.22}$$

我们将(3.22)看作 $\lambda^{\frac{1}{2}}$ 的二次方程. 据引理,(3.22)的根的模小于 1 的充分必要条件是

$$|\omega - 1| < 1, \quad |\omega\mu| < \omega,$$

即

$$0 < \omega < 2, \quad |\mu| < 1.$$

因此定理得证.

假设矩阵 B 的全部特征值均为实数,关于最佳松弛因子的选取问题,我们有下面的定理.

定理 11　假设矩阵 $A = [a_{ij}]_{n\times n}$ 具有相容次序,其主对角元全不为零,矩阵 $B = I - D^{-1}A$ 的特征值全为实数, $D = \mathrm{diag}(a_{11}, \cdots, a_{nn})$, 且 $\bar{\mu} = \rho(B) < 1$, 令

$$\omega_b = \frac{2}{1 + (1 - \bar{\mu}^2)^{\frac{1}{2}}} = 1 + \left[\frac{\bar{\mu}}{1 + (1 - \bar{\mu}^2)^{\frac{1}{2}}}\right]^2, \tag{3.23}$$

那么

$$\rho(T_\omega) = \begin{cases} \left[\dfrac{\omega\bar{\mu} + (\omega^2\bar{\mu}^2 - 4(\omega - 1))^{\frac{1}{2}}}{2}\right]^2, & 若\ 0 < \omega \leqslant \omega_b; \\ \omega - 1, & 若\ \omega_b \leqslant \omega < 2, \end{cases} \tag{3.24}$$

且当 $0 < \omega < \omega_b$ 时, $\rho(T_\omega)$ 是 ω 的单调减函数; 当 $\omega_b < \omega < 2$ 时, $\rho(T_\omega)$ 是 ω 的单调增函数.

证明　设 μ 是 B 的一个特征值,则方程(3.22)的两个根可写成

$$\lambda_1 = \left[\frac{\omega|\mu| + (\omega^2\mu^2 - 4(\omega - 1))^{\frac{1}{2}}}{2}\right]^2,$$

$$\lambda_2 = \left[\frac{\omega|\mu| - (\omega^2\mu^2 - 4(\omega - 1))^{\frac{1}{2}}}{2}\right]^2.$$

若 $\omega^2\mu^2 - 4(\omega - 1) < 0$, 则 λ_1 和 λ_2 是一对共轭复数,且

$$|\lambda_1| = |\lambda_2| = |\omega - 1|;$$

若 $\omega^2\mu^2 - 4(\omega - 1) \geqslant 0$, 则 λ_1 和 λ_2 是非负实根,且 $\lambda_1 \geqslant \lambda_2$.

定义函数 $\Gamma(\omega, \mu)$ 为

$$\Gamma(\omega, \mu) = \left|\frac{\omega|\mu| + (\omega^2\mu^2 - 4(\omega - 1))^{\frac{1}{2}}}{2}\right|^2. \tag{3.25}$$

显然

$$\Gamma(\omega, \mu) = |\lambda_1| \geqslant |\lambda_2|.$$

因此,据定理 9,有

$$\rho(T_\omega)=\max_{\mu\in s_B}\Gamma(\omega,\mu), \tag{3.26}$$

此处,S_B 是矩阵 B 的全体特征值构成的集合.

现在证明

$$\rho(T_\omega)=\Gamma(\omega,\bar{\mu}). \tag{3.27}$$

首先,设 $\omega^2\bar{\mu}^2-4(\omega-1)<0$,则 $\omega>1$,且对 $|\mu|\leqslant\bar{\mu}$,有

$$\omega^2\mu^2-4(\omega-1)<0,$$

从而对 $|\mu|\leqslant\bar{\mu}$,有

$$\Gamma(\omega,\mu)=\omega-1=\Gamma(\omega,\bar{\mu}). \tag{3.28}$$

其次,设 $\omega^2\bar{\mu}^2-4(\omega-1)\geqslant 0$. 令

$$\mu_c^2=\begin{cases}\dfrac{4(\omega-1)}{\omega^2}, & 1\leqslant\omega<2;\\ 0, & 0<\omega<1.\end{cases}$$

若 $\mu^2\leqslant\mu_c^2$,则当 $\omega\geqslant 1$ 时,$\omega^2\mu^2-4(\omega-1)\leqslant 0$,因此

$$\Gamma(\omega,\mu)=\omega-1\leqslant\Gamma(\omega,\bar{\mu}),$$

当 $\omega<1$ 时,$\mu=0$,因此

$$\Gamma(\omega,\mu)=1-\omega\leqslant\Gamma(\omega,\bar{\mu}).$$

若 $\mu_c^2\leqslant\mu^2\leqslant\bar{\mu}^2$,易知 $\Gamma(\omega,\mu)$是$|\mu|$的增函数.

综合上述,对$|\mu|\leqslant\bar{\mu}$,有

$$\Gamma(\omega,\mu)\leqslant\Gamma(\omega,\bar{\mu}).$$

而且

$$\max_{-\bar{\mu}\leqslant\mu\leqslant\bar{\mu}}\Gamma(\omega,\mu)=\Gamma(\omega,\bar{\mu}).$$

由于 B 的特征值全为实数,$\bar{\mu}=\rho(B)$,因此 $\bar{\mu}$ 或 $-\bar{\mu}$ 是 B 的一个特征值,但由定理 9 知 $\bar{\mu}$ 和 $-\bar{\mu}$ 是 B 的特征值,因此

$$\rho(T_\omega)=\max_{\mu\in S_B}\Gamma(\omega,\mu)=\max_{-\bar{\mu}\leqslant\mu\leqslant\bar{\mu}}\Gamma(\omega,\mu)=\Gamma(\omega,\bar{\mu}),$$

(3.27)式成立.

函数 $4(\omega-1)/\omega^2$ 在区间(0,2)内是增函数,这是因为

$$\frac{\mathrm{d}}{\mathrm{d}\omega}\left[\frac{4(\omega-1)}{\omega^2}\right]=\frac{4}{\omega^3}(2-\omega)>0.$$

由于 ω_b 是ω 的二次方程

$$\omega^2\bar{\mu}^2-4(\omega-1)=0$$

在区间(0,2)内的唯一一个根,即有

$$\frac{4(\omega_b-1)}{\omega_b^2}=\bar{\mu}^2,$$

因此,若 $\omega_b \leqslant \omega < 2$,则

$$\bar{\mu}^2 \leqslant \frac{4(\omega-1)}{\omega^2},$$

从而,由(3.25)和(3.27)式,有

$$\rho(T_\omega) = \omega - 1;$$

若 $0 < \omega \leqslant \omega_b$,则

$$\bar{\mu}^2 \geqslant \frac{4(\omega-1)}{\omega^2},$$

从而,由(3.25)和(3.27)式,有

$$\rho(T_\omega) = \left[\frac{\omega\bar{\mu} + (\omega^2\bar{\mu}^2 - 4(\omega-1))^{\frac{1}{2}}}{2}\right]^2.$$

故(3.24)式成立.

由(3.24)式,当 $\omega_b \leqslant \omega < 2$ 时,显然 $\rho(T_\omega)$是 ω 的线性函数,而且是单调增函数.当 $0 < \omega < \omega_b$ 时,由于 $\omega^2\bar{\mu}^2 - 4(\omega-1) > 0$,因此有

$$\frac{\mathrm{d}}{\mathrm{d}\omega}\left[\omega\bar{\mu} + (\omega^2\bar{\mu}^2 - 4(\omega-1))^{\frac{1}{2}}\right] = \frac{\bar{\mu}(\omega^2\bar{\mu}^2 - 4(\omega-1))^{\frac{1}{2}} + \omega\bar{\mu}^2 - 2}{(\omega^2\bar{\mu}^2 - 4(\omega-1))^{\frac{1}{2}}}. \tag{3.29}$$

由于

$$(\omega\bar{\mu}^2 - 2)^2 = \omega^2\bar{\mu}^4 - 4\omega\bar{\mu}^2 + 4$$

以及

$$(\bar{\mu}(\omega^2\bar{\mu}^2 - 4(\omega-1))^{\frac{1}{2}})^2 = \omega^2\bar{\mu}^4 - 4\omega\bar{\mu}^2 + 4\bar{\mu}^2,$$

因此有

$$\begin{aligned}&[\bar{\mu}(\omega^2\bar{\mu}^2 - 4(\omega-1))^{\frac{1}{2}} + \omega\bar{\mu}^2 - 2][\bar{\mu}(\omega^2\bar{\mu}^2 - 4(\omega-1))^{\frac{1}{2}} - (\omega\bar{\mu}^2 - 2)]\\ &= (\bar{\mu}(\omega^2\bar{\mu}^2 - 4(\omega-1))^{\frac{1}{2}})^2 - (\omega\bar{\mu}^2 - 2)^2 = 4(\bar{\mu}^2 - 1).\end{aligned}$$

这样,由于 $\bar{\mu}^2 < 1$, $\omega\bar{\mu}^2 - 2 < 0$,便知(3.29)右端的分子为负的,因此,当 $0 < \omega < \omega_b$ 时,$\dfrac{\mathrm{d}\rho(T_\omega)}{\mathrm{d}\omega} < 0$,从而 $\rho(T_\omega)$是 ω 的单调减函数.定理得证.

在定理 11 的假定条件下,由(3.23)式决定的 ω_b 是最佳松弛因子,即有

$$\rho(T_\omega) > \rho(T_{\omega_b}), \quad 若\ \omega \neq \omega_b. \tag{3.30}$$

而且,由(3.24)式,显然有

$$\rho(T_{\omega_b}) = \omega_b - 1. \tag{3.31}$$

三对角矩阵 A 具有相容次序.假设线性方程组 $A\boldsymbol{x} = \boldsymbol{b}$ 的系数矩阵 A 是对称

正定的,而且是三对角的,若矩阵 $B=I-D^{-1}A$ 的特征值全为实数,$\rho(B)<1$,则 SOR 方法的最佳松弛因子为

$$\omega_b=\frac{2}{1+(1-(\rho(B))^2)^{\frac{1}{2}}}.$$

例 5 方程组

$$\begin{bmatrix}4 & 3 & 0\\ 3 & 4 & -1\\ 0 & -1 & 4\end{bmatrix}\begin{bmatrix}x_1\\ x_2\\ x_3\end{bmatrix}=\begin{bmatrix}24\\ 30\\ -24\end{bmatrix}$$

的系数矩阵

$$A=\begin{bmatrix}4 & 3 & 0\\ 3 & 4 & -1\\ 0 & -1 & 4\end{bmatrix}$$

是对称正定,且三对角的.这个方程组有唯一解 $\boldsymbol{x}=[3,4,-5]^{\mathrm{T}}$.由于

$$B=I-D^{-1}A=\begin{bmatrix}0 & -\frac{3}{4} & 0\\ -\frac{3}{4} & 0 & \frac{1}{4}\\ 0 & \frac{1}{4} & 0\end{bmatrix}$$

的特征值是 $0,\sqrt{\frac{5}{8}},-\sqrt{\frac{5}{8}}$,因此 $\rho(B)=\sqrt{\frac{5}{8}}$.从而

$$\omega_b=\frac{2}{1+\sqrt{1-\frac{5}{8}}}\simeq 1.24.$$

现在,我们取初始向量 $\boldsymbol{x}_0=[1,1,1]^{\mathrm{T}}$,应用 SOR 方法取 $\omega=1$(Gauss-Seidel 方法)迭代七次得结果如下:

k	0	1	2	3	4	5	6	7
$x_1^{(k)}$	1	5.250000	3.1406250	3.0878906	3.0549316	3.0343323	3.0214577	3.0134110
$x_2^{(k)}$	1	3.812500	3.8828125	3.9267578	3.9542236	3.9713898	3.9821186	3.9888241
$x_3^{(k)}$	1	−5.046875	−5.0292969	−5.0183105	−5.0114441	−5.0071526	−5.0044703	−5.0027940

取 $\omega=1.24$,迭代七次得结果如下:

k	0	1	2	3	4	5	6	7
$x_1^{(k)}$	1	6.270000	2.6440230	3.1309943	2.9657754	3.0042496	2.9972338	3.000523
$x_2^{(k)}$	1	3.538900	3.9510109	4.0029956	4.0042627	4.0018778	4.0006577	4.0002082
$x_3^{(k)}$	1	−6.582941	−4.6352808	−5.0866040	−4.9778936	−5.0047234	−4.9986625	−5.002565

例5表明，应用SOR方法取最佳松弛因子 ω_b 的近似值1.24时，其收敛速度比Gauss-Seidel方法快.

6.3.4 SOR方法的收敛速度

在6.1节中，我们定义了一阶线性定常迭代法(1.8)的渐近收敛速度为

$$R(G)=-\ln\rho(G). \tag{3.32}$$

这一段，我们将阐明，在定理11的假设条件下，并采用最佳超松弛因子 ω_b 时，SOR方法的收敛速度 $R(T_{\omega_b})$ 比Gauss-Seidel迭代法的收敛速度 $R(T_1)$ 大得多.

定理12　假设矩阵 $A=[a_{ij}]_{n\times n}$ 具有相容次序，且其主对角元全不为零，$D=\mathrm{diag}(a_{11},\cdots,a_{nn})$，矩阵 $B=I-D^{-1}A$ 的特征值全为实数且 $\bar{\mu}=\rho(B)<1$，ω_b 由(3.23)式定义，那么

(1) $R(T_1)=2R(B)$;　　(3.33)

(2) $2\bar{\mu}[R(T_1)]^{\frac{1}{2}}\leqslant R(T_{\omega_b})\leqslant R(T_1)+2[R(T_1)]^{\frac{1}{2}}$,　　(3.34)

式中右端不等式当 $R(T_1)\leqslant 3$ 时成立，而且

$$\lim_{\bar{\mu}\to 1-0}\frac{R(T_{\omega_b})}{2[R(T_1)]^{\frac{1}{2}}}=1. \tag{3.35}$$

证明　(1)在定理12的假设下，据定理11显然有

$$\rho(T_1)=[\rho(B)]^2, \tag{3.36}$$

因此

$$R(T_1)=-\ln\rho(T_1)=-2\ln\rho(B)=2R(B).$$

(2)令

$$\alpha=R(T_{\omega_b}),\quad \beta=-\ln\bar{\mu},$$

由(3.31)和(3.23)式，

$$\begin{aligned}\alpha &= -\ln(\omega_b-1)=-\ln\left[\frac{2}{1+(1-\bar{\mu}^2)^{\frac{1}{2}}}-1\right]\\ &= -\ln\frac{1-(1-\bar{\mu}^2)^{\frac{1}{2}}}{1+(1-\bar{\mu}^2)^{\frac{1}{2}}}.\end{aligned}$$

由于当 $0\leqslant y<1$ 时,

$$-\ln\frac{1-y}{1+y}\geqslant 2y,$$

当 $x\geqslant 0$ 时,

$$e^x-1\geqslant x,$$

因此

$$\alpha\geqslant 2(1-\bar{\mu}^2)^{\frac{1}{2}}=2(1-e^{-2\beta})^{\frac{1}{2}}=2e^{-\beta}(e^{2\beta}-1)^{\frac{1}{2}}\geqslant 2\bar{\mu}(2\beta)^{\frac{1}{2}}.$$

(3.34)左边不等式得证.

另一方面,

$$\alpha=-\ln(\omega_b-1)=-\ln\left[\frac{\bar{\mu}}{1+(1-\bar{\mu}^2)^{\frac{1}{2}}}\right]^2=-2\ln\frac{e^{-\beta}}{1+(1-e^{-2\beta})^{\frac{1}{2}}}$$

$$=2\beta+2\ln[1+(1-e^{-2\beta})^{\frac{1}{2}}].$$

由于,当 $0\leqslant x<1$ 时,

$$\ln(1+x)\leqslant x,$$

当 $0<y<3$ 时,

$$e^{-y}=1-y+\frac{y^2}{2}-\frac{y^3}{3!}+\cdots\geqslant 1-y,$$

因此,若 $2\beta<3$,便有

$$\alpha\leqslant 2\beta+2(1-e^{-2\beta})^{\frac{1}{2}}\leqslant 2\beta+2(2\beta)^{\frac{1}{2}}.$$

(3.34)右边不等式得证.

(3.34)中各式都除以 $2(R(T_1))^{\frac{1}{2}}$ 得

$$\bar{\mu}\leqslant\frac{R(T_{\omega_b})}{2(R(T_1))^{\frac{1}{2}}}\leqslant 1+\frac{R(T_1)}{2(R(T_1))^{\frac{1}{2}}},$$

即

$$\bar{\mu}\leqslant\frac{\alpha}{2(2\beta)^{\frac{1}{2}}}\leqslant 1+\left(\frac{\beta}{2}\right)^{\frac{1}{2}},$$

当 $\bar{\mu}\rightarrow 1-0$ 时,$\beta\rightarrow+0$,因此(3.35)式成立.

(3.33)式说明,在定理 12 的假设条件下,Gauss-Seidel 迭代法的收敛速度是 Jacobi 方法的二倍;(3.35)式说明,在定理 12 的假设条件下,当 $\bar{\mu}\rightarrow 1-0$,SOR 方法采用最佳松弛因子时,其收敛速度较 Gauss-Seidel 迭代快一个数量级.

6.4　Chebyshev 半迭代法

6.4.1　半迭代法

我们先考虑实数序列的加速收敛问题.对于给定的一个不收敛或收敛很慢的序列 $x_1,x_2,\cdots,x_m,\cdots$,常常从这个序列构造一个新的序列 $y_1,y_2,\cdots,y_m,\cdots$,使得新序列收敛或较原来的序列收敛得更快.例如

$$
\begin{aligned}
&y_1=x_1,\\
&y_2=\frac{1}{2}(x_1+x_2),\\
&y_3=\frac{1}{3}(x_1+x_2+x_3),\\
&\cdots\cdots\\
&y_m=\frac{1}{m}(x_1+x_2+\cdots+x_m),\\
&\cdots\cdots
\end{aligned}
$$

容易证明,若序列 $\{x_m\}$ 收敛,则 $\{y_m\}$ 亦收敛,甚至 $\{x_m\}$ 不收敛时,$\{y_m\}$ 则可能收敛.

通常,对给定的实数序列 $\{x_m\}$,我们构造新序列 $\{y_m\}$ 为

$$y_m=\sum_{k=0}^{m}a_{m,k}x_k,\quad m=0,1,2,\cdots.\tag{4.1}$$

其中系数 $a_{m,k}$ 满足关系式

$$\sum_{k=0}^{m}a_{m,k}=1,\quad m=0,1,2,\cdots.\tag{4.2}$$

若 $a_{m,k}=0(k\neq m)$,$a_{m,m}=1$,则序列 $\{y_m\}$ 就是 $\{x_m\}$;若 $a_{m,k}=(m+1)^{-1}$,$k=0,1,\cdots,m$,则 $\{y_m\}$ 就是上例中的序列.

我们将这个方法应用于向量序列.考虑解线性方程组

$$A\boldsymbol{x}=\boldsymbol{b}\tag{4.3}$$

的一阶线性定常迭代法

$$\boldsymbol{x}_{m+1}=G\boldsymbol{x}_m+\boldsymbol{g}.\tag{4.4}$$

假设矩阵 A 非奇异,且迭代法(4.4)与方程组(4.3)完全相容.由(4.4)逐次生成序列 $\boldsymbol{x}_0,\boldsymbol{x}_1,\cdots$,定义向量序列

$$\boldsymbol{y}_m=\sum_{k=0}^{m}a_{m,k}\boldsymbol{x}_k,\quad m=0,1,2,\cdots,\tag{4.5}$$

其中系数 $a_{m,k}$ 满足条件(4.2).我们称(4.5)定义的过程为关于线性定常迭代法(4.4)的一种**半迭代法**.

假设 $\boldsymbol{x}_0$ 是方程组(4.3)的准确解,则由迭代法(4.4)生成的向量 $\boldsymbol{x}_k=\boldsymbol{x}_0$, $k=1,2,\cdots$,从而有

$$\boldsymbol{y}_m=\sum_{k=0}^{m}a_{m,k}\boldsymbol{x}_k=\Big(\sum_{k=0}^{m}a_{m,k}\Big)\boldsymbol{x}_0.$$

于是,为保证序列$\{y_m\}$也收敛于 $\boldsymbol{x}_0$,我们要求

$$\sum_{k=0}^{m}a_{m,k}=1,$$

即条件(4.2)成立.

令

$$\boldsymbol{e}^{(m)}=\boldsymbol{x}^*-\boldsymbol{x}_m,\quad \eta^{(m)}=\boldsymbol{x}^*-\boldsymbol{y}_m, \tag{4.6}$$

其中 $\boldsymbol{x}^*$ 是方程组(4.3)的准确解.由于假设迭代法(4.4)与方程组(4.3)完全相容,因此,据 6.1 节中(1.14)式有

$$\boldsymbol{e}^{(m)}=G^m\boldsymbol{e}^{(0)}. \tag{4.7}$$

又由(4.5)和(4.2)式,有

$$\begin{aligned}\boldsymbol{\eta}^{(m)}&=\boldsymbol{x}^*-\boldsymbol{y}_m=\boldsymbol{x}^*-\sum_{k=0}^{m}a_{m,k}\boldsymbol{x}_k\\&=\boldsymbol{x}^*\sum_{k=0}^{m}a_{m,k}-\sum_{k=0}^{m}a_{m,k}\boldsymbol{x}_k\\&=\sum_{k=0}^{m}a_{m,k}(\boldsymbol{x}^*-\boldsymbol{x}_k)=\sum_{k=0}^{m}a_{m,k}\boldsymbol{e}^{(k)},\end{aligned} \tag{4.8}$$

于是

$$\boldsymbol{\eta}^{(m)}=Q_m(G)\boldsymbol{e}^{(0)}=Q_m(G)\boldsymbol{\eta}^{(0)}, \tag{4.9}$$

其中

$$Q_m(G)=\sum_{k=0}^{m}a_{m,k}G^k, \tag{4.10}$$

从而有

$$\|\boldsymbol{\eta}^{(m)}\|\leqslant\|Q_m(G)\|\ \|\boldsymbol{\eta}^{(0)}\|.$$

向量序列$\{\boldsymbol{y}_m\}$收敛于 $\boldsymbol{x}^*$ 的充分必要条件是,对任意的初始近似 $\boldsymbol{\eta}^{(0)}$,$\boldsymbol{\eta}^{(m)}\to\boldsymbol{0}$.为使 $\boldsymbol{\eta}^{(m)}$收敛于 $\boldsymbol{0}$ 的速度快,我们将选取系数$\{a_{m,k}\}$使$\|Q_m(G)\|$为极小.下一段,我们就一种特殊的半迭代法来说明这种选取系数的方法.

6.4.2 Chebyshev 半迭代法

我们考虑解方程组(4.3)的一阶线性非定常迭代法

$$\boldsymbol{x}_m=\boldsymbol{x}_{m-1}+\tau_m(\boldsymbol{b}-A\boldsymbol{x}_{m-1}),\quad m=1,2,\cdots, \tag{4.11}$$

其中$\{\tau_m\}$为参数组.我们称(4.11)为 **Richardson 迭代法**(Richardson 于 1910 年提

出的).假设矩阵 A 为非奇异,据 6.1 节定理 1 知,Richardson 迭代法(4.11)收敛的充分必要条件为

$$\lim_{m\to\infty}\prod_{k=1}^{m}(I-\tau_k A)=O. \tag{4.12}$$

在迭代法(4.11)中,取 τ_k 为固定数 $\tau(\neq 0)$,便得到定常迭代法

$$\boldsymbol{x}_m=\boldsymbol{x}_{m-1}+\tau(\boldsymbol{b}-A\boldsymbol{x}_{m-1}),\quad m=1,2,\cdots, \tag{4.13}$$

或写成

$$\boldsymbol{x}_m=(I-\tau A)\boldsymbol{x}_{m-1}+\tau\boldsymbol{b},\quad m=1,2,\cdots.$$

Richardson 迭代法(4.11)是关于定常迭代法(4.13)的一种半迭代法.事实上,将(4.11)式改写成

$$\boldsymbol{y}_m=\boldsymbol{y}_{m-1}+\tau_m(\boldsymbol{b}-A\boldsymbol{y}_{m-1}),\quad m=1,2,\cdots,$$

令

$$\eta^{(m)}=\boldsymbol{x}^*-\boldsymbol{y}_m,$$

其中 $\boldsymbol{x}^*$ 是方程组(4.3)的准确解,则有

$$\eta^{(m)}=\prod_{k=1}^{m}(I-\tau_k A)\eta^{(0)}. \tag{4.14}$$

由于

$$I-\tau_k A=\left(1-\frac{\tau_k}{\tau}\right)I+\frac{\tau_k}{\tau}(I-\tau A),$$

因此,$\prod\limits_{k=1}^{m}(I-\tau_k A)$ 是矩阵 $I-\tau A$ 的多项式,其次数不高于 m.我们可以将它表示成

$$\prod_{k=1}^{m}(I-\tau_k A)=\sum_{k=0}^{m}r_{m,k}(I-\tau A)^k,$$

其中系数 $r_{m,k}$满足 $\sum\limits_{k=0}^{m}r_{m,k}=1$. 于是,据(4.14)式,有

$$\boldsymbol{y}_m=\boldsymbol{x}^*-\eta^{(m)}=\boldsymbol{x}^*-\sum_{k=0}^{m}r_{m,k}(I-\tau A)^k\eta^{(0)}.$$

取 $\boldsymbol{y}_0=\boldsymbol{x}_0$,则 $\eta^{(0)}=\boldsymbol{x}^*-\boldsymbol{x}_0$,且又由(4.13)式有

$$(I-\tau A)^k\eta^{(0)}=\boldsymbol{x}^*-\boldsymbol{x}_k,$$

因此

$$\begin{aligned}\boldsymbol{y}_m&=\boldsymbol{x}^*-\sum_{k=0}^{m}r_{m,k}(\boldsymbol{x}^*-\boldsymbol{x}_k)\\&=\left(1-\sum_{k=0}^{m}r_{m,k}\right)\boldsymbol{x}^*+\sum_{k=0}^{m}r_{m,k}\boldsymbol{x}_k\end{aligned}$$

$$= \sum_{k=0}^{m} r_{m,k} \boldsymbol{x}_k, \quad m = 0,1,2,\cdots.$$

下面就矩阵 A 为实对称正定的情形讨论 Richardson 迭代法中参数组 $\{\tau_k\}$ 的选取问题.

首先,假定取

$$\tau_k = \tau = \frac{2}{\lambda_0 + \lambda_1}, \quad k = 1,2,\cdots, \tag{4.15}$$

其中 λ_0,λ_1 分别是矩阵 A 的最大和最小特征值并假定$\lambda_0 \neq \lambda_1$. 令 $\boldsymbol{e}^{(m)} = \boldsymbol{x}^* - \boldsymbol{x}_m$, 则据(4.13)式有

$$\boldsymbol{e}^{(m)} = \left(I - \frac{2}{\lambda_0 + \lambda_1} A\right)^m \boldsymbol{e}^{(0)},$$

从而有

$$\| \boldsymbol{e}^{(m)} \|_2 \leqslant \left\| \left(I - \frac{2}{\lambda_0 + \lambda_1} A\right)^m \right\|_2 \| \boldsymbol{e}^{(0)} \|_2,$$

即

$$\frac{\| \boldsymbol{e}^{(m)} \|_2}{\| \boldsymbol{e}^{(0)} \|_2} \leqslant \left\| \left(I - \frac{2}{\lambda_0 + \lambda_1} A\right)^m \right\|_2.$$

由于

$$\begin{aligned} \left\| \left(I - \frac{2}{\lambda_0 + \lambda_1} A\right)^m \right\|_2 &= \rho\left(\left(I - \frac{2}{\lambda_0 + \lambda_1} A\right)^m\right) \\ &= \max_{0 \leqslant i \leqslant n-1} \left| 1 - \frac{2}{\lambda_0 + \lambda_1} \lambda_i \right|^m, \end{aligned}$$

其中诸 λ_i 均为A 的特征值,以及

$$\left| 1 - \frac{2}{\lambda_0 + \lambda_1} \lambda_i \right| \leqslant \frac{\lambda_0 - \lambda_1}{\lambda_0 + \lambda_1},$$

因此

$$\frac{\| \boldsymbol{e}^{(m)} \|_2}{\| \boldsymbol{e}^{(0)} \|_2} \leqslant \left[\frac{\lambda_0 - \lambda_1}{\lambda_0 + \lambda_1}\right]^m = \left[\frac{1 - \dfrac{\lambda_1}{\lambda_0}}{1 + \dfrac{\lambda_1}{\lambda_0}}\right]^m.$$

设 ε 为预先要求的精确度,若要

$$\frac{\| \boldsymbol{e}^{(m)} \|_2}{\| \boldsymbol{e}^{(0)} \|_2} \leqslant \varepsilon, \tag{4.16}$$

只要

$$\left[\frac{1-\dfrac{\lambda_1}{\lambda_0}}{1+\dfrac{\lambda_1}{\lambda_0}}\right]^m \leqslant \varepsilon,$$

即只要

$$m \geqslant \frac{\ln\dfrac{1}{\varepsilon}}{\ln\left[\dfrac{1+\dfrac{\lambda_1}{\lambda_0}}{1-\dfrac{\lambda_1}{\lambda_0}}\right]}. \tag{4.17}$$

由于

$$\ln\left[\frac{1+\dfrac{\lambda_1}{\lambda_0}}{1-\dfrac{\lambda_1}{\lambda_0}}\right] \geqslant 2\,\frac{\lambda_1}{\lambda_0},$$

因此,若取

$$m \geqslant \frac{\ln\dfrac{1}{\varepsilon}}{2\,\dfrac{\lambda_1}{\lambda_0}} = \frac{1}{2}\frac{\lambda_0}{\lambda_1}\ln\frac{1}{\varepsilon},$$

即

$$m \geqslant \frac{1}{2}K(A)\ln\frac{1}{\varepsilon}, \tag{4.18}$$

其中 $K(A)$为 A 的谱条件数,则(4.16)式必成立.由此可见,迭代法

$$\boldsymbol{x}_{m+1} = \boldsymbol{x}_m + \frac{2}{\lambda_0+\lambda_1}(\boldsymbol{b} - A\boldsymbol{x}_m), \quad m = 0,1,\cdots. \tag{4.19}$$

的迭代次数(要求达到一定的精确度)与矩阵 A 的谱条件数有关.一般地,A 的谱条件数愈大,迭代次数愈多,收敛愈慢.

为使 Richardson 迭代法(4.11)的过程加速收敛,我们将适当选取参数组$\{\tau_k\}$使$\|\boldsymbol{e}^{(m)}\|_2$为极小.

据(4.14)式

$$\boldsymbol{e}^{(m)} = Q_m(A)\boldsymbol{e}^{(0)},$$

其中

$$Q_m(\lambda) = \prod_{k=1}^{m}(1 - \tau_k\lambda), \tag{4.20}$$

$Q_m(0)=1$，于是有

$$\begin{aligned}\|e^{(m)}\|_2 &\leqslant \|Q_m(A)\|_2\|e^{(0)}\|_2\\ &=\max_{0\leqslant i\leqslant n-1}|Q_m(\lambda_i)|\,\|e^{(0)}\|_2\\ &\leqslant \max_{\lambda_1\leqslant\lambda\leqslant\lambda_0}|Q_m(\lambda)|\,\|e^{(0)}\|_2,\end{aligned}\tag{4.21}$$

其中 $\lambda_i(i=0,1,\cdots,n-1)$为 A 的特征值. 据 5.7 节 Chebyshev 多项式性质(9)的推论知,

$$\begin{aligned}\min_{Q_m\in\prod_m^1}\max_{\lambda_1\leqslant\lambda\leqslant\lambda_0}|Q_m(\lambda)| &= \max_{\lambda_1\leqslant\lambda\leqslant\lambda_0}\frac{\left|T_m\left(\dfrac{\lambda_0+\lambda_1-2\lambda}{\lambda_0-\lambda_1}\right)\right|}{T_m\left(\dfrac{\lambda_0+\lambda_1}{\lambda_0-\lambda_1}\right)}\\ &=\frac{1}{T_m\left(\dfrac{\lambda_0+\lambda_1}{\lambda_0-\lambda_1}\right)},\end{aligned}$$

其中 $\prod_m^1$ 为次数不高于 m 且常数项为 1 的多项式集合，$T_m(z)$为 Chebyshev 多项式：

$$\begin{aligned}T_m(z) &= \frac{1}{2}[(z+\sqrt{z^2-1})^m+(z-\sqrt{z^2-1})^m]\\ &=\cos(m\arccos z).\end{aligned}$$

这就是说，在多项式集合 $\prod_m^1$ 中，多项式

$$Q_m(\lambda)=\frac{T_m\left(\dfrac{\lambda_0+\lambda_1-2\lambda}{\lambda_0-\lambda_1}\right)}{T_m\left(\dfrac{\lambda_0+\lambda_1}{\lambda_0-\lambda_1}\right)}$$

使

$$\max_{\lambda_1\leqslant\lambda\leqslant\lambda_0}|Q_m(\lambda)|=\text{极小}.$$

因此，τ_k 的最优值应是使 $Q_m(\lambda)$的零点与

$$\frac{T_m\left(\dfrac{\lambda_0+\lambda_1-2\lambda}{\lambda_0-\lambda_1}\right)}{T_m\left(\dfrac{\lambda_0+\lambda_1}{\lambda_0-\lambda_1}\right)}$$

的零点相同，即

$$\frac{1}{\tau_k}=\frac{\lambda_0-\lambda_1}{2}\cos\theta_k+\frac{\lambda_0+\lambda_1}{2},\tag{4.22}$$

其中

$$\theta_k=\frac{2k-1}{2m}\pi,\quad k=1,2,\cdots,m.$$

按(4.22)式选取参数组(τ_k)的 Richardson 方法又叫做 **Chebyshev 半迭代法**. 一般地,Chebyshev 半迭代法将是考虑半迭代法(4.5)中系数 $a_{m,k}$ 的最优选择,从而使原来的定常迭代过程(4.4)得到加速.

不难验证,

$$\frac{1}{T_m\left(\frac{\lambda_0+\lambda_1}{\lambda_0-\lambda_1}\right)}\leqslant 2\left(\frac{1-\sqrt{\frac{\lambda_1}{\lambda_0}}}{1+\sqrt{\frac{\lambda_1}{\lambda_0}}}\right)^m. \tag{4.23}$$

因此,若要

$$\frac{\|e^{(m)}\|_2}{\|e^{(0)}\|_2}\leqslant\varepsilon,$$

只要

$$2\left(\frac{1-\sqrt{\frac{\lambda_1}{\lambda_0}}}{1+\sqrt{\frac{\lambda_1}{\lambda_0}}}\right)^m\leqslant\varepsilon,$$

从而若

$$m\geqslant\frac{1}{2}\sqrt{\frac{\lambda_0}{\lambda_1}}\ln\frac{2}{\varepsilon}=\frac{1}{2}\sqrt{K(A)}\ln\frac{2}{\varepsilon}, \tag{4.24}$$

则

$$\frac{\|e^{(m)}\|_2}{\|e^{(0)}\|_2}\leqslant\varepsilon.$$

比较(4.18)和(4.24)式可知,为使方程组(4.3)的解的相对误差(按 l_2 范数)小于预先给定的精确度,当矩阵 A 的谱条件数较大时,Chebyshev 半迭代法所需的迭代次数比 Richardson 方法中取 $\tau_k=2/(\lambda_0+\lambda_1)$ 时的定常迭代过程所需的迭代次数少得多. 然而,当 A 的条件数很大时,一般来说,它们所需的迭代次数都很大.

Chebyshev 半迭代法公式简单,但必须预先选取至少迭代次数 m 的值. 实际上,往往并不知道矩阵 A 的最小特征值 λ_1 和最大特征值 λ_0,但若能估计得 λ_1 的下界 $a(>0)$ 和 λ_0 的上界 b,则可使用公式

$$\frac{1}{\tau_k}=\frac{b-a}{2}\cos\theta_k+\frac{b+a}{2} \tag{4.25}$$

来确定 τ_k 的最优值.此时,若

$$m\geqslant\frac{1}{2}\sqrt{\frac{b}{a}}\ln\frac{2}{\varepsilon},\tag{4.26}$$

则

$$\frac{\|\boldsymbol{e}^{(m)}\|_2}{\|\boldsymbol{e}^{(0)}\|_2}\leqslant\varepsilon.$$

6.5 共轭斜量法

6.5.1 一般的共轭方向法

这一节,我们将介绍另一类迭代方法.设线性方程组

$$A\boldsymbol{x}=\boldsymbol{b}\tag{5.1}$$

的系数矩阵 $A=[a_{ij}]$是 n 阶实对称正定矩阵,$\boldsymbol{x}=[x_1,\cdots,x_n]^{\mathrm{T}}$,$\boldsymbol{b}=[b_1,\cdots,b_n]^{\mathrm{T}}$.求解线性方程组(5.1)的问题可以化为求二次函数

$$f(\boldsymbol{x})=\frac{1}{2}\boldsymbol{x}^{\mathrm{T}}A\boldsymbol{x}-\boldsymbol{b}^{\mathrm{T}}\boldsymbol{x}\tag{5.2}$$

的极小点问题.

事实上,$f(\boldsymbol{x})$的斜量(梯度)$\boldsymbol{g}(\boldsymbol{x})$为

$$\boldsymbol{g}(\boldsymbol{x})=\mathrm{grad}f(\boldsymbol{x})=\left[\frac{\partial f}{\partial x_1},\cdots,\frac{\partial f}{\partial x_n}\right]^{\mathrm{T}}=A\boldsymbol{x}-\boldsymbol{b},\tag{5.3}$$

而且,对任意给定的非零向量 $\boldsymbol{p}\in R^n$,有

$$f(\boldsymbol{x}+t\boldsymbol{p})-f(\boldsymbol{x})=t\boldsymbol{g}(\boldsymbol{x})^{\mathrm{T}}\boldsymbol{p}+\frac{1}{2}t^2\boldsymbol{p}^{\mathrm{T}}A\boldsymbol{p},\tag{5.4}$$

其中 $\boldsymbol{g}(\boldsymbol{x})^{\mathrm{T}}$ 为 $\boldsymbol{g}(\boldsymbol{x})$的转置,$t$ 为一实数.

若 $\boldsymbol{u}$ 是方程组(5.1)的解,则 $\boldsymbol{g}(\boldsymbol{u})=\boldsymbol{0}$.因 A 是正定的,因此,据(5.4)式,对任意的非零向量 $\boldsymbol{p}\in R^n$,有

$$f(\boldsymbol{u}+t\boldsymbol{p})-f(\boldsymbol{u})\begin{cases}>0, & \text{当 } t\neq 0 \text{ 时}\\ =0, & \text{当 } t=0 \text{ 时}.\end{cases}\tag{5.5}$$

故 $\boldsymbol{u}$ 是$f(\boldsymbol{x})$的极小点.

反之,因 A 正定,所以在 R^n 中二次函数$f(\boldsymbol{x})$有唯一的极小点,若 $\boldsymbol{u}$ 是$f(\boldsymbol{x})$的极小点,则(5.5)式成立,意即,当 $t=0$ 时 $\boldsymbol{u}$ 是$f(\boldsymbol{u})+t\boldsymbol{p}$ 的极小点.又据(5.4)式,

$$f(\boldsymbol{u}+t\boldsymbol{p})-f(\boldsymbol{u})=t\boldsymbol{g}(\boldsymbol{u})^{\mathrm{T}}\boldsymbol{p}+\frac{1}{2}t^2\boldsymbol{p}^{\mathrm{T}}A\boldsymbol{p},$$

于是

$$\left.\frac{\mathrm{d}f(\boldsymbol{u}+t\boldsymbol{p})}{\mathrm{d}t}\right|_{t=0}=\lim_{t\to0}\frac{f(\boldsymbol{u}+t\boldsymbol{p})-f(\boldsymbol{u})}{t}=\boldsymbol{g}(\boldsymbol{u})^{\mathrm{T}}\boldsymbol{p}=0.$$

由于 $\boldsymbol{p}$ 的任意性,故必须

$$\boldsymbol{g}(\boldsymbol{u})=\boldsymbol{0}.$$

从而 $\boldsymbol{u}$ 是方程组(5.1)的解.

因此,我们有下面的定理.

定理 1　$\boldsymbol{u}\in R^n$ 是方程组(5.1)的解的充分必要条件为 $\boldsymbol{u}$ 是二次函数(5.2)的极小点.

现在,我们来介绍求二次函数 $f(\boldsymbol{x})$的极小点的一类方法.

假设 $\boldsymbol{x}_0$ 是任意给定的一个初始点.从点 $\boldsymbol{x}_0$ 出发沿某一规定方向 $\boldsymbol{p}_0$,求函数 $f(\boldsymbol{x})$在直线

$$\boldsymbol{x}=\boldsymbol{x}_0+t\boldsymbol{p}_0$$

上的极小点.假设求得的极小点为 $\boldsymbol{x}_1$,再从点 $\boldsymbol{x}_1$ 出发沿某一规定方向 $\boldsymbol{p}_1$ 求函数 $f(\boldsymbol{x})$在直线

$$\boldsymbol{x}=\boldsymbol{x}_1+t\boldsymbol{p}_1$$

上的极小点,设其为 $\boldsymbol{x}_2$,如此继续下去,一般地,从点 $\boldsymbol{x}_k$ 出发沿某一规定方向 $\boldsymbol{p}_k$ 求函数 $f(\boldsymbol{x})$在直线

$$\boldsymbol{x}=\boldsymbol{x}_k=t\boldsymbol{p}_k \tag{5.6}$$

上的极小点.我们称 $\boldsymbol{p}_k$ 为**寻查方向**.

记

$$\varphi_k(t)=f(\boldsymbol{x}_k+t\boldsymbol{p}_k),$$

欲确定系数 α_k,使得一元函数 $\varphi_k(t)$当 $t=\alpha_k$ 时为极小.由于

$$\varphi_k(t)=\frac{1}{2}(\boldsymbol{x}_k+t\boldsymbol{p}_k)^{\mathrm{T}}A(\boldsymbol{x}_k+t\boldsymbol{p}_k)-\boldsymbol{b}^{\mathrm{T}}(\boldsymbol{x}_k+t\boldsymbol{p}_k), \tag{5.7}$$

因此,$\varphi_k(t)$对 t 求导数得

$$\varphi'_k(t)=t\boldsymbol{p}_k^{\mathrm{T}}A\boldsymbol{p}_k+\boldsymbol{p}_k^{\mathrm{T}}(A\boldsymbol{x}_k-\boldsymbol{b}). \tag{5.8}$$

令 $\varphi'_k(t)=0$,则

$$t=\alpha_k=-\frac{\boldsymbol{p}_k^{\mathrm{T}}(A\boldsymbol{x}_k-\boldsymbol{b})}{\boldsymbol{p}_k^{\mathrm{T}}A\boldsymbol{p}_k}. \tag{5.9}$$

由于

$$\varphi''_k(t)=\boldsymbol{p}_k^{\mathrm{T}}A\boldsymbol{p}_k>0\ (\boldsymbol{p}_k\neq\boldsymbol{0}),$$

因此,$t=\alpha_k$ 时,$\varphi_k(t)$为极小.这样,

$$\boldsymbol{x}_{k+1}=\boldsymbol{x}_k+\alpha_k\boldsymbol{p}_k$$

便是 $f(\boldsymbol{x})$在直线

$$\boldsymbol{x} = \boldsymbol{x}_k + t\boldsymbol{p}_k$$

上的极小点.记

$$\boldsymbol{r}_k = A\boldsymbol{x}_k - \boldsymbol{b}, \tag{5.10}$$

称它为**剩余向量**,于是

$$\boldsymbol{r}_k = \boldsymbol{g}(\boldsymbol{x}_k) = \operatorname{grad} f(\boldsymbol{x}_k), \tag{5.11}$$

且(5.9)式可以写成

$$\alpha_k = -\frac{\boldsymbol{r}_k^{\mathrm{T}}\boldsymbol{p}_k}{\boldsymbol{p}_k^{\mathrm{T}}A\boldsymbol{p}_k}. \tag{5.12}$$

这样,我们得到一类迭代法的迭代公式为

$$\boldsymbol{x}_{k+1} = \boldsymbol{x}_k + \alpha_k\boldsymbol{p}_k, \quad k = 0,1,2,\cdots, \tag{5.13}$$

其中 α_k 如(5.12)式所表示.显然,迭代法(5.13)具有下降性质:

$$f(\boldsymbol{x}_{k+1}) \leqslant f(\boldsymbol{x}_k).$$

(1) 若取

$$\boldsymbol{p}_k = -\boldsymbol{r}_k = -\operatorname{grad} f(\boldsymbol{x}_k), \quad k = 0,1,2,\cdots, \tag{5.14}$$

则称迭代法(5.13)为**最速下降法**.此时

$$\boldsymbol{x}_{k+1} = \boldsymbol{x}_k + \alpha_k\boldsymbol{r}_k, \quad k = 0,1,2,\cdots,$$

$$\alpha_k = \frac{\boldsymbol{r}_k^{\mathrm{T}}\boldsymbol{r}_k}{\boldsymbol{r}_k^{\mathrm{T}}A\boldsymbol{r}_k},$$

以及

$$\begin{aligned} f(\boldsymbol{x}_{k+1}) - f(\boldsymbol{x}_k) &= f(\boldsymbol{x}_k + \alpha_k\boldsymbol{r}_k) - f(\boldsymbol{x}_k) \\ &= -\alpha_k\boldsymbol{r}_k^{\mathrm{T}}\boldsymbol{r}_k + \frac{1}{2}\alpha_k^2\boldsymbol{r}_k^{\mathrm{T}}A\boldsymbol{r}_k \\ &= -\frac{1}{2}\frac{[\boldsymbol{r}_k^{\mathrm{T}}\boldsymbol{r}_k]^2}{\boldsymbol{r}_k^{\mathrm{T}}A\boldsymbol{r}_k} < 0, \end{aligned}$$

因而 $f(x_{k+1}) < f(x_k)$.还可以证明,当 $k\to\infty$ 时,$\boldsymbol{x}_k \to \boldsymbol{x}^*$,$\boldsymbol{x}^*$ 是方程组 $A\boldsymbol{x} = \boldsymbol{b}$ 的解.

(2) 若选取寻查方向

$$\boldsymbol{p}_0, \boldsymbol{p}_1, \cdots, \boldsymbol{p}_{n-1}$$

为 R^n 中的一个 A 共轭向量系,即具有性质

$$\boldsymbol{p}_i^{\mathrm{T}}A\boldsymbol{p}_j = 0, i \neq j \tag{5.15}$$

的向量系$\{\boldsymbol{p}_k\}$,且 $\boldsymbol{p}_k \neq \boldsymbol{0}$, $k = 0,1,\cdots,n-1$,则称迭代法(5.13)为**共轭方向法**.

我们用 L_k 表示线性无关向量系 $\boldsymbol{p}_0, \boldsymbol{p}_1, \cdots, \boldsymbol{p}_{k-1}$ 所张成的子空间,即

$$L_k = \operatorname{span}\{\boldsymbol{p}_0, \boldsymbol{p}_1, \cdots, \boldsymbol{p}_{k-1}\},$$

π_k 表示线性流形:

$$\pi_k = \{\boldsymbol{x} \mid \boldsymbol{x} = \boldsymbol{x}_0 + \boldsymbol{z}, \boldsymbol{z} \in L_k\}.$$

引理　从任一点 $\boldsymbol{x}_0$ 出发，得到的点序列

$$\boldsymbol{x}_0, \boldsymbol{x}_1, \cdots, \boldsymbol{x}_k, \cdots$$

具有性质：

$$f(\boldsymbol{x}_k) = \min_{z \in L_k} f(\boldsymbol{x}_0 + \boldsymbol{z}) \tag{5.16}$$

的充分必要条件是 $\boldsymbol{x}_k \in \pi_k$，且剩余向量(即 $f(\boldsymbol{x})$在 $\boldsymbol{x}_k$ 的斜量)$\boldsymbol{r}_k$ 和 L_k 直交：

$$\boldsymbol{r}_k \perp L_k,$$

即

$$\boldsymbol{r}_k^{\mathrm{T}} \boldsymbol{z} = 0, \quad \forall\, \boldsymbol{z} \in L_k. \tag{5.17}$$

证明　*必要性*　(5.16)式表明，$\boldsymbol{x}_k$ 为二次函数 $f(\boldsymbol{x})$在线性流形 π_k 上的极小点，因此，$f(\boldsymbol{x})$在 $\boldsymbol{x}_k$ 沿任一方向 $\boldsymbol{z} \in L_k$ 的方向导数都必须为零，从而有

$$\boldsymbol{r}_k^{\mathrm{T}} \boldsymbol{z} = 0, \quad \forall\, \boldsymbol{z} \in L_k.$$

充分性　设 $\boldsymbol{x}_k \in \pi_k$. 对任意的 $\boldsymbol{x} \in \pi_k$，令

$$\Delta \boldsymbol{x}_k = \boldsymbol{x} - \boldsymbol{x}_k, \quad \boldsymbol{x} = \boldsymbol{x}_0 + \boldsymbol{z}, \quad \boldsymbol{x}_k = \boldsymbol{x}_0 + \boldsymbol{z}_k,$$

其中 $z, z_k \in L_k$，则 $\Delta \boldsymbol{x}_k = \boldsymbol{z} - \boldsymbol{z}_k$. 于是

$$f(\boldsymbol{x}) - f(\boldsymbol{x}_k) = \boldsymbol{r}_k^{\mathrm{T}} \Delta \boldsymbol{x}_k + \frac{1}{2}(\Delta \boldsymbol{x}_k)^{\mathrm{T}} A \Delta \boldsymbol{x}_k.$$

由于假设(5.17)式成立，因此上式右端第一项

$$\boldsymbol{r}_k^{\mathrm{T}} \Delta \boldsymbol{x}_k = \boldsymbol{r}_k^{\mathrm{T}} \boldsymbol{z} - \boldsymbol{r}_k^{\mathrm{T}} \boldsymbol{z}_k = 0.$$

又因 A 正定，从而$(\Delta \boldsymbol{x}_k)^{\mathrm{T}} A (\Delta \boldsymbol{x}_k) \geqslant 0$，故有

$$f(\boldsymbol{x}) \geqslant f(\boldsymbol{x}_k).$$

充分性得证.

下面给出共轭方向法的两个重要性质.

定理 2　由共轭方向法得到的点序列

$$\boldsymbol{x}_0, \boldsymbol{x}_1, \cdots, \boldsymbol{x}_k, \cdots$$

具有性质(5.16).

证明　据迭代公式(5.13)，有

$$\boldsymbol{x}_k = \boldsymbol{x}_0 + \alpha_0 \boldsymbol{p}_0 + \alpha_1 \boldsymbol{p}_1 + \cdots + \alpha_{k-1} \boldsymbol{p}_{k-1},$$

因此，$\boldsymbol{x}_k \in \pi_k$. 这样，根据引理，只要证明剩余向量 $\boldsymbol{r}_k$ 和 L_k 直交.

当 $k=1$ 时，

$$\boldsymbol{r}_1 = A\boldsymbol{x}_1 - \boldsymbol{b} = A(\boldsymbol{x}_0 + \alpha_0 \boldsymbol{p}_0) - \boldsymbol{b} = A\boldsymbol{x}_0 + \alpha_0 A\boldsymbol{p}_0 - \boldsymbol{b},$$

$$\boldsymbol{p}_0^{\mathrm{T}} \boldsymbol{r}_1 = \boldsymbol{p}_0^{\mathrm{T}} A\boldsymbol{x}_0 + \alpha_0 \boldsymbol{p}_0^{\mathrm{T}} A\boldsymbol{p}_0 - \boldsymbol{p}_0^{\mathrm{T}} \boldsymbol{b}$$

$$= \boldsymbol{p}_0^{\mathrm{T}}(A\boldsymbol{x}_0 - \boldsymbol{b}) - \frac{\boldsymbol{p}_0^{\mathrm{T}}\boldsymbol{r}_0}{\boldsymbol{p}_0^{\mathrm{T}}A\boldsymbol{p}_0}\boldsymbol{p}_0^{\mathrm{T}}A\boldsymbol{p}_0$$

$$= \boldsymbol{p}_0^{\mathrm{T}}\boldsymbol{r}_0 - \boldsymbol{p}_0^{\mathrm{T}}\boldsymbol{r}_0 = 0,$$

因此,$\boldsymbol{r}_1 \perp \boldsymbol{p}_0$,故 $\boldsymbol{r}_1 \perp L_1$.

假设直到 k,定理都成立,即

$$\boldsymbol{r}_i \perp L_i, \quad i = 1, 2, \cdots, k.$$

我们将证明

$$\boldsymbol{r}_{k+1} \perp L_{k+1}.$$

据(5.10)和(5.13)式,有

$$\boldsymbol{r}_{k+1} - \boldsymbol{r}_k = A\boldsymbol{x}_{k+1} - \boldsymbol{b} - (A\boldsymbol{x}_k - \boldsymbol{b}) = A(\boldsymbol{x}_{k+1} - \boldsymbol{x}_k) = \alpha_k A\boldsymbol{p}_k,$$

即

$$\boldsymbol{r}_{k+1} = \boldsymbol{r}_k + \alpha_k A\boldsymbol{p}_k, \tag{5.18}$$

其中

$$\alpha_k = -\frac{\boldsymbol{r}_k^{\mathrm{T}}\boldsymbol{p}_k}{\boldsymbol{p}_k^{\mathrm{T}}A\boldsymbol{p}_k}.$$

设 $\boldsymbol{r}_{k+1} \neq \boldsymbol{0}$(否则,$\boldsymbol{r}_{k+1} \perp L_{k+1}$),则

$$\boldsymbol{r}_{k+1}^{\mathrm{T}}\boldsymbol{p}_k = \boldsymbol{r}_k^{\mathrm{T}}\boldsymbol{p}_k + \alpha_k\boldsymbol{p}_k^{\mathrm{T}}A\boldsymbol{p}_k = 0.$$

又若 $i < k$,则根据归纳法假设,并注意到 $\boldsymbol{p}_i$ 与 $\boldsymbol{p}_k$ 为 A 共轭,便有

$$\boldsymbol{r}_{k+1}^{\mathrm{T}}\boldsymbol{p}_i = \boldsymbol{r}_k^{\mathrm{T}}\boldsymbol{p}_i + \alpha_k\boldsymbol{p}_k^{\mathrm{T}}A\boldsymbol{p}_i = \boldsymbol{r}_k^{\mathrm{T}}\boldsymbol{p}_i = 0.$$

因此,$\boldsymbol{r}_{k+1} \perp \boldsymbol{p}_i$, $i = 0, 1, \cdots, k$,从而

$$\boldsymbol{r}_{k+1} \perp L_{k+1}.$$

推论 共轭方向法至多进行 n 步,便可得到方程组(5.1)的解.

证明 因为

$$\boldsymbol{r}_n^{\mathrm{T}}\boldsymbol{p}_i = 0, \quad i = 0, 1, \cdots n-1,$$

而 $\boldsymbol{p}_0, \boldsymbol{p}_1, \cdots, \boldsymbol{p}_{n-1}$为非零的 A 共轭向量系,必为线性无关,因此

$$\boldsymbol{r}_n = A\boldsymbol{x}_n - \boldsymbol{b} = \boldsymbol{0},$$

$\boldsymbol{x}_n$ 便是方程组(5.1)的解.

此推论说明,理论上,共轭方向法经有限步迭代便可得到方程组(5.1)的准确解,因此共轭方向法本质上是一种直接方法.然而,实际上,在计算过程中,往往受舍入误差影响,从而经有限步迭代不能得到方程组(5.1)的准确解.再说,共轭方向法的计算公式具有迭代格式的特点,因此我们又将它看作是一种迭代法.

6.5.2 共轭斜量法

1. 共轭斜量法的计算公式

上一小节介绍的是一般的共轭方向法，我们并没有给出具体的 A 共轭向量系 $\{\boldsymbol{p}_i\}$. 这一段，我们将介绍共轭方向法中一种生成 A 共轭向量系 $\{\boldsymbol{p}_i\}$ 的具体方法.

对于任意的初始近似 $\boldsymbol{x}_0$，取第一个寻查方向 $\boldsymbol{p}_0$ 为

$$\boldsymbol{p}_0 = -\boldsymbol{r}_0 = -(A\boldsymbol{x}_0 - \boldsymbol{b}),$$

由公式(5.13)计算 $\boldsymbol{x}_1$：

$$\boldsymbol{x}_1 = \boldsymbol{x}_0 + \alpha_0 \boldsymbol{p}_0,$$

其中

$$\alpha_0 = -\frac{\boldsymbol{p}_0^{\mathrm{T}} \boldsymbol{r}_0}{\boldsymbol{p}_0^{\mathrm{T}} A \boldsymbol{p}_0},$$

$\boldsymbol{p}_0 \neq \boldsymbol{0}$（否则，$\boldsymbol{x}_0$ 便是方程组(5.1)的解），算出

$$\boldsymbol{r}_1 = A\boldsymbol{x}_1 - \boldsymbol{b}.$$

据定理 2，$\boldsymbol{r}_1 \perp \boldsymbol{p}_0$，因此 $\boldsymbol{r}_1 \perp \boldsymbol{r}_0$. 于是，我们便可在 $\boldsymbol{r}_0, \boldsymbol{r}_1$ 张成的子空间中求寻查方向 $\boldsymbol{p}_1$. 令

$$\boldsymbol{p}_1 = -\boldsymbol{r}_1 - \beta_0 \boldsymbol{r}_0 = -\boldsymbol{r}_1 + \beta_0 \boldsymbol{p}_0,$$

欲 $\boldsymbol{p}_0$ 与 $\boldsymbol{p}_1$ 为 A 共轭，必须

$$\boldsymbol{p}_1^{\mathrm{T}} A \boldsymbol{p}_0 = (-\boldsymbol{r}_1 + \beta_0 \boldsymbol{p}_0)^{\mathrm{T}} A \boldsymbol{p}_0 = 0,$$

从而得到

$$\beta_0 = \frac{\boldsymbol{r}_1^{\mathrm{T}} A \boldsymbol{p}_0}{\boldsymbol{p}_0^{\mathrm{T}} A \boldsymbol{p}_0}.$$

再由公式(5.13)计算 $\boldsymbol{x}_2$：

$$\boldsymbol{x}_2 = \boldsymbol{x}_1 + \alpha_1 \boldsymbol{p}_1,$$

并算出

$$\boldsymbol{r}_2 = A\boldsymbol{x}_2 - \boldsymbol{b}.$$

令

$$\boldsymbol{p}_2 = -\boldsymbol{r}_2 + \beta_1 \boldsymbol{p}_1,$$

欲 $\boldsymbol{p}_2$ 与 $\boldsymbol{p}_1$ 为 A 共轭，必须

$$\boldsymbol{p}_2^{\mathrm{T}} A \boldsymbol{p}_1 = (-\boldsymbol{r}_2 + \beta_1 \boldsymbol{p}_1)^{\mathrm{T}} A \boldsymbol{p}_1 = 0,$$

从而得到

$$\beta_1 = \frac{\boldsymbol{r}_2^{\mathrm{T}} A \boldsymbol{p}_1}{\boldsymbol{p}_1^{\mathrm{T}} A \boldsymbol{p}_1}.$$

如此继续下去，一般地，令

$$\boldsymbol{p}_{k+1} = -\boldsymbol{r}_{k+1} + \beta_k \boldsymbol{p}_k, \tag{5.19}$$

欲 $\boldsymbol{p}_{k+1}$ 与 $\boldsymbol{p}_k$ 为 A 共轭，则必须

$$\beta_k = \frac{\boldsymbol{r}_{k+1}^{\mathrm{T}} A \boldsymbol{p}_k}{\boldsymbol{p}_k^{\mathrm{T}} A \boldsymbol{p}_k}. \tag{5.20}$$

这样,我们便得到一种迭代法的计算公式如下:

给定初始近似 $\boldsymbol{x}_0$,取

$$\boldsymbol{p}_0 = -\boldsymbol{r}_0 = \boldsymbol{b} - A\boldsymbol{x}_0,$$

对 $k=0,1,\cdots$计算

$$\alpha_k = -\frac{\boldsymbol{r}_k^{\mathrm{T}} \boldsymbol{p}_k}{\boldsymbol{p}_k^{\mathrm{T}} A \boldsymbol{p}_k}, \quad \boldsymbol{x}_{k+1} = \boldsymbol{x}_k + \alpha_k \boldsymbol{p}_k,$$

$$\boldsymbol{r}_{k+1} = A\boldsymbol{x}_{k+1} - \boldsymbol{b} = \boldsymbol{r}_k + \alpha_k A \boldsymbol{p}_k,$$

$$\beta_k = \frac{\boldsymbol{r}_{k+1}^{\mathrm{T}} A \boldsymbol{p}_k}{\boldsymbol{p}_k^{\mathrm{T}} A \boldsymbol{p}_k}, \quad \boldsymbol{p}_{k+1} = -\boldsymbol{r}_{k+1} + \beta_k \boldsymbol{p}_k.$$

下一段,我们将证明,按(5.19)式生成的向量系 $\boldsymbol{p}_0, \boldsymbol{p}_1, \cdots, \boldsymbol{p}_k (k \leqslant n-1)$确实是一个 A 共轭向量系. 因此,这是一种特殊的共轭方向法,我们称它为**共轭斜量法**,或**共轭梯度法**.

例 1 应用共轭斜量法解方程组

$$\begin{bmatrix} 2 & 0 & 1 \\ 0 & 1 & 0 \\ 1 & 0 & 2 \end{bmatrix} \begin{bmatrix} x_1 \\ x_2 \\ x_3 \end{bmatrix} = \begin{bmatrix} 3 \\ 1 \\ 3 \end{bmatrix}.$$

容易验证此方程组的系数矩阵

$$A = \begin{bmatrix} 2 & 0 & 1 \\ 0 & 1 & 0 \\ 1 & 0 & 2 \end{bmatrix}$$

是实对称正定的. 我们取初始近似 $\boldsymbol{x}_0 = [0,0,0]^{\mathrm{T}}$,则

$$\boldsymbol{r}_0 = A\boldsymbol{x}_0 - \boldsymbol{b} = \begin{bmatrix} -3 \\ -1 \\ -3 \end{bmatrix}, \quad \boldsymbol{p}_0 = -\boldsymbol{r}_0 = \begin{bmatrix} 3 \\ 1 \\ 3 \end{bmatrix}.$$

当 $k=0$ 时,计算得

$$A\boldsymbol{p}_0 = \begin{bmatrix} 9 \\ 1 \\ 9 \end{bmatrix},$$

$$\boldsymbol{p}_0^{\mathrm{T}} A \boldsymbol{p}_0 = 55,$$

因此

$$\alpha_0 = -\frac{\boldsymbol{r}_0^{\mathrm{T}} \boldsymbol{p}_0}{\boldsymbol{p}_0^{\mathrm{T}} A \boldsymbol{p}_0} = \frac{19}{55},$$

$$\boldsymbol{x}_1=\boldsymbol{x}_0+\alpha_0\boldsymbol{p}_0=\frac{19}{55}\begin{bmatrix}3\\1\\3\end{bmatrix},$$

$$\boldsymbol{r}_1=\boldsymbol{r}_0+\alpha_0A\boldsymbol{p}_0=\frac{6}{55}\begin{bmatrix}1\\-6\\1\end{bmatrix},$$

从而

$$\beta_0=\frac{\boldsymbol{r}_1^{\mathrm{T}}A\boldsymbol{p}_0}{\boldsymbol{p}_0^{\mathrm{T}}A\boldsymbol{p}_0}=\frac{6\times12}{55\times55},$$

$$\boldsymbol{p}_1=-\boldsymbol{r}_1+\beta_0\boldsymbol{p}_0=\frac{6\times19}{55\times55}\begin{bmatrix}-1\\18\\-1\end{bmatrix}.$$

当 $k=1$ 时,我们有

$$A\boldsymbol{p}_1=\frac{6\times3\times19}{55\times55}\begin{bmatrix}-1\\6\\-1\end{bmatrix},$$

$$\boldsymbol{p}_1^{\mathrm{T}}A\boldsymbol{p}_1=\frac{6\times6\times3\times19\times19\times2}{55\times55\times55},$$

$$\boldsymbol{r}_1^{\mathrm{T}}\boldsymbol{p}_1=-\frac{6\times6\times19\times2}{55\times55},$$

因此得

$$\alpha_1=-\frac{\boldsymbol{r}_1^{\mathrm{T}}\boldsymbol{p}_1}{\boldsymbol{p}_1^{\mathrm{T}}A\boldsymbol{p}_1}=\frac{55}{3\times19},$$

$$\boldsymbol{x}_2=\boldsymbol{x}_1+\alpha_1\boldsymbol{p}_1=\begin{bmatrix}1\\1\\1\end{bmatrix},$$

$$\boldsymbol{r}_2=A\boldsymbol{x}_2-\boldsymbol{b}=\boldsymbol{0}.$$

故迭代二次便得到方程组的解 $\boldsymbol{x}_2=[1,1,1]^{\mathrm{T}}$.

2. 共轭斜量法的性质

定理 3　若 $\boldsymbol{r}_k\neq\boldsymbol{0}$,则共轭斜量法具有下列性质:

$$\mathrm{span}\{\boldsymbol{r}_0,\boldsymbol{r}_1,\cdots,\boldsymbol{r}_k\}=\mathrm{span}\{\boldsymbol{r}_0,A\boldsymbol{r}_0,\cdots,A^k\boldsymbol{r}_0\},\tag{5.21}$$

$$\mathrm{span}\{\boldsymbol{p}_0,\boldsymbol{p}_1,\cdots,\boldsymbol{p}_k\}=\mathrm{span}\{\boldsymbol{r}_0,A\boldsymbol{r}_0,\cdots,A^k\boldsymbol{r}_0\},\tag{5.22}$$

$$\boldsymbol{p}_k^{\mathrm{T}}A\boldsymbol{p}_i=0,\quad i=0,1,2,\cdots,k-1.\tag{5.23}$$

证明　我们用归纳法同时证明上述三个性质.

当 $k=0$ 时,(5.21)和(5.22)式显然成立. 当 $k=1$ 时,由于 $\boldsymbol{r}_1=\boldsymbol{r}_0+\alpha_0A\boldsymbol{p}_0=$

$\boldsymbol{r}_0 - \alpha_0 A\boldsymbol{r}_0, \alpha_0 \neq 0$,因此(5.21)式成立;又因 $\boldsymbol{p}_1 = -\boldsymbol{r}_1 - \beta_0 \boldsymbol{r}_0$,因此 $\mathrm{span}\{\boldsymbol{p}_0, \boldsymbol{p}_1\} = \mathrm{span}\{\boldsymbol{r}_0, \boldsymbol{r}_1\} = \mathrm{span}\{\boldsymbol{r}_0, A\boldsymbol{r}_0\}$,即(5.22)式成立;根据迭代公式的推导过程知,$\boldsymbol{p}_1^{\mathrm{T}} A\boldsymbol{p}_0 = 0$,因此(5.23)式也成立.今假设直到 k,(5.21)~(5.23)都成立,我们将证明对 $k+1$ 它们也都成立.

根据归纳法假设

$$\boldsymbol{r}_k \in \mathrm{span}\{\boldsymbol{r}_0, A\boldsymbol{r}_0, \cdots, A^k\boldsymbol{r}_0\},$$

$$\boldsymbol{p}_{k-1} \in \mathrm{span}\{\boldsymbol{r}_0, A\boldsymbol{r}_0, \cdots, A^k\boldsymbol{r}_0\}.$$

由于

$$A\boldsymbol{p}_k = A(-\boldsymbol{r}_k + \beta_{k-1}\boldsymbol{p}_{k-1}),$$

因此

$$A\boldsymbol{p}_k \in \mathrm{span}\{\boldsymbol{r}_0, A\boldsymbol{r}_0, \cdots, A^{k+1}\boldsymbol{r}_0\},$$

从而

$$\boldsymbol{r}_{k+1} = \boldsymbol{r}_k + \alpha_k A\boldsymbol{p}_k \in \mathrm{span}\{\boldsymbol{r}_0, A\boldsymbol{r}_0, \cdots, A^{k+1}\boldsymbol{r}_0\},$$

即 $\boldsymbol{r}_{k+1}$ 可由 $\boldsymbol{r}_0, A\boldsymbol{r}_0, \cdots, A^{k+1}\boldsymbol{r}_0$ 线性表示:

$$\boldsymbol{r}_{k+1} = c_0\boldsymbol{r}_0 + c_1 A\boldsymbol{r}_0 + \cdots + c_{k+1}A^{k+1}\boldsymbol{r}_0, \tag{5.24}$$

而 $\boldsymbol{r}_0, \boldsymbol{r}_1, \cdots, \boldsymbol{r}_k$ 都可由 $\boldsymbol{r}_0, A\boldsymbol{r}_0, \cdots, A^{k+1}\boldsymbol{r}_0$ 线性表示.

另一方面,

$$\boldsymbol{r}_{k+1} \overline{\in} \mathrm{span}\{\boldsymbol{r}_0, A\boldsymbol{r}_0, \cdots, A^k\boldsymbol{r}_0\} = \mathrm{span}\{\boldsymbol{p}_0, \boldsymbol{p}_1, \cdots, \boldsymbol{p}_k\} = L_{k+1},$$

(否则,由定理2和引理知 $\boldsymbol{r}_{k+1} \perp L_{k+1}$,从而 $\boldsymbol{r}_{k+1} = \boldsymbol{0}$).这样,(5.24)式右端最后一项系数 $c_{k+1} \neq 0$,而 $\boldsymbol{r}_0, A\boldsymbol{r}_0, \cdots, A^k\boldsymbol{r}_0$ 都可由 $\boldsymbol{r}_0, \boldsymbol{r}_1, \cdots, \boldsymbol{r}_{k+1}$ 线性表示,因此 $A^{k+1}\boldsymbol{r}_0$ 便可由 $\boldsymbol{r}_0, \boldsymbol{r}_1, \cdots \boldsymbol{r}_{k+1}$ 线性表示.故

$$\mathrm{span}\{\boldsymbol{r}_0, \boldsymbol{r}_1, \cdots, \boldsymbol{r}_{k+1}\} = \mathrm{span}\{\boldsymbol{r}_0, A\boldsymbol{r}_0, \cdots, A^{k+1}\boldsymbol{r}_0\}.$$

由于

$$\boldsymbol{p}_{k+1} = -\boldsymbol{r}_{k+1} + \beta_k\boldsymbol{p}_k,$$

因此

$$\mathrm{span}\{\boldsymbol{p}_0, \boldsymbol{p}_1, \cdots, \boldsymbol{p}_{k+1}\} = \mathrm{span}\{\boldsymbol{r}_0, \boldsymbol{r}_1, \cdots, \boldsymbol{r}_{k+1}\},$$

再据(5.21)式知,(5.22)式也成立.

最后证明(5.23)式.因为

$$\boldsymbol{p}_{k+1}^{\mathrm{T}} A\boldsymbol{p}_i = (-\boldsymbol{r}_{k+1} + \beta_k\boldsymbol{p}_k)^{\mathrm{T}} A\boldsymbol{p}_i = -\boldsymbol{r}_{k+1}^{\mathrm{T}} A\boldsymbol{p}_i + \beta_k\boldsymbol{p}_k^{\mathrm{T}} A\boldsymbol{p}_i,$$

若 $i = k$,则将 $\beta_k = (\boldsymbol{r}_{k+1}^{\mathrm{T}} A\boldsymbol{p}_k)/(\boldsymbol{p}_k^{\mathrm{T}} A\boldsymbol{p}_k)$ 代入上式得 $\boldsymbol{p}_{k+1}^{\mathrm{T}} A\boldsymbol{p}_k = 0$;若 $i < k$,由于

$$A\boldsymbol{p}_i \in \mathrm{span}\{\boldsymbol{r}_0, A\boldsymbol{r}_0, \cdots, A^{i+1}\boldsymbol{r}_0\} = \mathrm{span}\{\boldsymbol{p}_0, \boldsymbol{p}_1, \cdots, \boldsymbol{p}_{i+1}\} = L_{i+2},$$

$$\boldsymbol{r}_{k+1} \perp L_{i+2},$$

因此，$-\boldsymbol{r}_{k+1}^{\mathrm{T}}A\boldsymbol{p}_i=0$. 再据归纳法假设，$\boldsymbol{p}_k^{\mathrm{T}}A\boldsymbol{p}_i=0$，故

$$\boldsymbol{p}_{k+1}^{\mathrm{T}}A\boldsymbol{p}_i=0,\quad i=0,1,\cdots,k.$$

(5.23)式得证.

定理 4　共轭斜量法中的剩余向量互为直交，即

$$\boldsymbol{r}_i^{\mathrm{T}}\boldsymbol{r}_j=0.\quad i\neq j,$$

且剩余向量与寻查方向向量有如下关系式成立：

$$\boldsymbol{r}_k^{\mathrm{T}}\boldsymbol{p}_i=0,\qquad i=0,1,\cdots,k-1, \tag{5.25}$$

$$\boldsymbol{p}_k^{\mathrm{T}}\boldsymbol{r}_i=-\boldsymbol{r}_k^{\mathrm{T}}\boldsymbol{r}_k,\quad i=0,1,\cdots,k. \tag{5.26}$$

证明　首先，据定理2知(5.25)式成立. 因为

$$\begin{aligned}\boldsymbol{p}_k^{\mathrm{T}}\boldsymbol{r}_k&=\boldsymbol{p}_k^{\mathrm{T}}(\boldsymbol{r}_{k-1}+\alpha_{k-1}A\boldsymbol{p}_{k-1})\\&=\boldsymbol{p}_k^{\mathrm{T}}\boldsymbol{r}_{k-1}=\cdots=\boldsymbol{p}_k^{\mathrm{T}}\boldsymbol{r}_0,\end{aligned} \tag{5.27}$$

$$\begin{aligned}\boldsymbol{p}_k^{\mathrm{T}}\boldsymbol{r}_k&=(-\boldsymbol{r}_k+\beta_{k-1}\boldsymbol{p}_{k-1})^{\mathrm{T}}\boldsymbol{r}_k\\&=-\boldsymbol{r}_k^{\mathrm{T}}\boldsymbol{r}_k+\beta_{k-1}\boldsymbol{p}_{k-1}^{\mathrm{T}}\boldsymbol{r}_k=-\boldsymbol{r}_k^{\mathrm{T}}\boldsymbol{r}_k,\end{aligned}$$

所以(5.26)式成立.

其次，用归纳法证明

$$\boldsymbol{r}_i^{\mathrm{T}}\boldsymbol{r}_j=0,\quad i\neq j.$$

显然，$\boldsymbol{r}_1^{\mathrm{T}}\boldsymbol{r}_0=0$. 今假设

$$\boldsymbol{r}_k^{\mathrm{T}}\boldsymbol{r}_j=0,\qquad j=0,1,\cdots,k-1.$$

我们将证明

$$\boldsymbol{r}_{k+1}^{\mathrm{T}}\boldsymbol{r}_j=0,\qquad j=0,1,\cdots,k.$$

据定理3知，$\boldsymbol{r}_j$ 可以表示成 $\boldsymbol{p}_0,\boldsymbol{p}_1,\cdots,\boldsymbol{p}_j$ 的线性组合：

$$\boldsymbol{r}_j=\sum_{i=0}^{j}\mu_i\boldsymbol{p}_i,$$

因此

$$\boldsymbol{r}_{k+1}^{\mathrm{T}}\boldsymbol{r}_j=\sum_{i=0}^{j}\mu_i\boldsymbol{r}_{k+1}^{\mathrm{T}}\boldsymbol{p}_i.$$

据(5.25)式，上式右端等于零，因此

$$\boldsymbol{r}_{k+1}^{\mathrm{T}}\boldsymbol{r}_j=0,\quad j=0,1,\cdots,k.$$

从定理的证明过程看到，(5.25)以及(5.27)式为一般的共轭方向法所具有的性质.

据定理4，我们不难将 α_k,β_k 的表达式写成

$$\alpha_k=\frac{\boldsymbol{r}_k^{\mathrm{T}}\boldsymbol{r}_k}{\boldsymbol{p}_k^{\mathrm{T}}A\boldsymbol{p}_k}, \tag{5.28}$$

$$\beta_k = \frac{\boldsymbol{r}_{k+1}^{\mathrm{T}} \boldsymbol{r}_{k+1}}{\boldsymbol{r}_k^{\mathrm{T}} \boldsymbol{r}_k}, \tag{5.29}$$

应用共轭斜量法解方程组(5.1)得到的近似解向量序列$\{\boldsymbol{x}_k\}$,具有下面定理 5 所述的性质.

定理 5 当 $i<j$ 时,$\boldsymbol{x}_j$ 比 $\boldsymbol{x}_i$ 更接近于方程组(5.1)的准确解 $\boldsymbol{u}$,即

$$\| \boldsymbol{u} - \boldsymbol{x}_j \|_2 < \| \boldsymbol{u} - \boldsymbol{x}_i \|_2.$$

证明 令 $\boldsymbol{e}^{(i)} = \boldsymbol{u} - \boldsymbol{x}_i$,只要证明

$$\| \boldsymbol{e}^{(i)} \|_2^2 > \| \boldsymbol{e}^{(i+1)} \|_2^2$$

就行了.据(5.13)式,可得

$$\boldsymbol{e}^{(i)} = \boldsymbol{e}^{(i+1)} + \alpha_i \boldsymbol{p}_i,$$

因此有

$$\| \boldsymbol{e}^{(i)} \|_2^2 = \boldsymbol{e}^{(i)^{\mathrm{T}}} \boldsymbol{e}^{(i)} = \| \boldsymbol{e}^{(i+1)} \|_2^2 + 2\alpha_i \boldsymbol{p}_i^{\mathrm{T}} \boldsymbol{e}^{(i+1)} + \alpha_i^2 \boldsymbol{p}_i^{\mathrm{T}} \boldsymbol{p}_i. \tag{5.30}$$

由于

$$\boldsymbol{x}_{i+1} = \boldsymbol{x}_i + \alpha_i \boldsymbol{p}_i = \boldsymbol{x}_0 + \alpha_0 \boldsymbol{p}_0 + \alpha_1 \boldsymbol{p}_1 + \cdots + \alpha_i \boldsymbol{p}_i.$$

并且,因共轭斜量法至多进行 n 步便可得到方程组(5.1)的准确解,从而可假定 $\boldsymbol{u} = \boldsymbol{x}_m$,$i<j\leqslant m\leqslant n$,于是

$$\boldsymbol{u} = \boldsymbol{x}_0 + \alpha_0 \boldsymbol{p}_0 + \alpha_1 \boldsymbol{p}_1 + \cdots + \alpha_{m-1} \boldsymbol{p}_{m-1},$$

因此

$$\boldsymbol{e}^{(i+1)} = \alpha_{i+1} \boldsymbol{p}_{i+1} + \cdots + \alpha_{m-1} \boldsymbol{p}_{m-1},$$

$$\boldsymbol{p}_i^{\mathrm{T}} \boldsymbol{e}^{(i+1)} = \alpha_{i+1} \boldsymbol{p}_i^{\mathrm{T}} \boldsymbol{p}_{i+1} + \cdots + \alpha_{m-1} \boldsymbol{p}_i^{\mathrm{T}} \boldsymbol{p}_{m-1}.$$

由于

$$\begin{aligned} \boldsymbol{p}_i &= -\boldsymbol{r}_i + \beta_{i-1} \boldsymbol{p}_{i-1} \\ &= -(\boldsymbol{r}_i + \beta_{i-1} \boldsymbol{r}_{i-1} + \beta_{i-1}\beta_{i-2} \boldsymbol{r}_{i-2} + \cdots + \beta_{i-1}\beta_{i-2}\cdots\beta_0 \boldsymbol{r}_0), \end{aligned}$$

因此,据(5.26)式便有

$$\boldsymbol{p}_l^{\mathrm{T}} \boldsymbol{p}_i = (1 + \beta_{i-1} + \beta_{i-1}\beta_{i-2} + \cdots + \beta_{i-1}\beta_{i-2}\cdots\beta_0) \boldsymbol{r}_l^{\mathrm{T}} \boldsymbol{r}_l \quad (l>i).$$

又因 $\alpha_k>0$,$\beta_k>0(k<m)$,因此 $\boldsymbol{p}_l^{\mathrm{T}} \boldsymbol{p}_i>0$,从而 $\boldsymbol{p}_i^{\mathrm{T}} \boldsymbol{e}^{(i+1)}>0$. 这样,(5.30)式右端第二和第三项均为正,故有

$$\| \boldsymbol{e}^{(i)} \|_2^2 > \| \boldsymbol{e}^{(i+1)} \|_2^2.$$

定理得证.

设 $\boldsymbol{u}$ 是方程组(5.1)的解.作误差函数

$$E(\boldsymbol{x}) = \frac{1}{2} (\boldsymbol{u} - \boldsymbol{x})^{\mathrm{T}} A (\boldsymbol{u} - \boldsymbol{x}), \tag{5.31}$$

则

$$E(\boldsymbol{x}) = f(\boldsymbol{x}) + \frac{1}{2}\boldsymbol{u}^{\mathrm{T}}A\boldsymbol{u},$$

其中

$$f(\boldsymbol{x}) = \frac{1}{2}\boldsymbol{x}^{\mathrm{T}}A\boldsymbol{x} - \boldsymbol{b}^{\mathrm{T}}\boldsymbol{x}.$$

$E(\boldsymbol{x})$与 $f(\boldsymbol{x})$只相差一个常数$\frac{1}{2}\boldsymbol{u}^{\mathrm{T}}A\boldsymbol{u}$,因此 $f(\boldsymbol{x})$与 $E(\boldsymbol{x})$的极小化问题等价.

给定任意的初始近似 $\boldsymbol{x}_0$,考虑一类迭代法

$$\boldsymbol{x}_{k+1} = \boldsymbol{x}_0 + P_k(A)\boldsymbol{r}_0, \tag{5.32}$$

其中 $P_k(\lambda)$是 λ 的一个 k 次多项式,$P_k(A)$为与其相应的矩阵多项式.由(5.32)式我们有

$$\begin{aligned} u - \boldsymbol{x}_{k+1} &= \boldsymbol{u} - (\boldsymbol{x}_0 + P_k(A)\boldsymbol{r}_0) \\ &= \boldsymbol{u} - \boldsymbol{x}_0 - P_k(A)(A\boldsymbol{x}_0 - \boldsymbol{b}) \\ &= \boldsymbol{u} - \boldsymbol{x}_0 - P_k(A)(A\boldsymbol{x}_0 - A\boldsymbol{u}) \\ &= \boldsymbol{u} - \boldsymbol{x}_0 + AP_k(A)(\boldsymbol{u} - \boldsymbol{x}_0) \\ &= (I + AP_k(A))(\boldsymbol{u} - \boldsymbol{x}_0), \end{aligned}$$

因此

$$\begin{aligned} E(\boldsymbol{x}_{k+1}) &= \frac{1}{2}(\boldsymbol{u} - \boldsymbol{x}_{k+1})^{\mathrm{T}}A(\boldsymbol{u} - \boldsymbol{x}_{k+1}) \\ &= \frac{1}{2}(\boldsymbol{u} - \boldsymbol{x}_0)^{\mathrm{T}}A(I + AP_k(A))^2(\boldsymbol{u} - \boldsymbol{x}_0). \end{aligned}$$

现在的问题是如何选择(5.32)中的多项式 $P_k(\lambda)$,使

$$E(\boldsymbol{x}_{k+1}) = \text{极小}.$$

定理 6　共轭斜量法计算得 $k+1$ 次近似 $\boldsymbol{x}_{k+1}$,使

$$E(\boldsymbol{x}_{k+1}) = \min_{P_k(\lambda)\in\theta_k} \frac{1}{2}(\boldsymbol{u} - \boldsymbol{x}_0)^{\mathrm{T}}A(I + AP_k(A))^2(\boldsymbol{u} - \boldsymbol{x}_0), \tag{5.33}$$

其中 θ_k 为全体 k 次多项式集合.

证明　设

$$P_k(A) = \gamma_0 I + \gamma_1 A + \cdots + \gamma_k A^k,$$

则迭代法(5.32)可以写成

$$\boldsymbol{x}_{k+1} = \boldsymbol{x}_0 + \gamma_0\boldsymbol{r}_0 + \gamma_1 A\boldsymbol{r}_0 + \cdots + \gamma_k A^k\boldsymbol{r}_0. \tag{5.34}$$

在共轭斜量法中,

$$\boldsymbol{x}_{k+1} = \boldsymbol{x}_k + \alpha_k\boldsymbol{p}_k = \boldsymbol{x}_0 + \alpha_0\boldsymbol{p}_0 + \alpha_1\boldsymbol{p}_1 + \cdots + \alpha_k\boldsymbol{p}_k.$$

据定理 3,

$$L_{k+1} = \mathrm{span}\{\boldsymbol{p}_0, \boldsymbol{p}_1, \cdots, \boldsymbol{p}_k\} = \mathrm{span}\{\boldsymbol{r}_0, A\boldsymbol{r}_0, \cdots, A^k\boldsymbol{r}_0\},$$

因此,应用共轭斜量法得到的第 $k+1$ 次近似正好是(5.34)的形式,并据定理 2

知,共轭斜量法确定的系数 γ_i,使

$$E(\boldsymbol{x}_{k+1}) = \text{极小}.$$

定理 7 若矩阵 A 只有 $m(\leqslant n)$个相异的特征值,则共轭斜量法至多进行 m 步,便可得到方程组(5.1)的解.

证明 设矩阵 A 的特征值为$\lambda_1,\lambda_2,\cdots,\lambda_n$(其中只有 m 个为互异),与其相应的标准直交特征向量系为$v_1,v_2,\cdots,v_n$,则初始误差向量 $\boldsymbol{e}^{(0)}=\boldsymbol{u}-\boldsymbol{x}_0$($\boldsymbol{u}$ 为方程组(5.1)的解)可以唯一地表示成

$$\boldsymbol{u}-\boldsymbol{x}_0=\xi_1 v_1+\cdots+\xi_n v_n.$$

据定理 6,

$$\begin{aligned}E(\boldsymbol{x}_m)&\leqslant\frac{1}{2}(\boldsymbol{u}-\boldsymbol{x}_0)^{\mathrm{T}}A[I+AP_{m-1}(A)]^2(\boldsymbol{u}-\boldsymbol{x}_0)\\&=\frac{1}{2}\sum_{i=1}^{n}[1+\lambda_iP_{m-1}(\lambda_i)]^2\lambda_i\xi_i^2,\end{aligned}\tag{5.35}$$

其中 $P_{m-1}(\lambda)$为任意的 $m-1$ 次多项式.若选取 $P_{m-1}(\lambda)$使 $1+\lambda P_{m-1}(\lambda)$的 m 个零点就是A 的m 个互异特征值,则(5.35)式右端等于零,于是 $E(\boldsymbol{x}_m)=0$.据(5.31)式知,$\boldsymbol{x}_m$ 是方程组(5.1)的解.

例 2 在例 1 中,矩阵

$$A=\begin{bmatrix}2&0&1\\0&1&0\\1&0&2\end{bmatrix}$$

的特征值为 1,1,3.它只有两个互异特征值.我们应用共轭斜量法迭代二次便得到方程组的准确解.

3.共轭斜量法的收敛速度

应用共轭斜量法解方程组(5.1)得到的第 k 次近似解可以写成(5.32)的形式

$$\boldsymbol{x}_k=\boldsymbol{x}_0+P_{k-1}(A)\boldsymbol{r}_0.$$

于是有

$$\begin{aligned}\boldsymbol{e}^{(k)}=\boldsymbol{u}-\boldsymbol{x}_k&=\boldsymbol{u}-\boldsymbol{x}_0-P_{k-1}(A)\boldsymbol{r}_0\\&=\boldsymbol{u}-\boldsymbol{x}_0-P_{k-1}(A)(A\boldsymbol{x}_0-\boldsymbol{b})\\&=[I+AP_{k-1}(A)](\boldsymbol{u}-\boldsymbol{x}_0)\\&=[I+AP_{k-1}(A)]\boldsymbol{e}^{(0)},\end{aligned}$$

从而

$$\begin{aligned}\|\boldsymbol{e}^{(k)}\|_2&\leqslant\|I+AP_{k-1}(A)\|_2\|\boldsymbol{e}^{(0)}\|_2\\&=\max_{0\leqslant i\leqslant n-1}|1+\lambda_iP_{k-1}(\lambda_i)|\|\boldsymbol{e}^{(0)}\|_2\\&\leqslant\max_{\lambda_1\leqslant\lambda\leqslant\lambda_0}|1+\lambda P_{k-1}(\lambda)|\|\boldsymbol{e}^{(0)}\|_2,\end{aligned}$$

其中诸 $\lambda_i.(i=0,1,\cdots,n-1)$均为矩阵 A 的特征值,且 λ_1 和 λ_0 分别为 A 的最小和最大特征值.据 5.7 节 Chebyshev 多项式性质(9)的推论可知

$$1+\lambda P_{k-1}(\lambda)=\frac{T_k\left(\dfrac{\lambda_0+\lambda_1-2\lambda}{\lambda_0-\lambda_1}\right)}{T_k\left(\dfrac{\lambda_0+\lambda_1}{\lambda_0-\lambda_1}\right)}$$

使

$$\max_{\lambda_1\leqslant\lambda\leqslant\lambda_0}|1+\lambda P_{k-1}(\lambda)|=\text{极小}.$$

因此有

$$\|e^{(k)}\|_2\leqslant\max_{\lambda_1\leqslant\lambda\leqslant\lambda_0}\frac{\left|T_k\left(\dfrac{\lambda_0+\lambda_1-2\lambda}{\lambda_0-\lambda_1}\right)\right|}{T_k\left(\dfrac{\lambda_0+\lambda_1}{\lambda_0-\lambda_1}\right)}\|e^{(0)}\|_2$$

$$=\frac{1}{T_k\left(\dfrac{\lambda_0+\lambda_1}{\lambda_0-\lambda_1}\right)}\|e^{(0)}\|_2.$$

不难证明

$$1/T_k\left(\frac{\lambda_0+\lambda_1}{\lambda_0-\lambda_1}\right)\leqslant2\left[\frac{1-\sqrt{\dfrac{\lambda_1}{\lambda_0}}}{1+\sqrt{\dfrac{\lambda_1}{\lambda_0}}}\right]^k,$$

因此

$$\|e^{(k)}\|_2\leqslant2\left[\frac{\sqrt{K(A)}-1}{\sqrt{K(A)}+1}\right]^k\|e^{(0)}\|_2,\tag{5.36}$$

其中 $K(A)=\dfrac{\lambda_0}{\lambda_1}$为 A 的谱条件数.

同 Chebyshev 半迭代法的情形一样,若要

$$\frac{\|e^{(k)}\|_2}{\|e^{(0)}\|_2}\leqslant\varepsilon,$$

只要

$$k\geqslant\frac{1}{2}\sqrt{K(A)}\ln\frac{2}{\varepsilon}.$$

由此可以看出,若 $K(A)$愈大,误差下降就愈慢,共轭斜量法收敛愈慢.

4. 共轭斜量法的算法

现在,我们给出应用共轭斜量法解方程组(5.1)的一种算法,分别使用公式(5.28)和(5.29)计算系数 α_k 和 β_k.

算法 6.4 应用共轭斜量法解实对称正定方程组 $A\boldsymbol{x}=\boldsymbol{b}$.

输入 方程组的阶数 n;A 的元素 $a_{ij}(i,j=1,\cdots n)$;$\boldsymbol{b}$ 的分量 $b_i(i=1,\cdots,n)$;初始向量 $\boldsymbol{x}_0$;误差容限 TOL.

输出 近似解 $\boldsymbol{x}$ 或迭代次数超过 n 的信息.

step 1 $k\leftarrow 1$.

step 2 $\boldsymbol{x}\leftarrow\boldsymbol{x}_0$.

$\boldsymbol{r}\leftarrow A\boldsymbol{x}-\boldsymbol{b}$;

$\boldsymbol{p}\leftarrow-\boldsymbol{r}$;

$\delta_0\leftarrow\boldsymbol{r}^{\mathrm{T}}\boldsymbol{r}$.

step 3 若 $k=n+1$,则输出('Maximum number of iterations exceeded');停机.

step 4 $k\leftarrow k+1$.

step 5 $\alpha\leftarrow\delta_0/\boldsymbol{p}^{\mathrm{T}}A\boldsymbol{p}$.

step 6 $\boldsymbol{x}\leftarrow\boldsymbol{x}+\alpha\boldsymbol{p}$.

step 7 $\boldsymbol{r}\leftarrow A\boldsymbol{x}-\boldsymbol{b}$.

step 8 $\delta_1\leftarrow\boldsymbol{r}^{\mathrm{T}}\boldsymbol{r}$;

$\beta\leftarrow\delta_1/\delta_0$;

$\delta_0\leftarrow\delta_1$;

$\boldsymbol{p}\leftarrow-\boldsymbol{r}+\beta\boldsymbol{p}$.

step 9 若 $\delta_1>TOL$,则转到 step 3.

step 10 输出($\boldsymbol{x}$);

停机.

由于

$$\boldsymbol{r}_{k+1}=A\boldsymbol{x}_{k+1}-\boldsymbol{b}=\boldsymbol{r}_k+\alpha_kA\boldsymbol{p}_k,$$

因此可将算法 6.4 中 step 5 修改为

$$\boldsymbol{q}\leftarrow A\boldsymbol{p};$$
$$\alpha\leftarrow\delta_0/\boldsymbol{p}^{\mathrm{T}}\boldsymbol{q},$$

step 7 修改为

$$\boldsymbol{r}\leftarrow\boldsymbol{r}+\alpha\boldsymbol{q}.$$

这样,在每一步迭代中,减少矩阵的乘法运算次数,但必须增加存贮向量 $\boldsymbol{q}$.

应用共轭斜量法解实对称正定方程组,不必事先估计方程组的系数矩阵 A 的特征值的上、下界,不需要选取任何迭代参数,所以使用比较方便.而且,它的收敛速度较快,对于非坏条件问题,一般来说,所需的迭代次数远小于矩阵 A 的阶数 n(如果计算过程中没有舍入误差,理论上,最多迭代 n 步便可以得到方程组的准确解).因此,共轭斜量法目前已较为普遍地被使用.特别,对于解大型稀疏矩阵的线性方程组,它是一个有效的方法.由于共轭斜量法的主要工作量是计算矩阵和向量的乘积,因此不必存放(内存)系数矩阵的全部元素.与其他迭代法相比,共轭斜量法的主要缺点是需要增加一些一维数组来存放向量 $\boldsymbol{r},\boldsymbol{p}$ 等.共轭斜量法适用于 A 为对称正定矩阵的情形.对于 A 为非对称矩阵的情形,可将方程组 $A\boldsymbol{x}=\boldsymbol{b}$ 化为 $A^{\mathrm{T}}A\boldsymbol{x}=A^{\mathrm{T}}\boldsymbol{b}$,此时,设 A 为非奇异,则 $A^{\mathrm{T}}A$ 为对称正定矩阵.

在共轭斜量法的算法 6.4 中,迭代终止准则是 $\|\boldsymbol{r}\|_2^2\leqslant TOL$.在矩阵 A 的条件不坏时,这是合理的.事实上,设方程组 $A\boldsymbol{x}=\boldsymbol{b}$ 的系数矩阵A 非奇异,$\boldsymbol{x}^*$是它的准确解,而 $\boldsymbol{x}$ 是一个近似解.令 $\boldsymbol{r}$ 是$\boldsymbol{x}$ 的剩余向量,则

$$\boldsymbol{r}=A\boldsymbol{x}-\boldsymbol{b}=A\boldsymbol{x}-A\boldsymbol{x}^*=A(\boldsymbol{x}-\boldsymbol{x}^*),$$

从而有

$$\boldsymbol{x}-\boldsymbol{x}^*=A^{-1}\boldsymbol{r},$$
$$\|\boldsymbol{x}-\boldsymbol{x}^*\|=\|A^{-1}\boldsymbol{r}\|\leqslant\|A^{-1}\|\;\|\boldsymbol{r}\|.$$

又因

$$\boldsymbol{b}=A\boldsymbol{x}^*,\quad \|\boldsymbol{b}\|\leqslant\|A\|\;\|\boldsymbol{x}^*\|,$$

因此

$$\frac{\|\boldsymbol{x}-\boldsymbol{x}^*\|}{\|\boldsymbol{x}^*\|}\leqslant\|A\|\;\|A^{-1}\|\frac{\|\boldsymbol{r}\|}{\|\boldsymbol{b}\|}=\mathrm{cond}(A)\frac{\|\boldsymbol{r}\|}{\|\boldsymbol{b}\|}.$$

这就说明,当 $\mathrm{cond}(A)$不大时,若方程组 $A\boldsymbol{x}=\boldsymbol{b}$ 的近似解$\boldsymbol{x}$ 的剩余向量$\boldsymbol{r}$ 小,则 $\boldsymbol{x}$ 的相对误差亦小.但是,在方程组的条件很坏时,却会发生这样的情形,相当精确的解,其剩余向量并不小,而反之,剩余向量很小的解,并不精确.

例 3　方程组

$$\begin{bmatrix}0.78 & 0.563\\ 0.913 & 0.659\end{bmatrix}\begin{bmatrix}x_1\\ x_2\end{bmatrix}=\begin{bmatrix}0.217\\ 0.254\end{bmatrix}$$

的准确解为 $\boldsymbol{x}^*=[1,-1]^{\mathrm{T}}$,系数矩阵

$$A=\begin{bmatrix}0.78 & 0.563\\ 0.913 & 0.659\end{bmatrix},$$

而

$$A^{-1}=\begin{bmatrix}659000 & -563000\\ -913000 & 780000\end{bmatrix}.$$

计算得

$$\|A\|_\infty\|A^{-1}\|_\infty = 1.572\times 1693000 = 2661396.$$

这个方程组的条件很坏. 它的近似解

$$\boldsymbol{x}_1 = \begin{bmatrix} 0.999 \\ -1.001 \end{bmatrix}.$$

与准确解 $\boldsymbol{x}^*$ 很接近,但 $\boldsymbol{x}_1$ 的剩余向量

$$\boldsymbol{r}(\boldsymbol{x}_1) = \begin{bmatrix} 0.217 \\ 0.254 \end{bmatrix} - \begin{bmatrix} 0.78 & 0.563 \\ 0.913 & 0.659 \end{bmatrix}\begin{bmatrix} 0.999 \\ -1.001 \end{bmatrix} = \begin{bmatrix} 1.343\times 10^{-3} \\ 1.572\times 10^{-3} \end{bmatrix}$$

并不小. 近似解

$$\boldsymbol{x}_2 = \begin{bmatrix} 0.341 \\ -0.087 \end{bmatrix}$$

与 $\boldsymbol{x}^*$ 相差较大,但 $\boldsymbol{x}_2$ 的剩余向量

$$\boldsymbol{r}(\boldsymbol{x}_2) = \begin{bmatrix} 0.217 \\ 0.254 \end{bmatrix} - \begin{bmatrix} 0.78 & 0.563 \\ 0.913 & 0.659 \end{bmatrix}\begin{bmatrix} 0.341 \\ -0.087 \end{bmatrix} = \begin{bmatrix} 10^{-6} \\ 0 \end{bmatrix}$$

却很小.

方程组的系数矩阵为对称正定的例子可参见习题 6 第 31 题. 由此可见,对于坏条件方程组来说,从剩余向量的小大不能说明相应的近似解精确与否.

6.6 条件预优方法

假设 n 阶线性方程组

$$A\boldsymbol{x} = \boldsymbol{b} \tag{6.1}$$

的系数矩阵 $A = [a_{ij}]$ 是对称正定的. 解方程组(6.1)的收敛速度通常与矩阵 A 的条件数有关.

当矩阵 A 的条件数较大时,收敛速度往往很慢. 人们提出将方程组(6.1)化为等价的方程组

$$\widetilde{A}\boldsymbol{y} = \tilde{\boldsymbol{b}}, \tag{6.2}$$

其中

$$\boldsymbol{y} = C\boldsymbol{x},$$

$\widetilde{A}$ 仍然保持对称正定,且容易从方程组 $C\boldsymbol{x} = \boldsymbol{y}$ 解得 $\boldsymbol{x}$. 若 $\widetilde{A}$ 的条件数 $K(\widetilde{A})$ 比 A 的条件数 $K(A)$ 小,则用共轭斜量法解方程组(6.2)的收敛速度会比解方程组(6.1)的要快. 这就是条件预优处理的思想.

我们将矩阵 A 分裂成

$$A = Q - R,$$

其中 Q 为对称正定矩阵,则存在对称正定矩阵 C 使得

$$Q = CC. \tag{6.3}$$

用 C^{-1}左乘方程组(6.1)的两端得

$$C^{-1}A\boldsymbol{x}=C^{-1}\boldsymbol{b},$$

或写成

$$C^{-1}AC^{-1}C\boldsymbol{x}=C^{-1}\boldsymbol{b}.$$

令

$$\widetilde{A}=C^{-1}AC^{-1},\tag{6.4}$$

则

$$\widetilde{A}\boldsymbol{y}=\tilde{\boldsymbol{b}},$$

其中

$$\boldsymbol{y}=C\boldsymbol{x},\quad \tilde{\boldsymbol{b}}=C^{-1}\boldsymbol{b}.$$

我们可以用共轭斜量法来解方程组(6.2),然后解方程组 $C\boldsymbol{x}=\boldsymbol{y}$得到方程组(6.1)的解.解方程组(6.2)的共轭斜量法的计算公式如下:

$$\tilde{\boldsymbol{r}}_0=\widetilde{A}\boldsymbol{y}_0-\tilde{\boldsymbol{b}},\quad \tilde{\boldsymbol{p}}_0=-\tilde{\boldsymbol{r}}_0,$$

对 $k=0,1,2,\cdots$

$$\alpha_k=\frac{\tilde{\boldsymbol{r}}_k^{\mathrm{T}}\tilde{\boldsymbol{r}}_k}{\tilde{\boldsymbol{p}}_k^{\mathrm{T}}\widetilde{A}\tilde{\boldsymbol{p}}_k}\quad \boldsymbol{y}_{k+1}=\boldsymbol{y}_k+\alpha_k\tilde{\boldsymbol{p}}_k,$$

$$\tilde{\boldsymbol{r}}_{k+1}=\tilde{\boldsymbol{r}}_k+\alpha_k\widetilde{A}\tilde{\boldsymbol{p}}_k,\quad \beta_k=\frac{\tilde{\boldsymbol{r}}_{k+1}^{\mathrm{T}}\tilde{\boldsymbol{r}}_{k+1}}{\tilde{\boldsymbol{r}}_k^{\mathrm{T}}\tilde{\boldsymbol{r}}_k},$$

$$\tilde{\boldsymbol{p}}_{k+1}=-\tilde{\boldsymbol{r}}_{k+1}+\beta_k\tilde{\boldsymbol{p}}_k.$$

我们定义

$$\boldsymbol{p}_k=C^{-1}\tilde{\boldsymbol{p}}_k,\tag{6.5}$$

$$\boldsymbol{r}_k=C\tilde{\boldsymbol{r}}_k,\tag{6.6}$$

则可以把上述计算公式改写成

$$\boldsymbol{r}_0=AC^{-1}\boldsymbol{y}_0-\boldsymbol{b},\quad Q\boldsymbol{p}_0=-\boldsymbol{r}_0,\tag{6.7}$$

$$\left.\begin{aligned}&\alpha_k=\frac{\boldsymbol{r}_k^{\mathrm{T}}Q^{-1}\boldsymbol{r}_k}{\boldsymbol{p}_k^{\mathrm{T}}A\boldsymbol{p}_k},\\&\boldsymbol{y}_{k+1}=\boldsymbol{y}_k+\alpha_kC\boldsymbol{p}_k,\\&\boldsymbol{r}_{k+1}=\boldsymbol{r}_k+\alpha_kA\boldsymbol{p}_k,\\&\beta_k=\frac{\boldsymbol{r}_{k+1}^{\mathrm{T}}Q^{-1}\boldsymbol{r}_{k+1}}{\boldsymbol{r}_k^{\mathrm{T}}Q^{-1}\boldsymbol{r}_k},\\&\boldsymbol{p}_{k+1}=-Q^{-1}\boldsymbol{r}_{k+1}+\beta_k\boldsymbol{p}_k.\end{aligned}\right\}\quad k=0,1,2,\cdots\tag{6.8}$$

再令

$$x_k = C^{-1} y_k \tag{6.9}$$

和

$$z_k = Q^{-1} r_k , \tag{6.10}$$

则解方程组 $Cx = y$ 的过程可结合在上述过程中进行,并且计算公式得到简化:

$$r_0 = Ax_0 - b, z_0 = Q^{-1} r_0 (\text{解方程组 } Qz_0 = r_0), p_0 = -z_0, \tag{6.11}$$

$$\left.\begin{aligned}
&\alpha_k = \frac{r_k^{\mathrm{T}} z_k}{p_k^{\mathrm{T}} A p_k},\\
&x_{k+1} = x_k + \alpha_k p_k,\\
&r_{k+1} = r_k + \alpha_k A p_k,\\
&z_{k+1} = Q^{-1} r_{k+1} (\text{解方程组 } Qz_{k+1} = r_{k+1}),\\
&\beta_k = \frac{r_{k+1}^{\mathrm{T}} z_{k+1}}{r_k^{\mathrm{T}} z_k},\\
&p_{k+1} = -z_{k+1} + \beta_k p_k,
\end{aligned}\right\} \quad k = 0, 1, 2, \cdots. \tag{6.12}$$

这个方法称为**条件预优共轭斜量法**,对称正定矩阵 Q 称为**条件预优矩阵**.在条件预优共轭斜量法中,每一步迭代都要解方程组

$$Qz_k = r_k ,$$

因此必须选择 Q 使得这个方程组容易求解.

还有一个通用的条件预优矩阵是

$$Q = (D + \omega L) D^{-1} (D + \omega L)^{\mathrm{T}}, \tag{6.13}$$

其中

$$D = \mathrm{diag}(a_{11}, \cdots, a_{nn}),$$

$$L = \begin{bmatrix} 0 & 0 & \cdots & 0 & 0 \\ a_{21} & 0 & \cdots & 0 & 0 \\ \vdots & \vdots & & \vdots & \vdots \\ a_{n1} & a_{n2} & \cdots & a_{n,n-1} & 0 \end{bmatrix}.$$

记

$$E = D^{\frac{1}{2}} + \omega L D^{-\frac{1}{2}}, \tag{6.14}$$

则

$$Q = EE^{\mathrm{T}}. \tag{6.15}$$

令

$$\widetilde{A} = E^{-1} A E^{-\mathrm{T}}, \tag{6.16}$$

则 $\widetilde{A}$ 为对称正定,且方程组(6.1)化为(6.2):

$$\tilde{A}\boldsymbol{y}=\tilde{\boldsymbol{b}},$$

其中

$$\boldsymbol{y}=E^{\mathrm{T}}\boldsymbol{x},\quad \tilde{\boldsymbol{b}}=E^{-1}\boldsymbol{b}.$$

我们用共轭斜量法来解这个方程组,并定义

$$\boldsymbol{p}_k=E^{-1}\tilde{\boldsymbol{p}}_k \tag{6.17}$$

和

$$\boldsymbol{r}_k=E\tilde{\boldsymbol{r}}_k, \tag{6.18}$$

则(6.7)和(6.8)式成立,只是等式

$$\boldsymbol{y}_{k+1}=\boldsymbol{y}_k+\alpha_k C\boldsymbol{p}_k$$

中 C 换成 E^{T}. 再令

$$\boldsymbol{x}_k=E^{-\mathrm{T}}\boldsymbol{y}_k \tag{6.19}$$

和

$$\boldsymbol{z}_k=Q^{-1}\boldsymbol{r}_k, \tag{6.20}$$

则(6.11)和(6.12)式仍然成立.

另一种条件预优处理是 1977 年 J. A. Meijerink 和 A. Van der Vorst 提出的不完全的 Cholesky 分解的办法. 将矩阵 A 分解成

$$A=LL^{\mathrm{T}}+R,$$

其中 L 是下三角阵,使 LL^{T} 尽可能接近 A,且 L 保持跟 A 一样的稀疏性或具有其他形状的稀疏性.

完全分解是对矩阵 A 进行三角分解 $A=LL^{\mathrm{T}}$,不完全分解是对矩阵 $A—R$ 进行三解分解 LL^{T}. 由于有矩阵 R 可以变化,因此 L 的稀疏性结构可以预先适当控制,即 L 中哪些元素为 0,可以预先规定,但也不能任意规定,还要考虑到 LL^{T} 接近 A. 在实际计算中,常考虑使 R 有较多零元素. 例如,矩阵

$$A=\begin{bmatrix}3&-1&0&2\\-1&3&-1&0\\0&-1&3&-1\\2&0&-1&3\end{bmatrix}$$

是对称正定的. 我们将 A 分解成

$$A=LL^{\mathrm{T}}+R,$$

要求 L 和 A 有相同的稀疏性,即

$$L=\begin{bmatrix}l_{11}&0&0&0\\l_{21}&l_{22}&0&0\\0&l_{32}&l_{33}&0\\l_{41}&0&l_{43}&l_{44}\end{bmatrix},$$

而 $R=[r_{ij}]_{4\times4}$.我们比较

$$LL^{\mathrm{T}}=A-R$$

两端的对应元素.由

$$l_{11}=(a_{11}-r_{11})^{\frac{1}{2}}=(3-r_{11})^{\frac{1}{2}},$$

取 $r_{11}=0$,得 $l_{11}=\sqrt{3}$.由

$$l_{21}=(a_{21}-r_{21})/l_{11}=(-1-r_{21})/\sqrt{3},$$

取 $r_{21}=0$,得 $l_{21}=-\frac{1}{3}\sqrt{3}$.由

$$0=l_{31}=(a_{31}-r_{31})/l_{11}=(0-r_{31})/\sqrt{3},$$

必须 $r_{31}=0$.由

$$l_{41}=(a_{41}-r_{41})/l_{11}=(2-r_{41})/\sqrt{3},$$

取 $r_{41}=0$,得 $l_{41}=\frac{2}{3}\sqrt{3}$.由

$$l_{22}=(a_{22}-r_{22}-L_{21}^2)^{\frac{1}{2}}=\left(3-r_{22}-\frac{1}{3}\right)^{\frac{1}{2}},$$

取 $r_{22}=0$,得 $l_{22}=\frac{2}{3}\sqrt{6}$.由

$$l_{32}=(a_{32}-r_{32}-l_{31}l_{21})/l_{22}=(-1-r_{32})/\frac{2}{3}\sqrt{6},$$

取 $r_{32}=0$,得 $l_{32}=-\frac{1}{4}\sqrt{6}$.由

$$0=(a_{42}-r_{42}-l_{42}l_{21})/l_{22}=\left(-r_{42}+\frac{2}{3}\right)\bigg/\frac{2}{3}\sqrt{6},$$

必须 $r_{42}=\frac{2}{3}$.由

$$l_{33}=(a_{33}-r_{33}-l_{31}^2-l_{32}^2)^{\frac{1}{2}}=\left(3-r_{33}-\frac{3}{8}\right)^{\frac{1}{4}},$$

取 $r_{33}=0$,得 $l_{33}=\frac{1}{4}\sqrt{42}$.由

$$l_{43}=(a_{43}-r_{43}-l_{41}l_{31}-l_{42}l_{32})/l_{33}=(-1-r_{43})/\frac{1}{4}\sqrt{42},$$

取 $r_{43}=0$,得 $l_{43}=-\frac{2}{21}\sqrt{42}$.由

$$l_{44}=(a_{44}-r_{44}-l_{41}^2-l_{42}^2-l_{43}^2)^{\frac{1}{2}}=\left(3-r_{44}-\frac{4}{3}-\frac{8}{21}\right)^{\frac{1}{2}},$$

取 $r_{44}=0$,得 $l_{44}=\frac{3}{7}\sqrt{7}$.于是,我们计算得

$$L=\begin{bmatrix}\sqrt{3} & 0 & 0 & 0\\ -\frac{1}{3}\sqrt{3} & \frac{2}{3}\sqrt{6} & 0 & 0\\ 0 & -\frac{1}{4}\sqrt{6} & \frac{1}{4}\sqrt{42} & 0\\ \frac{2}{3}\sqrt{3} & 0 & -\frac{2}{21}\sqrt{42} & \frac{3}{7}\sqrt{7}\end{bmatrix},$$

$$R=\begin{bmatrix}0 & 0 & 0 & 0\\ 0 & 0 & 0 & \frac{2}{3}\\ 0 & 0 & 0 & 0\\ 0 & \frac{2}{3} & 0 & 0\end{bmatrix}.$$

在作出 A 的不完全分解

$$A=LL^{\mathrm{T}}+R$$

后,方程组(6.1)可化为

$$\widetilde{A}\boldsymbol{y}=\tilde{\boldsymbol{b}},$$

其中

$$\widetilde{A}=L^{-1}AL^{-\mathrm{T}},\quad \boldsymbol{y}=L^{\mathrm{T}}\boldsymbol{x},\quad \tilde{\boldsymbol{b}}=\boldsymbol{L}^{-1}\boldsymbol{b}.$$

令 $Q=LL^{\mathrm{T}}$,则条件预优共轭斜量法的计算公式(6.11)和(6.12)仍然成立.

在很多实际计算中,利用矩阵 A 的不完全分解的条件预优处理,得到了相当成功的数值结果.但是,对这一方法的理论分析还值得进一步研究.

6.7　迭代改善方法

这一节,我们来讨论改善线性方程组的近似解的方法.设方程组 $A\boldsymbol{x}=\boldsymbol{b}$ 是坏条件但不是极坏条件的(系数矩阵 A 的条件数比较大),则用直接法,如 Gauss 列主元消去法解方程组 $A\boldsymbol{x}=\boldsymbol{b}$ 得到的计算解可能不够精确.我们用一种比较简单、实用的迭代方法来逐步改善它.

设 $\boldsymbol{x}^*$ 是方程组

$$A\boldsymbol{x}=\boldsymbol{b}\tag{7.1}$$

的准确解,$\boldsymbol{x}_1$ 是用 Gauss 列主元消去法得到的(7.1)的计算解.$\boldsymbol{x}_1$ 的剩余向量是

$$\boldsymbol{r}_1=\boldsymbol{b}-A\boldsymbol{x}_1.\tag{7.2}$$

若 $\boldsymbol{y}_1$ 是方程组

$$A\boldsymbol{y}=\boldsymbol{r}_1\tag{7.3}$$

的准确解,则

$$\begin{aligned} \boldsymbol{x}_2 &= \boldsymbol{x}_1 + \boldsymbol{y}_1 \\ &= \boldsymbol{x}_1 + A^{-1}\boldsymbol{r}_1 = \boldsymbol{x}_1 + A^{-1}(\boldsymbol{b} - A\boldsymbol{x}_1) \\ &= \boldsymbol{x}_1 + \boldsymbol{x}^* - \boldsymbol{x}_1 = \boldsymbol{x}^*. \end{aligned}$$

因此 $\boldsymbol{x}_2$ 是方程组(7.1)的准确解.但在实际计算过程中,由于舍入误差的影响,$\boldsymbol{x}_2$ 不会是准确解.于是,再从 $\boldsymbol{x}_2$ 出发,计算得

$$\boldsymbol{r}_2 = \boldsymbol{b} - A\boldsymbol{x}_2$$

以后,解方程组

$$A\boldsymbol{y} = \boldsymbol{r}_2$$

得解 $\boldsymbol{y}_2$.令

$$\boldsymbol{x}_3 = \boldsymbol{x}_2 + \boldsymbol{y}_2.$$

重复上述过程,我们有迭代格式:

(1) 计算 $\boldsymbol{r}_k = \boldsymbol{b} - A\boldsymbol{x}_k$;

(2) 解方程组 $A\boldsymbol{y} = \boldsymbol{r}_k$,得到 $\boldsymbol{y}_k$;

(3) 计算 $\boldsymbol{x}_{k+1} = \boldsymbol{x}_k + \boldsymbol{y}_k$.

由此可得到一个近似解序列:

$$\boldsymbol{x}_1, \boldsymbol{x}_2 \cdots, \boldsymbol{x}_k, \cdots.$$

这就是**迭代改善方法**.

在这个迭代改善过程中,除每一步都需计算剩余向量 $\boldsymbol{r}_k = \boldsymbol{b} - A\boldsymbol{x}_k$ 外,还要解方程组 $A\boldsymbol{y} = \boldsymbol{r}_k$.在用 Gauss 列主元消去法解方程组(7.1)得到第一次近似解 $\boldsymbol{x}_1$ 时,我们已经作出 A 的 LU 分解.若将 L 和 U 的元素存贮起来,且记录行交换信息,则解方程组 $A\boldsymbol{y} = \boldsymbol{r}_k$ 所需的计算量就很少了.在迭代改善过程中,剩余向量的高精度是关键,常采用双精度运算.

算法 6.5 应用迭代改善法解线性方程组 $A\boldsymbol{x} = \boldsymbol{b}$.

输入 方程组的阶数 n;A 的元素 $a_{ij}(i,j=1,\cdots n)$;$\boldsymbol{b}$ 的分量 $b_i(i=1,\cdots,n)$;最大迭代次数 m;误差容限 TOL.

输出 近似解 $\boldsymbol{z}$ 或超过最大迭代次数的信息.

step 1 用 Gauss 列主元消去法解方程组 $A\boldsymbol{x} = \boldsymbol{b}$,计算得近似解 $\boldsymbol{x}$.

step 2 对 $i = 1, \cdots, m$ 做 step 3~7.

step 3 $\boldsymbol{r} \leftarrow \boldsymbol{b} - A\boldsymbol{x}$.

step 4 求方程组 $A\boldsymbol{y} = \boldsymbol{r}$ 的解 $\boldsymbol{y}$.

step 5 $\boldsymbol{z} \leftarrow \boldsymbol{x} + \boldsymbol{y}$.

step 6 若 $\|\boldsymbol{z} - \boldsymbol{x}\|_\infty < TOL$.则输出($\boldsymbol{z}$);
停机.

step 7 $\boldsymbol{x} \leftarrow \boldsymbol{z}$.

step 8　输出('Maximum number of iterations exceeded');
停机.

习　题　6

1. 设矩阵 A 非奇异.证明方程组(1.1)的解 $\boldsymbol{x}^*$ 必为方程组(1.9)的解的充分必要条件是由迭代法(1.8)产生的序列$\{\boldsymbol{x}_k\}$中,若存在某一自然数 n 使 $\boldsymbol{x}_n=\boldsymbol{x}^*$,则 $\boldsymbol{x}_{n+1}=\boldsymbol{x}_{n+2}=\cdots=\boldsymbol{x}^*$.

2. 设 n 阶矩阵 $A=[a_{ij}]$的主对角元 $a_{ii}\neq 0(i=1,\cdots,n)$,令 $D=\mathrm{diag}(a_{11},\cdots,a_{nn})$.试将 A 分裂成

$$A=\frac{1}{\omega}D-\frac{1}{\omega}D(I-\omega D^{-1}A),\quad \omega\neq 0,$$

以其构造解方程组 $A\boldsymbol{x}=\boldsymbol{b}$ 的迭代法.

3. 把方程组

$$\begin{cases}1.1x_1-0.6x_2=0.5,\\ -0.4x_1+1.1x_2-0.2x_3=0.5,\\ -0.6x_2+1.1x_3=0.5\end{cases}$$

改写成

$$\begin{cases}x_1=0.5-0.1x_1+0.6x_2,\\ x_2=0.5+0.4x_1-0.1x_2+0.2x_3,\\ x_3=0.5+0.6x_2-0.1x_3,\end{cases}$$

构造迭代法

$$\boldsymbol{x}_k=G\boldsymbol{x}_{k-1}+g,\quad k=1,2,\cdots,$$

其中

$$G=\begin{bmatrix}-0.1 & 0.6 & 0\\ 0.4 & -0.1 & 0.2\\ 0 & 0.6 & -0.1\end{bmatrix},\quad \boldsymbol{g}=\begin{bmatrix}0.5\\0.5\\0.5\end{bmatrix}.$$

取初始近似 $\boldsymbol{x}_0=[0,0,0]^{\mathrm{T}}$,用此迭代法求方程组的近似解(迭代五次),并讨论方法的收敛性.

4. 设迭代法(1.8)的迭代矩阵 $G\in R^{n\times n}$ 的谱半径 $\rho(G)=0$,试证明该迭代法最多迭代 n 次便可得到方程组 $\boldsymbol{x}=G\boldsymbol{x}+\boldsymbol{g}$ 的解 $\boldsymbol{x}^*$,即 $\boldsymbol{x}_n=\boldsymbol{x}^*$.

5. 用 Jacobi 迭代法求方程组

$$\begin{cases}10x_1-x_2=9,\\ -x_1+10x_2-2x_3=7,\\ -2x_2+10x_3=8\end{cases}$$

的近似解 $\boldsymbol{x}_k$,取初始近似 $\boldsymbol{x}_0=[0,0,0]^{\mathrm{T}}$,要求 $\|\boldsymbol{x}_k-\boldsymbol{x}_{k-1}\|_\infty<10^{-3}$,并讨论方法的收敛性.

6. 讨论解方程组

$$\begin{bmatrix}1 & 2 & -1\\ 2 & 1 & 3\\ -1 & 3 & 1\end{bmatrix}\begin{bmatrix}x_1\\x_2\\x_3\end{bmatrix}=\begin{bmatrix}2\\6\\3\end{bmatrix}$$

的 Jacobi 迭代法的收敛性.

7. 设常数 $t \neq 0$,求 t 的取值范围,使得解方程组

$$\begin{bmatrix} t & -2 & -1 \\ 2 & t & -3 \\ 1 & 3 & t \end{bmatrix} \begin{bmatrix} x_1 \\ x_2 \\ x_3 \end{bmatrix} = \begin{bmatrix} b_1 \\ b_2 \\ b_3 \end{bmatrix}$$

的 Jacobi 迭代法收敛.

8. 设 $A = [a_{ij}]_{n \times n}$, $a_{ii} \neq 0 (i = 1, \cdots, n)$. 试证明

$$\| I - D^{-1} A^{\mathrm{T}} \|_{\infty} = \max_{1 \leqslant i \leqslant n} \sum_{\substack{j=1 \\ j \neq i}}^{n} \left| \frac{a_{ji}}{a_{ii}} \right| < 1$$

是解方程组 $A\boldsymbol{x} = \boldsymbol{b}$ 的 Jacobi 迭代法收敛的一个充分条件.

9. 用 Jacobi 和 Gauss-Seidel 迭代法解方程组

$$(1) \begin{bmatrix} -8 & 1 & 1 \\ 1 & -5 & 1 \\ 1 & 1 & -4 \end{bmatrix} \begin{bmatrix} x_1 \\ x_2 \\ x_3 \end{bmatrix} = \begin{bmatrix} 1 \\ 16 \\ 7 \end{bmatrix}, \quad (2) \begin{bmatrix} 2 & 1 & -1 \\ 1 & 2 & -1 \\ -1 & -1 & 2 \end{bmatrix} \begin{bmatrix} x_1 \\ x_2 \\ x_3 \end{bmatrix} = \begin{bmatrix} 1 \\ 1 \\ 1 \end{bmatrix}$$

(进行五次迭代,取初始近似 $\boldsymbol{x}_0 = [0,0,0]^{\mathrm{T}}$). 讨论方法的收敛性,并比较哪种迭代法收敛较快.

10. 应用 Gauss-Seidel 迭代法求方程组

$$\begin{bmatrix} 8 & -3 & 2 \\ 4 & 11 & -1 \\ 6 & 3 & 12 \end{bmatrix} \begin{bmatrix} x_1 \\ x_2 \\ x_3 \end{bmatrix} = \begin{bmatrix} 20 \\ 33 \\ 36 \end{bmatrix}$$

的近似解 x_k,取初始近似 $\boldsymbol{x}_0 = [0,0,0]^{\mathrm{T}}$,要求 $\| \boldsymbol{x}_k - \boldsymbol{x}_{k-1} \| < 10^{-3}$. 并讨论方法的收敛性.

11. 讨论用 Gauss-Seidel 迭代法解方程组 $A\boldsymbol{x} = \boldsymbol{b}$ 的收敛性,其中

$$A = \begin{bmatrix} 2 & -1 & 1 \\ 2 & 2 & 2 \\ -1 & -1 & 2 \end{bmatrix}.$$

12. 用 Jacobi 迭代法解方程组

$$\begin{cases} x_1 - 4x_2 + 2x_3 = -1, \\ 4x_1 - x_2 = 3, \\ 2x_2 + 4x_3 = 6 \end{cases}$$

是否收敛? 若不收敛,则能否改写此方程组使得 Jacobi 迭代法收敛?

13. 试将矩阵 A 分裂成

$$A = \frac{1}{\omega}(D - \omega DL) - \frac{1}{\omega}((1 - \omega)D + \omega DU), \quad \omega \neq 0$$

构造 SOR 方法的迭代公式.

14. 应用 SOR 方法(取 $\omega = 1.2, 1.5$)解第 5 题的方程组. 要求 $\| \boldsymbol{x}_k - \boldsymbol{x}^* \|_{\infty} < 10^{-3}$, $\boldsymbol{x}^* = [1,1,1]^{\mathrm{T}}$ 为准确解.

15. 下列矩阵是否具有相容次序?

(1) $\begin{bmatrix}1&0&0\\0&1&1\\0&1&1\end{bmatrix}$，　(2) $\begin{bmatrix}4&-1&-1&0\\-1&4&0&-1\\-1&0&4&-1\\0&-1&-1&4\end{bmatrix}$.

16. 证明矩阵

$$\begin{bmatrix}4&-1&0&0&0&-1\\-1&4&-1&0&-1&0\\0&-1&4&-1&0&0\\0&0&-1&4&-1&0\\0&-1&0&-1&4&-1\\-1&0&0&0&-1&4\end{bmatrix}$$

具有性质 **A**，但不具相容次序.

17. 证明三对角矩阵必具有相容次序.

18. 设矩阵 A 具有性质 **A**，S_1 和 S_2 是关于矩阵 A 满足 6.3 节定义 3 的两个子集. 将 S_1 中的元素 i 和 S_2 中的元素 j 对调，得到两个新的子集 S_1' 和 S_2'. 令 $B=I_{ij}AI_{ij}$，证明 S_1' 和 S_2' 是关于矩阵 B 满足 6.3 节定义 3 的两个子集.

19. 设矩阵

$$B=\begin{bmatrix}D_1&H\\K&D_2\end{bmatrix}$$

中 D_1 和 D_2 为对角阵，证明 B 具有相容次序.

20. 证明 6.3 节定理 7.

21. 设

$$A=\begin{bmatrix}4&-1&-1&0\\-1&4&0&-1\\-1&0&4&-1\\0&-1&-1&4\end{bmatrix},$$

$$B=I-D^{-1}A,\ D=\mathrm{diag}(4,4,4,4).$$

试计算 $\rho(B),\omega_b,\rho(T_1),\rho(T_{\omega_b}),R(B),R(T_1)$ 和 $R(T_{\omega_b})$，其中 T_ω 是 SOR 方法的迭代矩阵.

22. 设 A 是 n 阶对称正定矩阵，试求参数 τ 的取值范围使得由迭代法

$$\boldsymbol{x}_{k+1}=\boldsymbol{x}_k+\tau(\boldsymbol{b}-A\boldsymbol{x}_k),\quad k=0,1,2,\cdots$$

产生的序列 $\{\boldsymbol{x}_k\}$ 都收敛于方程组 $A\boldsymbol{x}=\boldsymbol{b}$ 的解.

23. 试用 Richardson 迭代法解方程组

$$\begin{bmatrix}4&0&-1&-1\\0&4&-1&-1\\-1&-1&4&0\\-1&-1&0&4\end{bmatrix}\begin{bmatrix}x_1\\x_2\\x_3\\x_4\end{bmatrix}=\begin{bmatrix}0\\1000\\0\\1000\end{bmatrix},$$

取 $\tau_k=\tau=\dfrac{2}{\lambda_0+\lambda_1}$（$\lambda_0$ 和 λ_1 分别为系数矩阵的最大和最小特征值），初始近似 $\boldsymbol{x}_0=[0,0,0,$

$0]^{\mathrm{T}}$,进行四次迭代.

24. 证明不等式(4.23).

25. 证明,非零的 A 共轭向量系必为线性无关向量系.

26. 试用共轭斜量法解下列方程组(取初始近似 $\boldsymbol{x}_0=[0,0,0]^{\mathrm{T}}$):

(1) $\begin{bmatrix}3 & 1 & 1\\ 1 & 3 & -1\\ 1 & -1 & 3\end{bmatrix}\begin{bmatrix}x_1\\ x_2\\ x_3\end{bmatrix}=\begin{bmatrix}-1\\ 1\\ 1\end{bmatrix}$;

(2) $\begin{bmatrix}2 & -1 & -1\\ -1 & 2 & 1\\ -1 & 1 & 2\end{bmatrix}\begin{bmatrix}x_1\\ x_2\\ x_3\end{bmatrix}=\begin{bmatrix}2\\ 0\\ -2\end{bmatrix}$.

27. 证明在共轭斜量法中,系数 α_k,β_k 可分别表示成

$$\alpha_k=\frac{\boldsymbol{r}_k^{\mathrm{T}}\boldsymbol{r}_k}{\boldsymbol{p}_k^{\mathrm{T}}A\boldsymbol{p}_k},\qquad \beta_k=\frac{\boldsymbol{r}_{k+1}^{\mathrm{T}}\boldsymbol{r}_{k+1}}{\boldsymbol{r}_k^{\mathrm{T}}\boldsymbol{r}_k}.$$

28. 证明,在共轭斜量法中有下面关系式成立:

$$\boldsymbol{r}_i^{\mathrm{T}}A\boldsymbol{p}_i=-\boldsymbol{p}_i^{\mathrm{T}}A\boldsymbol{p}_i,$$

$$\boldsymbol{r}_i^{\mathrm{T}}A\boldsymbol{p}_j=0,\quad i\neq j,j+1.$$

29. 设 A 为 n 阶实对称正定矩阵,$\boldsymbol{p}_1,\boldsymbol{p}_2,\cdots,\boldsymbol{p}_n$ 为非零的 A 共轭向量关系.证明

$$A^{-1}=\sum_{k=1}^{n}\boldsymbol{p}_k\boldsymbol{p}_k^{\mathrm{T}}/\boldsymbol{p}_k^{\mathrm{T}}A\boldsymbol{p}_k.$$

30. 设 A 为 n 阶实对称正定矩阵,给定方程组 $A\boldsymbol{x}=\boldsymbol{b}$ 及任意的线性无关向量系 $\boldsymbol{u}_1,\boldsymbol{u}_2,\cdots,\boldsymbol{u}_n$.给出初始近似 $\boldsymbol{x}_1$,令 $\boldsymbol{p}_1=\boldsymbol{u}_1,\boldsymbol{r}_1=A\boldsymbol{x}_1-\boldsymbol{b}$,对 $k=1,2,\cdots$,计算

$$c_k=-\boldsymbol{p}_k^{\mathrm{T}}\boldsymbol{r}_1,\quad d_k=\boldsymbol{p}_k^{\mathrm{T}}A\boldsymbol{p}_k,$$

$$\alpha_k=c_k/d_k,$$

$$\boldsymbol{x}_{k+1}=\boldsymbol{x}_k+\alpha_k\boldsymbol{p}_k,$$

对 $j=1,\cdots,k$ 计算

$$\beta_{k+1,j}=-\boldsymbol{u}_{k+1}^{\mathrm{T}}A\boldsymbol{p}_j/d_j,$$

$$\boldsymbol{p}_{k+1}=\boldsymbol{u}_{k+1}+\beta_{k+1,1}\boldsymbol{p}_1+\cdots+\beta_{k+1,k}\boldsymbol{p}_k.$$

证明所得的 $\boldsymbol{p}_1,\boldsymbol{p}_2,\cdots$为 A 共轭向量系,且

$$\boldsymbol{x}_{n+1}=A^{-1}\boldsymbol{b}.$$

31. 给定对称正定方程组 $A\boldsymbol{x}=\boldsymbol{b}$,其中

$$A=\begin{bmatrix}1.001 & 1.000\\ 1.000 & 1.000\end{bmatrix},\quad \boldsymbol{b}=\begin{bmatrix}2.001\\ 2.000\end{bmatrix}.$$

它的准确解为 $\boldsymbol{x}^*=[1,1]^{\mathrm{T}}$.试计算 $\mathrm{cond}(A)_\infty=\|A\|_\infty\|A^{-1}\|_\infty$,以及近似解 $\boldsymbol{x}_1=[0,2]^{\mathrm{T}}$,

$\boldsymbol{x}_2=[1.0,1.1]^{\mathrm{T}}$ 的剩余向量 $\boldsymbol{r}(\boldsymbol{x}_1)$ 和 $\boldsymbol{r}(\boldsymbol{x}_2)$.

32. 用 Gauss 列主元消去法和迭代改善方法解方程组

$$\begin{cases}3.9x_1+1.6x_2=5.5,\\6.8x_1+2.9x_2=9.7,\end{cases}$$

用二位舍入算术运算进行计算.

第 7 章 线性最小二乘问题

7.1 线性方程组的最小二乘解

设

$$Ax = b \tag{1.1}$$

是实数域上的一个 $m \times n$ 阶线性方程组.在线性代数中,我们已经知道,方程组(1.1)有解的充分必要条件是方程组的系数矩阵的秩等于增广矩阵的秩,即

$$\mathrm{rank}A = \mathrm{rank}[A, b]. \tag{1.2}$$

然而,在理论研究和实践中常常遇到的方程组,上式不成立,因此它没有通常意义下的解(这种方程组称为矛盾方程组).

我们令 $x = [x_1, x_2, \cdots, x_n]^{\mathrm{T}} \in R^n$,则 $\| Ax - b \|_2$ 是 $x_1, x_2 \cdots, x_n$ 的 n 元实值函数:

$$f(x_1, x_2, \cdots, x_n) = \| Ax - b \|_2.$$

或将 $f(x_1, x_2, \cdots, x_n)$记为 $f(x)$,则上式可写成

$$f(x) = \| Ax - b \|_2. \tag{1.3}$$

如果方程组(1.1)在 R^n 空间中有解 x^*,那么有等式

$$f(x^*) = \| Ax^* - b \|_2 = 0.$$

但若 $x \in R^n$ 不是方程组(1.1)的解,则 $f(x) \neq 0$.现在的问题是,在 R^n 空间中是否存在 $\tilde{x}$ 使得(1.3)达到极小?

定义 1 若在 R^n 空间中存在 $\tilde{x}$ 使

$$f(x) = \| Ax - b \|_2$$

当 $x = \tilde{x}$ 时达到极小,则 $\tilde{x}$ 称为方程组(1.1)的一个**最小二乘解**.

显然,若(1.2)式成立,则方程组(1.1)的最小二乘解存在,并且它就是通常意义下的解.

下面,我们将证明任一线性方程组的最小二乘解总是存在的.

引理 设 $A = [a_{ij}]$是一个 $m \times n$ 阶矩阵,且 $\mathrm{rank}A = r > 0$,那么总可以将 A 分解成

$$A = FG, \tag{1.4}$$

其中 F 为 $m \times r$ 阶矩阵,G 为 $r \times n$ 阶矩阵,且 $\mathrm{rank}F = \mathrm{rank}G = r$.

证明 将矩阵 A 记成

$$A = [\boldsymbol{a}_1, \boldsymbol{a}_2 \cdots, \boldsymbol{a}_n],$$

其中 $\boldsymbol{a}_j (j=1,\cdots,n)$ 为 A 的第 j 列. 首先,我们假定 A 的前 r 列 $\boldsymbol{a}_1,\cdots,\boldsymbol{a}_r$ 线性无关,于是 $\boldsymbol{a}_j$ 可以表示成 $\boldsymbol{a}_1,\cdots,\boldsymbol{a}_r$ 的线性组合:

$$\boldsymbol{a}_j = \alpha_{1j}\boldsymbol{a}_1 + \cdots + \alpha_{rj}\boldsymbol{a}_r, \quad j = 1,\cdots,n.$$

令

$$F = [\boldsymbol{a}_1,\cdots,\boldsymbol{a}_r], \quad G = [\boldsymbol{g}_1,\cdots,\boldsymbol{g}_n],$$

其中 $\boldsymbol{g}_j = [\alpha_{1j},\cdots,\alpha_{rj}]^{\mathrm{T}} (j=1,2,\cdots,n)$,则 F 为 $m\times r$ 阶矩阵,G 为 $r\times n$ 阶矩阵. 显然有

$$F\boldsymbol{g}_j = \alpha_{1j}\boldsymbol{a}_1 + \cdots + \alpha_{rj}\boldsymbol{a}_r = \boldsymbol{a}_j, \quad j = 1,\cdots,n,$$

因此,我们有

$$A = [\boldsymbol{a}_1, \boldsymbol{a}_2, \cdots, \boldsymbol{a}_n] = [F\boldsymbol{g}_1, F\boldsymbol{g}_2, \cdots, F\boldsymbol{g}_n] = FG,$$

而且 $\operatorname{rank}F = r$. 又因

$$r = \operatorname{rank}A = \operatorname{rank}(FG) \leqslant \operatorname{rank}G,$$

而矩阵 G 的行数为 r,从而 $\operatorname{rank}G \leqslant r$,因此,$\operatorname{rank}G = r$.

其次,任何一个秩为 $r(r>0)$ 的 $m\times n$ 阶矩阵 A,总可经适当的列交换后,使其前 r 列线性无关,即存在 n 阶排列阵 P 使 AP 的前 r 列线性无关. 应用前面的结论,我们可将矩阵 AP 分解成

$$AP = F_1 G_1,$$

其中 F_1, G_1 分别为 $m\times r$ 和 $r\times n$ 阶矩阵,且 $\operatorname{rank}F_1 = \operatorname{rank}G_1 = r$. 于是有

$$A = F_1 G_1 P^{-1}.$$

令 $F = F_1, G = G_1 P^{-1}$,则 G 仍为 $r\times n$ 阶矩阵,且 $\operatorname{rank}G = r$.

我们称(1.4)式为矩阵 A 的一种**满秩分解**.

定理 1　$\boldsymbol{\eta} \in R^n$ 是方程组(1.1)的最小二乘解的充分必要条件为 $\boldsymbol{\eta}$ 是方程组

$$A^{\mathrm{T}}A\boldsymbol{x} = A^{\mathrm{T}}\boldsymbol{b} \tag{1.5}$$

的解.

证明　*充分性*　设 $\boldsymbol{\eta}$ 是方程组(1.5)的解,则对任何 $\boldsymbol{y}\in R^n$,可令 $\boldsymbol{y} = \boldsymbol{\eta} + \boldsymbol{z}$. 于是

$$\begin{aligned}
\| A\boldsymbol{y} - \boldsymbol{b} \|_2^2 &= \| A(\boldsymbol{\eta} + \boldsymbol{z}) - \boldsymbol{b} \|_2^2 \\
&= \| A\boldsymbol{\eta} - \boldsymbol{b} \|_2^2 + \| A\boldsymbol{z} \|_2^2 + 2(A\boldsymbol{\eta} - \boldsymbol{b})^{\mathrm{T}} A\boldsymbol{z} \\
&= \| A\boldsymbol{\eta} - \boldsymbol{b} \|_2^2 + \| A\boldsymbol{z} \|_2^2 + 2\boldsymbol{z}^{\mathrm{T}} A^{\mathrm{T}}(A\boldsymbol{\eta} - \boldsymbol{b}) \\
&= \| A\boldsymbol{\eta} - \boldsymbol{b} \|_2^2 + \| A\boldsymbol{z} \|_2^2 \\
&\geqslant \| A\boldsymbol{\eta} - \boldsymbol{b} \|_2^2.
\end{aligned}$$

由此可见,$\boldsymbol{\eta}$ 是方程组(1.1)的一个最小二乘解.

必要性 设 $\boldsymbol{\eta}=[\eta_1,\eta_2,\cdots,\eta_n]^{\mathrm{T}}\in R^n$ 是方程组(1.1)的一个最小二乘解.令 $\boldsymbol{r}=A\boldsymbol{x}-\boldsymbol{b}$,则 $\boldsymbol{\eta}$ 必使 $\|\boldsymbol{r}\|_2^2$ 达到极小.据极值存在的必要条件是

$$\left.\frac{\partial\|\boldsymbol{r}\|_2^2}{\partial x_i}\right|_{\eta}=0,\quad i=1,2,\cdots,n,$$

而

$$\begin{aligned}\frac{\partial\|\boldsymbol{r}\|_2^2}{\partial x_i}&=\frac{\partial}{\partial x_i}\Big(\sum_{k=1}^{m}\Big(\sum_{j=1}^{n}a_{kj}x_j-b_k\Big)^2\Big)\\&=\sum_{k=1}^{m}\frac{\partial}{\partial x_i}\Big(\sum_{j=1}^{n}a_{kj}x_j-b_k\Big)^2\\&=2\sum_{k=1}^{m}a_{ki}\Big(\sum_{j=1}^{n}a_{kj}x_j-b_k\Big),\end{aligned}$$

$$\left[\frac{\partial\|\boldsymbol{r}\|_2^2}{\partial x_1},\cdots,\frac{\partial\|\boldsymbol{r}\|_2^2}{\partial x_n}\right]^{\mathrm{T}}=2A^{\mathrm{T}}(A\boldsymbol{x}-\boldsymbol{b}).$$

因此,我们有等式 $2A^{\mathrm{T}}(A\boldsymbol{\eta}-\boldsymbol{b})=\boldsymbol{0}$,即 $\boldsymbol{\eta}$ 是方程组(1.5)的解.

(1.5)称为方程组(1.1)的**法方程组**.据定理1,求方程组(1.1)的最小二乘解的问题可化为求其法方程组(1.5)的解.

推论 1 若 $\mathrm{rank}A=n(n\leqslant m)$,则方程组(1.1)有唯一的最小二乘解

$$\boldsymbol{\eta}=(A^{\mathrm{T}}A)^{-1}A^{\mathrm{T}}\boldsymbol{b}.\tag{1.6}$$

定理 2 方程组(1.1)必存在最小二乘解.

证明 据定理1,只要证明法方程组(1.5)有解.设 $\mathrm{rank}A=r>0$,据引理,矩阵 A 有满秩分解(1.4).于是法方程组(1.5)可写成

$$G^{\mathrm{T}}F^{\mathrm{T}}FG\boldsymbol{x}=G^{\mathrm{T}}F^{\mathrm{T}}\boldsymbol{b}.\tag{1.7}$$

由于 $\mathrm{rank}F=\mathrm{rank}G=r$,所以

$$\mathrm{rank}GG^{\mathrm{T}}=\mathrm{rank}G=r,$$
$$\mathrm{rank}F^{\mathrm{T}}F=\mathrm{rank}F=r,$$

因而 $r\times r$ 阶矩阵 GG^{T} 和 $F^{\mathrm{T}}F$ 都是非奇异的.直接验证

$$\tilde{\boldsymbol{x}}=G^{\mathrm{T}}(GG^{\mathrm{T}})^{-1}(F^{\mathrm{T}}F)^{-1}F^{\mathrm{T}}\boldsymbol{b}\tag{1.8}$$

是方程组(1.7)的一个解,从而它是方程组(1.5)的一个解.据定理1,$\tilde{\boldsymbol{x}}$ 也是方程组(1.1)的一个最小二乘解.

推论 2 若 $\mathrm{rank}A=r<n$,则方程组(1.1)有无穷多个最小二乘解.

证明 由于

$$\mathrm{rank}(A^{\mathrm{T}}A)=\mathrm{rank}A=r<n,$$

因此方程组 $A^{\mathrm{T}}A\boldsymbol{x}=0$ 有无穷多个非零解.设 $\boldsymbol{y}$ 是它的全解,则

$$\boldsymbol{\eta}=\boldsymbol{y}+\tilde{\boldsymbol{x}}$$

是方程组(1.5)的全解,其中 $\tilde{\boldsymbol{x}}$ 如(1.8)所表示.

定义 2　方程组(1.1)的所有最小二乘解中 Euclid 范数最小者称为(1.1)的**极小最小二乘解**.

定理 3　方程组(1.1)有唯一的极小最小二乘解,它可表示成(1.8)的形式.

证明　首先,我们证明由(1.8)所表示的 $\tilde{\boldsymbol{x}}$ 是方程组(1.1)的一个极小最小二乘解.设 $\boldsymbol{\eta}$ 是方程组(1.1)的任一最小二乘解.据(1.7)式,我们有

$$G^{\mathrm{T}}F^{\mathrm{T}}FG(\boldsymbol{\eta}-\tilde{\boldsymbol{x}})=\boldsymbol{0}.$$

用 G 左乘上式两端得

$$GG^{\mathrm{T}}F^{\mathrm{T}}FG(\boldsymbol{\eta}-\tilde{\boldsymbol{x}})=\boldsymbol{0}.$$

由于 $GG^{\mathrm{T}},F^{\mathrm{T}}F$ 均非奇异,因此有

$$G(\boldsymbol{\eta}-\tilde{\boldsymbol{x}})=\boldsymbol{0}.$$

从而

$$\tilde{\boldsymbol{x}}^{\mathrm{T}}(\boldsymbol{\eta}-\tilde{\boldsymbol{x}})=\boldsymbol{b}^{\mathrm{T}}F(F^{\mathrm{T}}F)^{-1}(GG^{\mathrm{T}})^{-1}G(\boldsymbol{\eta}-\tilde{\boldsymbol{x}})=0.$$

这样

$$\begin{aligned}\|\boldsymbol{\eta}\|_2^2&=\|\tilde{\boldsymbol{x}}+(\boldsymbol{\eta}-\tilde{\boldsymbol{x}})\|_2^2\\&=\|\tilde{\boldsymbol{x}}\|_2^2+\|\boldsymbol{\eta}-\tilde{\boldsymbol{x}}\|_2^2+2(\tilde{\boldsymbol{x}})^{\mathrm{T}}(\boldsymbol{\eta}-\tilde{\boldsymbol{x}})\\&=\|\tilde{\boldsymbol{x}}\|_2^2+\|\boldsymbol{\eta}-\tilde{\boldsymbol{x}}\|_2^2.\end{aligned}\tag{1.9}$$

因此,$\|\boldsymbol{\eta}\|_2\geqslant\|\tilde{\boldsymbol{x}}\|_2$.这就证明了 $\tilde{\boldsymbol{x}}$ 是方程组(1.1)的一个极小最小二乘解.

其次,设 $\boldsymbol{x}_1$ 也是方程组(1.1)的一个极小最小二乘解,则 $\|\boldsymbol{x}_1\|_2=\|\tilde{\boldsymbol{x}}\|_2$.在(1.9)式中,以 $\boldsymbol{x}_1$ 代替 $\boldsymbol{\eta}$ 得到 $\|\boldsymbol{x}_1-\tilde{\boldsymbol{x}}\|_2=0$,故 $\boldsymbol{x}_1=\tilde{\boldsymbol{x}}$.

例　求方程组

$$\begin{cases}x_1-2x_2+x_3=-4,\\ \qquad x_2-x_3=3,\\ 2x_1-4x_2+3x_3=1,\\ 4x_1-7x_2+4x_3=-6\end{cases}$$

的最小二乘解.

解　将此方程组的系数矩阵记作 A,右端项向量记作 $\boldsymbol{b}$.计算得

$$\operatorname{rank}A=3,\quad \operatorname{rank}[A,\boldsymbol{b}]=4.$$

因此这个方程组为矛盾方程组,它没有通常意义下的解,而有唯一的最小二乘解即极小最小二乘解.由于

$$A^{\mathrm{T}}A=\begin{bmatrix}21&-38&23\\-38&70&-43\\23&-43&27\end{bmatrix},\qquad A^{\mathrm{T}}\boldsymbol{b}=\begin{bmatrix}-26\\49\\-28\end{bmatrix},$$

因此法方程组是

$$\begin{cases}21x_1-38x_2+23x_3=-26,\\-38x_1+70x_2-43x_3=49,\\23x_1-43x_2+27x_3=-28.\end{cases}$$

解得

$$x_1=\frac{75}{7},\quad x_2=\frac{88}{7},\quad x_3=\frac{69}{7}.$$

它就是所要求的最小二乘解.

设 $A=[a_{ij}]\in R^{m\times n}$, $\boldsymbol{b}=[b_1,\cdots,b_m]^{\mathrm{T}}\in R^m$,若 $m>n$,则方程组 $A\boldsymbol{x}=\boldsymbol{b}$ 通常称为**超定方程组**.如果 $\mathrm{rank}A=n$,那么 $A^{\mathrm{T}}A$ 是 n 阶对称正定矩阵,此时可用 Cholesky 分解方法解法方程组.下面给出应用法方程组方法求线性方程组的最小二乘解的一种算法.

算法 7.1 求方程组 $A\boldsymbol{x}=\boldsymbol{b}$ 的最小二乘解,其中 $A\in R^{m\times n}$, $\boldsymbol{b}\in R^m$, $\mathrm{rank}A=n$.

输入 A 的元素 $a_{ij}(i=1,\cdots,m,j=1,\cdots,n)$; m,n; $\boldsymbol{b}$ 的分量 $b_i(i=1,\cdots,m)$.

输出 方程组 $A\boldsymbol{x}=\boldsymbol{b}$ 的最小二乘解 $\boldsymbol{x}$.

step 1(生成 $A^{\mathrm{T}}A, A^{\mathrm{T}}\boldsymbol{b}$) 对 $i=1,\cdots,n$ 做 step 2~3.

step 2 对 $j=1,\cdots,i$

$$c_{ij}\leftarrow\sum_{k=1}^{m}a_{ki}a_{kj}.$$

step 3 $$d_i\leftarrow\sum_{k=1}^{m}a_{ki}b_k.$$

step 4 计算 $C=[c_{ij}]$的 Cholesky 分解 $C=LL^{\mathrm{T}}$(参见算法 3.6).

step 5 解方程组 $L\boldsymbol{y}=\boldsymbol{d}$.

step 6 解方程组 $L^{\mathrm{T}}\boldsymbol{x}=\boldsymbol{y}$ 得 $\boldsymbol{x}=[x_1,\cdots,x_n]^{\mathrm{T}}$.

step 7 输出$(x_1,x_2,\cdots,x_n)$;
停机.

由于矩阵 $C=A^{\mathrm{T}}A$ 是对称的,且计算 C 的 Cholesky 分解时只用到 C 的下三角部分(包括主对角线)元素,因此在算法 7.1 的第 2 步中只计算 C 的下三角部分元素.

7.2 广义逆矩阵

假设 $A\in C^{n\times n}$是非奇异的,那么存在唯一的逆矩阵 A^{-1},它具有下列性质:

$$AA^{-1}A=A,\qquad A^{-1}AA^{-1}=A^{-1},$$

$$AA^{-1}=I, \qquad A^{-1}A=I.$$

或者说,A^{-1}是矩阵方程组

$$\begin{cases} AXA=A, & (P_1) \\ XAX=X, & (P_2) \\ (AX)^{\mathrm{H}}=AX, & (P_3) \\ (XA)^{\mathrm{H}}=XA & (P_4) \end{cases}$$

的唯一解.现假设 $A\in C^{m\times n}$,则矩阵方程组$(P_1)\sim(P_4)$的 $X\in C^{n\times m}$.我们要问,在这种情形下,矩阵方程组$(P_1)\sim(P_4)$是否有唯一解? 1955 年,Penrose 证明了下面的定理.

定理 1　设 $A\in C^{m\times n}$,则矩阵方程组$(P_1)\sim(P_4)$有唯一解.

证明　若 $\mathrm{rank}A=0$,此时 A 为零矩阵,显然 $n\times m$ 阶零矩阵满足方程组$(P_1)\sim(P_4)$.现设 $\mathrm{rank}A=r>0$.据 7.1 节引理,我们有满秩分解

$$A=FG.$$

于是

$$F^{\mathrm{H}}AG^{\mathrm{H}}=(F^{\mathrm{H}}F)(GG^{\mathrm{H}}).$$

由于 $F^{\mathrm{H}}F$ 和 GG^{H} 均为 r 阶非奇异矩阵,因此 $F^{\mathrm{H}}AG^{\mathrm{H}}$ 也是非奇异矩阵,而且

$$(F^{H}AG^{\mathrm{H}})^{-1}=(GG^{\mathrm{H}})^{-1}(F^{\mathrm{H}}F)^{-1}.$$

令

$$X=G^{\mathrm{H}}(F^{\mathrm{H}}AG^{\mathrm{H}})^{-1}F^{\mathrm{H}}, \tag{2.1}$$

则

$$X=G^{\mathrm{H}}(GG^{\mathrm{H}})^{-1}(F^{\mathrm{H}}F)^{-1}F^{\mathrm{H}}. \tag{2.2}$$

容易验证,这个 $n\times m$ 阶矩阵 X 满足方程组$(P_1)\sim(P_4)$.

现设有两个 $n\times m$ 阶矩阵 X 和 Y 满足方程组$(P_1)\sim(P_4)$,则

$$\begin{aligned} X &= XAX = X(AX)^{\mathrm{H}} = XX^{\mathrm{H}}A^{\mathrm{H}} \\ &= XX^{\mathrm{H}}(AYA)^{\mathrm{H}} = XX^{\mathrm{H}}A^{\mathrm{H}}Y^{\mathrm{H}}A^{\mathrm{H}} = X(AX)^{\mathrm{H}}(AY)^{\mathrm{H}} \\ &= XAXAY = XAY = (XA)^{\mathrm{H}}(YAY) \\ &= (XA)^{\mathrm{H}}(YA)^{\mathrm{H}}Y = (YAXA)^{\mathrm{H}}Y \\ &= (YA)^{\mathrm{H}}Y = YAY = Y. \end{aligned}$$

故方程组$(P_1)\sim(P_4)$有唯一解.

我们称$(P_1)\sim(P_4)$为 **Penrose 方程**. Penrose 方程$(P_1)\sim(P_4)$的唯一解称为矩阵 A 的 **Moore-Penrose 广义逆(矩阵)**,记作 A^+.若对矩阵 A 作出满秩分解$A=FG$,则

$$A^+=G^{\mathrm{H}}(GG^{\mathrm{H}})^{-1}(F^{\mathrm{H}}F)^{-1}F^{\mathrm{H}}. \tag{2.3}$$

设 A 是n 阶方阵且非奇异,则 $A^+=A^{-1}$.因此,Moore-Penrose 广义逆是通常

的逆矩阵概念的一种推广.

设 $A\in R^{m\times n}$,则 Penrose 方程为

$$\begin{cases}AXA=A,\\XAX=X,\\(AX)^{\mathrm{T}}=AX,\\(XA)^{\mathrm{T}}=XA.\end{cases}$$

例 设

$$A=\begin{bmatrix}1&0&0\\1&1&0\end{bmatrix},$$

容易验证,矩阵

$$X=\begin{bmatrix}1&0\\-1&1\\0&0\end{bmatrix}$$

满足 Penrose 方程$(P_1)\sim(P_4)$.因此

$$A^{+}=\begin{bmatrix}1&0\\-1&1\\0&0\end{bmatrix}.$$

设 $A\in R^{n\times n}$,且 $\det A\neq 0$,即 A 非奇异,那么方程组 $A=\boldsymbol{b}$ 有唯一解 $\boldsymbol{x}$,它可表示为

$$\boldsymbol{x}=A^{-1}\boldsymbol{b}.$$

现设 $A\in R^{m\times n}$.我们来建立方程组 $A\boldsymbol{x}=\boldsymbol{b}$ 的极小最小二乘解与广义逆 A^{+}之间的关系.

定理 2 设 $A\in R^{m\times n}$,则方程组 $A\boldsymbol{x}=\boldsymbol{b}$ 的极小最小二乘解 $\tilde{\boldsymbol{x}}$ 可以表示成

$$\tilde{\boldsymbol{x}}=A^{+}\boldsymbol{b}. \tag{2.4}$$

证明 据定理 1,矩阵 A 存在唯一的广义逆 A^{+},它可以表示成(2.3)式,即

$$A^{+}=G^{\mathrm{T}}(GG^{\mathrm{T}})^{-1}(F^{\mathrm{T}}F)^{-1}F^{\mathrm{T}}.$$

另一方面,据 7.1 节定理 3,方程组 $A\boldsymbol{x}=\boldsymbol{b}$ 有唯一的极小最小二乘解 $\tilde{\boldsymbol{x}}$,它可以表示成(1.8)的形式,即

$$\tilde{\boldsymbol{x}}=G^{\mathrm{T}}(GG^{\mathrm{T}})^{-1}(F^{\mathrm{T}}F)^{-1}F^{\mathrm{T}}\boldsymbol{b}.$$

因此,$\tilde{\boldsymbol{x}}=A^{+}\boldsymbol{b}$.

由于一些实际问题的需要,我们还可以定义只满足$(P_1)\sim(P_4)$的一部分方程的广义逆矩阵:满足第(P_i)个方程的 $n\times m$ 阶矩阵 X,称为 A 的一个$\{i\}$逆,记作 $X=A^{(i)}$;满足(P_i),(P_j)个方程的 X,称为 A 的一个$\{i,j\}$逆,记作 $X=A^{(i,j)}$;满足第(P_i),(P_j),(P_k)个方程的 X,称为 A 的一个$\{i,j,k\}$逆,记作 $X=A^{(i,j,k)}$.注意,此处 $i,j,k=1,2,3,4$,但同一类广义逆中,i,j,k 互不相同,矩阵 A 的$\{1\}$逆,

{1,3}逆,{1,4}逆也分别记作 A^-,A_l^- 和 A_m^-.

7.3 直交分解

在 7.1 节中,我们指出求线性方程组

$$Ax = \boldsymbol{b} \tag{3.1}$$

的最小二乘解的问题可以化为求它的法方程组

$$A^{\mathrm{T}}A\boldsymbol{x} = A^{\mathrm{T}}\boldsymbol{b} \tag{3.2}$$

的解.设 $A \in R^{m\times n}$,则 $A^{\mathrm{T}}A \in R^{n\times n}$.当 n 较小时,应用法方程组方法求最小二乘解还是有效的.特别地,再若 $K(A^{\mathrm{T}}A)$不大,则这个方法更是可取的.但是,一般情况下,求解法方程组的过程中对舍入误差的敏感性增加了,而且,形成系数矩阵 $A^{\mathrm{T}}A$ 也会产生一定的误差,特别当 $K(A^{\mathrm{T}}A)$较大时,即使 $\mathrm{rank}A = n$,也不能保证 $A^{\mathrm{T}}A$ 的正定性.因此,我们还需寻求其他有效的解法.

在 7.1 节中,我们由 A 的满秩分解 $A = FG$ 导出了方程组(3.1)的极小最小二乘解的表达式.这一节,我们将给出具体实现满秩分解的方法.

7.3.1 Gram-Schmidt 直交化方法

设 $A \in R^{m\times n}$,$\mathrm{rank}A = r > 0$,且 A 的前 r 列线性无关.我们介绍一种特殊的满秩分解的实现方法.这个方法是把矩阵 A 分解成

$$A = QU, \tag{3.3}$$

其中 Q 是 $m\times r$ 阶列直交阵,即有 $Q^{\mathrm{T}}Q = I_r$,而

$$U = \begin{bmatrix} u_{11} & u_{12} & \cdots & u_{1r} & \cdots & u_{1n} \\ & u_{22} & \cdots & u_{2r} & \cdots & u_{2n} \\ & & \ddots & \vdots & & \vdots \\ & & & u_{rr} & \cdots & u_{rn} \end{bmatrix}$$

是一个上梯形矩阵.记

$$A = [\boldsymbol{a}_1, \cdots, \boldsymbol{a}_n], \qquad Q = [\boldsymbol{q}_1, \cdots, \boldsymbol{q}_r],$$

其中 $\boldsymbol{a}_1, \cdots, \boldsymbol{a}_r$ 线性无关.我们欲计算矩阵 Q 的列向量 $\boldsymbol{q}_1, \cdots, \boldsymbol{q}_r$ 以及 U 的元素 u_{ij}.为此,应用 Gram-Schmidt 直交化方法将 $\boldsymbol{a}_1, \cdots, \boldsymbol{a}_r$ 直交化可以实现这个目的.据(3.3)式,我们有

$$\left.\begin{aligned}
&\boldsymbol{a}_1 = u_{11}\boldsymbol{q}_1,\\
&\boldsymbol{a}_2 = u_{12}\boldsymbol{q}_1 + u_{22}\boldsymbol{q}_2,\\
&\cdots\cdots\\
&\boldsymbol{a}_j = u_{1j}\boldsymbol{q}_1 + u_{2j}\boldsymbol{q}_2 + \cdots + u_{jj}\boldsymbol{q}_j,\\
&\cdots\cdots\\
&\boldsymbol{a}_r = u_{1r}\boldsymbol{q}_1 + u_{2r}\boldsymbol{q}_2 + \cdots + u_{jr}\boldsymbol{q}_j + \cdots + u_{rr}\boldsymbol{q}_r,\\
&\cdots\cdots\\
&\boldsymbol{a}_n = u_{1n}\boldsymbol{q}_1 + u_{2n}\boldsymbol{q}_2 + \cdots + u_{jn}\boldsymbol{q}_j + \cdots + u_{rn}\boldsymbol{q}_r.
\end{aligned}\right\} \tag{3.4}$$

首先,令

$$u_{11} = \|\boldsymbol{a}_1\|_2,$$

则

$$\boldsymbol{q}_1 = \boldsymbol{a}_1/u_{11},$$

且 $\|\boldsymbol{q}_1\|_2 = 1$. 其次,用 $\boldsymbol{q}_1^{\mathrm{T}}$ 左乘(3.4)的第二式两端得

$$\boldsymbol{q}_1^{\mathrm{T}}\boldsymbol{a}_2 = u_{12}\boldsymbol{q}_1^{\mathrm{T}}\boldsymbol{q}_1 + u_{22}\boldsymbol{q}_1^{\mathrm{T}}\boldsymbol{q}_2.$$

欲使 $\boldsymbol{q}_1$ 与 $\boldsymbol{q}_2$ 直交,则必须有

$$u_{12} = \boldsymbol{q}_1^{\mathrm{T}}\boldsymbol{a}_2.$$

令

$$u_{22} = \|\boldsymbol{a}_2 - u_{12}\boldsymbol{q}_1\|_2,$$

可得

$$\boldsymbol{q}_2 = (\boldsymbol{a}_2 - u_{12}\boldsymbol{q}_1)/u_{22},$$

且 $\|\boldsymbol{q}_2\|_2 = 1$. 如此继续下去,假设已经计算得 $\boldsymbol{q}_1, \cdots, \boldsymbol{q}_{j-1}$. 下一步则是用 $\boldsymbol{q}_i^{\mathrm{T}}$ 左乘(3.4)的第 j 式两端,得

$$\boldsymbol{q}_i^{\mathrm{T}}\boldsymbol{a}_j = u_{1j}\boldsymbol{q}_i^{\mathrm{T}}\boldsymbol{q}_1 + u_{2j}\boldsymbol{q}_i^{\mathrm{T}}\boldsymbol{q}_2 + \cdots + u_{jj}\boldsymbol{q}_i^{\mathrm{T}}\boldsymbol{q}_j.$$

欲使 $\boldsymbol{q}_j$ 与 $\boldsymbol{q}_1, \cdots, \boldsymbol{q}_{j-1}$ 都直交,必须有

$$\left.\begin{aligned}
u_{ij} &= \boldsymbol{q}_i^{\mathrm{T}}\boldsymbol{a}_j, \quad i = 1,2,\cdots,j-1,\\
u_{jj} &= \Big\|\boldsymbol{a}_j - \sum_{i=1}^{j-1} u_{ij}\boldsymbol{q}_i\Big\|_2,\\
\boldsymbol{q}_j &= \Big(\boldsymbol{a}_j - \sum_{i=1}^{j-1} u_{ij}\boldsymbol{q}_i\Big)/u_{jj}.
\end{aligned}\right\} \quad j = 3,\cdots,r.$$

再据直交性,我们有

$$u_{ij} = \boldsymbol{q}_i^{\mathrm{T}}\boldsymbol{a}_j, \quad i = 1,2,\cdots,r, j = r+1,\cdots,n.$$

注意,我们是按列逐次计算得 U 的元素 u_{ij}.

然而,人们发现 Gram-Schmidt 直交化方法是数值不稳定的. 由于舍入误差的影响比较大,以致计算得 Q 与列直交阵有较大的偏差. 在实际计算中常常应用**改**

进的 Gram-Schmidt 直交化方法.它是按行逐次计算 U 的元素.第一步,记

$$A=[\boldsymbol{a}_1,\cdots,\boldsymbol{a}_n]=[\boldsymbol{a}_1^{(1)},\cdots,\boldsymbol{a}_n^{(1)}]=A_1.$$

令

$$u_{11}=\|\boldsymbol{a}_1\|_2,\qquad \boldsymbol{q}_1=\boldsymbol{a}_1/\|\boldsymbol{a}_1\|_2=\boldsymbol{a}_1/u_{11}.$$

我们用 $\boldsymbol{q}_1^{\mathrm{T}}$ 左乘(3.4)的第 2 至第 n 式两端.欲 $\boldsymbol{q}_2,\boldsymbol{q}_3,\cdots,\boldsymbol{q}_r$ 都与 $\boldsymbol{q}_1$ 直交,得

$$u_{1j}=\boldsymbol{q}_1^{\mathrm{T}}\boldsymbol{a}_j,\quad j=2,\cdots,n.$$

令

$$\boldsymbol{a}_j^{(2)}=\boldsymbol{a}_j^{(1)}-u_{1j}\boldsymbol{q}_1,$$

则(3.4)的第 2 至第 n 式化为

$$\begin{aligned}\boldsymbol{a}_2^{(2)}&=u_{22}\boldsymbol{q}_2,\\&\cdots\cdots\\\boldsymbol{a}_r^{(2)}&=u_{2r}\boldsymbol{q}_2+\cdots+u_{rr}\boldsymbol{q}_r,\\&\cdots\cdots\\\boldsymbol{a}_n^{(2)}&=u_{2n}\boldsymbol{q}_2+\cdots+u_{rn}\boldsymbol{q}_r.\end{aligned}$$

显然,此时 $\boldsymbol{a}_j^{(2)}$ 与 $\boldsymbol{q}_1$ 直交,$j=2,\cdots,n$.

第二步,记

$$A_2=[\boldsymbol{q}_1,\boldsymbol{a}_2^{(2)},\cdots,\boldsymbol{a}_n^{(2)}].$$

取

$$\begin{aligned}u_{22}&=\|\boldsymbol{a}_2^{(2)}\|_2,\\\boldsymbol{q}_2&=\boldsymbol{a}_2^{(2)}/u_{22}.\end{aligned}$$

欲 $\boldsymbol{q}_3,\cdots,\boldsymbol{q}_r$ 都与 $\boldsymbol{q}_2$ 直交,得到

$$u_{2j}=\boldsymbol{q}_2^{\mathrm{T}}\boldsymbol{a}_j^{(2)},\qquad j=3,\cdots,n.$$

令

$$\boldsymbol{a}_j^{(3)}=\boldsymbol{a}_j^{(2)}-u_{2j}\boldsymbol{q}_2,\quad j=3,\cdots,n.$$

此时,$\boldsymbol{a}_j^{(3)}$ 与 $\boldsymbol{q}_2$ 直交,$j=3,\cdots,n$.记

$$A_3=[\boldsymbol{q}_1,\boldsymbol{q}_2,\boldsymbol{a}_3^{(3)},\cdots,\boldsymbol{a}_n^{(3)}].$$

如此继续下去,进行 r 步后,我们得到

$$A_{r+1}=[\boldsymbol{q}_1,\cdots,\boldsymbol{q}_r,\boldsymbol{0},\cdots,\boldsymbol{0}].$$

于是有

$$\begin{aligned}Q&=[\boldsymbol{q}_1,\cdots,\boldsymbol{q}_r],\\U&=[u_{ij}],\quad u_{ij}=0(i>j).\end{aligned}$$

我们称(3.3)为矩阵 A 的一种**直交分解**或 **QU 分解**.特别地,若 $\mathrm{rank}A=n$(此时 $m\geqslant n$),则由 Gram-Schmidt 直交化方法得到(3.3)式中的 Q 为 $m\times n$ 阶列直

交阵,而 U 为 $n\times n$ 阶上三角阵.此时,若记 $R=U$,则有

$$A=QR. \tag{3.5}$$

我们称(3.5)为矩阵 A 的**直交三角分解或QR 分解.**

算法 7.2 应用改进的 Gram-Schmidt 方法计算矩阵 A 的 QR 分解,其中 $A=[a_{ij}]\in R^{m\times n}(m\geqslant n)$,$\mathrm{rank}A=n$.

输入 A 的各列 $\boldsymbol{a}_1,\cdots,\boldsymbol{a}_n(\boldsymbol{a}_j=[a_{1j},\cdots,a_{mj}]^{\mathrm{T}},j=1,\cdots,n)$.

输出 Q 的各列元素(存放在 A 的相应位置上)以及 R 的元素 $r_{ij}(i=1,\cdots,n,j=i,\cdots,n)$.

step 1 对 $k=1,\cdots,n-1$ 做 step2 ~ 4.

step 2 $r_{kk}\leftarrow\|\boldsymbol{a}_k\|_2=\left(\sum_{i=1}^{m}a_{ik}^2\right)^{\frac{1}{2}}$.

step 3 $\boldsymbol{a}_k\leftarrow\boldsymbol{a}_k/r_{kk}$.

step 4 对 $j=k+1,\cdots,n$

$r_{kj}\leftarrow\boldsymbol{a}_k^{\mathrm{T}}\boldsymbol{a}_j$;

$\boldsymbol{a}_j\leftarrow\boldsymbol{a}_j-r_{kj}\boldsymbol{a}_k$.

step 5 $r_{nn}\leftarrow\|\boldsymbol{a}_n\|_2=\left(\sum_{i=1}^{m}a_{in}^2\right)^{\frac{1}{2}}$.

step 6 $\boldsymbol{a}_n\leftarrow\boldsymbol{a}_n/r_{nn}$.

step 7 输出($Q=[\boldsymbol{a}_1,\cdots,\boldsymbol{a}_n]$,$R$ 的元素 r_{ij});
停机.

例 1 应用改进的 Gram-Schmidt 方法计算矩阵

$$A=\begin{bmatrix}1&1&1\\1&0&-1\\0&1&-1\\0&0&1\end{bmatrix}$$

的 QR 分解.

解 令

$$\boldsymbol{a}_1=\begin{bmatrix}1\\1\\0\\0\end{bmatrix},\quad \boldsymbol{a}_2=\begin{bmatrix}1\\0\\1\\0\end{bmatrix},\quad \boldsymbol{a}_3=\begin{bmatrix}1\\-1\\-1\\1\end{bmatrix}.$$

$k=1$ 时,

$$r_{11}=\|\boldsymbol{a}_1\|_2=\sqrt{2},$$

$$a_1 \leftarrow \frac{1}{r_{11}} a_1 = \frac{\sqrt{2}}{2} \begin{bmatrix} 1 \\ 1 \\ 0 \\ 0 \end{bmatrix},$$

$$r_{12} = a_1^{\mathrm{T}} a_2 = \frac{\sqrt{2}}{2}, \quad r_{13} = a_1^{\mathrm{T}} a_3 = 0,$$

$$a_2 \leftarrow a_2 - r_{12} a_1 = \begin{bmatrix} 1 \\ 0 \\ 1 \\ 0 \end{bmatrix} - \frac{1}{2} \begin{bmatrix} 1 \\ 1 \\ 0 \\ 0 \end{bmatrix} = \frac{1}{2} \begin{bmatrix} 1 \\ -1 \\ 2 \\ 0 \end{bmatrix},$$

$$a_3 \leftarrow a_3 - r_{13} a_1 = \begin{bmatrix} 1 \\ -1 \\ -1 \\ 1 \end{bmatrix}.$$

$k = 2$ 时，

$$r_{22} = \| a_2 \|_2 = \frac{\sqrt{6}}{2},$$

$$a_2 \leftarrow \frac{1}{r_{22}} a_2 = \frac{\sqrt{6}}{6} \begin{bmatrix} 1 \\ -1 \\ 2 \\ 0 \end{bmatrix},$$

$$r_{23} = a_2^{\mathrm{T}} a_3 = 0,$$

$$a_3 \leftarrow a_3 - r_{23} a_2 = \begin{bmatrix} 1 \\ -1 \\ -1 \\ 1 \end{bmatrix}.$$

$k = 3$ 时，

$$r_{33} = \| a_3 \|_2 = 2,$$

$$a_3 \leftarrow \frac{1}{r_{33}} a_3 = \frac{1}{2} \begin{bmatrix} 1 \\ -1 \\ -1 \\ 1 \end{bmatrix}.$$

于是，我们得到

$$A=\begin{bmatrix}\frac{\sqrt{2}}{2} & \frac{\sqrt{6}}{6} & \frac{1}{2}\\ \frac{\sqrt{2}}{2} & -\frac{\sqrt{6}}{6} & -\frac{1}{2}\\ 0 & \frac{2\sqrt{6}}{6} & -\frac{1}{2}\\ 0 & 0 & \frac{1}{2}\end{bmatrix}\begin{bmatrix}\sqrt{2} & \frac{\sqrt{2}}{2} & 0\\ 0 & \frac{\sqrt{6}}{2} & 0\\ 0 & 0 & 2\end{bmatrix}.$$

7.3.2 直交分解和线性方程组的最小二乘解

在 Gram-Schmidt 直交化方法中,我们假定了矩阵 A 的前 r 列线性无关,作出直交分解 $A=QU$.一般情况下,未必 A 的前 r 列线性无关.但是,若 $\operatorname{rank}A=r$,则总可经过适当的列交换使得前 r 列线性无关. 因此,总有直交分解

$$AP=QU, \tag{3.6}$$

其中 P 为 n 阶排列阵.我们再用直交化方法对下梯形矩阵

$$U^{\mathrm{T}}=\begin{bmatrix}u_{11} & & & \\ u_{12} & u_{22} & & \\ \vdots & \vdots & \ddots & \\ u_{1r} & u_{2r} & \cdots & u_{rr}\\ \vdots & \vdots & & \vdots\\ u_{1n} & u_{2n} & \cdots & u_{rn}\end{bmatrix}$$

作直交分解

$$U^{\mathrm{T}}=VL, \tag{3.7}$$

其中 V 为 $n\times r$ 阶列直交阵,L 为 $r\times r$ 阶下三角阵.这可从 U^{T} 的最后一列(即第 r 列)开始逐列向左进行.由于 U^{T} 的上三角部分为零的元素仍然保持为零,因此,这样做可以减小计算量.由(3.7)式,我们得到

$$U=L^{\mathrm{T}}V^{\mathrm{T}}. \tag{3.8}$$

令 $R=L^{\mathrm{T}}$,则(3.8)式可写成

$$U=RV^{\mathrm{T}}. \tag{3.9}$$

最后,我们得到

$$AP=QRV^{\mathrm{T}}. \tag{3.10}$$

定理 1 设 $A\in R^{m\times n}$,且 $\operatorname{rank}A=r>0$,则总存在一个 $m\times m$ 阶直交阵 H 和一个 $n\times n$ 阶直交阵 K 使

$$H^{\mathrm{T}}AK=\widetilde{R}$$

或

$$A = H\tilde{R}K_1^{\mathrm{T}} \tag{3.11}$$

其中 $\tilde{R}$为 $m \times n$ 阶矩阵:

$$\tilde{R} = \begin{bmatrix} R & O \\ O & O \end{bmatrix},$$

R 为 $r \times r$ 阶上三角阵.

证明　我们总可以把(3.10)式中的 $m \times r$ 阶列直交阵 Q 扩充成 $m \times m$ 阶直交阵

$$H = [Q, Q_1],$$

$n \times r$ 阶列直交阵 V 扩充为 $n \times n$ 阶直交阵:$[V, V_1]$. 据(3.10)式,有

$$AP = [Q, Q_1]\begin{bmatrix} R & O \\ O & O \end{bmatrix}\begin{bmatrix} V^{\mathrm{T}} \\ V_1^{\mathrm{T}} \end{bmatrix},$$

于是

$$A = [Q, Q_1]\begin{bmatrix} R & O \\ O & O \end{bmatrix}\begin{bmatrix} V^{\mathrm{T}} \\ V_1^{\mathrm{T}} \end{bmatrix}P^{\mathrm{T}},$$

令

$$K^{\mathrm{T}} = \begin{bmatrix} V^{\mathrm{T}}, \\ V_1^{\mathrm{T}} \end{bmatrix}P^{\mathrm{T}},$$

则 $K^{\mathrm{T}}K = I$. 从而得到(3.11)式.

我们仍称(3.11)为矩阵 A 的一种直交分解.

定理 2　设 $A \in R^{m \times n}$, $\mathrm{rank}A = r > 0$, 且对矩阵 A 作出直交分解

$$A = HRK^{\mathrm{T}}, \tag{3.12}$$

其中 H, K 分别为 $m \times m$ 和 $n \times n$ 阶直交阵, R 为 $m \times n$ 阶矩阵:

$$R = \begin{bmatrix} R_{11} & O \\ O & O \end{bmatrix}, \tag{3.13}$$

R_{11}为 $r \times r$ 阶上三角阵, $\mathrm{rank}R_{11} = r$. 令

$$H^{\mathrm{T}}\boldsymbol{b} = \boldsymbol{g} = \begin{bmatrix} \boldsymbol{g}_1 \\ \boldsymbol{g}_2 \end{bmatrix}, \tag{3.14}$$

$\boldsymbol{g}_1, \boldsymbol{g}_2$ 分别为 r 和 $m - r$ 维向量,那么

(1) 方程组 $A\boldsymbol{x} = \boldsymbol{b}$ 的最小二乘解的一般表达式为

$$\boldsymbol{x} = K\begin{bmatrix} \boldsymbol{y}_1 \\ \boldsymbol{y}_2 \end{bmatrix}, \tag{3.15}$$

其中 $\boldsymbol{y}_1$ 为方程组

$$R_{11}\boldsymbol{z} = \boldsymbol{g}_1 \tag{3.16}$$

的唯一解，$\boldsymbol{y}_2$ 为任意的 $n-r$ 维实向量；

(2) 对一切解(3.15)，剩余向量 $\boldsymbol{r}$ 为

$$\boldsymbol{r}=\boldsymbol{b}-A\boldsymbol{x}=H\begin{bmatrix}\boldsymbol{0}\\ \boldsymbol{g}_2\end{bmatrix}, \tag{3.17}$$

且

$$\|\boldsymbol{r}\|_2=\|\boldsymbol{b}-A\boldsymbol{x}\|_2=\|\boldsymbol{g}_2\|_2;$$

(3) 方程组 $A\boldsymbol{x}=\boldsymbol{b}$ 的极小最小二乘解为

$$\tilde{\boldsymbol{x}}=K\begin{bmatrix}\boldsymbol{y}_1\\ \boldsymbol{0}\end{bmatrix}. \tag{3.18}$$

证明 据(3.12)的(3.14)式，我们有

$$\begin{aligned}\|A\boldsymbol{x}-\boldsymbol{b}\|_2^2&=\|HRK^{\mathrm{T}}\boldsymbol{x}-\boldsymbol{b}\|_2^2\\ &=\|RK^{\mathrm{T}}\boldsymbol{x}-H^{\mathrm{T}}\boldsymbol{b}\|_2^2\\ &=\|RK^{\mathrm{T}}\boldsymbol{x}-\boldsymbol{g}\|_2^2.\end{aligned} \tag{3.19}$$

令

$$K^{\mathrm{T}}\boldsymbol{x}=\begin{bmatrix}\boldsymbol{z}\\ \boldsymbol{y}_2\end{bmatrix},$$

其中 $\boldsymbol{z},\boldsymbol{y}_2$ 分别为 r 和 $n-r$ 维向量．据(3.19)，(3.13)和(3.14)式，我们有

$$\begin{aligned}\|A\boldsymbol{x}-\boldsymbol{b}\|_2^2&=\left\|\begin{bmatrix}R_{11}&O\\ O&O\end{bmatrix}\begin{bmatrix}\boldsymbol{z}\\ \boldsymbol{y}_2\end{bmatrix}-\begin{bmatrix}\boldsymbol{g}_1\\ \boldsymbol{g}_2\end{bmatrix}\right\|_2^2\\ &=\|R_{11}\boldsymbol{z}-\boldsymbol{g}_1\|_2^2+\|\boldsymbol{g}_2\|_2^2.\end{aligned} \tag{3.20}$$

于是，当

$$\|R_{11}\boldsymbol{z}-\boldsymbol{g}_1\|_2=0$$

时，(3.20)有极小值 $\|\boldsymbol{g}_2\|_2^2$．由于 $\operatorname{rank}R_{11}=r$，因此方程组 $R_{11}\boldsymbol{z}=\boldsymbol{g}_1$ 有唯一解 $\boldsymbol{y}_1$．故方程组 $A\boldsymbol{x}=\boldsymbol{b}$ 的最小二乘解的一般表达式为

$$\boldsymbol{x}=K\begin{bmatrix}\boldsymbol{y}_1\\ \boldsymbol{y}_2\end{bmatrix},$$

其中 $\boldsymbol{y}_2$ 为任意的 $n-r$ 维实向量．

设 $\boldsymbol{x}$ 是方程组 $A\boldsymbol{x}=\boldsymbol{b}$ 的任一最小二乘解，则

$$\begin{aligned}\boldsymbol{r}&=\boldsymbol{b}-A\boldsymbol{x}=H\boldsymbol{g}-HRK^{\mathrm{T}}\boldsymbol{x}=H(\boldsymbol{g}-RK^{\mathrm{T}}\boldsymbol{x})\\ &=H\left(\begin{bmatrix}\boldsymbol{g}_1\\ \boldsymbol{g}_2\end{bmatrix}-\begin{bmatrix}R_{11}&O\\ O&O\end{bmatrix}\begin{bmatrix}y_1\\ y_2\end{bmatrix}\right)=H\begin{bmatrix}\boldsymbol{0}\\ \boldsymbol{g}_2\end{bmatrix},\end{aligned}$$

故(3.17)式成立．

显然，由(3.15)式取 $\boldsymbol{y}_2=0$，便得到方程组 $A\boldsymbol{x}=\boldsymbol{b}$ 的极小最小二乘解为

$$\tilde{\boldsymbol{x}} = K\begin{bmatrix} \boldsymbol{y}_1 \\ \boldsymbol{0} \end{bmatrix},$$

即(3.18)式成立.

假设我们对 $A \in R^{m \times n}(\mathrm{rank}A = r > 0)$作出直交分解

$$A = QRV^{\mathrm{T}}, \tag{3.21}$$

其中 Q 为 $m \times r$ 阶列直交阵, V 为 $n \times r$ 阶列直交阵, R 为 $r \times r$ 阶上三角阵, $\mathrm{rank}R = r$. 把 Q 扩充为 $m \times m$ 阶直交阵$[Q, Q_1]$, V 扩充为 $n \times n$ 阶直交阵$[V, V_1]$,则有

$$A = [Q, Q_1]\begin{bmatrix} R & O \\ O & O \end{bmatrix}\begin{bmatrix} V^{\mathrm{T}} \\ V_1^{\mathrm{T}} \end{bmatrix}.$$

据定理2,线性方程组 $A\boldsymbol{x} = \boldsymbol{b}$ 的极小最小二乘解为

$$\tilde{\boldsymbol{x}} = [V, V_1]\begin{bmatrix} \boldsymbol{y}_1 \\ 0 \end{bmatrix} = V\boldsymbol{y}_1 = VR^{-1}\boldsymbol{g}_1 = VR^{-1}Q^{\mathrm{T}}\boldsymbol{b}. \tag{3.22}$$

据此,我们还得到

$$A^{+} = VR^{-1}Q^{\mathrm{T}}. \tag{3.23}$$

为了计算 $R^{-1}Q^{\mathrm{T}}\boldsymbol{b}$,可令

$$R^{-1}Q^{\mathrm{T}}\boldsymbol{b} = \boldsymbol{y}.$$

于是解方程组

$$R\boldsymbol{y} = Q^{\mathrm{T}}\boldsymbol{b}$$

可得 $\boldsymbol{y} = R^{-1}Q^{\mathrm{T}}\boldsymbol{b}$. 记 $Q = [\boldsymbol{q}_1, \cdots, \boldsymbol{q}_r]$. 由于

$$Q^{\mathrm{T}}\boldsymbol{b} = \begin{bmatrix} \boldsymbol{q}_1^{\mathrm{T}}\boldsymbol{b} \\ \vdots \\ \boldsymbol{q}_r^{\mathrm{T}}\boldsymbol{b} \end{bmatrix},$$

因此 $Q^{\mathrm{T}}\boldsymbol{b}$ 的第 i 个分量是 $\boldsymbol{q}_i^{\mathrm{T}}\boldsymbol{b}$. 故计算 $Q^{\mathrm{T}}\boldsymbol{b}$ 可在计算 $\boldsymbol{q}_i$ 的直交化过程中依次进行.

假设 $A \in R^{m \times n}$, $m \geqslant n$, 且 $\mathrm{rank}A = r > 0$. 我们对 A 完成直交分解

$$A = QU, \tag{3.24}$$

其中 Q 为 $m \times r$ 阶列直交阵, U 为 $r \times n$ 阶上梯形矩阵. 方程组 $A\boldsymbol{x} = \boldsymbol{b}$ 的极小最小二乘解 $\tilde{\boldsymbol{x}}$ 可表示成

$$\tilde{\boldsymbol{x}} = U^{\mathrm{T}}(UU^{\mathrm{T}})^{-1}Q^{\mathrm{T}}\boldsymbol{b}. \tag{3.25}$$

为计算$(UU^{\mathrm{T}})^{-1}Q^{\mathrm{T}}\boldsymbol{b}$,可令

$$(UU^{\mathrm{T}})^{-1}Q^{\mathrm{T}}\boldsymbol{b} = \boldsymbol{y}.$$

于是解方程组

$$UU^{\mathrm{T}}\boldsymbol{y} = Q^{\mathrm{T}}\boldsymbol{b} \tag{3.26}$$

可得 $\boldsymbol{y}$. 由于 UU^{T} 为 $r\times r$ 阶对称正定矩阵,因此可用 Cholesky 分解等方法来解方程组(3.26).

特别,当 $\operatorname{rank}A=n$ 时,Q 为 $m\times n$ 阶列直交阵. 若记 $R=U$,则 R 为 $n\times n$ 阶上三角阵. 于是方程组 $A\boldsymbol{x}=\boldsymbol{b}$ 的唯一最小二乘解,即极小最小二乘解为

$$\tilde{\boldsymbol{x}}=R^{\mathrm{T}}(RR^{\mathrm{T}})^{-1}Q^{\mathrm{T}}\boldsymbol{b}=R^{-1}Q^{\mathrm{T}}\boldsymbol{b}. \tag{3.27}$$

这样,$\tilde{\boldsymbol{x}}$ 是上三角方程组

$$R\boldsymbol{x}=Q^{\mathrm{T}}\boldsymbol{b} \tag{3.28}$$

的解.

例 2 应用改进的 Gram-Schmidt 直交化方法求方程组

$$\begin{cases} x_1+x_2+x_3=1, \\ x_1-x_3=1, \\ x_2-x_3=1, \\ x_3=1 \end{cases}$$

的最小二乘解.

解 由例 1,我们得到此方程组的系数矩阵 A 的 QR 分解. 计算得

$$Q^{\mathrm{T}}\boldsymbol{b}=\left[\sqrt{2},\frac{1}{3}\sqrt{6},0\right]^{\mathrm{T}},$$

解方程组 $R\boldsymbol{x}=Q^{\mathrm{T}}b$ 得到所要求的最小二乘解为 $x_1=\dfrac{2}{3}$, $x_2=\dfrac{2}{3}$, $x_3=0$.

7.3.3 Householder 变换

设 $v\in R^n$,且 $\|v\|_2=1$,则 n 阶矩阵

$$H=I-2vv^{\mathrm{T}} \tag{3.29}$$

称为 **Householder 变换矩阵**,简称 **Householder 矩阵**. 易知,H 是一个对称的直交阵,即有

$$H^{\mathrm{T}}=H,\quad H^{\mathrm{T}}H=I.$$

Householder 矩阵具有下述重要性质:

设 $\boldsymbol{x},\boldsymbol{y}\in R^n$,且 $\|\boldsymbol{x}\|_2=\|\boldsymbol{y}\|_2$,则存在 Householder 矩阵 H,使

$$H\boldsymbol{x}=\boldsymbol{y}. \tag{3.30}$$

证明 若 $\boldsymbol{x}=\boldsymbol{y}$,则只要取 $\boldsymbol{u}$ 使 $\boldsymbol{u}^{\mathrm{T}}\boldsymbol{x}=0$,便有

$$(I-2\boldsymbol{u}\boldsymbol{u}^{\mathrm{T}})\boldsymbol{x}=\boldsymbol{x}-2\boldsymbol{u}\boldsymbol{u}^{\mathrm{T}}x=x=y.$$

令 $v=\dfrac{\boldsymbol{u}}{\|\boldsymbol{u}\|_2}$,则 $\|v\|_2=1$. 因此 $I-2vv^{\mathrm{T}}$ 是 Householder 矩阵,且有

$$(I-2vv^{\mathrm{T}})\boldsymbol{x}=\boldsymbol{y}.$$

现设 $\boldsymbol{x}\neq\boldsymbol{y}$,取

$$v = \frac{x - y}{\| x - y \|_2}, \tag{3.31}$$

便有

$$\begin{aligned}(I - 2vv^{\mathrm{T}})x &= \left(I - 2\frac{(x - y)(x^{\mathrm{T}} - y^{\mathrm{T}})}{\| x - y \|_2^2}\right)x \\ &= x - 2\frac{\| x \|_2^2 - y^{\mathrm{T}}x}{\| x - y \|_2^2}(x - y) \\ &= x - (x - y) = y.\end{aligned}$$

为了计算上的方便,常把 Householder 矩阵 H 表示成

$$H = I - b^{-1}uu^{\mathrm{T}}, \tag{3.32}$$

其中 $u \in R^n$,以及

$$b = \frac{1}{2}\| u \|_2^2. \tag{3.33}$$

这样,(3.31)式便可写成

$$u = x - y. \tag{3.34}$$

设 $A = [a_{ij}] \in R^{m \times n}$, $m \geqslant n$, $\mathrm{rank}A = r > 0$,且 A 的前 r 列线性无关. 我们将利用上述 Householder 变换矩阵的重要性质,寻找一系列 Householder 矩阵 H_1, $H_2, \cdots, H_r$ 使 $H_rH_{r-1}\cdots H_2H_1A$ 为一个上梯形矩阵. 记

$$A = [a_1, a_2, \cdots, a_n] = [a_1^{(1)}, a_2^{(1)}, \cdots, a_n^{(1)}].$$

令 $e_i^{(k)}$ 表示 $m - k + 1$ 维单位坐标向量,它的第 i 个分量是 1,其余分量全为 0,且记 $e_i = e_i^{(1)}$,则

$$e_k = \begin{bmatrix} 0 \\ \vdots \\ 0 \\ e_1^{(k)} \end{bmatrix}.$$

第一步,我们取

$$x = a_1^{(1)}, \quad y = \alpha_1 e_1,$$

其中

$$\alpha_1 = -\mathrm{sign}(a_{11})\sigma_1, \quad \sigma_1 = \left(\sum_{i=1}^{m} a_{i1}^2\right)^{\frac{1}{2}}.$$

令

$$u_1 = a_1^{(1)} - \alpha_1 e_1, \quad H_1 = I_m - b_1^{-1}u_1u_1^{\mathrm{T}},$$

其中

$$b_1 = \frac{1}{2}\| u_1 \|_2^2 = \alpha_1^2 - \alpha_1 a_{11},$$

则

$$
\begin{aligned}
H_1A &= [H_1\boldsymbol{a}_1^{(1)}, H_1\boldsymbol{a}_2^{(1)}, \cdots, H_1\boldsymbol{a}_n^{(1)}] \\
&= [\alpha_1\boldsymbol{e}_1, \boldsymbol{a}_2^{(2)}, \cdots, \boldsymbol{a}_n^{(2)}] \\
&= \begin{bmatrix} \alpha_1 & a_{12}^{(2)} & \cdots & a_{1n}^{(2)} \\ 0 & a_{22}^{(2)} & \cdots & a_{2n}^{(2)} \\ \vdots & \vdots & & \vdots \\ 0 & a_{m2}^{(2)} & \cdots & a_{mn}^{(2)} \end{bmatrix},
\end{aligned}
$$

其中

$$
\begin{aligned}
\boldsymbol{a}_j^{(2)} &= \boldsymbol{a}_j^{(1)} + t_j\boldsymbol{u}_1, \quad j = 2, \cdots, n, \\
t_j &= -b_1^{-1}\boldsymbol{u}_1^{\mathrm{T}}\boldsymbol{a}_j^{(1)}.
\end{aligned}
$$

第二步,记

$$
\tilde{\boldsymbol{a}}_j^{(2)} = [a_{2j}^{(2)}, \cdots, a_{mj}^{(2)}]^{\mathrm{T}}, \quad j = 2, \cdots, n.
$$

取

$$
\boldsymbol{x} = \tilde{\boldsymbol{a}}_2^{(2)}, \quad \boldsymbol{y} = \alpha_2\boldsymbol{e}_1^{(2)},
$$

其中

$$
\alpha_2 = -\operatorname{sign}(a_{22}^{(2)})\sigma_2, \quad \sigma_2 = \Big(\sum_{i=2}^{m}(a_{i2}^{(2)})^2\Big)^{\frac{1}{2}}.
$$

令

$$
\boldsymbol{u}_2 = \tilde{\boldsymbol{a}}_2^{(2)} - \alpha_2\boldsymbol{e}_1^{(2)}, \quad \widetilde{H}_2 = I_{m-1} - b_2^{-1}\boldsymbol{u}_2\boldsymbol{u}_2^{\mathrm{T}},
$$

其中

$$
b_2 = \frac{1}{2}\|\boldsymbol{u}_2\|_2^2 = \alpha_2^2 - \alpha_2 a_{22}^{(2)},
$$

则

$$
H_2 = \begin{bmatrix} 1 & 0 & \cdots & 0 \\ 0 & & & \\ \vdots & & \widetilde{H}_2 & \\ 0 & & & \end{bmatrix}
$$

仍为 Householder 矩阵. 于是

$$
H_2H_1A = \begin{bmatrix} \alpha_1 & a_{12}^{(2)} & a_{13}^{(2)} & \cdots & a_{1n}^{(2)} \\ 0 & \alpha_2 & a_{23}^{(3)} & \cdots & a_{2n}^{(3)} \\ 0 & 0 & a_{33}^{(3)} & \cdots & a_{3n}^{(3)} \\ \vdots & \vdots & \vdots & & \vdots \\ 0 & 0 & a_{m3}^{(3)} & \cdots & a_{mn}^{(3)} \end{bmatrix}.
$$

假设进行了 $k-1$ 步,得到

$$H_{k-1}\cdots H_2H_1A=\begin{bmatrix}\alpha_1 & a_{12}^{(2)} & \cdots & a_{1k}^{(2)} & \cdots & a_{1n}^{(2)}\\ & \alpha_2 & \cdots & a_{2k}^{(3)} & \cdots & a_{2n}^{(3)}\\ & & \ddots & \vdots & & \vdots\\ & & \alpha_{k-1} & a_{k-1,k}^{(k)} & \cdots & a_{k-1,n}^{(k)}\\ & & & a_{kk}^{(k)} & \cdots & a_{kn}^{(k)}\\ & & & \vdots & & \vdots\\ & & & a_{mk}^{(k)} & \cdots & a_{mn}^{(k)}\end{bmatrix}.$$

第 k 步,记

$$\tilde{\boldsymbol{a}}_j^{(k)}=[a_{kj}^{(k)},\cdots,a_{mj}^{(k)}]^{\mathrm{T}},\quad j=k,\cdots,n.$$

取

$$\boldsymbol{x}=\tilde{\boldsymbol{a}}_k^{(k)},\quad \boldsymbol{y}=\alpha_k\boldsymbol{e}_1^{(k)},$$

其中

$$\alpha_k=-\operatorname{sign}(a_{kk}^{(k)})\sigma_k,\quad \sigma_k=\left(\sum_{i=k}^{m}(a_{ik}^{(k)})^2\right)^{\frac{1}{2}}.$$

令

$$\boldsymbol{u}_k=\tilde{\boldsymbol{a}}_k^{(k)}-\alpha_k\boldsymbol{e}_1^{(k)},\quad \tilde{H}_k=I_{m-k+1}-b_k^{-1}\boldsymbol{u}_k\boldsymbol{u}_k^{\mathrm{T}},$$

其中

$$b_k=\frac{1}{2}\|\tilde{\boldsymbol{a}}_k^{(k)}-\alpha_k\boldsymbol{e}_1^{(k)}\|_2^2=\alpha_k^2-\alpha_ka_{kk}^{(k)},$$

则

$$H_k=\begin{bmatrix}I_{k-1} & O\\ O & \tilde{H}_k\end{bmatrix}$$

仍是 Householder 矩阵. 于是

$$H_kH_{k-1}\cdots H_2H_1A=\begin{bmatrix}\alpha_1 & a_{12}^{(2)} & \cdots & a_{1k}^{(2)} & a_{1,k+1}^{(2)} & \cdots & a_{1n}^{(2)}\\ & \alpha_2 & \cdots & a_{2k}^{(3)} & a_{2,k+1}^{(3)} & \cdots & a_{2n}^{(3)}\\ & & \ddots & \vdots & \vdots & & \vdots\\ & & & \alpha_k & a_{k,k+1}^{(k+1)} & \cdots & a_{k,n}^{(k+1)}\\ & & & & a_{k+1,k+1}^{(k+1)} & \cdots & a_{k+1,n}^{(k+1)}\\ & & & & \vdots & & \vdots\\ & & & & a_{m,k+1}^{(k+1)} & \cdots & a_{mn}^{(k+1)}\end{bmatrix}$$

$$=\left[\alpha_1\boldsymbol{e}_1,a_{12}^{(2)}\boldsymbol{e}_1+\alpha_2\boldsymbol{e}_2,\cdots,\sum_{i=1}^{k-1}a_{ik}^{(i+1)}\boldsymbol{e}_i+\alpha_k\boldsymbol{e}_k,\boldsymbol{a}_{k+1}^{(k+1)},\cdots,\boldsymbol{a}_n^{(k+1)}\right],$$

其中

$$\boldsymbol{a}_j^{(k+1)} = [a_{1j}^{(2)}, a_{2j}^{(3)}, \cdots, a_{k-1,j}^{(k)}, a_{kj}^{(k+1)}, \cdots, a_{mj}^{(k+1)}]^{\mathrm{T}},$$

$$j = k+1, \cdots, n,$$

而且

$$\begin{aligned}\widetilde{\boldsymbol{a}}_j^{(k+1)} &= [a_{kj}^{(k+1)}, \cdots, a_{mj}^{(k+1)}]^{\mathrm{T}} \\ &= \widetilde{\boldsymbol{H}}_k \widetilde{\boldsymbol{a}}_j^{(k)} = (I_{m-k+1} - b_k^{-1}\boldsymbol{u}_k\boldsymbol{u}_k^{\mathrm{T}})\widetilde{\boldsymbol{a}}_j^{(k)} \\ &= \widetilde{\boldsymbol{a}}_j^{(k)} - b_k^{-1}\boldsymbol{u}_k\boldsymbol{u}_k^{\mathrm{T}}\widetilde{\boldsymbol{a}}_j^{(k)} \\ &= \widetilde{\boldsymbol{a}}_j^{(k)} - b_k^{-1}\boldsymbol{u}_k^{\mathrm{T}}\widetilde{\boldsymbol{a}}_j^{(k)}\boldsymbol{u}_k \\ &= \widetilde{\boldsymbol{a}}_j^{(k)} + t_j\boldsymbol{u}_k, \quad j = k+1, \cdots, n, \\ t_j &= -b_k^{-1}\boldsymbol{u}_k^{\mathrm{T}}\widetilde{\boldsymbol{a}}_j^{(k)}, \quad j = k+1, \cdots, n, \\ \boldsymbol{u}_k &= \widetilde{\boldsymbol{a}}_k^{(k)} - \alpha_k\boldsymbol{e}_1^{(k)},\end{aligned}$$

即有

$$\begin{aligned}&a_{kj}^{(k+1)} = a_{kj}^{(k)} - t_j(\alpha_k - a_{kk}^{(k)}), \quad j = k+1, \cdots, n, \\ &a_{ij}^{(k+1)} = a_{ij}^{(k)} + t_j a_{ik}^{(k)}, \quad i = k+1, \cdots, m, j = k+1, \cdots, n, \\ &\quad t_j = b_k^{-1}[(\alpha_k - a_{kk}^{(k)})a_{kj}^{(k)} - \sum_{i=k+1}^{m} a_{ik}^{(k)}a_{ij}^{(k)}], \quad j = k+1, \cdots, n.\end{aligned}$$

进行 r 步后,得到

$$H_r H_{r-1} \cdots H_1 A = \begin{bmatrix} R & R_1 \\ O & O \end{bmatrix} = \begin{bmatrix} U \\ O \end{bmatrix}, \tag{3.35}$$

其中 R 为 $r \times r$ 阶上三角矩阵,R_1 为 $r \times (n-r)$ 阶矩阵,$U = [R, R_1]$ 为 $r \times n$ 阶上梯形矩阵.记

$$Q^{\mathrm{T}} = H_r H_{r-1} \cdots H_1,$$

则上式可写成

$$A = Q\begin{bmatrix} U \\ O \end{bmatrix}. \tag{3.36}$$

特别,若 $r = \mathrm{rank}A = n$,则当 $m > n$ 时,经 n 步可将矩阵 A 化为一个上三角阵,得到

$$A = Q\begin{bmatrix} R \\ O \end{bmatrix}, \tag{3.37}$$

其中 R 为 $n \times n$ 阶上三角阵;当 $m = n$ 时,经 $n-1$ 步可将 A 化为一个上三角阵,从而得到

$$A = QR. \tag{3.38}$$

假设 $\mathrm{rank}A = n(m \geqslant n)$.我们讨论如何利用(3.37)和(3.38)式求线性方程组

$A\boldsymbol{x}=\boldsymbol{b}$ 的极小最小二乘解. 记

$$Q=[Q_1,Q_2],$$

其中 Q_1,Q_2 分别为 $m\times n$ 和 $m\times(m-n)$阶列直交阵,则

$$A=[Q_1,Q_2]\begin{bmatrix}R\\O\end{bmatrix}=Q_1R.$$

据(3.27)和(3.28)式,方程组 $A\boldsymbol{x}=\boldsymbol{b}$ 的极小最小二乘解 $\tilde{\boldsymbol{x}}$ 是上三角形方程组

$$R\boldsymbol{x}=Q_1^{\mathrm{T}}\boldsymbol{b} \tag{3.39}$$

的解. 令 $l=\min(m-1,n)$. 由于

$$H_lH_{l-1}\cdots H_1\boldsymbol{b}=\boldsymbol{Q}^{\mathrm{T}}\boldsymbol{b}=\begin{bmatrix}Q_1^{\mathrm{T}}\\Q_2^{\mathrm{T}}\end{bmatrix}\boldsymbol{b}=\begin{bmatrix}Q_1^{\mathrm{T}}\boldsymbol{b}\\Q_2^{\mathrm{T}}\boldsymbol{b}\end{bmatrix},$$

因此方程组(3.39)的右端 $Q_1^{\mathrm{T}}\boldsymbol{b}$ 是 $H_lH_{l-1}\cdots H_1\boldsymbol{b}$ 的前 n 个分量. 它可在消元过程中计算得.

例 3　应用 Householder 变换求方程组

$$\begin{cases}x_1+3x_2=4,\\x_1+3x_2=3,\\x_1+x_2=3,\\x_1+x_2=0\end{cases}$$

的极小最小二乘解.

解　方程组的增广矩阵为

$$[A,\boldsymbol{b}]=\begin{bmatrix}1&3&4\\1&3&3\\1&1&3\\1&1&0\end{bmatrix}.$$

应用 Householder 变换. 第一步　计算

$$\sigma_1=\sqrt{1^2+1^2+1^2+1^2}=2,\alpha_1=-\sigma_1=-2,$$

$$b_1=(-2)^2-(-2)\times1=6,$$

$$\boldsymbol{u}_1=\begin{bmatrix}1\\1\\1\\1\end{bmatrix}-\alpha_1\begin{bmatrix}1\\0\\0\\0\end{bmatrix}=\begin{bmatrix}3\\1\\1\\1\end{bmatrix},$$

$$H_1 = I_4 - \frac{1}{b_1}\boldsymbol{u}_1\boldsymbol{u}_1^{\mathrm{T}} = \begin{bmatrix} -\frac{1}{2} & -\frac{1}{2} & -\frac{1}{2} & -\frac{1}{2} \\ -\frac{1}{2} & \frac{5}{6} & -\frac{1}{6} & -\frac{1}{6} \\ -\frac{1}{2} & -\frac{1}{6} & \frac{5}{6} & -\frac{1}{6} \\ -\frac{1}{2} & -\frac{1}{6} & -\frac{1}{6} & \frac{5}{6} \end{bmatrix},$$

$$H_1[A,\boldsymbol{b}] = \begin{bmatrix} -2 & -4 & -5 \\ 0 & \frac{2}{3} & 0 \\ 0 & -\frac{4}{3} & 0 \\ 0 & -\frac{4}{3} & -3 \end{bmatrix}.$$

第二步　计算

$$\sigma_2 = \sqrt{\left(\frac{2}{3}\right)^2 + \left(-\frac{4}{3}\right)^2 + \left(-\frac{4}{3}\right)^2} = 2, \quad \alpha_2 = -\sigma_2 = -2,$$

$$b_2 = (-2)^2 - (-2) \times \frac{2}{3} = \frac{16}{3},$$

$$\boldsymbol{u}_2 = \begin{bmatrix} \frac{2}{3} \\ -\frac{4}{3} \\ -\frac{4}{3} \end{bmatrix} - \alpha_2 \begin{bmatrix} 1 \\ 0 \\ 0 \end{bmatrix} = \begin{bmatrix} \frac{8}{3} \\ -\frac{4}{3} \\ -\frac{4}{3} \end{bmatrix},$$

$$\widetilde{H}_2 = I_3 - \frac{1}{b_2}\boldsymbol{u}_2\boldsymbol{u}_2^{\mathrm{T}} = \begin{bmatrix} -\frac{1}{3} & \frac{2}{3} & \frac{2}{3} \\ \frac{2}{3} & \frac{2}{3} & -\frac{1}{3} \\ \frac{2}{3} & -\frac{1}{3} & \frac{2}{3} \end{bmatrix},$$

$$H_2 = \begin{bmatrix} 1 & 0 & 0 & 0 \\ 0 & & & \\ 0 & & \widetilde{H}_2 & \\ 0 & & & \end{bmatrix},$$

$$H_2H_1[A,\boldsymbol{b}]=\begin{bmatrix}-2&-4&-5\\0&-2&-2\\0&0&1\\0&0&-2\end{bmatrix}.$$

最后,解方程组 $R\boldsymbol{x}=Q_1^{\mathrm{T}}\boldsymbol{b}$,即

$$\begin{bmatrix}-2&-4\\0&-2\end{bmatrix}\begin{bmatrix}x_1\\x_2\end{bmatrix}=\begin{bmatrix}-5\\-2\end{bmatrix}$$

得原方程组的极小最小二乘解为 $x_1=\dfrac{1}{2}, x_2=1$.

$H_2H_1[A,\boldsymbol{b}]$中(3,3),(3,4)位置元素的平方和正是极小最小二乘解的剩余向量的 Euclid 范数平方.若不要求计算剩余向量,则不必计算这两个位置元素(参见算法 7.3).

(3.36)式中的矩阵 U 或(3.37)和(3.38)式中的矩阵 R 的元素可存放到 A 的相应位置上.至于 Householder 矩阵的存放问题.由于每步消元所用的 Householder 矩阵分别由 m 维向量 $\boldsymbol{u}_1$, $m-1$ 维向量 $\boldsymbol{u}_2,\cdots,m-r+1$ 维向量 $\boldsymbol{u}_r$ 所确定,因此只要存放这些生成 Householder 矩阵的向量就行了.在消元过程中,矩阵 A 的被消为零的元素所在的位置可以用来存放 $\boldsymbol{u}_i$ 的分量.但 $\boldsymbol{u}_i$ 的第一个分量必须存放到另外的单元.或者,把(3.35)式中的矩阵 R 的主对角元 $\alpha_1,\cdots,\alpha_r$ 另行存放起来,让出 A 的(1,1),…,(r,r)位置分别存放 $\boldsymbol{u}_1,\cdots,\boldsymbol{u}_r$ 的第一个分量.

在下面的算法 7.3 中,我们把 R 的主对角元 $r_{11},\cdots,r_{nn}$ 另行分别存放到 $d_1,\cdots,d_n$ 中.

算法 7.3　应用 Householder 变换化矩阵 $A=[a_{ij}]\in R^{m\times n}$ 为一个上三角形矩阵 $\begin{bmatrix}R\\O\end{bmatrix}$, $m\geqslant n$, $\mathrm{rank}A=n$.

输入　A 的阶数 m,n;A 的元素.

输出　生成 Householder 矩阵的向量 $\boldsymbol{u}_1,\boldsymbol{u}_2,\cdots,\boldsymbol{u}_n$;$R$ 的元素.

step 1　对 $k=1,\cdots,n-1$ 做 step2～5.

step 2　$\sigma\leftarrow\left(\sum\limits_{i=k}^{m}(a_{ik})^2\right)^{\frac{1}{2}}$.

step 3　若 $a_{kk}\geqslant 0$,则 $\sigma\leftarrow-\sigma$.

step 4　$h\leftarrow\sigma-a_{kk}$;

$a_{kk}\leftarrow-h$;

$d_k\leftarrow\sigma$;

$b\leftarrow d_k h$.

step 5　对 $j=k+1,\cdots,n$ 做 step 6～8.

step 6 $\sigma \leftarrow (a_{kj}h - \sum_{i=k+1}^{m} a_{ik}a_{ij})/b$.

step 7 $a_{kj} \leftarrow a_{kj} - \sigma h$.

step 8 对 $i = k+1, \cdots, m$

$a_{ij} \leftarrow a_{ij} + \sigma a_{ik}$.

step 9 若 $m = n$，则 $d_n \leftarrow a_{nn}$；转到 step13.

step 10 $\sigma \leftarrow (\sum_{i=n}^{m} (a_{in})^2)^{\frac{1}{2}}$.

step 11 若 $a_{nn} \geqslant 0$，则 $d_n \leftarrow -\sigma$，

否则 $d_n \leftarrow \sigma$.

step 12 $a_{nn} \leftarrow a_{nn} - d_n$.

step 13 输出(A)；$(\boldsymbol{d} = [d_1, \cdots, d_n]^{\mathrm{T}})$；

停机.

假设 $\mathrm{rank}A = n(m \geqslant n)$. 我们在前面已经提到，若需要求线性方程组 $A\boldsymbol{x} = \boldsymbol{b}$ 的极小最小二乘解(或通常意义的解)，则对方程组右端项的变换可以结合在消元过程中来进行. 因此，我们只要对算法 7.3 稍许作修改.

记 $\boldsymbol{b} = [a_{1,n+1}, \cdots, a_{m,n+1}]^{\mathrm{T}}$，把算法 7.3 的第 5 步中的 $j = k+1, \cdots, n$ 改为 $j = k+1, \cdots, n+1$，以及第 12 步与第 13 步之间加上

$$b \leftarrow d_n a_{nn};$$

$$\sigma \leftarrow (a_{n,n+1}a_{nn} + \sum_{i=n+1}^{m} a_{in}a_{i,n+1})/b;$$

$$a_{n,n+1} \leftarrow a_{n,n+1} + \sigma a_{nn}.$$

求上三角形方程组(3.39)(据算法 7.3 得到的数据)的解的计算公式为

$$x_n = a_{n,n+1}/d_n,$$

$$x_k = (a_{k,n+1} - \sum_{j=k+1}^{n} a_{kj}x_j)/d_k, \quad k = n-1, \cdots, 1.$$

7.3.4 列主元 *QR* 方法

设 $A = [a_{ij}] \in R^{m \times n}$，$m \geqslant n$，且 $\mathrm{rank}A = r$. 前面，我们假设能够顺利地进行一系列 Householder 变换把矩阵 A 化为一个上梯形矩阵：

$$H_r \cdots H_1 A = \begin{bmatrix} U \\ O \end{bmatrix},$$

其中 U 为 $r \times n$ 阶上梯形矩阵. 但是，若在第 $k(k < r)$ 步，计算得

$$\sigma_k = (\sum_{i=k}^{m} (a_{ik}^{(k)})^2)^{\frac{1}{2}} \simeq 0,$$

则变换过程将无法继续进行下去.因此,我们要用选主元的方法.

列主元 QR 方法是在进行第一步变换之前,先比较 $\| \boldsymbol{a}_j \|_2 (j=1,\cdots,n)$ 的大小,取其中第一个最大者的列作为 A 的第一列向量(交换到 A 的第一列位置上).然后进行第一步消元.在第二步开始之前,比较 $n-1$ 个 $m-1$ 维向量 $\tilde{\boldsymbol{a}}_j^{(2)} (j=2,\cdots,n)$ 的大小,若长度最大者是第 l 列,则 $\boldsymbol{a}_l^{(2)}$ 交换到 A 的第二列位置上.完成以后再进行消元.一般地,在第 k 步变换之前,若 $\| \tilde{\boldsymbol{a}}_j^{(k)} \|_2 (j=k,\cdots,n)$ 中首先遇到是 $\| \tilde{\boldsymbol{a}}_p^{(k)} \|_2$ 最大,即若

$$\Big(\sum_{i=k}^{m} (a_{ip}^{(k)})^2\Big)^{\frac{1}{2}} = \max\Big\{\Big(\sum_{i=k}^{m} (a_{ik}^{(k)})^2\Big)^{\frac{1}{2}},\cdots,\Big(\sum_{i=k}^{m} (a_{in}^{(k)})^2\Big)^{\frac{1}{2}}\Big\},$$

则变换 A 的第 k 列与第 p 列.然后作 Householder 变换进行消元.

消元过程结束后,我们得到

$$\tilde{Q}^{\mathrm{T}} AP = \begin{bmatrix} U \\ O \end{bmatrix},$$

其中 $\tilde{Q}^{\mathrm{T}} = H_r \cdots H_1$ 为 $m \times m$ 阶直交阵,P 为 $n \times n$ 阶排列阵,U 为 $r \times n$ 阶上梯形矩阵.于是

$$AP = \tilde{Q} \begin{bmatrix} U \\ O \end{bmatrix} = [Q, Q_1] \begin{bmatrix} U \\ O \end{bmatrix} = QU,$$

$$A = QUP^{\mathrm{T}}. \tag{3.40}$$

Q 为 $m \times r$ 阶列直交阵,UP^{T} 为 $r \times n$ 阶矩阵.(3.40)是矩阵 A 的一种满秩分解.据 7.1 节定理 3,方程组 $A\boldsymbol{x} = \boldsymbol{b}$ 的极小最小二乘解 $\tilde{\boldsymbol{x}}$ 可以表示成

$$\begin{aligned} \tilde{\boldsymbol{x}} &= (UP^{\mathrm{T}})^{\mathrm{T}} (UP^{\mathrm{T}} (UP^{\mathrm{T}})^{\mathrm{T}})^{-1} (Q^{\mathrm{T}} Q)^{-1} Q^{\mathrm{T}} \boldsymbol{b} \\ &= PU^{\mathrm{T}} (UU^{\mathrm{T}})^{-1} Q^{\mathrm{T}} \boldsymbol{b}. \end{aligned} \tag{3.41}$$

7.4 奇异值分解

这一节,我们来介绍矩阵的奇异值分解定理.它在许多领域中有着重要的应用.

定理 设 $A \in R^{m \times n}$,则存在直交矩阵

$$U = [\boldsymbol{u}_1, \cdots, \boldsymbol{u}_m] \in R^{m \times m}$$

和

$$V = [v_1, \cdots, v_n] \in R^{n \times n}$$

使得

$$U^{\mathrm{T}} AV = D \tag{4.1}$$

或

$$A = UDV^{\mathrm{T}}, \tag{4.2}$$

其中 $D=\mathrm{diag}(\sigma_1,\sigma_2,\cdots,\sigma_p)\in R^{m\times n}$，$\sigma_1\geqslant\sigma_2\geqslant\cdots\geqslant\sigma_p\geqslant 0$，$p=\min\{m,n\}$.

证明 设 $\boldsymbol{x}\in R^n$，$\boldsymbol{y}\in R^m$，且

$$\|\boldsymbol{x}\|_2=\|\boldsymbol{y}\|_2=1$$

以及

$$A\boldsymbol{x}=\sigma\boldsymbol{y},\quad \sigma=\|A\|_2.$$

这样的向量 $\boldsymbol{x},\boldsymbol{y}$ 是存在的.事实上，因 $\|A\|_2$ 从属于 $\|\boldsymbol{x}\|_2$，因此存在 $\boldsymbol{x}\in R^n$，$\|\boldsymbol{x}\|_2=1$，使

$$\|A\boldsymbol{x}\|_2=\|A\|_2\|\boldsymbol{x}\|_2=\sigma.$$

令 $A\boldsymbol{x}=\boldsymbol{z}=\sigma\boldsymbol{y}$，则 $\|\boldsymbol{z}\|_2=\sigma$，$\|\boldsymbol{y}\|=1$.由于一个直交系能被扩充成一个标准直交基，因此存在有 $V_1\in R^{n\times(n-1)}$ 和 $U_1\in R^{m\times(m-1)}$，使 $V=[\boldsymbol{x},V_1]\in R^{n\times n}$ 和 $U=[\boldsymbol{y},U_1]\in R^{m\times m}$ 都是直交矩阵.容易验证，

$$U^{\mathrm{T}}AV=\begin{bmatrix}\sigma & \boldsymbol{\omega}^{\mathrm{T}}\\ \boldsymbol{0} & B\end{bmatrix}.$$

记 $A_1=U^{\mathrm{T}}AV$.由于

$$\begin{bmatrix}\sigma & \boldsymbol{\omega}^{\mathrm{T}}\\ \boldsymbol{0} & B\end{bmatrix}\begin{bmatrix}\sigma\\ \boldsymbol{\omega}\end{bmatrix}=\begin{bmatrix}\sigma^2+\boldsymbol{\omega}^{\mathrm{T}}\boldsymbol{\omega}\\ B\boldsymbol{\omega}\end{bmatrix},$$

因此

$$\left\|A_1\begin{bmatrix}\sigma\\ \boldsymbol{\omega}\end{bmatrix}\right\|_2^2\geqslant(\sigma^2+\boldsymbol{\omega}^{\mathrm{T}}\boldsymbol{\omega})^2,$$

从而

$$\|A_1\|_2^2\geqslant\sigma^2+\boldsymbol{\omega}^{\mathrm{T}}\boldsymbol{\omega}.$$

但

$$\sigma^2=\|A\|_2^2=\|A_1\|_2^2,$$

故 $\boldsymbol{\omega}=\boldsymbol{0}$.

应用 QR 分解等同样的证明方法可证得本定理.

定理中的 σ_i 称为矩阵 A 的**奇异值**.(4.2)称为 A 的**奇异值分解**.向量 $\boldsymbol{u}_i$ 和 v_i 分别称为 A 的第 i 个**左奇异向量**和第 i 个**右奇异向量**.容易验证

$$\left.\begin{aligned}Av_i&=\sigma_i\boldsymbol{u}_i\\ A^{\mathrm{T}}\boldsymbol{u}_i&=\sigma_i v_i\end{aligned}\right\}i=1,\cdots,p. \tag{4.3}$$

推论 设 $A\in R^{m\times n}$ 有形如(4.2)的奇异值分解，且

$$\sigma_1\geqslant\sigma_2\geqslant\cdots\geqslant\sigma_r>\sigma_{r+1}=\cdots=\sigma_p=0,$$

则

$$\mathrm{rank}A=r,$$

$$N(A) = \mathrm{span}\{v_{r+1}, \cdots, v_n\}, \tag{4.4}$$

$$R(A) = \mathrm{span}\{\boldsymbol{u}_1, \boldsymbol{u}_2, \cdots, \boldsymbol{u}_r\}, \tag{4.5}$$

$$A = \sum_{i=1}^{r} \sigma_i \boldsymbol{u}_i v_i^{\mathrm{T}} = U_r \sum\nolimits_r V_r^{\mathrm{T}}, \tag{4.6}$$

$$\| A \|_F^2 = \sigma_1^2 + \sigma_2^2 + \cdots + \sigma_r^2, \qquad \| A \|_2 = \sigma_1,$$

其中 $N(A)$表示 A 的**核空间**,$R(A)$表示 A 的**像空间**,以及

$$V_r = [v_1, v_2, \cdots, v_r], \quad U_r = [\boldsymbol{u}_1, \boldsymbol{u}_2, \cdots, \boldsymbol{u}_r],$$

$$\sum\nolimits_r = \mathrm{diag}(\sigma_1, \cdots, \sigma_r).$$

证明　我们来证明(4.4)和(4.5)式,其他式子的证明留给读者作为练习.据矩阵的核空间的定义,

$$N(A) = \{\boldsymbol{x} \mid A\boldsymbol{x} = 0, \boldsymbol{x} \in R^n\}.$$

设 $\boldsymbol{x} = \alpha_1 v_1 + \cdots + \alpha_r v_r + \alpha_{r+1} v_{r+1} + \cdots + \alpha_n v_n \in N(A)$. 由于 $A = UDV^{\mathrm{T}}$, $A\boldsymbol{x} = UDV^{\mathrm{T}}\boldsymbol{x} = 0$,因此得到 $DV^{\mathrm{T}}\boldsymbol{x} = 0$,即

$$\begin{bmatrix} \sigma_1 v_1^{\mathrm{T}} \\ \sigma^2 v_2^{\mathrm{T}} \\ \vdots \\ \sigma_r v_r^{\mathrm{T}} \\ 0 \cdot v_{r+1}^{\mathrm{T}} \\ \vdots \\ 0 \cdot v_n^{\mathrm{T}} \end{bmatrix} [\alpha_1 v_1 + \cdots + \alpha_r v_r + \alpha_{r+1} v_{r+1} + \cdots + \alpha_n v_n] = 0. \tag{4.7}$$

于是,由 $v_1, \cdots, v_n$ 的直交性知 $\alpha_1 = \alpha_2 = \cdots = \alpha_r = 0$,故

$$\boldsymbol{x} = \alpha_{r+1} v_{r+1} + \cdots + \alpha_n v_n \in \mathrm{span}\{v_{r+1}, \cdots, v_n\}.$$

反之,设 $\boldsymbol{x} = \alpha_{r+1} v_{r+1} + \cdots + \alpha_n v_n \in \mathrm{span}\{v_{r+1}, \cdots, v_n\}$. 从(4.7)式的左端可知 $DV^{\mathrm{T}}\boldsymbol{x} = 0$,从而有 $UDV^{\mathrm{T}}\boldsymbol{x} = 0$,即 $A\boldsymbol{x} = 0$,故 $\boldsymbol{x} \in N(A)$. 这就证得(4.4)式.

现设 $x = \alpha_1 v_1 + \cdots + \alpha_r v_r + \alpha_{r+1} v_{r+1} + \cdots + \alpha_n v_n \in R^n$,则由(4.7)式左端以及 $v_1, \cdots, v_n$ 的直交性得到

$$DV^{\mathrm{T}}\boldsymbol{x} = [\alpha_1 \sigma_1, \cdots, \alpha_r \sigma_r, 0, \cdots, 0]^{\mathrm{T}}.$$

因此

$$\begin{aligned} A\boldsymbol{x} &= UDV^{\mathrm{T}}\boldsymbol{x} = [\boldsymbol{u}_1, \cdots, \boldsymbol{u}_r, \boldsymbol{u}_{r+1}, \cdots, \boldsymbol{u}_n] DV^{\mathrm{T}}\boldsymbol{x} \\ &= \alpha_1 \sigma_1 \boldsymbol{u}_1 + \cdots + \alpha_r \sigma_r \boldsymbol{u}_r \\ &\in \mathrm{span}\{\boldsymbol{u}_1, \cdots, \boldsymbol{u}_r\}. \end{aligned} \tag{4.8}$$

反之,设 $\boldsymbol{y} = \beta_1 \boldsymbol{u}_1 + \cdots + \beta_r \boldsymbol{u}_r \in \mathrm{span}\{\boldsymbol{u}_1, \cdots, \boldsymbol{u}_r\}$. 由(4.8)式,取 $\alpha_1 = \beta_1/\sigma_1, \cdots, \alpha_r = \beta_r/\sigma_r$,则 $\boldsymbol{x} = \alpha_1 v_1 + \cdots + \alpha_r v_r + \alpha_{r+1} v_{r+1} + \cdots + \alpha_n v_n$ 必是 $A\boldsymbol{x} = \boldsymbol{y}$ 的解,因此 $\boldsymbol{y} \in$

$R(A)$. 故(4.5)式成立.

例 矩阵

$$A=\begin{bmatrix}0.96 & 1.72\\ 2.28 & 0.96\end{bmatrix}$$

有奇异值分解

$$A=U\sum V^{\mathrm{T}}=\begin{bmatrix}0.6 & -0.8\\ 0.8 & 0.6\end{bmatrix}\begin{bmatrix}3 & 0\\ 0 & 1\end{bmatrix}\begin{bmatrix}0.8 & 0.6\\ 0.6 & -0.8\end{bmatrix}^{\mathrm{T}}.$$

设 $A\in R^{m\times n}$,且有奇异值分解(4.2),据(4.6)和(3.23),我们有

$$A^{+}=V_r\sum\nolimits_r^{-1}U_r^{\mathrm{T}}=V\begin{bmatrix}\sum_r^{-1} & O\\ O & O\end{bmatrix}U^{\mathrm{T}}. \tag{4.9}$$

方程组 $A\boldsymbol{x}=\boldsymbol{b}$ 的极小最小二乘解可表示成

$$\tilde{\boldsymbol{x}}=V\begin{bmatrix}\sum_r^{-1} & O\\ O & O\end{bmatrix}U^{\mathrm{T}}\boldsymbol{b}. \tag{4.10}$$

7.5 数 据 拟 合

我们回忆一下在第 4 章中讨论的插值法. 假设函数 $f(x)$在若干点处

$$x_1, x_2, \cdots, x_m$$

的函数值已知分别为

$$f(x_1), f(x_2), \cdots, f(x_m).$$

我们构造一个较简单的函数 $\varphi(x)$,如多项式

$$\varphi(x)=a_0+a_1x+\cdots+a_{m-1}x^{m-1},$$

使得

$$\varphi(x_i)=f(x_i), i=1,\cdots,m.$$

取 $\varphi(x)$作为函数 $f(x)$的近似. 但是,在科学实验、生产实践和经济管理等许多领域中,常常由观测得到的只是 $f(x_i)$的近似值 y_i:

$$f(x_i)\simeq y_i,$$

或者说 y_i 带有误差ε_i:

$$f(x_i)=y_i+\varepsilon_i, \quad i=1,\cdots,m.$$

一般地,$\varepsilon_i\neq 0$,即 $f(x_i)\neq y_i, i=1,\cdots,m$. 这样,由条件

$$\varphi(x_i)=y_i, \quad i=1,\cdots,m$$

构造 $f(x)$的近似函数 $\varphi(x)$,可能带来较大误差. 而且,由观测得到的数据(x_i, y_i)通常很多,即 m 很大. 若用多项式插值,则插值多项式的次数很高,未必能够得到

好的效果.

现在,假设由观测得到一组数据(x_i, y_i), $i=1,\cdots,m$. 取

$$\varphi(x)=a_0+a_1x+\cdots+a_nx^n,$$

这里 $n\ll m$. 例如, $n=1$. 我们并不要求

$$\varphi(x_i)=y_i,\quad i=1,\cdots,m,$$

而是令

$$r(x_i)=\varphi(x_i)-y_i,\quad i=1,\cdots,m,\tag{5.1}$$

选取系数 a_0, a_1 使

$$\begin{aligned}E_2(a_0,a_1)&=\sum_{i=1}^{m}[r(x_i)]^2\\&=\sum_{i=1}^{m}(a_0+a_1x_i-y_i)^2\end{aligned}\tag{5.2}$$

取得极小来确定 $\varphi(x)$. 这个问题称为数据$\{(x_i, y_i)\}_{i=1}^{m}$的**最小二乘拟合问题**.

据极值存在的必要条件,欲使 $E_2(a_0, a_1)$为极小,必须有

$$\begin{cases}\dfrac{\partial E_2(a_0,a_1)}{\partial a_0}=0,\\[2mm]\dfrac{\partial E_2(a_0,a_1)}{\partial a_1}=0,\end{cases}\tag{5.3}$$

即

$$\begin{cases}ma_0+\left(\sum\limits_{i=1}^{m}x_i\right)a_1=\sum\limits_{i=1}^{m}y_i,\\\left(\sum\limits_{i=1}^{m}x_i\right)a_0+\left(\sum\limits_{i=1}^{m}x_i^2\right)a_1=\sum\limits_{i=1}^{m}x_iy_i.\end{cases}\tag{5.4}$$

这是一个关于 a_0, a_1 的线性方程组,称为**法方程(组)**. 在 7.6 节中,我们将看到,方程组(5.4)有唯一解 $\tilde{a}_0, \tilde{a}_1$,并且 $\tilde{a}_0, \tilde{a}_1$ 使 $E_2(a_0, a_1)$达到极小. 函数

$$\varphi(x)=\tilde{a}_0+\tilde{a}_1x$$

称为数据$\{(x_i, y_i)\}_{i=1}^{m}$的**最小二乘拟合**,而

$$y=\tilde{a}_0+\tilde{a}_1x$$

便是数据$\{(x_i, y_i)\}_{i=1}^{m}$的最小二乘拟合直线(方程). 在统计学中,这种最小二乘拟合通常称为**线性回归**.

假设 $n=2$. 我们取

$$\varphi(x)=a_0+a_1x+a_2x^2,\tag{5.5}$$

数据$\{(x_i, y_i)\}_{i=1}^{m}$的最小二乘拟合问题是寻求系数 a_0, a_1, a_2 使

$$E_2(a_0,a_1,a_2)=\sum_{i=1}^{m}(a_0+a_1x_i+a_2x_i^2-y_i)^2$$

达到极小.此时可得法方程组

$$\begin{cases} ma_0 + (\sum_{i=1}^{m} x_i)a_1 + (\sum_{i=1}^{m} x_i^2)a_2 = \sum_{i=1}^{m} y_i, \\ (\sum_{i=1}^{m} x_i)a_0 + (\sum_{i=1}^{m} x_i^2)a_1 + (\sum_{i=1}^{m} x_i^3)a_2 = \sum_{i=1}^{m} x_i y_i, \\ (\sum_{i=1}^{m} x_i^2)a_0 + (\sum_{i=1}^{m} x_i^3)a_1 + (\sum_{i=1}^{m} x_i^4)a_2 = \sum_{i=1}^{m} x_i^2 y_i. \end{cases} \tag{5.6}$$

例 1 某乡镇企业 1997～2003 年的生产利润如下表:

年　份	1997	1998	1999	2000	2001	2002	2003
利润(万元)	70	122	144	152	174	196	202

试预测 2004 年和 2005 年的生产利润.

解 由已知数据作一草图发现该乡镇企业的年生产利润几乎直线上升.因此,我们可用 $\varphi(x)=a_0+a_1x$ 作为拟合函数来预测该乡镇企业未来的年生产利润.为简化计算,我们把年份记为 $x_i=1996+t_i$,相应年份的利润记作 y_i,求数据:

t_i	1	2	3	4	5	6	7
y_i	70	122	144	152	174	196	202

的最小二乘拟合 $y=a+bt$.计算得

$$\sum_{i=1}^{7} t_i = 28, \quad \sum_{i=1}^{7} t_i^2 = 140,$$

$$\sum_{i=1}^{7} y_i = 1060, \quad \sum_{i=1}^{7} t_i y_i = 4814,$$

因此得到法方程组

$$\begin{cases} 7a+28b=1060, \\ 28a+140b=4814. \end{cases}$$

解此方程组得

$$a=\frac{486}{7}, \quad b=\frac{287}{14},$$

因此

$$y=\frac{486}{7}+\frac{287}{14}t.$$

2004 年的生产利润为

$$y_8=\frac{486}{7}+\frac{287}{14}\times 8=233.4285(\text{万元});$$

2005 年的生产利润为

$$y_9=\frac{486}{7}+\frac{287}{14}\times 9=253.9285(\text{万元}).$$

数据的最小二乘拟合方法并不限于拟合函数 $\varphi(x)$取为多项式的形式.

例 2　我们取形如

$$\varphi(x)=a+bx^2+ce^{-x} \tag{5.7}$$

的函数来拟合数据$\{(x_i,y_i)\}_{i=1}^m$. 记

$$E_2(a,b,c)=\sum_{i=1}^m(\varphi(x_i)-y_i)^2=\sum_{i=1}^m(a+bx_i^2+ce^{-x_i}-y_i)^2. \tag{5.8}$$

同前面一样,由

$$\begin{cases}\dfrac{\partial E_2(a,b,c)}{\partial a}=0,\\ \dfrac{\partial E_2(a,b,c)}{\partial b}=0,\\ \dfrac{\partial E_2(a,b,c)}{\partial c}=0\end{cases}$$

可得法方程组

$$\begin{cases}ma+(\sum_{i=1}^m x_i^2)b+(\sum_{i=1}^m e^{-x_i})c=\sum_{i=1}^m y_i,\\ (\sum_{i=1}^m x_i^2)a+(\sum_{i=1}^m x_i^4)b+(\sum_{i=1}^m e^{-x_i}x_i^2)c=\sum_{i=1}^m x_i^2y_i,\\ (\sum_{i=1}^m e^{-x_i})a+(\sum_{i=1}^m e^{-x_i}x_i^2)b+(\sum_{i=1}^m e^{-2x_i})c=\sum_{i=1}^m e^{-x_i}y_i.\end{cases} \tag{5.9}$$

例 3　求形知

$$\varphi(x)=ae^{bx} \tag{5.10}$$

的函数对数据$\{(x_i,y_i)\}_{i=1}^m$的最小二乘拟合. 令

$$E_2(a,b)=\sum_{i=1}^m(ae^{bx_i}-y_i)^2. \tag{5.11}$$

由

$$\frac{\partial E_2}{\partial a}=\frac{\partial E_2}{\partial b}=0$$

得法方程组

$$\begin{cases}(\sum_{i=1}^m e^{2bx_i})a-\sum_{i=1}^m y_ie^{bx_i}=0,\\ (\sum_{i=1}^m x_ie^{2bx_i})a^2-(\sum_{i=1}^m y_ix_ie^{bx_i})a=0.\end{cases} \tag{5.12}$$

前面得到的法方程组(5.4),(5.6)和(5.9)都是线性方程组,而(5.12)是一个关于 a,b 的非线性方程组.取多项式或例 2 中的函数作为数据 $\{(x_i,y_i)\}_{i=1}^m$ 的最小拟合的问题是线性最小二乘问题,而例 3 中 E_2 的极小化问题是非线性最小二乘问题.我们仅考虑线性最小二乘问题.在下一节中,我们将更加系统地讨论一般的线性最小二乘问题.

为了便于在计算机上实现线性回归,我们给出法方程组(5.4)的解的计算公式:

$$a_0=\frac{\left(\sum_{i=1}^m x_i^2\right)\left(\sum_{i=1}^m y_i\right)-\left(\sum_{i=1}^m x_i\right)\left(\sum_{i=1}^m x_iy_i\right)}{m\left(\sum_{i=1}^m x_i^2\right)-\left(\sum_{i=1}^m x_i\right)^2},$$

$$a_1=\frac{m\sum_{i=1}^m x_iy_i-\left(\sum_{i=1}^m x_i\right)\left(\sum_{i=1}^m y_i\right)}{m\left(\sum_{i=1}^m x_i^2\right)-\left(\sum_{i=1}^m x_i\right)^2}.$$

7.6 线性最小二乘问题

现在,我们来讨论数据 $\{(x_i,y_i)\}_{i=1}^m$ 的最小二乘拟合函数的一般形式.

设 $\varphi_0(x),\varphi_1(x),\cdots,\varphi_n(x)$ 是区间 $[a,b]$ 中一切实函数构成的线性空间的一个函数系.若存在 $n+1$ 个不全为零的实数 $c_0,c_1,\cdots,c_n$ 使得对一切 $x\in[a,b]$ 有

$$\sum_{j=0}^n c_j\varphi_j(x)=0,$$

则说函数系 $\varphi_0(x),\varphi_1(x),\cdots,\varphi_n(x)$ 是线性相关的,否则说它是线性无关的.例如,在 $(-\infty,+\infty)$ 中的任何有限区间 $[a,b]$ 函数系

$$\{x^j\}_{j=0}^n,\quad \{\cos kx\}_{k=0}^n,\quad \{\sin kx\}_{k=1}^n$$

以及三角函数系

$$1,\cos x,\sin x,\cos 2x,\cdots,\cos nx,\sin nx$$

都是线性无关的.

对于给定的一组数据 $\{(x_i,y_i)\}_{i=1}^m$ ($x_1,x_2,\cdots x_m\in[a,b]$ 互不相同),假设拟合函数的形式为

$$\varphi(x)=a_0\varphi_0(x)+a_1\varphi_1(x)+\cdots+a_n\varphi_n(x),\tag{6.1}$$

其中 $\{\varphi_k(x)\}_{k=0}^n$ $(n<m)$ 为已知的线性无关函数系.求系数 $a_0,a_1,\cdots,a_n$ 使

$$E_2(a_0,a_1,\cdots,a_n)=\sum_{i=1}^m[\varphi(x_i)-y_i]^2$$

$$= \sum_{i=1}^{m} \left[\sum_{j=0}^{n} a_j \varphi_j(x_i) - y_i \right]^2 \tag{6.2}$$

为极小的问题称为**线性最小二乘问题**. 函数系 $\{\varphi_j(x)\}_{j=0}^{n}$ 称为该线性最小二乘问题的**基**. $E_2(a_0, a_1, \cdots, a_n)$ 称为**残量的平方和**. 若

$$\tilde{\varphi}(x) = \sum_{j=0}^{n} \tilde{a}_j \varphi_j(x)$$

的系数 $\tilde{a}_0, \tilde{a}_1, \cdots, \tilde{a}_n$ 使 $E_2(a_0, a_1, \cdots, a_n)$ 达到极小, 即有

$$E_2(\tilde{a}_0, \tilde{a}_1, \cdots, \tilde{a}_n) = \min_{\varphi} E_2(a_0, a_1, \cdots, a_n),$$

则 $\tilde{\varphi}(x)$ 称为数据 $\{(x_i, y_i)\}_{i=1}^{m}$ 的**(线性)最小二乘拟合**.

在 6.5 节中, 线性回归取基为 $1, x$, 例 2 则取基为 $1, x^2, e^{-x}$. 取三角函数系为基的情形见 12.4 节离散的 Fourier 变换.

关于基函数 $\varphi_0(x), \varphi_1(x), \cdots, \varphi_n(x)$ 的选择原则, 首先是根据所给数据作出的曲线图来确定基函数的特征, 其次是根据已知数据的准确度和实际经验等.

$E_2(a_0, a_1, \cdots, a_n)$ 是 $a_0, a_1, \cdots, a_n$ 的多元函数, 我们可以根据多元函数极值存在的必要条件

$$\frac{\partial E_2(a_0, a_1, \cdots, a_n)}{\partial a_i} = 0, \quad i = 0, 1, \cdots, n \tag{6.3}$$

推得法方程组. 然而, 我们把数据的线性最小二乘拟合问题化为求线性方程组的最小二乘解的问题. 记

$$\boldsymbol{a} = \begin{bmatrix} a_0 \\ a_1 \\ \vdots \\ a_n \end{bmatrix}, \qquad \boldsymbol{y} = \begin{bmatrix} y_1 \\ y_2 \\ \vdots \\ y_m \end{bmatrix} \tag{6.4}$$

以及

$$A = [a_{ij}]_{m \times (n+1)},$$

其中 $a_{ij} = \varphi_j(x_i), i = 1, \cdots, m, j = 0, 1, \cdots, n$, 则(6.2)式可以改写成

$$E_2(a_0, a_1, \cdots, a_n) = \| A\boldsymbol{a} - \boldsymbol{y} \|_2^2. \tag{6.5}$$

于是, 求数据 $\{(x_i, y_i)\}_{i=1}^{m}$ 的线性最小二乘拟合的问题便化为求线性方程组

$$A\boldsymbol{a} = \boldsymbol{y} \tag{6.6}$$

的最小二乘解.

方程组(6.6)的法方程组为

$$A^{\mathrm{T}} A\boldsymbol{a} = A^{\mathrm{T}} \boldsymbol{y}. \tag{6.7}$$

记

$$\boldsymbol{\varphi}_k = \begin{bmatrix} \varphi_k(x_1) \\ \varphi_k(x_2) \\ \vdots \\ \varphi_k(x_m) \end{bmatrix}, \tag{6.8}$$

它是矩阵 A 的第 k 列，$k=0,1,\cdots,n$，则方程组(6.7)又可写成

$$G\boldsymbol{a} = \boldsymbol{b}, \tag{6.9}$$

此处 G 是 Gram 矩阵：

$$G = \begin{bmatrix} (\boldsymbol{\varphi}_0,\boldsymbol{\varphi}_0) & (\boldsymbol{\varphi}_0,\boldsymbol{\varphi}_1) & \cdots & (\boldsymbol{\varphi}_0,\boldsymbol{\varphi}_n) \\ (\boldsymbol{\varphi}_1,\boldsymbol{\varphi}_0) & (\boldsymbol{\varphi}_1,\boldsymbol{\varphi}_1) & \cdots & (\boldsymbol{\varphi}_1,\boldsymbol{\varphi}_n) \\ \vdots & \vdots & & \vdots \\ (\boldsymbol{\varphi}_n,\boldsymbol{\varphi}_0) & (\boldsymbol{\varphi}_n,\boldsymbol{\varphi}_1) & \cdots & (\boldsymbol{\varphi}_n,\boldsymbol{\varphi}_n) \end{bmatrix}, \tag{6.10}$$

以及

$$\boldsymbol{b} = \begin{bmatrix} (\boldsymbol{y},\boldsymbol{\varphi}_0) \\ (\boldsymbol{y},\boldsymbol{\varphi}_1) \\ \vdots \\ (\boldsymbol{y},\boldsymbol{\varphi}_n) \end{bmatrix},$$

$$(\boldsymbol{\varphi}_j,\boldsymbol{\varphi}_k) = \boldsymbol{\varphi}_j^{\mathrm{T}}\boldsymbol{\varphi}_k = \sum_{i=1}^{m} \varphi_j(x_i)\varphi_k(x_i), \quad j,k = 0,1,\cdots,n$$

$$(\boldsymbol{y},\boldsymbol{\varphi}_j) = \boldsymbol{y}^{\mathrm{T}}\boldsymbol{\varphi}_j = \sum_{i=1}^{m} y_i\varphi_j(x_i), \quad j = 0,1,\cdots n.$$

方程组(6.7)或(6.9)就是用形如(6.1)的函数拟合数据$\{(x_i,y_i)\}_{i=1}^m$的法方程(组).

定理 假设基函数 $\varphi_0(x),\varphi_1(x),\cdots,\varphi_n(x)(n<m)$线性无关，且$(\boldsymbol{\varphi},\boldsymbol{\varphi})$ $(=\sum_{i=1}^{m}[\varphi(x_i)]^2)=0$的充分必要条件为 $\varphi(x)=0$，$\varphi(x)\in \mathrm{span}\{\varphi_0(x),\cdots,\varphi_n(x)\}$，则数据$\{(x_i,y_i)\}_{i=1}^m$的形如(6.1)的线性最小二乘拟合

$$\tilde{\varphi}(x) = \tilde{a}_0\varphi_0(x) + \tilde{a}_1\varphi_1(x) + \cdots + \tilde{a}_n\varphi_n(x)$$

存在、唯一，而且 $\tilde{\varphi}(x)$的系数 $\tilde{a}_0,\tilde{a}_1,\cdots,\tilde{a}_n$ 是法方程组(6.9)的唯一解.

证明 我们首先证明：假设函数系 $\varphi_0(x),\varphi_1(x),\cdots,\varphi_n(x)(n<m)$线性无关，且$(\boldsymbol{\varphi},\boldsymbol{\varphi})=0$ 的充分必要条件为 $\varphi(x)=0$，$\varphi(x)\in\mathrm{span}\{\varphi_0(x),\cdots,\varphi_n(x)\}$，则向量系 $\boldsymbol{\varphi}_0,\boldsymbol{\varphi}_1,\cdots,\boldsymbol{\varphi}_n\in R^m$线性无关，此处，$(\boldsymbol{\varphi},\boldsymbol{\varphi}) = \sum_{i=1}^{m}[\varphi(x_i)]^2$. 事实上，

$$\boldsymbol{\varphi}_j = [\varphi_j(x_1),\cdots,\varphi_j(x_m)]^{\mathrm{T}}\in R^m, \quad j=0,1,\cdots,n(n<m).$$

假设 $\boldsymbol{\varphi}_0,\boldsymbol{\varphi}_1,\cdots,\boldsymbol{\varphi}_n$ 线性相关，则存在不全为零的实数 $\alpha_0,\alpha_1,\cdots,\alpha_n$ 使

$$\sum_{j=0}^{n} \alpha_j \boldsymbol{\varphi}_j = \mathbf{0}.$$

于是有

$$\sum_{j=0}^{n} \alpha_j \varphi_j(x_i) = 0, \quad i = 1,2,\cdots,m.$$

令

$$\varphi(x) = \sum_{j=0}^{n} \alpha_j \varphi_j(x),$$

则

$$(\boldsymbol{\varphi},\boldsymbol{\varphi}) = \sum_{i=1}^{m} [\varphi(x_i)]^2 = \sum_{i=1}^{m} \Big[\sum_{j=0}^{n} \alpha_j \varphi_j(x_i)\Big]^2 = 0,$$

故对一切 $x \in (a,b)$，$\varphi(x)=0$，即

$$\sum_{j=0}^{n} \alpha_j \varphi_j(x) = 0.$$

这与 $\varphi_0(x),\varphi_1(x),\cdots,\varphi_n(x)$线性无关的假设相矛盾，故 $\boldsymbol{\varphi}_0,\boldsymbol{\varphi}_1,\cdots,\boldsymbol{\varphi}_n \in R^m$ 线性无关.

由于 $\boldsymbol{\varphi}_0,\boldsymbol{\varphi}_1,\cdots,\boldsymbol{\varphi}_n$ 线性无关，因此，方程组 (6.6)的最小二乘解是存在且唯一的，即它是极小最小二乘解，并且法方程组(6.9)的系数矩阵 G 是非奇异的，从而有唯一解.

应当注意，$\varphi_0(x),\varphi_1(x),\cdots,\varphi_n(x)$线性无关不能推得矩阵 G 非奇异. 例如，$\varphi_0(x)=\sin x$，$\varphi_1(x)=\sin 2x$ 线性无关，$x\in[0,2\pi]$. 但若取点 $x_1=0$，$x_2=\pi$，$x_3=2\pi$，则 $\varphi_0(x_i)=\varphi_1(x_i)=0$，$i=1,2,3$. 因此 G 为零矩阵，它必是奇异的.

综合上述，在 7.1～7.4 节中提到的求线性方程组的极小最小二乘解的方法都可以用来求数据的线性最小二乘拟合. 通常，数据$\{(x_i,y_i)\}_{i=1}^m$的拟合函数(6.1)中的 n 比 m 小得多，且 n 较小.

例 1　给定的数据组$\{(x_i,y_i)\}_{i=1}^m$. 取基 $1,x$. 求数据$\{(x_i,y_i)\}_{i=1}^m$的最小二乘拟合 $\varphi(x)=a_0+a_1x$. 记

$$\boldsymbol{\varphi}_0=[1,\cdots,1]^{\mathrm{T}}, \quad \boldsymbol{\varphi}_1=[x_1,\cdots,x_m]^{\mathrm{T}}, \quad \boldsymbol{y}=[y_1,\cdots,y_m]^{\mathrm{T}}.$$

据(6.9)，法方程组为

$$\begin{bmatrix} (\boldsymbol{\varphi}_0,\boldsymbol{\varphi}_0) & (\boldsymbol{\varphi}_0,\boldsymbol{\varphi}_1) \\ (\boldsymbol{\varphi}_1,\boldsymbol{\varphi}_0) & (\boldsymbol{\varphi}_1,\boldsymbol{\varphi}_1) \end{bmatrix} \begin{bmatrix} a_0 \\ a_1 \end{bmatrix} = \begin{bmatrix} (\boldsymbol{y},\boldsymbol{\varphi}_0) \\ (\boldsymbol{y},\boldsymbol{\varphi}_1) \end{bmatrix},$$

其中

$$(\boldsymbol{\varphi}_0,\boldsymbol{\varphi}_0) = m, \quad (\boldsymbol{\varphi}_0,\boldsymbol{\varphi}_1) = (\boldsymbol{\varphi}_1,\boldsymbol{\varphi}_0) = \sum_{i=1}^{m} x_i, \quad (\boldsymbol{\varphi}_1,\boldsymbol{\varphi}_1) = \sum_{i=1}^{m} x_i^2,$$

$$(\boldsymbol{y},\boldsymbol{\varphi}_0) = \sum_{i=1}^{m} y_i, \quad (\boldsymbol{y},\boldsymbol{\varphi}_1) = \sum_{i=1}^{m} x_i y_i.$$

这与 7.5 节中所得的结果相同.

例 2 给定数据组$\{(x_i, y_i)\}_{i=1}^m$,求它的形如

$$\varphi(x) = ae^x + be^{-x}$$

的最小二乘拟合.

解 取基 e^x, e^{-x}. 记

$$\boldsymbol{\varphi}_0 = [e^{x_1}, e^{x_2}, \cdots, e^{x_m}]^{\mathrm{T}},$$

$$\boldsymbol{\varphi}_1 = [e^{-x_1}, e^{-x_2}, \cdots, e^{-x_m}]^{\mathrm{T}},$$

$$\boldsymbol{y} = [y_1, y_2, \cdots, y_m]^{\mathrm{T}},$$

则

$$(\boldsymbol{\varphi}_0, \boldsymbol{\varphi}_0) = \sum_{i=1}^m e^{2x_i},$$

$$(\boldsymbol{\varphi}_0, \boldsymbol{\varphi}_1,) = (\boldsymbol{\varphi}_1, \boldsymbol{\varphi}_0) = \sum_{i=1}^m e^{x_i} e^{-x_i} = m,$$

$$(\boldsymbol{\varphi}_1, \boldsymbol{\varphi}_1) = \sum_{i=1}^m e^{-2x_i},$$

$$(\boldsymbol{y}, \boldsymbol{\varphi}_0) = \sum_{i=1}^m y_i e^{x_i}, \quad (\boldsymbol{y}, \boldsymbol{\varphi}_1) = \sum_{i=1}^m y_i e^{-x_i}.$$

因此得到法方程组

$$\begin{cases} \left(\sum_{i=1}^m e^{2x_i}\right) a + mb = \sum_{i=1}^m y_i e^{x_i}, \\ ma + \left(\sum_{i=1}^m e^{-2x_i}\right) b = \sum_{i=1}^m y_i e^{-x_i}. \end{cases}$$

解得

$$a = \frac{\sum_{i=1}^m y_i \left(e^{x_i} \sum_{j=1}^m e^{-2x_j} - me^{-x_i}\right)}{\sum_{i=1}^m \sum_{j=1}^m e^{2(x_i - x_j)} - m^2},$$

$$b = \frac{\sum_{i=1}^m y_i \left(e^{-x_i} \sum_{j=1}^m e^{2x_j} - me^{x_i}\right)}{\sum_{i=1}^m \sum_{j=1}^m e^{2(x_i - x_j)} - m^2}.$$

现在,我们归纳在计算机上应用法方程的方法,求数据$\{(x_i, y_i)\}_{i=1}^m$的形如

$$\varphi(x) = a_0 \varphi_0(x) + a_1 \varphi_1(x) + \cdots + a_n \varphi_n(x)$$

$(n < m)$的最小二乘拟合的步骤如下:

(1) 输入数据 $x_i, y_i (i = 1, \cdots, m)$和 m, n;

(2) 生成法方程组(6.9),即计算系数矩阵 G 的元素

$$(\boldsymbol{\varphi}_j, \boldsymbol{\varphi}_k) = \sum_{i=1}^{m} \varphi_j(x_i)\varphi_k(x_i), \quad j,k = 0,1,\cdots,n$$

以及右端向量 $\boldsymbol{b}$ 的分量

$$(\boldsymbol{y}, \boldsymbol{\varphi}_j) = \sum_{i=1}^{m} y_i\varphi_j(x_i), \quad j = 0,1,\cdots,n;$$

(3) 解方程组(6.9);

(4) 输出 $a_0, a_1, \cdots, a_n$.

由于 Gram 矩阵 G 是对称的,因此在第二步中只要生成 G 的上(或下)三角部分(包括主对角线)元素.

假设选取基 $\varphi_0(x), \varphi_1(x), \cdots, \varphi_n(x)$ 使得 $\boldsymbol{\varphi}_0, \boldsymbol{\varphi}_1, \cdots, \boldsymbol{\varphi}_n$ 是非零直交向量系,则方程组(6.9)的系数矩阵 G 是对角阵. 于是,立即得到方程组(6.9)的解为

$$a_j = \frac{(\boldsymbol{y}, \boldsymbol{\varphi}_j)}{(\boldsymbol{\varphi}_j, \boldsymbol{\varphi}_j)}, \quad j = 0,1,\cdots,n.$$

7.7　Chebyshev 多项式在数据拟合中的应用

多项式是数据线性最小二乘拟合的常用函数. 给定数据 $\{(x_i, y_i)\}_{i=1}^m$. 我们取基为 $1, x, \cdots, x^n (n < m)$,用多项式

$$\varphi(x) = a_0 + a_1 x + \cdots + a_n x^n \tag{7.1}$$

作为数据 $\{(x_i, y_i)\}_{i=1}^m$ 的线性最小二乘拟合. 容易计算得法方程组为

$$\begin{bmatrix} s_0 & s_1 & \cdots & s_n \\ s_1 & s_2 & \cdots & s_{n+1} \\ \vdots & \vdots & & \vdots \\ s_n & s_{n+1} & \cdots & s_{2n} \end{bmatrix} \begin{bmatrix} a_0 \\ a_1 \\ \vdots \\ a_n \end{bmatrix} = \begin{bmatrix} t_0 \\ t_1 \\ \vdots \\ t_n \end{bmatrix}, \tag{7.2}$$

其中

$$s_k = \sum_{i=1}^{m} x_i^k, \quad k = 0,1,\cdots 2n, \tag{7.3}$$

$$t_k = \sum_{i=1}^{m} y_i x_i^k, \quad k = 0,1,\cdots,n. \tag{7.4}$$

若取

$$x_i = \frac{i}{m}, \quad i = 1,\cdots,m,$$

则

$$s_k = \sum_{i=1}^{m} x_i^k \simeq m\int_0^1 x^k \mathrm{d}x = \frac{m}{k+1}, \quad k = 0,1,\cdots,2n.$$

于是,法方程组(7.2)的系数矩阵

$$m\begin{bmatrix} 1 & \frac{1}{2} & \cdots & \frac{1}{n+1} \\ \frac{1}{2} & \frac{1}{3} & \cdots & \frac{1}{n+2} \\ \vdots & \vdots & & \vdots \\ \frac{1}{n+1} & \frac{1}{n+2} & \cdots & \frac{1}{2n+1} \end{bmatrix}$$

是 $n+1$ 阶 Hilbert 矩阵. 当 n 较大时,它是极端病态的. 通常用幂函数系 $1,x,\cdots,x^n$ 作为数据的最小二乘拟合的基时,应该是 $n \ll m$. 又因高次多项式往往会引起振荡,因此我们限制 $n \leqslant 6$. 即使如此,仍然会使 Gram 矩阵成为坏条件的.

经验表明,取低次 Chebyshev 多项式作为数据的线性最小二乘拟合的基函数,能够得到很好的效果. 在 5.7 节中,我们指出 Chebyshev 多项式

$$T_k(t) = \cos(k \arccos t), \quad k \geqslant 0,$$

是区间$[-1,1]$上关于权函数 $W(t) = (1-t^2)^{-\frac{1}{2}}$的直交多项式,因此

$$T_0(t), T_1(t), \cdots T_k(t)$$

是线性无关的. 由 Chebyshev 多项式的递推关系得到

$$\begin{aligned} T_0(t) &= 1, \\ T_1(t) &= t, \\ T_2(t) &= 2t^2 - 1, \\ T_3(t) &= 4t^3 - 3t, \\ T_4(t) &= 8t^4 - 8t^2 + 1, \\ T_5(t) &= 16t^5 - 20t^3 + 5t, \\ T_6(t) &= 32t^6 - 48t^4 + 18t^2 - 1. \end{aligned}$$

对于区间$[a,b]$,我们作变换

$$t = t(x) = \frac{2x-(a+b)}{b-a}, \quad x \in [a,b], \tag{7.5}$$

则有

$$\tilde{T}_k(x) = T_k(t(x)) = T_k\left(\frac{2x-(a+b)}{b-a}\right). \tag{7.6}$$

给定一组数据$\{(x_i, y_i)\}_{i=1}^m$,设

$$a = x_1 < x_2 < \cdots < x_m = b.$$

我们选取基函数 $\varphi_k(x) = \tilde{T}_k(x)$, $k=0,1,\cdots,n$(一般 $n \leqslant 6$),则拟合函数(多项式)为

$$\varphi(x)=c_0\widetilde{T}_0(x)+c_1\widetilde{T}_1(x)+\cdots+c_n\widetilde{T}_n(x). \tag{7.7}$$

求 $c_0,c_1,\cdots,c_n$ 使

$$E_2(c_0,c_1,\cdots,c_n)=\sum_{i=1}^{m}\Big[\sum_{k=0}^{n}c_k\widetilde{T}_k(x_i)-y_i\Big]^2$$

为极小.记

$$\widetilde{\boldsymbol{T}}_j=[\widetilde{T}_j(x_1),\cdots,\widetilde{T}_j(x_m)]^{\mathrm{T}}.\quad j=0,1,\cdots,n,$$

$$\boldsymbol{y}=[y_1,\cdots,y_m]^{\mathrm{T}},\quad \boldsymbol{c}=[c_0,c_1,\cdots,c_n]^{\mathrm{T}}.$$

法方程组是

$$G\boldsymbol{c}=\boldsymbol{b}, \tag{7.8}$$

其中

$$G=[(\widetilde{\boldsymbol{T}}_j,\widetilde{\boldsymbol{T}}_k)]_{(n+1)\times(n+1)},$$

$$\boldsymbol{b}=[(\boldsymbol{y},\widetilde{\boldsymbol{T}}_0),\cdots,(\boldsymbol{y},\widetilde{\boldsymbol{T}}_n)]^{\mathrm{T}}.$$

记 $a=x_1,b=x_m$,令

$$t_i=\frac{2x_i-(a+b)}{b-a},\quad i=1,\cdots,m, \tag{7.9}$$

$$\boldsymbol{T}_j=[T_j(t_1),\cdots,T_j(t_m)]^{\mathrm{T}},\quad j=0,1,\cdots,n, \tag{7.10}$$

则

$$\widetilde{\boldsymbol{T}}_j=\boldsymbol{T}_j,\quad j=0,1,\cdots n.$$

因此

$$(\widetilde{\boldsymbol{T}}_j,\widetilde{\boldsymbol{T}}_k)=(\boldsymbol{T}_j,\boldsymbol{T}_k)=\sum_{i=1}^{m}T_j(t_i)T_k(t_i),\quad j,k=0,1,\cdots,n,$$

$$(\boldsymbol{y},\widetilde{\boldsymbol{T}}_k)=(\boldsymbol{y},\boldsymbol{T}_k)=\sum_{i=1}^{m}y_iT_k(t_i),\qquad k=0,1,\cdots,n.$$

从而

$$G=[(\boldsymbol{T}_j,\boldsymbol{T}_k)]_{(n+1)\times(n+1)},$$

$$\boldsymbol{b}=[(\boldsymbol{y},\boldsymbol{T}_0),(\boldsymbol{y},\boldsymbol{T}_1),\cdots,(\boldsymbol{y},\boldsymbol{T}_n)]^{\mathrm{T}}. \tag{7.11}$$

法方程组(7.8)又可写成

$$[(\boldsymbol{T}_j,\boldsymbol{T}_k)]\boldsymbol{c}=\boldsymbol{b}, \tag{7.12}$$

其中 $\boldsymbol{T}_j(j=0,1,\cdots,n)$,$\boldsymbol{b}$ 分别由(7.10)和(7.11)所表示.

综合上述,应用 Chebyshev 多项式求数据 $\{(x_i,y_i)\}_{i=1}^{m}$ 的线性最小二乘拟合的计算步骤如下:

(1) 取 $a=x_1,b=x_m$.计算

$$t_i=\frac{2x_i-(a+b)}{b-a},\qquad i=1,\cdots,m;$$

(2) 计算

$$T_0(t_i)=1, T_1(t_i)=t_i, \quad i=1,\cdots,m$$

以及

$$T_2(t_i),\cdots,T_n(t_i), \quad i=1,\cdots,m;$$

(3) 计算内积

$$(T_j,T_k) = \sum_{i=1}^{m} T_j(t_i)T_k(t_i), \quad j,k = 0,1,\cdots n,$$

$$(\boldsymbol{y},T_k) = \sum_{i=1}^{m} y_i T_k(t_i), \qquad k = 0,1,\cdots,n;$$

(4) 求方程组

$$[(T_j,T_k)]\boldsymbol{c}=\boldsymbol{b}$$

的解 $\boldsymbol{c}=[c_0,c_1,\cdots,c_n]^{\mathrm{T}}$;

(5) 由区间变换

$$t=\frac{2x-(a+b)}{b-a}$$

计算 $\tilde{T}_k(x),k=0,1,\cdots,n$.

这样,我们求得数据 $\{(x_i,y_i)\}_{i=1}^m$ 的线性最小二乘拟合(7.7).

在实际计算中,常常是计算最小二乘拟合 $\varphi(x)$ 在任一点 x 的值.此时,不计算多项式 $\tilde{T}_k(x)$ 及其值,而是由

$$t=\frac{2x-(a+b)}{b-a}$$

计算得 t 值后,相应计算 $T_k(t)$ 的值($k=0,1,\cdots,n$).这样

$$\varphi(x)=c_0T_0(t)+c_1T_1(t)+\cdots+c_nT_n(t). \tag{7.13}$$

例 观测得数据

x_i	1	2	3	4	5
y_i	2	5	7	8	6

试用 Chebyshev 多项式求它的三次多项式拟合 $\varphi(x)$ 以及 $\varphi(1),\varphi(2),\varphi(3),\varphi(4),\varphi(5),\varphi\left(\frac{3}{2}\right),\varphi\left(\frac{5}{2}\right),\varphi(6)$.

解 取 $a=x_1=1,b=x_5=5$.由区间变换

$$t=\frac{2x-6}{4}=\frac{x-3}{2}$$

计算得

$$t_1=-1, \quad t_2=-0.5, \quad t_3=0, \quad t_4=0.5, \quad t_5=1,$$

然后再计算得 $T_k(t_i)$的值(见表 7.1).生成诸内积(T_j, T_k),$(\boldsymbol{y}, T_k)$得到法方程组:

表 7.1

x	t	$T_0(t)$	$T_1(t)$	$T_2(t)$	$T_3(t)$	y	$\varphi(x)$
1	-1	1	-1	1	-1	2	2.02857
2	$-\frac{1}{2}$	1	$-\frac{1}{2}$	$-\frac{1}{2}$	1	5	4.88571
3	0	1	0	-1	0	7	7.17143
4	$\frac{1}{2}$	1	$\frac{1}{2}$	$-\frac{1}{2}$	-1	8	7.88571
5	1	1	1	1	1	6	6.02857
$\frac{3}{2}$	$-\frac{3}{4}$	1	$-\frac{3}{4}$	$\frac{1}{8}$	$\frac{9}{16}$		3.44607
$\frac{5}{2}$	$-\frac{1}{4}$	1	$-\frac{1}{4}$	$-\frac{7}{8}$	$\frac{11}{16}$		6.16250
6	$\frac{3}{2}$	1	$\frac{3}{2}$	$\frac{7}{2}$	9		0.60000

$$\begin{bmatrix} 5 & 0 & 0 & 0 \\ 0 & \frac{5}{2} & 0 & 1 \\ 0 & 0 & \frac{7}{2} & 0 \\ 0 & 1 & 0 & 4 \end{bmatrix} \begin{bmatrix} c_0 \\ c_1 \\ c_2 \\ c_3 \end{bmatrix} = \begin{bmatrix} 28 \\ \frac{11}{2} \\ -\frac{11}{2} \\ 1 \end{bmatrix}.$$

解此方程组得

$$c_0 = \frac{28}{5}, \quad c_1 = \frac{7}{3}, \quad c_2 = -\frac{11}{7}, \quad c_3 = -\frac{1}{3}.$$

于是,我们得到三次多项式拟合

$$\varphi(x) = \frac{28}{5}\tilde{T}_0(x) + \frac{7}{3}\tilde{T}_1(x) - \frac{11}{7}\tilde{T}_2(x) - \frac{1}{3}\tilde{T}_3(x),$$

其中

$$\tilde{T}_0(x) = T_0(t(x)) = 1,$$

$$\tilde{T}_1(x) = T_1(t(x)) = \frac{1}{2}x - \frac{3}{2},$$

$$\tilde{T}_2(x) = T_2(t(x)) = \frac{1}{2}x^2 - 3x + \frac{7}{2},$$

$$\widetilde{T}_3(x)=T_3(t(x))=\frac{1}{2}x^3-\frac{9}{2}x^2+12x-9;$$

或

$$\varphi(x)=\frac{28}{5}T_0(t)+\frac{7}{3}T_1(t)-\frac{11}{7}T_2(t)-\frac{1}{3}T_3(t),$$

其中

$$t=\frac{2x-6}{4}=\frac{x-3}{2}.$$

$\varphi(x)$在 $x=1,\frac{3}{2},2,\frac{5}{2},3,4,5,6$ 处的值见表 7.1 的最后一列.

习　题　7

1. 设 $\boldsymbol{x}_1,\boldsymbol{x}_2$ 是线性方程组 $A\boldsymbol{x}=\boldsymbol{b}$ 的两个最小二乘解,证明 $Ax_1=Ax_2$.

2. 求下列线性方程组的最小二乘解:

(1) $\begin{cases}x_1-2x_2+3x_3-x_4=1,\\3x_1-x_2+5x_3-3x_4=2,\\2x_1+x_2+2x_3-2x_4=3;\end{cases}$

(2) $\begin{cases}x_1+x_2-3x_3=-1,\\2x_1+x_2-2x_3=1,\\x_1+x_2+x_3=3,\\x_1+2x_2-3x_3=1.\end{cases}$

3. 设 $A\in R^{m\times n},\boldsymbol{b}_1,\cdots,\boldsymbol{b}_r\in R^m$,试证欲 $\boldsymbol{x}\in R^n$ 使

$$\sum_{i=1}^{r}\|A\boldsymbol{x}-\boldsymbol{b}_i\|_2^2=\text{极小}$$

的充分必要条件为 $\boldsymbol{x}$ 是方程组

$$A\boldsymbol{x}=\frac{1}{r}\sum_{i=1}^{r}\boldsymbol{b}_i$$

的最小二乘解.

4. 设 $A\in R^{m\times n}$,证明:

(1) 若 $\operatorname{rank}A=n$,则 $A^+=(A^{\mathrm{T}}A)^{-1}A^{\mathrm{T}}$;

(2) 若 $\operatorname{rank}A=m$,则 $A^+=A^{\mathrm{T}}(AA^{\mathrm{T}})^{-1}$.

5. 设 $A\in R^{m\times n}$有满秩分解 $A=FG$,证明 $A^+=G^+F^+$.

6. 设 $A\in R^{m\times n}$,证明:

$$(A^+)^{\mathrm{T}}=(A^{\mathrm{T}})^+,\quad (A^+)^+=A.$$

7. 设 A 为 $m\times n$ 阶列直交矩阵,证明 $A^+=A^{\mathrm{T}}$.

8. 设 $A\in R^{m\times n}$.我们定义

$$K(A)=\|A\|_2\|A^+\|_2,$$

证明,若 $\operatorname{rank}A=n$,则

$$K(A^{\mathrm{T}}A)=(K(A))^2.$$

9．试用改进的 Gram-Schmidt 直交化方法作下列矩阵的 QR 分解：

$$(1)\begin{bmatrix}1 & -1 & 1\\ 0 & -2 & -1\\ 1 & 1 & 1\\ 0 & 2 & 1\end{bmatrix},\qquad (2)\begin{bmatrix}0 & 1 & 0 & 1\\ 2 & -1 & 2 & 0\\ 1 & 0 & 0 & 0\\ 0 & 0 & -1 & 1\end{bmatrix}.$$

10．试用改进的 Gram-Schmidt 方法求方程组

$$\begin{cases}x_1+3x_2+5x_3=4,\\ x_1+3x_2+3x_3=2,\\ x_1+x_2+3x_3=2,\\ x_1+x_2+x_3=1\end{cases}$$

的极小最小二乘解.

11．设 $A\in R^{m\times n}$，$\mathrm{rank}A=n(m\geqslant n)$，且

$$Q_1R_1=A=Q_2R_2.$$

试证，若 Q_i 为 $m\times n$ 阶列直交阵，R_i 为 n 阶上三角阵($i=1,2$)，则存在一个对角阵(其主对角元为 $+1$ 或 -1)使

$$Q_2D=Q_1,\quad DR_1=R_2.$$

12．应用 Householder 变换把矩阵

$$A=\begin{bmatrix}1 & 2\\ 3 & 4\\ 5 & 6\end{bmatrix}$$

化为一个上梯形矩阵(计算过程中取三位小数).

13．试用 Householder 变换求方程组

$$\begin{bmatrix}1 & 2 & 1\\ 2 & -2 & 3\\ 2 & 1 & 2\end{bmatrix}\begin{bmatrix}x_1\\ x_2\\ x_3\end{bmatrix}=\begin{bmatrix}2\\ -1\\ 1\end{bmatrix}$$

的解.

14．应用 Householder 变换求方程组

$$\begin{cases}x_1+4x_2=7,\\ 2x_1+5x_2=8,\\ 3x_1+6x_2=9\end{cases}$$

的最小二乘解.

15．试在计算机上用 Householder 变换求方程组 $A\boldsymbol{x}=\boldsymbol{b}$ 的解，此处

$$A=\begin{bmatrix}5 & 4 & 7 & 5 & 6 & 7 & 5\\ 4 & 12 & 8 & 7 & 8 & 8 & 6\\ 7 & 8 & 10 & 9 & 8 & 7 & 7\\ 5 & 7 & 9 & 11 & 9 & 7 & 5\\ 6 & 8 & 8 & 9 & 10 & 8 & 9\\ 7 & 8 & 7 & 7 & 8 & 10 & 10\\ 5 & 6 & 7 & 5 & 9 & 10 & 10\end{bmatrix},$$

$$\boldsymbol{b} = [39,53,56,53,58,57,52]^{\mathrm{T}}.$$

16. 设 $A \in R^{m \times n}$，$\mathrm{rank}A = r$. 证明

$$\| A \|_F^2 = \sigma_1^2 + \sigma_2^2 + \cdots + \sigma_r^2,$$

$$\| A \|_2 = \sigma_1, \quad \| A^{\mathrm{T}} \|_2 = \sigma_1,$$

其中 $\sigma_1, \cdots, \sigma_r$ 是 A 的 r 个非零奇异值，且 σ_1 是最大的奇异值.

17. 设 $A \in R^{n \times n}$ 是非奇异的，证明存在 n 阶直交阵 Q 和对称正定矩阵 B 使得 $A = QB$.

18. 设 $A \in R^{m \times n}$，$\mathrm{rank}A = n$，令 σ_1, σ_n 分别表示 A 的最大和最小奇异值. 证明，对一切 $\boldsymbol{x} \in R^n$ 有

$$\sigma_n \| \boldsymbol{x} \|_2 \leqslant \| A\boldsymbol{x} \|_2 \leqslant \sigma_1 \| \boldsymbol{x} \|_2.$$

19. 设 $A = UDV^{\mathrm{T}}$ 是 $A \in R^{m \times n}$ 的一种奇异值分解，证明 U 的列向量是对称矩阵 AA^{T} 的特征向量.

20. 求数据(1,0)，(2,2)，(3,2)，(4,5)，(5,4)的最小二乘拟合 $y = a + bx$.

21. 求数据：

x_i	-0.4	-0.2	0	0.2	0.4
y_i	0.774597	0.894427	1.000000	1.095445	1.183216

的最小二乘拟合 $y = a + bx$.

22. 求数据$(-2,0)$，$(-1,1)$，(1,1)，(2,0)的最小二乘拟合 $f(x) = a_0 + a_1 x + a_2 x^2$.

23. 试求数据$(-1,0)$，(0,2)，(1,3)，(2,1)的最小二乘拟合 $y = a_0 + a_1 x$ 以及 $y = b_0 + b_1 x^2$.

24. 求数据：

x_i	-3	-2	-1	0	1	2	3
y_i	4	2	3	0	-1	-2	-5

的最小二乘拟合 $f(x) = a_0 + a_1 x + a_2 x^2$.

25. 设

$$x_i = -1 + \frac{i}{n}, \quad i = 0,1,2,\cdots,2n,$$

$$f(x) = \frac{1}{2}(x - | x |).$$

求$(x_i, f(x_i))$　$(i = 0,1,2,\cdots,2n)$的最小二乘拟合 $g(x) = a$(a 为常数).

26. 给定数据组$\{x_i\}_{i=1}^m$，x_i 互异，$i = 1, \cdots, m$. 假设 $\varphi(x) \in \mathrm{span}\{1, x, \cdots, x^k\}$，$k < m$，证明 $(\boldsymbol{\varphi}, \boldsymbol{\varphi}) = 0$ 的充分必要条件为 $\varphi(x) = 0$，此处$(\boldsymbol{\varphi}, \boldsymbol{\varphi}) = \sum\limits_{i=1}^{m} \varphi(x_i)^2$.

27. 试将求数据$(-1,2)$，(1,2)，(2,5)，(3,10)的最小二乘拟合 $f(x) = a_0 + a_1 x + a_2 x^2$ 化为求线性方程组的最小二乘解.

28. 求数据$(-1,2)$，(0,1)，(1,2)，(2,4) 的最小二乘拟合 $f(x) = a_0 + a_1 x^2$.

29. 观测得数据$\{(x_i, y_i)\}_{i=1}^m$，求它的形如 $f(x)=a+bx+ce^{-x}$的最小二乘拟合的法方程组.

30. 证明，数据$\{(x_i, y_i)\}_{i=1}^m$的最小二乘拟合 $p(x)=a_0+a_1x+\cdots+a_{m-1}x^{m-1}$恰是经过点集$\{(x_i, y_i)\}_{i=1}^m$的 Lagrange 插值多项式.

31. 设 $y=x^3-10x^2+1$，$y_i=x_i^3-10x_i^2+1(i=1,2,3,4,5)$，$x_1=-1$，$x_2=0$，$x_3=1$，$x_4=2$，$x_5=3$. 求数据$\{(x_i, y_i)\}_{i=1}^5$的最小二乘拟合 $\varphi(x)=a_0+a_1x+a_2x^2+a_3x^3+a_4x^4$.

32. 取[1,5]上修改的 Chebyshev 多项式$\{\tilde{T}_k(x)\}_{k=0}^3$为基的拟合函数 $\varphi(x)$，求数据$\{(i, y_i)\}_{i=1}^5$的最小二乘拟合 $\varphi(x)$的法方程组的系数矩阵 G 以及 G 的条件数 $\mathrm{cond}G=\|G\|_1\|G^{-1}\|_1$.

33. 观测得数据：

x_i	1	2	3	4	5	6	7
y_i	2	4	5	6	8	7	1

试用 Chebyshev 多项式求它的二次多项式拟合 $\varphi(x)$以及 $\varphi\left(\frac{5}{2}\right)$，$\varphi\left(\frac{13}{2}\right)$.

第 8 章　矩阵特征值问题

设 $A=[a_{ij}]\in C^{n\times n}$，求复数 λ 使方程组

$$Ax = \lambda x$$

有非零解向量 $x\in C^n$ 的问题，称为矩阵 A 的**特征值问题**，称这样的 λ 值为矩阵 A 的**特征值**，且称非零解向量 x 为矩阵 A 的与特征值 λ 相应的一个**特征向量**，在许多物理、力学和工程技术等问题中，如振动，临界值等，会遇到特征值和特征向量的计算问题.

本章主要介绍矩阵特征值的数值计算方法，并且仅考虑实矩阵，即 $A\in R^{n\times n}$ 的情形. 在 8.6 节中，我们还讨论广义特征值问题：

$$Ax = \lambda Bx,$$

这里 A 和 B 均为实对称矩阵，且 B 为正定的.

8.1　乘　幂　法

8.1.1　乘幂法

在许多实际应用中，往往不需要计算矩阵 A 的全部特征值，而只要计算模数最大的特征值，通常称为**主特征值**. **乘幂法**是计算一个矩阵的模数最大的特征值及其相应的特征向量的一种迭代法.

设 n 阶实矩阵 A 有完备的特征向量系，即有 n 个线性无关的特征向量. 在实践中，常遇到的实对称矩阵和特征值互不相同的矩阵就具有这种性质. 设

$$x_j = [x_{1j}, x_{2j}, \cdots, x_{nj}]^{\mathrm{T}} \quad (j = 1, \cdots, n)$$

是 A 的 n 个线性无关的特征向量，且

$$Ax_j = \lambda_j x_j, \quad j = 1, \cdots, n, \tag{1.1}$$

其中 λ_j 是 A 的特征值($j=1,\cdots,n$)，并假设

$$|\lambda_1| \geqslant |\lambda_2| \geqslant |\lambda_3| \geqslant \cdots \geqslant |\lambda_n|. \tag{1.2}$$

首先，我们讨论 λ_1 是实数而且是单重的情形，此时有

$$|\lambda_1| > |\lambda_2| \geqslant |\lambda_3| \geqslant \cdots \geqslant |\lambda_n|. \tag{1.3}$$

设 v_0 是任意的一个非零 n 维实向量，则 v_0 可以唯一地表示成

$$v_0 = \alpha_1 x_1 + \alpha_2 x_2 + \cdots + \alpha_n x_n. \tag{1.4}$$

令

$$v_k = Av_{k-1}, \quad k = 1,2,\cdots, \tag{1.5}$$

则有

$$\begin{aligned} v_k &= Av_{k-1} = A^2 v_{k-2} = \cdots = A^k v_0 \\ &= \alpha_1\lambda_1^k \boldsymbol{x}_1 + \alpha_2\lambda_2^k \boldsymbol{x}_2 + \cdots + \alpha_n\lambda_n^k \boldsymbol{x}_n. \end{aligned} \tag{1.6}$$

用$(v_k)_i$表示向量v_k的第i个分量.据(1.6)式,我们有

$$(v_k)_i = \alpha_1\lambda_1^k x_{i1} + \alpha_2\lambda_2^k x_{i2} + \cdots + \alpha_n\lambda_n^k x_{in}, \tag{1.7}$$

从而

$$\frac{(v_{k+1})_i}{(v_k)_i} = \frac{\sum_{j=1}^n \alpha_j\lambda_j^{k+1} x_{ij}}{\sum_{j=1}^n \alpha_j\lambda_j^k x_{ij}},$$

其中x_{ij}表示向量$\boldsymbol{x}_j$的第i个分量.假定$\alpha_1\neq 0, x_{i1}\neq 0$,则有

$$\frac{(v_{k+1})_i}{(v_k)_i} = \lambda_1 \frac{1 + \sum_{j=2}^n b_j\left(\frac{\lambda_j}{\lambda_1}\right)^{k+1}}{1 + \sum_{j=2}^n b_j\left(\frac{\lambda_j}{\lambda_1}\right)^k}, \tag{1.8}$$

其中

$$b_j = \frac{\alpha_j x_{ij}}{\alpha_1 x_{i1}}, \quad j = 2,3,\cdots,n. \tag{1.9}$$

据(1.3)和(1.8)式,我们有

$$\lim_{k\to\infty} \frac{(v_{k+1})_i}{(v_k)_i} = \lambda_1, \tag{1.10}$$

以及

$$\begin{aligned} \frac{(v_{k+1})_i}{(v_k)_i} - \lambda_1 &= \lambda_1\left[\frac{1 + \sum_{j=2}^n b_j\left(\frac{\lambda_j}{\lambda_1}\right)^{k+1}}{1 + \sum_{j=2}^n b_j\left(\frac{\lambda_j}{\lambda_1}\right)^k} - 1\right] \\ &= \frac{\lambda_1\left[b_2\left(\frac{\lambda_2}{\lambda_1}\right)^k\left(\frac{\lambda_2}{\lambda_1} - 1\right) + \sum_{j=3}^n b_j\left(\frac{\lambda_j}{\lambda_1}\right)^k\left(\frac{\lambda_j}{\lambda_1} - 1\right)\right]}{1 + \sum_{j=2}^n b_j\left(\frac{\lambda_j}{\lambda_1}\right)^k}. \end{aligned}$$

因此,当$k\to\infty$时,上式右端渐近等于

$$\lambda_1 b_2\left(\frac{\lambda_2}{\lambda_1} - 1\right)\left(\frac{\lambda_2}{\lambda_1}\right)^k.$$

再据(1.10)式可知

$$\left|\frac{(v_{k+1})_i}{(v_k)_i}-\lambda_1\right|\leqslant K\left|\frac{\lambda_2}{\lambda_1}\right|^k,$$

其中 K 为某一个正数,故有

$$\frac{(v_{k+1})_i}{(v_k)_i}=\lambda_1+O\left(\left(\frac{\lambda_2}{\lambda_1}\right)^k\right). \tag{1.11}$$

据(1.10)或(1.11)式知,当 k 充分大时

$$\lambda_1\simeq\frac{(v_{k+1})_i}{(v_k)_i}. \tag{1.12}$$

这就是求矩阵主特征值的乘幂法.由(1.11)式可以看出,乘幂法的收敛速度主要取决于$\left|\frac{\lambda_2}{\lambda_1}\right|$的大小,$\left|\frac{\lambda_2}{\lambda_1}\right|$越接近于1,迭代收敛速度就越慢.

在我们的讨论中,曾假定 $\alpha_1\neq0$, $x_{i1}\neq0$.因 $\boldsymbol{x}_1\neq\boldsymbol{0}$,因此 $\boldsymbol{x}_1$ 的分量不会全为零,即存在 $x_{i1}\neq0$.至于 $\alpha_1\neq0$ 的情形,设 $\boldsymbol{u}_1$ 是 A^{T} 的与特征值 λ_1 相应的特征向量,即有

$$\boldsymbol{A}^{\mathrm{T}}\boldsymbol{u}_1=\lambda_1\boldsymbol{u}_1,$$

则

$$v_0^{\mathrm{T}}\boldsymbol{u}_1=\Big(\sum_{j=1}^n\alpha_j\boldsymbol{x}_j\Big)^{\mathrm{T}}\boldsymbol{u}_1=\sum_{j=1}^n\alpha_j\boldsymbol{x}_j^{\mathrm{T}}\boldsymbol{u}_1. \tag{1.13}$$

若 $\boldsymbol{u}_j$ 是A^{T} 的对应于 λ_j 的特征向量,且 $\lambda_i\neq\lambda_j$,则 $\boldsymbol{x}_i^{\mathrm{T}}\boldsymbol{u}_j=0$,因此 $\boldsymbol{x}_j^{\mathrm{T}}\boldsymbol{u}_1=0(j=2,\cdots,n)$.但 $\boldsymbol{x}_1^{\mathrm{T}}\boldsymbol{u}_1\neq0$,从而,据(1.13)式得

$$\alpha_1=\frac{v_0^{\mathrm{T}}\boldsymbol{u}_1}{\boldsymbol{x}_1^{\mathrm{T}}\boldsymbol{u}_1}.$$

这样,若$v_0^{\mathrm{T}}\boldsymbol{u}_1\neq0$,则 $\alpha_1\neq0$.因为 $\boldsymbol{u}_1$ 是未知的,所选的初始近似向量v_0可能使 $\alpha_1=0$或 α_1 接近于0.在 $\alpha_1=0$ 时,由于舍入误差的影响,仍可以有

$$Av_0=\sum_{j=1}^n\beta_j\boldsymbol{x}_j,$$

而 $\beta_1\neq0$.但 $\beta_1\boldsymbol{x}_1$ 这一项的分量的数值按绝对值要比其他项小得多.因此,在 $\alpha_1=0$或 α_1 接近于0的情形,据(1.8)和(1.9)式可知,欲得到较为精确的结果,迭代次数 k 要很大.这样,需另选初始向量v_0.

现在,我们来讨论矩阵 A 的与λ_1 相应的特征向量的计算.据(1.6)式,

$$v_k=\alpha_1\lambda_1^k\left[\boldsymbol{x}_1+\sum_{j=2}^n\frac{\alpha_j}{\alpha_1}\left(\frac{\lambda_j}{\lambda_1}\right)^k\boldsymbol{x}_j\right],$$

且

$$\lim_{k\to\infty}\left(\frac{\lambda_j}{\lambda_1}\right)^k=0,\quad j>1,$$

因此，当 k 充分大时，

$$v_k \simeq \alpha_1 \lambda_1^k \boldsymbol{x}_1, \tag{1.14}$$

即 v_k 可以作为与 λ_1 相应的特征向量的近似.

然而，从(1.6)式或(1.14)式可知，当 $k \to \infty$ 时，若 $|\lambda_1| > 1$，则 v_k 的分量会趋于无穷大；若 $|\lambda_1| < 1$，则 v_k 的分量又会趋于零，从而会使计算机出现上溢或下溢的现象. 因此，为了控制计算过程中出现的量，常在每一步中将 v_k 规格化，即用

$$\left.\begin{aligned} \boldsymbol{u}_k &= \boldsymbol{A}\, v_{k-1}, \\ v_k &= \frac{\boldsymbol{u}_k}{m_k}, \end{aligned}\right\} k = 1,2,\cdots \tag{1.15}$$

来代替(1.5)式，其中 $m_k = \max(\boldsymbol{u}_k)$，它表示 $\boldsymbol{u}_k$ 中绝对值最大的头一个分量.

据(1.15)式，

$$v_k = \frac{A\, v_{k-1}}{m_k} = \frac{A\boldsymbol{u}_{k-1}}{m_k m_{k-1}} = \frac{A^2\, v_{k-2}}{m_k m_{k-1}} = \cdots = \frac{A^k v_0}{m_k m_{k-1} \cdots m_1}.$$

但

$$\begin{aligned} \max(A^k v_0) &= \max(A^{k-1} A v_0) = \max(A^{k-1} \boldsymbol{u}_1) \\ &= \max\left(A^{k-1} \frac{\boldsymbol{u}_1}{m_1} m_1\right) = \max(A^{k-1}\, v_1) m_1 \\ &= \max(A^{k-2} \boldsymbol{u}_2) m_1 = \max(A^{k-2}\, v_2) m_2 m_1 \\ &= \cdots = \max(A v_{k-1}) m_{k-1} \cdots m_1 \\ &= \max(\boldsymbol{u}_k) m_{k-1} \cdots m_1 \\ &= m_k m_{k-1} \cdots m_1, \end{aligned} \tag{1.16}$$

因此

$$v_k = \frac{A^k v_0}{\max(A^k v_0)}. \tag{1.17}$$

从而，据(1.6)式，若 $\alpha_1 \neq 0$，则当 $k \to \infty$ 时，有

$$\begin{aligned} v_k &= \frac{\alpha_1 \boldsymbol{x}_1 + \sum_{j=2}^n \alpha_j \left(\frac{\lambda_j}{\lambda_1}\right)^k \boldsymbol{x}_j}{\max\left(\alpha_1 \boldsymbol{x}_1 + \sum_{j=2}^n \alpha_j \left(\frac{\lambda_j}{\lambda_1}\right)^k \boldsymbol{x}_j\right)} \\ &\to \frac{\boldsymbol{x}_1}{\max(\boldsymbol{x}_1)}. \end{aligned} \tag{1.18}$$

因为特征向量乘以非零常数因子仍是与原特征值相应的特征向量，所以，当 k 充分大时，v_k 是特征向量 $\boldsymbol{x}_1$ 的近似.

另一方面,

$$u_k = Av_{k-1} = \lambda_1 \frac{\alpha_1 x_1 + \sum_{j=2}^{n} \alpha_j \left(\frac{\lambda_j}{\lambda_1}\right)^k x_j}{\max\left(\alpha_1 x_1 + \sum_{j=2}^{n} \alpha_j \left(\frac{\lambda_j}{\lambda_1}\right)^{k-1} x_j\right)},$$

因此有

$$m_k = \max(u_k) = \lambda_1 + O\left(\left(\frac{\lambda_2}{\lambda_1}\right)^k\right). \tag{1.19}$$

这样,当 k 充分大时

$$\lambda_1 \simeq m_k. \tag{1.20}$$

例 1 计算矩阵

$$A = \begin{bmatrix} 2 & 3 & 2 \\ 10 & 3 & 4 \\ 3 & 6 & 1 \end{bmatrix}$$

的主特征值和相应的特征向量.

取 $v_0 = [0,0,1]^T$,则

$$u_1 = Av_0 = [2,4,1]^T,$$

且 $m_1 = \max(u_1) = 4$. 于是得

$$v_1 = u_1 / m_1 = [0.5,1,0.25]^T.$$

其他计算结果见表 8.1.

表 8.1

k	v_k^T			m_k
0	0	0	1	1
1	0.5	1.0	0.25	4
2	0.5	1.0	0.8611	9
3	0.5	1.0	0.7306	11.44
4	0.5	1.0	0.7535	10.9224
5	0.5	1.0	0.7493	11.0140
6	0.5	1.0	0.7501	10.9972
7	0.5	1.0	0.7500	11.0004
8	0.5	1.0	0.7500	11.0000

从表 8.1 看出,矩阵 A 的绝对值最大的特征值 $\lambda_1 = 11$,相应的特征向量 $x_1 = [0.5,1.0,0.7500]^T$.

现假设 λ_1 为 r 重实特征值,即 $\lambda_1 = \lambda_2 = \cdots = \lambda_r$,且

$$|\lambda_1| > |\lambda_{r+1}| \geqslant \cdots \geqslant |\lambda_n|.$$

据(1.6)和(1.17)式可得

$$v_k = \frac{\sum_{j=1}^{r} \alpha_j \boldsymbol{x}_j + \sum_{j=r+1}^{n} \alpha_j \left(\frac{\lambda_j}{\lambda_1}\right)^k \boldsymbol{x}_j}{\max\left[\sum_{j=1}^{r} \alpha_j \boldsymbol{x}_j + \sum_{j=r+1}^{n} \alpha_j \left(\frac{\lambda_j}{\lambda_1}\right)^k \boldsymbol{x}_j\right]}.$$

若 $\sum_{j=1}^{r} \alpha_j \boldsymbol{x}_j \neq \mathbf{0}$，则当 $k \to \infty$ 时有

$$v_k \to \frac{\sum_{j=1}^{r} \alpha_j \boldsymbol{x}_j}{\max\left(\sum_{j=1}^{r} \alpha_j \boldsymbol{x}_j\right)}. \tag{1.21}$$

由此可知，当 k 充分大时，v_k 可作为与特征值 λ_1 相应的特征向量，并且

$$\lambda_1 \simeq m_k = \max(\boldsymbol{u}_k).$$

算法 8.1　设 $A=[a_{ij}]\in R^{n\times n}$. 应用乘幂法计算 A 的主特征值及与其相应的特征向量.

输入　A 的阶数 n，元素 a_{ij}；非零初始向量 $\boldsymbol{u}_0$；误差容限 TOL；最大迭代次数 m.

输出　A 的主特征值的近似值 b；近似特征向量 $\boldsymbol{u}$；或最大迭代次数超过 m 的信息.

step 1　$k \leftarrow 1$;
$\boldsymbol{u} \leftarrow \boldsymbol{u}_0$.

step 2　$b \leftarrow \max(\boldsymbol{u})$.

step 3　$\boldsymbol{u} \leftarrow \boldsymbol{u}/b$.

step 4　当 $k \leqslant m$ 时，做 step 5～10.

step 5　$v \leftarrow A\boldsymbol{u}$.

step 6　$b \leftarrow \max(v)$.

step 7　若 $b=0$ 则输出('eigenvecter', $\boldsymbol{u}$)；('A has eigenvalue 0, select new vector $\boldsymbol{u}_0$ and restart')；
停机.

step 8　$\boldsymbol{\omega} \leftarrow v/b$;
$ERR \leftarrow \| \boldsymbol{u} - \boldsymbol{\omega} \|_\infty$;
$\boldsymbol{u} \leftarrow \boldsymbol{\omega}$.

step 9　若 $ERR < TOL$，则输出(b, $\boldsymbol{u}$)；
停机.

step 10　$k \leftarrow k+1$.

step 11 输出('Maximum number of iterations exceeded');
停机.

假设 $\lambda_2=\bar{\lambda}_1$,即 λ_1,λ_2 为一对共轭复特征值,并且

$$|\lambda_1|>|\lambda_3|\geqslant|\lambda_4|\geqslant\cdots\geqslant|\lambda_n|.$$

由于 A 为实矩阵,因此,此时有 $\boldsymbol{x}_2=\bar{\boldsymbol{x}}_1$,实初始向量 v_0 可表示成

$$v_0=\alpha_1\boldsymbol{x}_1+\bar{\alpha}_1\bar{\boldsymbol{x}}_1+\sum_{j=3}^{n}\alpha_j\boldsymbol{x}_j.$$

于是有

$$A^k v_0=\alpha_1\lambda_1^k\boldsymbol{x}_1+\bar{\alpha}_1\bar{\lambda}_1^k\bar{\boldsymbol{x}}_1+\sum_{j=3}^{n}\alpha_j\lambda_j^k\boldsymbol{x}_j.$$

若令

$$\lambda_1=re^{i\theta},$$

则

$$A^k v_0=r^k\left[e^{ik\theta}\alpha_1\boldsymbol{x}_1+e^{-ik\theta}\bar{\alpha}_1\bar{\boldsymbol{x}}_1+\sum_{j=3}^{n}\alpha_j\left(\frac{\lambda_j}{r}\right)^k\boldsymbol{x}_j\right]. \tag{1.22}$$

我们把 λ_1 与 $\bar{\lambda}_1$ 看作是某个二次方程

$$\lambda^2+p\lambda+q=0$$

的根,其中 p,q 为实数,则有

$$(\alpha_1\lambda_1^{k+2}\boldsymbol{x}_1+\bar{\alpha}_1\bar{\lambda}_1^{k+2}\bar{\boldsymbol{x}}_1)+p(\alpha_1\lambda_1^{k+1}\boldsymbol{x}_1+\bar{\alpha}_1\bar{\lambda}_1^{k+1}\bar{\boldsymbol{x}}_1)$$
$$+q(\alpha_1\lambda_1^k\boldsymbol{x}_1+\bar{\alpha}_1\bar{\lambda}_1^k\bar{\boldsymbol{x}}_1)=\boldsymbol{0}.$$

于是有

$$A^{k+2}v_0+pA^{k+1}v_0+qA^k v_0=r^k\sum_{j=3}^{n}\alpha_j\left(\frac{\lambda_j}{r}\right)^k(\lambda_j^2+p\lambda_j+q)\boldsymbol{x}_j.$$

从而,据(1.17),(1.16)和(1.22)式便得

$$\begin{aligned}&m_{k+2}m_{k+1}v_{k+2}+pm_{k+1}v_{k+1}+qv_k\\&=\frac{r^k}{m_k\cdots m_1}\sum_{j=3}^{n}\alpha_j\left(\frac{\lambda_j}{r}\right)^k(\lambda_j^2+p\lambda_j+q)\boldsymbol{x}_j\\&=\frac{r^k}{\max(A^k v_0)}\sum_{j=3}^{n}\alpha_j\left(\frac{\lambda_j}{r}\right)^k(\lambda_j^2+p\lambda_j+q)\boldsymbol{x}_j\\&=\frac{\displaystyle\sum_{j=3}^{n}\alpha_j\left(\frac{\lambda_j}{r}\right)^k(\lambda_j^2+p\lambda_j+q)\boldsymbol{x}_j}{\max\left[e^{ik\theta}\alpha_1\boldsymbol{x}_1+e^{-ik\theta}\bar{\alpha}_1\bar{\boldsymbol{x}}_1+\displaystyle\sum_{j=3}^{n}\alpha_j\left(\frac{\lambda_j}{r}\right)^k\boldsymbol{x}_j\right]}.\end{aligned}$$

若 $\alpha_1\neq0$,则当 $k\to\infty$ 时

$$m_{k+2}m_{k+1}v_{k+2}+pm_{k+1}v_{k+1}+qv_k\to\boldsymbol{0}.$$

这样,当 k 充分大时,

$$m_{k+2}m_{k+1}\, v_{k+2}+pm_{k+1}\, v_{k+1}+qv_k\simeq \mathbf{0},$$

因此可对某一个足够大的 $k=k_0$ 令

$$m_{k_0+2}m_{k_0+1}\, v_{k_0+2}+pm_{k_0+1}\, v_{k_0+1}+qv_{k_0}=\mathbf{0}.$$

这是含二个未知量 p,q 的 $n\times 2$ 阶线性方程组.我们可用最小二乘法求解得 p,q 的近似值为 p_{k_0},q_{k_0},然后继续对 $k=k_0+1,k_0+2$ 解方程组

$$m_{k+2}m_{k+1}\, v_{k+2}+pm_{k+1}\, v_{k+1}+qv_k=\mathbf{0}.$$

当 k 相当大,求得的 p_k,q_k 值稳定下来时,则求出

$$\lambda_1=R_e(\lambda_1)+I_m(\lambda_1)i, \tag{1.23}$$

其中

$$R_e(\lambda_1)\simeq -\frac{p_k}{2},\quad I_m(\lambda_1)\simeq \frac{1}{2}\sqrt{4q_k-p_k^2}. \tag{1.24}$$

我们应当指出,当 λ_1 的虚部 $I_m(\lambda_1)$ 较小(接近于零)时,精确度较差.

据(1.17)和(1.22)得

$$\begin{aligned} v_k &= \frac{A^k v_0}{\max(A^k v_0)} \\ &\simeq \frac{e^{ik\theta}\alpha_1\boldsymbol{x}_1+e^{-ik\theta}\bar{\alpha}_1\bar{\boldsymbol{x}}_1}{\max(e^{ik\theta}\alpha_1\boldsymbol{x}_1+e^{-ik\theta}\bar{\alpha}_1\bar{\boldsymbol{x}}_1)} \\ &= \beta_k\boldsymbol{x}_1+\bar{\beta}_k\bar{\boldsymbol{x}}_1, \end{aligned}$$

其中

$$\beta_k=\alpha_1 e^{ik\theta}/\max(e^{ik\theta}\alpha_1\boldsymbol{x}_1+e^{-ik\theta}\bar{\alpha}_1\bar{\boldsymbol{x}}_1).$$

设

$$\beta_k\boldsymbol{x}_1=\boldsymbol{y}+i\boldsymbol{z},$$

则

$$\boldsymbol{y}=\frac{1}{2}v_k,$$

$$\begin{aligned} \boldsymbol{u}_{k+1} &= Av_k=\lambda_1\beta_k\boldsymbol{x}_1+\bar{\lambda}_1\bar{\beta}_k\bar{\boldsymbol{x}}_1 \\ &= 2(R_e(\lambda_1)\boldsymbol{y}-I_m(\lambda_1)\boldsymbol{z}), \end{aligned}$$

因此

$$\boldsymbol{z}=\frac{1}{2I_m(\lambda_1)}(R_e(\lambda_1)\, v_k-\boldsymbol{u}_{k+1}),$$

$$2\beta_k\boldsymbol{x}_1=v_k+i\,\frac{R_e(\lambda_1)\, v_k-\boldsymbol{u}_{k+1}}{I_m(\lambda_1)}. \tag{1.25}$$

因为特征向量乘以非零常数因子仍然是与原特征值相应的特征向量,因此,据(1.25)和(1.24)式,可取

$$\boldsymbol{x}_1 = \sqrt{4q_k - p_k^2}\, v_k - i(p_k v_k + 2\boldsymbol{u}_{k+1}) \tag{1.26}$$

作为与 λ_1 相应的特征向量的近似.

8.1.2 乘幂法的加速

由 8.1.1 节的讨论可知,应用乘幂法计算矩阵 A 的主特征值的收敛速度主要取决于 $|\lambda_2|/|\lambda_1|$. 当它接近于 1 时,收敛就很慢. 这一段,我们给出几种加速收敛的方法.

1. Aitken 加速方法

据(1.19)式可知,存在正常数 C,当 k 充分大时,有

$$|m_k - \lambda_1| \simeq C\left|\frac{\lambda_2}{\lambda_1}\right|^k,$$

从而

$$\lim_{k\to\infty}\frac{|m_{k+1}-\lambda_1|}{|m_k-\lambda_1|} \simeq \left|\frac{\lambda_2}{\lambda_1}\right|.$$

这说明序列 $\{m_k\}$ 线性收敛于 λ_1. 因此,我们可应用 Aitken 加速方法(见 2.3.2 节),加速序列 $\{m_k\}$ 收敛,由

$$\widetilde{m}_k = m_k - \frac{(m_{k+1}-m_k)^2}{m_{k+2}-2m_{k+1}+m_k}$$

产生新的序列 $\{\widetilde{m}_k\}$. 这时,算法 8.1 可作如下修改:

step 1 $k \leftarrow 1$;
$\boldsymbol{u} \leftarrow \boldsymbol{u}_0$;
$b_0 \leftarrow 0.0$;
$b_1 \leftarrow 0.0$.

step 6 $b \leftarrow \max(v)$;
$\bar{b} \leftarrow b_0 - \dfrac{(b_1-b_0)^2}{b-2b_1+b_0}$.

step 9 若 $ERR < TOL$ 且 $k \geqslant 4$ 则输出$(\bar{b}, \boldsymbol{u})$;
停机.

step 10 $k \leftarrow k+1$;
$b_0 \leftarrow b_1$;
$b_1 \leftarrow b$.

2. Rayleigh 商加速法

设 A 是 n 阶实对称矩阵. 对任一非零 $\boldsymbol{x} \in R^n$,称

$$\frac{\boldsymbol{x}^{\mathrm{T}}A\boldsymbol{x}}{\boldsymbol{x}^{\mathrm{T}}\boldsymbol{x}}$$

为 **Rayleigh 商**. 现在,我们将 Rayleigh 商应用到计算主特征值的乘幂法中,以提高乘幂法的收敛速度.

由于 A 为实对称矩阵,因此可选取 A 的一组标准直交特征向量 $\boldsymbol{x}_1,\boldsymbol{x}_2,\cdots,\boldsymbol{x}_n$,它具性质:

$$\boldsymbol{x}_i^{\mathrm{T}}\boldsymbol{x}_j = \delta_{ij},$$

其中

$$\delta_{ij} = \begin{cases} 0, & i \neq j; \\ 1, & i = j. \end{cases}$$

据(1.4)和(1.17)式,我们有

$$v_k^{\mathrm{T}} v_k = \frac{\sum_{j=1}^{n} \alpha_j^2 \lambda_j^{2k}}{[\max(A^k v_0)]^2},$$

$$v_k^{\mathrm{T}} A v_k = \frac{\sum_{j=1}^{n} \alpha_j^2 \lambda_j^{2k+1}}{[\max(A^k v_0)]^2},$$

于是,若 $\alpha_1 \neq 0$,且

$$|\lambda_1| > |\lambda_2| \geqslant |\lambda_3| \geqslant \cdots \geqslant |\lambda_n|,$$

则

$$\begin{aligned} \frac{v_k^{\mathrm{T}} A v_k}{v_k^{\mathrm{T}} v_k} &= \lambda_1 \frac{1 + \sum_{j=2}^{n} \left(\frac{\alpha_j}{\alpha_1}\right)^2 \left(\frac{\lambda_j}{\lambda_1}\right)^{2k+1}}{1 + \sum_{j=2}^{n} \left(\frac{\alpha_j}{\alpha_1}\right)^2 \left(\frac{\lambda_j}{\lambda_1}\right)^{2k}} \\ &= \lambda_1 + O\left(\left(\frac{\lambda_2}{\lambda_1}\right)^{2k}\right). \end{aligned} \tag{1.27}$$

比较(1.19)和(1.27)式可知,对应于 v_k 的 Rayleigh 商比 m_k 能更好地逼近 λ_1.

例 2 求矩阵

$$A = \begin{bmatrix} -3 & 1 & 0 \\ 1 & -3 & -3 \\ 0 & -3 & 4 \end{bmatrix}$$

的主特征值.

应用乘幂法且取初始向量 $v_0 = [0,0,1]^{\mathrm{T}}$,前六次迭代得到的结果见表 8.2. 从表中看出收敛速度很慢,且 m_k 是振荡的. 据(1.19)式可知 λ_1 与 λ_2 比较接近而符号相反. 我们应用 Rayleigh 商进行加速,当 $k=6$ 时,得到主特征值

$$\lambda_1 \simeq \frac{v_6^{\mathrm{T}} A v_6}{v_6^{\mathrm{T}} v_6} = 4.853.$$

表 8.2

k	v_k^{T}			m_k
0	0	0	1	1
1	0	−0.75	1	4
2	−0.12	−0.12	1	6.25
3	0.0550	−0.6330	1	4.36
4	−0.1353	−0.1773	1	5.899
5	0.0504	−0.5745	1	4.5319
6	−0.1268	−0.2142	1	5.7235

3. 原点平移法

设 λ_j 是矩阵A 的一个特征值,则 $\lambda_j - p$ 是矩阵$A - pI$ 的一个特征值.我们已经知道,乘幂法的收敛速度主要取决于$|\lambda_2|/|\lambda_1|$.假如我们以 $A - pI$ 来代替A,把乘幂法应用到矩阵 $A - pI$.若 $\lambda_1 - p$ 仍为矩阵$A - pI$ 的主特征值,则收敛速度主要取决于$|(\lambda_2 - p)/(\lambda_1 - p)|$.适当地选择 p,使得$|(\lambda_2 - p)/(\lambda_1 - p)|$较$|\lambda_2|/|\lambda_1|$小得多,可使收敛速度显著提高.这种加速收敛的方法通常称为**原点平移法**.

就例 2,据表 8.2,我们可以假定 $\lambda_1 \simeq 5$,$\lambda_2 \simeq -5$.从而取 $p = -4$,矩阵

$$A + 4I = \begin{bmatrix} 1 & 1 & 0 \\ 1 & 1 & -3 \\ 0 & -3 & 8 \end{bmatrix}$$

的特征值 μ_1 大约为 9,μ_2 约为 −1.对矩阵 $A + 4I$ 应用乘幂法迭代六次得到的结果见表 8.3.

表 8.3

k	v_k^{T}			m_k
0	0	0	1	1
1	0	−0.3750	1	8
2	−0.0411	−0.3699	1	9.1250
3	−0.0451	−0.3744	1	9.1097
4	−0.0460	−0.3748	1	9.1232
5	−0.0461	−0.3749	1	9.1244
6	−0.0461	−0.3749	1	9.1247

这样,进行六次迭代后,得到

$$\mu_1 = \lambda_1 + 4 \simeq 9.1247.$$

因此 $\lambda_1 \simeq 5.1247$.λ_1 的准确值为 5.12476….

在原点平移加速方法中,p 值选择适当,可使乘幂法得到加速.但要让计算机自动选择参数 p 是比较困难的.

8.1.3　求模数次大诸特征值的降阶法

设 n 阶实矩阵 A 的特征值按模数大小顺序的排列为

$$|\lambda_1|>|\lambda_2|>\cdots>|\lambda_m|\gg|\lambda_{m+1}|\geqslant\cdots\geqslant|\lambda_n|,$$

并且前 m 个特征值相距较远. 现在,我们假设 A 的模数最大的特征值 λ_1 以及相应的特征向量 $\boldsymbol{x}_1$ 均已计算得. 记 A 为 A_1. 若能求得一个非奇异矩阵 S_1(暂不考虑 S_1 如何计算得),使得

$$S_1\boldsymbol{x}_1 = t\boldsymbol{e}_1, \qquad t \neq 0, \tag{1.28}$$

其中 $\boldsymbol{e}_1=[1,0,\cdots,0]^{\mathrm{T}}\in R^n$,则有

$$S_1A_1(S_1^{-1}S_1)\boldsymbol{x}_1 = \lambda_1S_1\boldsymbol{x}_1,$$

从而有

$$S_1A_1S_1^{-1}\boldsymbol{e}_1 = \lambda_1\boldsymbol{e}_1. \tag{1.29}$$

记

$$A_2 = S_1A_1S_1^{-1}.$$

由于

$$A_2\boldsymbol{e}_1 = \boldsymbol{b}_1,$$

其中 $\boldsymbol{b}_1$ 为矩阵 A_2 的第一列向量,因此,据(1.29)式便有

$$A_2 = S_1A_1S_1^{-1} = \begin{bmatrix}\lambda_1 & \boldsymbol{\omega}^{\mathrm{T}}\\ \boldsymbol{0} & B_2\end{bmatrix}, \tag{1.30}$$

其中 $\boldsymbol{\omega}$ 为 $n-1$ 维向量,而 B_2 则是一个$(n-1)\times(n-1)$阶矩阵. 由于 A_2 和 A_1 的特征值相同,所以 B_2 的 $n-1$ 个特征值就是 $\lambda_2,\cdots,\lambda_n$. 于是,计算矩阵 A 的模数次大特征值 λ_2 的问题便化为计算一个较低阶的矩阵 B_2 的模数最大的特征值.

我们可以继续应用乘幂法计算 B_2 的模数最大的特征值 λ_2 以及 B_2 的相应于 λ_2 的特征向量 $\boldsymbol{y}_2$. 为了计算矩阵 A 的相应于 λ_2 的特征向量 $\boldsymbol{x}_2$,设 $\boldsymbol{z}_2$ 是 A_2 的与 λ_2 相应的特征向量,则有

$$\begin{bmatrix}\lambda_1 & \boldsymbol{\omega}^{\mathrm{T}}\\ \boldsymbol{0} & B_2\end{bmatrix}\boldsymbol{z}_2 = \lambda_2\boldsymbol{z}_2. \tag{1.31}$$

由于

$$B_2\boldsymbol{y}_2 = \lambda_2\boldsymbol{y}_2,$$

因此可取

$$\boldsymbol{z}_2 = \begin{bmatrix}\alpha\\ \boldsymbol{y}_2\end{bmatrix}. \tag{1.32}$$

将它代入(1.31)式可得

$$(\lambda_1 - \lambda_2)\alpha + \boldsymbol{\omega}^{\mathrm{T}}\boldsymbol{y}_2 = 0. \tag{1.33}$$

由此便可确定 α. 这样, $\boldsymbol{z}_2$ 亦完全确定了. 再据(1.30)和(1.31)式有

$$S_1A_1S_1^{-1}\boldsymbol{z}_2 = \lambda_2\boldsymbol{z}_2,$$

因此得到

$$\boldsymbol{x}_2 = S_1^{-1}\boldsymbol{z}_2. \tag{1.34}$$

继续上述过程,就可以把矩阵 A 的模数次大特征值 $\lambda_3,\cdots,\lambda_m$ 以及与其相应的特征向量 $\boldsymbol{x}_3,\cdots,\boldsymbol{x}_m$ 都计算出来.

现在,我们来考虑相似变换矩阵 S_1 的选择方法. 记 $\boldsymbol{x}_1 = [x_1, x_2, \cdots, x_n]^{\mathrm{T}}$, $x_1 \neq 0$. 最简单的方法是取

$$S_1 = \begin{bmatrix} 1 & & & \\ l_{21} & 1 & & \\ \vdots & & \ddots & \\ l_{n1} & & & 1 \end{bmatrix} = \begin{bmatrix} 1 & & & \\ -\dfrac{x_2}{x_1} & 1 & & \\ \vdots & & \ddots & \\ -\dfrac{x_n}{x_1} & & & 1 \end{bmatrix},$$

则(1.28)式成立,其中 $t = x_1$. 考虑到数值稳定性,可以采用选主元的方法,即把向量 $\boldsymbol{x}_1$ 的模数最大的分量(设其为 x_p)与第一个分量 x_1 交换. 这相当于用排列阵 $I_{1,p}$ 左乘 $\boldsymbol{x}_1$. 令

$$\boldsymbol{y} = [y_1, y_2, \cdots, y_n]^{\mathrm{T}} = I_{1,p}\boldsymbol{x}_1,$$

$$L_1 = \begin{bmatrix} 1 & & & \\ -\dfrac{y_2}{y_1} & 1 & & \\ \vdots & & \ddots & \\ -\dfrac{y_n}{y_1} & & & 1 \end{bmatrix}, \tag{1.35}$$

则有

$$L_1\boldsymbol{y} = t\boldsymbol{e}_1,$$

其中 $t = y_1 = x_p$. 于是,若令 $S_1 = L_1 I_{1,p}$, 则(1.28)式成立. 从而

$$A_2 = S_1A_1S_1^{-1} = L_1(I_{1,p}A_1I_{1,p})L_1^{-1}, \tag{1.36}$$

其中

$$L_1^{-1} = \begin{bmatrix} 1 & & & \\ \dfrac{y_2}{y_1} & 1 & & \\ \vdots & & \ddots & \\ \dfrac{y_n}{y_1} & & & 1 \end{bmatrix}.$$

(1.34)式变成

$$x_2 = I_{1,p}L_1^{-1}z_2. \tag{1.37}$$

另一种选择方法是取 S_1 为 Householder 变换矩阵,即

$$S_1 = I - b^{-1}\boldsymbol{u}\boldsymbol{u}^{\mathrm{T}},$$

其中 $\|\boldsymbol{u}\|_2 \neq 0$,且 $b = \frac{1}{2}\|\boldsymbol{u}\|_2^2$.从(1.28)式可以得到

$$t^2 = \boldsymbol{x}_1^{\mathrm{T}}\boldsymbol{x}_1 = \|\boldsymbol{x}_1\|_2^2. \tag{1.38}$$

据 7.3.3 节的讨论可知,取

$$\boldsymbol{u} = \boldsymbol{x}_1 - t\boldsymbol{e}_1, \tag{1.39}$$

从而可得

$$b = t(t - \boldsymbol{e}_1^{\mathrm{T}}\boldsymbol{x}_1). \tag{1.40}$$

于是

$$\begin{aligned} A_2 &= (I - b^{-1}\boldsymbol{u}\boldsymbol{u}^{\mathrm{T}})A_1(I - b^{-1}\boldsymbol{u}\boldsymbol{u}^{\mathrm{T}})^{-1} \\ &= (I - b^{-1}\boldsymbol{u}\boldsymbol{u}^{\mathrm{T}})A_1(I - b^{-1}\boldsymbol{u}\boldsymbol{u}^{\mathrm{T}}) \\ &= A_1 - b^{-1}A_1\boldsymbol{u}\boldsymbol{u}^{\mathrm{T}} - b^{-1}\boldsymbol{u}\boldsymbol{u}^{\mathrm{T}}A_1 + (b^{-1})^2(\boldsymbol{u}^{\mathrm{T}}A_1\boldsymbol{u})\boldsymbol{u}\boldsymbol{u}^{\mathrm{T}} \\ &= A_1 - \boldsymbol{p}\boldsymbol{u}^{\mathrm{T}} - \boldsymbol{u}\boldsymbol{q}^{\mathrm{T}} + \beta\boldsymbol{u}\boldsymbol{u}^{\mathrm{T}}, \end{aligned} \tag{1.41}$$

其中

$$\boldsymbol{p} = b^{-1}A_1\boldsymbol{u}, \quad \boldsymbol{q}^{\mathrm{T}} = b^{-1}\boldsymbol{u}^{\mathrm{T}}A_1, \quad \beta = b^{-1}\boldsymbol{u}^{\mathrm{T}}\boldsymbol{p}.$$

若 A 为实对称矩阵,则 $\boldsymbol{q} = \boldsymbol{p}$,因而有

$$A_2 = A_1 - (\boldsymbol{u}\boldsymbol{v}^{\mathrm{T}} + \boldsymbol{v}\boldsymbol{u}^{\mathrm{T}}), \tag{1.42}$$

其中

$$\boldsymbol{v} = \boldsymbol{p} - \frac{1}{2}\beta\boldsymbol{u}.$$

据(1.42)式可知,A_2 亦是对称矩阵,因此(1.30)式中的 $\boldsymbol{\omega}$ 为 $n-1$ 维零向量.故 B_2 必为对称矩阵.

8.1.4　逆迭代法(反乘幂法)

在线性代数基础中,我们已经知道,非奇异矩阵 A 的逆阵 A^{-1}的特征值是 A 的特征值的倒数.因此,A^{-1}的主特征值的倒数便是 A 的模数最小的特征值.**逆迭代法**就是把乘幂法应用于矩阵 A^{-1}的迭代法.逆迭代法又称为**反乘幂法**.它可以用来计算非奇异矩阵 A 的模数最小的特征值及与其相应的特征向量.

设非奇异矩阵 A 的特征值为 $\lambda_1, \lambda_2, \cdots, \lambda_n$,与它们相应的一组线性无关的特征向量为 $\boldsymbol{x}_1, \boldsymbol{x}_2, \cdots, \boldsymbol{x}_n$,并设 λ_j 仍按(1.2)的顺序排列,即

$$|\lambda_1| \geqslant |\lambda_2| \geqslant \cdots \geqslant |\lambda_n|,$$

则 A^{-1}的特征值的排列顺序为

$$\left|\frac{1}{\lambda_n}\right| \geqslant \left|\frac{1}{\lambda_{n-1}}\right| \geqslant \cdots \geqslant \left|\frac{1}{\lambda_1}\right|.$$

设v_0是初始向量,则逆迭代法的迭代过程如下:

$$\left.\begin{aligned} A\boldsymbol{u}_k &= v_{k-1} \\ v_k &= \frac{\boldsymbol{u}_k}{m_k} \end{aligned}\right\} k = 1,2,\cdots, \tag{1.43}$$

其中 $m_k = \max(\boldsymbol{u}_k)$.若$|\lambda_n| < |\lambda_{n-1}|$,则当 $k\to\infty$时,

$$m_k \to \frac{1}{\lambda_n}, \tag{1.44}$$

$$v_k \to \frac{\boldsymbol{x}_n}{\max(\boldsymbol{x}_n)}. \tag{1.45}$$

按(1.43)进行迭代计算,每次迭代需要解一个方程组,即若计算得v_{k-1}后,解方程组 $A\boldsymbol{u}_k = v_{k-1}$ 可算出向量 $\boldsymbol{u}_k$.在实际求解方程组时,可先对 A 进行三角分解:

$$A = LU,$$

其中 L 为下三角阵,U 为上三角阵.这种三角分解只需作一次,以后每次迭代时可继续应用(为得到较好的数值稳定性,需采用选主元的 LU 分解).这样,我们可将逆迭代法的迭代公式(1.43)的第一个式子改写成

$$LU\boldsymbol{u}_k = v_{k-1}. \tag{1.46}$$

从而,每次迭代只要解两个三角形方程组.

在第一步迭代时,v_0是任意给定的.由于

$$U\boldsymbol{u}_1 = L^{-1}v_0,$$

因此 $L^{-1}v_0$同样是任意的.这样,在第一步迭代时,不必先选取v_0,而是直接选定右端向量 $L^{-1}v_0$.在实践中,常取

$$L^{-1}v_0 = \boldsymbol{e}, \tag{1.47}$$

其中 $\boldsymbol{e} = [1,1,\cdots,1]^{\mathrm{T}} \in R^n$.

现在,我们来考虑逆迭代法的一个更一般且有用的形式.用矩阵 $A - qI$ 代替 A 应用逆迭代法,即把乘幂法应用于矩阵$(A - qI)^{-1}$,$q \neq \lambda_i (i = 1,\cdots,n)$,其迭代公式为

$$\left.\begin{aligned} (A - qI)\boldsymbol{u}_k &= v_{k-1} \\ v_k &= \frac{\boldsymbol{u}_k}{m_k} \end{aligned}\right\} k = 1,2,\cdots, \tag{1.48}$$

其中 $m_k = \max(\boldsymbol{u}_k)$.

由于矩阵$(A - qI)^{-1}$的特征值为

$$\frac{1}{\lambda_1 - q}, \frac{1}{\lambda_2 - q}, \cdots, \frac{1}{\lambda_n - q},$$

特征向量仍为 $\boldsymbol{x}_1,\boldsymbol{x}_2,\cdots,\boldsymbol{x}_n$，任取一非零向量 v_0，则 v_0 可以表示成

$$v_0=\sum_{j=1}^{n}\alpha_j\boldsymbol{x}_j,$$

因此有

$$v_k=\frac{(A-qI)^{-k}v_0}{\max((A-qI)^{-k}v_0)}=\frac{\sum_{j=1}^{n}\alpha_j(\lambda_j-q)^{-k}\boldsymbol{x}_j}{\max\left(\sum_{j=1}^{n}\alpha_j(\lambda_j-q)^{-k}\boldsymbol{x}_j\right)}.$$

设 A 的某一个特征值 λ_p 远较其他诸特征值接近于 q，即

$$0<|\lambda_p-q|\ll|\lambda_i-q|,\quad i\neq p,$$

则

$$v_k=\frac{\alpha_p\boldsymbol{x}_p+\sum\limits_{\substack{j=1\\ j\neq p}}^{n}\left(\dfrac{\lambda_p-q}{\lambda_i-q}\right)^k\boldsymbol{x}_j}{\max\left(\alpha_p\boldsymbol{x}_p+\sum\limits_{\substack{j=1\\ j\neq p}}^{n}\left(\dfrac{\lambda_p-q}{\lambda_i-q}\right)^k\boldsymbol{x}_j\right)}\to\frac{\boldsymbol{x}_p}{\max(\boldsymbol{x}_p)}(k\to\infty),\tag{1.49}$$

且

$$m_k\to\frac{1}{\lambda_p-q}(k\to\infty),$$

即

$$q+\frac{1}{m_k}\to\lambda_p(k\to\infty).\tag{1.50}$$

只要 q 选择得好，收敛速度是很快的.

在下面的算法中，我们取

$$q=\frac{v_0^{\mathrm{T}}Av_0}{v_0^{\mathrm{T}}v_0},$$

v_0 是初始近似特征向量. 这样选择 q 的理由是，若 v 是矩阵 A 的与特征值 λ 相应的特征向量，则 $Av=\lambda v$，因此有 $v^{\mathrm{T}}Av=\lambda v^{\mathrm{T}}v$，且

$$\lambda=\frac{v^{\mathrm{T}}Av}{v^{\mathrm{T}}v}.$$

如果 q 接近某一特征值，那么收敛速度将是很快的.

算法 8.2　应用逆迭代法计算 n 阶矩阵 A 的一个特征值及其相应的特征向量.

输入　A 的阶数 n 和元素；初始向量 v；误差容限 TOL；最大迭代次数 m.

输出　近似特征值 b；近似特征向量 v 或超过最大迭代次数的信息.

step 1　$q\leftarrow v^{\mathrm{T}}Av/v^{\mathrm{T}}v$.

step 2 $k \leftarrow 1$.

step 3 $b \leftarrow \max(v)$.

step 4 $v \leftarrow \frac{1}{b} v$.

step 5 当 $k \leqslant m$ 时,做 step 6～10.

step 6 解线性方程组 $(A - qI)\boldsymbol{u} = v$. 若方程组没有唯一解,则输出('$q$ is an eigenvalue', q);
停机.

step 7 $b \leftarrow \max(\boldsymbol{u})$,

step 8 $ERR \leftarrow \left\| v - \frac{1}{b}\boldsymbol{u} \right\|_\infty$;
$v \leftarrow \frac{1}{b}\boldsymbol{u}$.

step 9 若 $ERR < TOL$ 则 $b \leftarrow \frac{1}{b} + q$;
输出(b, v);
停机.

step 10 $k \leftarrow k + 1$.

step 11 输出('Maximum number of iterations exceeded');
停机.

8.2 计算实对称矩阵特征值的同时迭代法

计算实对称矩阵特征值的**同时迭代法**又称为**块乘幂法**或**子空间迭代法**.它能同时求出一个实对称矩阵的几个特征值和特征向量.

n 阶实对称矩阵的特征值 $\lambda_1, \lambda_2, \cdots, \lambda_n$ 均为实数,且必存在一个标准直交特征向量系 $\boldsymbol{x}_1, \boldsymbol{x}_2, \cdots, \boldsymbol{x}_n$:

$$\boldsymbol{x}_i^{\mathrm{T}}\boldsymbol{x}_j = \delta_{ij} = \begin{cases} 1, & i = j; \\ 0, & i \neq j, \end{cases}$$

其中 $\boldsymbol{x}_j$ 是与 λ_j 相应的特征向量. 现设

$$|\lambda_1| \geqslant |\lambda_2| \geqslant \cdots \geqslant |\lambda_n|,$$

且 $|\lambda_m| > |\lambda_{m+1}|$, $1 < m < n$. 同时迭代法的计算步骤如下:

取 m 个初始近似向量组成一个 $n \times m$ 阶列直交阵 V_0,即有 $V_0^{\mathrm{T}} V_0 = I_m$,对 $k = 1, 2, \cdots$,执行以下各步:

(1) 计算

$$U_k = AV_{k-1}; \tag{2.1}$$

(2) 计算 $m \times m$ 阶实对称矩阵：

$$B_k = V_{k-1}^{\mathrm{T}} U_k; \tag{2.2}$$

(3) 计算 B_k 的特征值 $\mu_1^{(k)}, \cdots, \mu_m^{(k)}$，设其排列次序为

$$|\mu_1^{(k)}| \geqslant |\mu_2^{(k)}| \geqslant \cdots \geqslant |\mu_m^{(k)}|,$$

并计算其特征向量矩阵 W_k，取它为一个直交矩阵；

(4) 计算 $U_k W_k$；

(5) 对 $U_k W_k$ 作直交三角分解：

$$U_k W_k = V_k R_k, \tag{2.3}$$

其中 R_k 为上三角矩阵，V_k 为 $n \times m$ 阶列直交阵；

(6) 检验相邻两次迭代得到的 $\mu_j^{(k)}$ 和 $\mu_j^{(k-1)}$ 之间的差是否满足精度要求. 若

$$|\mu_j^{(k)} - \mu_j^{(k-1)}| \leqslant TOL,$$

其中 TOL 为预先给定的误差容限，则取 $\mu_j^{(k)}$ 作为 λ_j 的近似值，V_k 的第 j 列向量作为与 λ_j 相应的近似特征向量；否则，对 k 增加 1，转回到(1)继续进行迭代.

下面，我们讨论同时迭代法的收敛法. 由于 A 为实对称矩阵，记 $X = [\boldsymbol{x}_1, \boldsymbol{x}_2, \cdots, \boldsymbol{x}_n]$，则

$$X^{\mathrm{T}} A X = D = \mathrm{diag}(\lambda_1, \lambda_2, \cdots, \lambda_n).$$

记

$$D_a = \mathrm{diag}(\lambda_1, \cdots, \lambda_m), \quad D_b = \mathrm{diag}(\lambda_{m+1}, \cdots, \lambda_n),$$
$$X_a = [\boldsymbol{x}_1, \cdots, \boldsymbol{x}_m], \quad X_b = [\boldsymbol{x}_{m+1}, \cdots, \boldsymbol{x}_n].$$

设

$$V_0 = XC, \tag{2.4}$$

其中 C 为 $n \times m$ 阶矩阵，并把 C 分块成

$$C = \begin{bmatrix} C_a \\ C_b \end{bmatrix},$$

其中 C_a 为 $m \times m$ 阶矩阵，C_b 为 $(n-m) \times m$ 阶矩阵，则

$$V_0 = X_a C_a + X_b C_b. \tag{2.5}$$

设 $R_1, R_2, \cdots$ 都非奇异，据(2.3)和(2.1)式有

$$\begin{aligned} V_k &= U_k W_k R_k^{-1} = A V_{k-1} W_k R_k^{-1} \\ &= A U_{k-1} W_{k-1} R_{k-1}^{-1} W_k R_k^{-1} \\ &= A^2 V_{k-2} W_{k-1} R_{k-1}^{-1} W_k R_k^{-1} \\ &= A^k V_0 W_1 R_1^{-1} W_2 R_2^{-1} \cdots W_k R_k^{-1} \\ &= A^k V_0 F_k, \end{aligned} \tag{2.6}$$

其中

$$F_k = W_1 R_1^{-1} W_2 R_2^{-1} \cdots W_k R_k^{-1}.$$

从而,据(2.5)式就有

$$V_k = A^k (X_\alpha C_\alpha + X_b C_b) F_k = X_\alpha D_\alpha^k C_\alpha F_k + X_b D_b^k C_b F_k. \tag{2.7}$$

令

$$Q_k = D_\alpha^k C_\alpha F_k. \tag{2.8}$$

若 C_α 非奇异,则

$$V_k = (X_\alpha + X_b E_k) Q_k, \tag{2.9}$$

其中

$$E_k = D_b^k C_b C_\alpha^{-1} D_\alpha^{-k} = [e_{ij}],$$

$$e_{ij} = O\left(\left|\frac{\lambda_i}{\lambda_j}\right|^k\right), \quad i = m+1, \cdots, n, j = 1, \cdots, m.$$

由于 $V_k^T V_k = I_m$,因此据(2.9)式则有

$$Q_k^T (I_m + E_k^T E_k) Q_k = I_m,$$

从而

$$Q_k Q_k^T = (I_m + E_k^T E_k)^{-1}.$$

当 k 充分大时,E_k 的诸元素均为很小的量,因此 Q_k 为一个近似的直交阵(参见3.4节的(4.45)式).

据(2.1)和(2.9)式,有

$$U_{k+1} = AV_k = A(X_\alpha + X_b E_k) Q_k = (X_\alpha D_\alpha + X_b D_b E_k) Q_k, \tag{2.10}$$

从而,据(2.2)式就有

$$B_{k+1} = V_k^T U_{k+1} = Q_k^T (D_\alpha + E_k^T D_b E_k) Q_k.$$

故当 k 充分大时,有

$$Q_k B_{k+1} Q_k^T \simeq D_\alpha. \tag{2.11}$$

这就说明,当 k 充分大时,B_{k+1}的特征值 $\mu_j^{(k+1)}$ 可以作为λ_j 的近似值($j=1,\cdots,m$).

当 k 充分大时,由于

$$B_{k+1} W_{k+1} = W_{k+1} \mathrm{diag}(\mu_1^{(k+1)}, \cdots, \mu_m^{(k+1)}) \simeq W_{k+1} D_\alpha,$$

因此,据(2.11)式可得

$$D_\alpha Q_k W_{k+1} \simeq Q_k W_{k+1} D_\alpha. \tag{2.12}$$

假设 $\lambda_1, \lambda_2, \cdots, \lambda_m$ 互异,由

$$D_\alpha Q_k W_{k+1} = Q_k W_{k+1} D_\alpha$$

可知 $Q_k W_{k+1}$为对角阵.因此,据(2.12)式有

$$Q_k W_{k+1} \simeq D_m = \mathrm{diag}(d_1, \cdots, d_m).$$

从而,由(2.10)式有

$$\begin{aligned} V_{k+1} &= U_{k+1}W_{k+1}R_{k+1}^{-1} = (X_\alpha D_\alpha + X_b D_b E_k)Q_k W_{k+1}R_{k+1}^{-1} \\ &\simeq (X_\alpha D_\alpha + X_b D_b E_k)D_m R_{k+1}^{-1} \\ &= (X_\alpha + X_b D_b E_k D_\alpha^{-1})D_\alpha D_m R_{k+1}^{-1} \\ &= (X_\alpha + X_b D_b E_k D_\alpha^{-1})R, \end{aligned} \tag{2.13}$$

其中 $R = D_\alpha D_m R_{k+1}^{-1}$为上三角矩阵. 于是

$$I_m = V_{k+1}^{\mathrm{T}} V_{k+1} \simeq R^{\mathrm{T}}(I_m + D_\alpha^{-1}E_k^{\mathrm{T}}D_\alpha^2 E_k D_\alpha^{-1})R \simeq R^{\mathrm{T}}R.$$

由此可知,

$$R \simeq \mathrm{diag}(\pm 1).$$

因此,据(2.13)式有

$$V_{k+1} \simeq X_\alpha \mathrm{diag}(\pm 1).$$

这说明,V_{k+1}的第 j 列向量可作为与λ_j 相应的近似特征向量($j = 1,\cdots,m$). 当$\lambda_j(j=1,\cdots,m)$非互异时,亦有类似的结论成立.

降阶法和同时迭代法都可用来计算实对称矩阵模较大的前几个特征值. 但当矩阵 A 为稀疏带状时,前者在迭代过程中会破坏这种结构;对于后者,第(1)步中的 A 在迭代过程中始终不变,可以利用 A 的稀疏性来减少计算量和存贮量.

8.3　计算实对称矩阵特征值的 Jacobi 方法

前面,我们介绍了计算矩阵的部分特征值和特征向量的一些方法. 这一节,我们将要介绍的 Jacobi 方法是计算一个实对称矩阵的全部特征值和特征向量的方法.

设 $A = [a_{ij}]$是任一 n 阶实对称矩阵,则必存在一个直交相似变换矩阵 U 将它化为一个对角阵,即

$$UAU^{\mathrm{T}} = D = \mathrm{diag}(\lambda_1,\lambda_2,\cdots,\lambda_n),$$

其中 $\lambda_1,\lambda_2,\cdots,\lambda_n$ 就是A 的n 个特征值,而 U 的第j 列向量是与λ_j 相应的特征向量. 但是,一般来说,这种直交相似变换矩阵 U 必须用一个无限迭代过程求得. 也就是说,必须通过一系列的直交相似变换 $U_1,U_2,\cdots,U_k,\cdots$把矩阵 A 化为一个对角阵:

$$U_k\cdots U_2U_1AU_1^{\mathrm{T}}U_2^{\mathrm{T}}\cdots U_k^{\mathrm{T}} \to D(k\to\infty).$$

Jacobi 方法就是通过一系列特殊的直交相似变换矩阵(Givens 平面旋转矩阵)把矩阵 A 化为一个对角阵.

8.3.1　Givens 平面旋转矩阵

我们用 $R(p,q)$表示如下形式的 $n\times n$ 阶矩阵:

$$R(p,q)=[r_{ij}]=\begin{bmatrix}1 &&&&&&&&&& \\ & \ddots &&&&&&&&& \\ && 1 &&&&&&&& \\ &&& \cos\theta &&&& \sin\theta &&& \\ &&&& 1 &&&&&& \\ &&&&& \ddots &&&&& \\ &&&&&& 1 &&&& \\ &&& -\sin\theta &&&& \cos\theta &&& \\ &&&&&&&& 1 && \\ &&&&&&&&& \ddots & \\ &&&&&&&&&& 1\end{bmatrix}\begin{matrix} \\ \\ \\ \text{第 } p \text{ 行} \\ \\ \\ \\ \text{第 } q \text{ 行} \\ \\ \\ \\ \end{matrix}, \tag{3.1}$$

它的元素除

$$r_{pp}=r_{qq}=\cos\theta,\quad r_{pq}=-r_{qp}=\sin\theta$$

($p<q$)外,其余元素与 n 阶单位阵相应位置元素相同.通常称这种矩阵 $R(p,q)$ 为 **Givens 平面旋转矩阵**,θ 为**旋转角**.容易验证,$R(p,q)$是一个直交阵.从而有

$$R(p,q)^{-1}=R(p,q)^{\mathrm{T}}.$$

若令

$$B=[b_{ij}]=R(p,q)AR(p,q)^{\mathrm{T}}, \tag{3.2}$$

则矩阵 B 和 A 中,只有 p,q 二行和 p,q 二列元素有区别,它们之间有如下关系:

$$\begin{aligned}&\left.\begin{aligned}b_{ip}&=a_{ip}\cos\theta+a_{iq}\sin\theta=b_{pi}\\ b_{iq}&=-a_{ip}\sin\theta+a_{iq}\cos\theta=b_{qi}\end{aligned}\right\}i\neq p,q,\\ &b_{pp}=a_{pp}\cos^2\theta+2a_{pq}\cos\theta\sin\theta+a_{qq}\sin^2\theta,\\ &b_{qq}=a_{pp}\sin^2\theta-2a_{pq}\cos\theta\sin\theta+a_{qq}\cos^2\theta,\\ &b_{pq}=(a_{qq}-a_{pp})\cos\theta\sin\theta+a_{pq}(\cos^2\theta-\sin^2\theta)=b_{qp}.\end{aligned} \tag{3.3}$$

为使 $b_{pq}=0$,必须

$$(a_{qq}-a_{pp})\sin2\theta+2a_{pq}\cos2\theta=0,$$

即旋转角 θ 应满足关系式:

$$\tan2\theta=2a_{pq}/(a_{pp}-a_{qq}). \tag{3.4}$$

常将 θ 限制在区间$\left[-\frac{\pi}{4},\frac{\pi}{4}\right]$上,若 $a_{pp}=a_{qq}$,则可取

$$\theta=\mathrm{sign}(a_{pq})\,\frac{\pi}{4}. \tag{3.5}$$

我们称 A 的(p,q)位置元素 a_{pq} 为**旋转主元**.

8.3.2 Jacobi 方法及其收敛性

我们用 $A_0=[a_{ij}^{(0)}]$表示原来给定的 n 阶实对称矩阵 $A=[a_{ij}]$，即令

$$A_0 = A,$$

其中 $a_{ij}^{(0)}=a_{ij}, i,j=1,\cdots,n$. **古典的 Jacobi 方法**首先选取矩阵 A_0 主对角线上方的绝对值最大的元素 $a_{pq}^{(0)}$作为旋转主元，根据(3.4)或(3.5)式选取旋转角 θ 使矩阵

$$A_1 = [a_{ij}^{(1)}] = R(p,q)A_0R(p,q)^{\mathrm{T}}$$

的(p,q)元素等于零，即 $a_{pq}^{(1)}=0(p<q)$. 设此法已进行 $k-1$ 步，得到相似矩阵 $A_{k-1}=[a_{ij}^{(k-1)}]$，其主对角线上方绝对值最大的元素为 $a_{pq}^{(k-1)}(p<q)$，则第 k 步将选取$a_{pq}^{(k-1)}$作为旋转主元，取 Givens 平面旋转矩阵 $R(p,q)$中的旋转角 θ 满足

$$\tan 2\theta = 2a_{pq}^{(k-1)}/(a_{pp}^{(k-1)} - a_{qq}^{(k-1)}), \quad a_{pp}^{(k-1)} \neq a_{qq}^{(k-1)},$$

或

$$\theta = \mathrm{sign}(a_{pq}^{(k-1)}) \frac{\pi}{4},$$

并令

$$A_k = R(p,q)A_{k-1}R(p,q)^{\mathrm{T}}. \tag{3.6}$$

一般地，经过有限次上述变换不可能把 A 化为一个对角阵，这是因为在 A_k 中的元素 $a_{pq}^{(k)}=a_{qp}^{(k)}=0$，但在 A_{k+1}中，$a_{pq}^{(k+1)}$，$a_{qp}^{(k+1)}$可能变成非零元素. 因此，Jacobi 方法是一种迭代法. 然而，我们将证明，当 $k\to\infty$时，

$$A_k \to D = \mathrm{diag}(\lambda_1,\lambda_2,\cdots,\lambda_n), \tag{3.7}$$

其中 $\lambda_1,\lambda_2,\cdots,\lambda_n$ 是矩阵A 的n 个特征值.

记

$$A_k = \mathrm{diag}(a_{ii}^{(k)}) + E_k, \tag{3.8}$$

其中 $E_k=[a_{ij}^{(k)}]$的主对角元全为零. 据(3.6)和(3.3)式，有

$$\begin{aligned}(a_{ip}^{(k)})^2 + (a_{iq}^{(k)})^2 &= (a_{ip}^{(k-1)}\cos\theta + a_{iq}^{(k-1)}\sin\theta)^2 + (-a_{ip}^{(k-1)}\sin\theta + a_{iq}^{(k-1)}\cos\theta)^2 \\ &= (a_{ip}^{(k-1)})^2 + (a_{iq}^{(k-1)})^2, \quad i \neq p,q,\end{aligned}$$

从而有

$$\| E_k \|_F^2 = \| E_{k-1} \|_F^2 - 2(a_{pq}^{(k-1)})^2. \tag{3.9}$$

由于 $a_{pq}^{(k-1)}$是E_{k-1}中绝对值最大的元素，因此

$$\| E_{k-1} \|_F^2 = 2\sum_{\substack{i,j=1\\ i<j}}^{n} | a_{ij}^{(k-1)} |^2 \leqslant n(n-1)(a_{pq}^{(k-1)})^2,$$

即

$$(a_{pq}^{(k-1)})^2 \geqslant \frac{1}{n(n-1)} \| E_{k-1} \|_F^2. \tag{3.10}$$

据(3.9)和(3.10)式便有

$$\| E_k \|_F^2 \leqslant \left[1 - \frac{2}{n(n-1)}\right] \| E_{k-1} \|_F^2$$

$$\leqslant \left[1 - \frac{2}{n(n-1)}\right]^k \| E_0 \|_F^2.$$

因此,当 $k \to \infty$ 时,

$$\| E_k \|_F^2 \to 0.$$

这就证明了,当 $k \to \infty$ 时,A_k 趋于一个对角阵.

8.3.3 实用的 Jacobi 方法及其计算步骤

1. 旋转主元的选取

在古典的 Jacobi 方法中,每一步变换之前都要寻查 A_k 的主对角线上方绝对值最大的元素,以它作为旋转主元.在计算机上这样寻查一遍比较费时间.实际应用 Jacobi 方法时,常作一些修改,以节省寻查旋转主元的时间.

首先,逐次选取(1,2),(1,3),…,(1,n),(2,3),…,(2,n),…,($n-1$,n)元素为旋转主元,确定旋转角和 Givens 平面旋转矩阵依次消去上三角部分的(p,q)元素.从(1,2)到($n-1$,n)称为**一轮**.做完第一轮后,再按(1,2),(1,3),…,($n-1$,n)的次序做第二轮,第三轮,….

在每一轮消元时,都给定一个控制量 σ,称为**消元容限**.如果(p,q)元素的绝对值小于 σ,就跳过这一步.容限 σ 的值,逐轮减小,最后可取接近计算机所能表示的最小正数作为容限.但是,没有统一的方法来确定消元容限.常用的一种方法是在第一轮取容限

$$\sigma_1 = \frac{1}{n} \| E_0 \|_F = \frac{1}{n}\left[2\sum_{\substack{i,j=1 \\ i<j}}^{n} a_{ij}^2\right]^{\frac{1}{2}},$$

第二轮取容限

$$\sigma_2 = \frac{1}{n} \| E_1 \|_F = \frac{1}{n}\left[2\sum_{\substack{i,j=1 \\ i<j}}^{n} (a_{ij}^{(s)})^2\right]^{\frac{1}{2}},$$

其中 $a_{ij}^{(s)}$ 是做完第一轮消元后得到的 A_s 的(i,j)元素,$s \leqslant \frac{n(n-1)}{2}$.仿此继续选取第三轮消元容限 σ_3,….或者,更简单些,在第一轮取

$$\sigma_1 = \frac{1}{n} \| E_0 \|_F$$

以后逐轮取

$$\sigma_m = \frac{\sigma_{m-1}}{n}.$$

2. 平面旋转矩阵参数 $\cos\theta$ 和 $\sin\theta$ 的计算

平面旋转矩阵的旋转角 θ 应满足关系：

$$\tan 2\theta = 2a_{pq}^{(k-1)}/(a_{pp}^{(k-1)} - a_{qq}^{(k-1)}).$$

为了避免分母出现零的危险,我们把这个关系式改写成

$$\cot 2\theta = (a_{pp}^{(k-1)} - a_{qq}^{(k-1)})/(2a_{pq}^{(k-1)}).$$

记

$$b = \cot 2\theta, \tag{3.11}$$

则

$$b = (a_{pp}^{(k-1)} - a_{qq}^{(k-1)})/(2a_{pq}^{(k-1)}). \tag{3.12}$$

在 $|a_{pq}^{(k-1)}|$ 很小时,就跳过这一步,因此实际上在(3.12)中不会发生分母为零的情形. 为了计算 $\cos\theta$ 和 $\sin\theta$,可令

$$t = \tan\theta. \tag{3.13}$$

由于 $\cot 2\theta = (1-\tan^2\theta)/(2\tan\theta)$,所以 t 满足二次方程

$$t^2 + 2bt - 1 = 0. \tag{3.14}$$

解得

$$t = -b \pm \sqrt{b^2+1}. \tag{3.15}$$

为取(3.15)中绝对值的较小者,则应取

$$t = \begin{cases} -b+\sqrt{b^2+1} = 1/(|b|+\sqrt{1+b^2}), & 若\ b \geqslant 0; \\ -b-\sqrt{b^2+1} = -1/(|b|+\sqrt{1+b^2}), & 若\ b < 0. \end{cases} \tag{3.16}$$

如果 $|a_{pq}^{(k-1)}| \ll |a_{pp}^{(k-1)} - a_{qq}^{(k-1)}|$,那么据(3.12)式计算 b 将会产生较大的误差. 因此,取

$$t \simeq \frac{1}{2b} = \frac{a_{pq}^{(k-1)}}{a_{pp}^{(k-1)} - a_{qq}^{(k-1)}}, \tag{3.17}$$

此时,t 近似地满足方程(3.14). 最后,按下列公式计算 $\cos\theta$ 和 $\sin\theta$:

$$c = \cos\theta = \frac{1}{\sqrt{1+t^2}}, \tag{3.18}$$

$$s = \sin\theta = tc. \tag{3.19}$$

3. 元素 $a_{ij}^{(k)}$ 的计算

据(3.3),(3.18)和(3.19)式,并注意到

$$a_{pq}^{(k)} = cs(a_{qq}^{(k-1)} - a_{pp}^{(k-1)}) + (c^2 - s^2)a_{pq}^{(k-1)} = 0,$$

便可得到计算 A_k 的元素 $a_{ij}^{(k)}$ 的公式如下:

$$a_{pp}^{(k)} = a_{pp}^{(k-1)} + ta_{pq}^{(k-1)},$$

$$a_{qq}^{(k)} = a_{qq}^{(k-1)} - t a_{pq}^{(k-1)}, \tag{3.20}$$

在 $i, j \neq p, q$ 时，

$$\begin{aligned} a_{pj}^{(k)} &= c a_{pj}^{(k-1)} + s a_{qj}^{(k-1)}, \\ a_{qj}^{(k)} &= - s a_{pj}^{(k-1)} + c a_{qj}^{(k-1)}, \end{aligned} \tag{3.21}$$

$$\begin{aligned} a_{ip}^{(k)} &= c a_{ip}^{(k-1)} + s a_{iq}^{(k-1)}, \\ a_{iq}^{(k)} &= - s a_{ip}^{(k-1)} + c a_{iq}^{(k-1)}, \end{aligned} \tag{3.22}$$

$$a_{ij}^{(k)} = a_{ij}^{(k-1)}. \tag{3.23}$$

4. 特征向量的计算

设逐次所用的平面旋转矩阵为 $R_1, R_2, \cdots, R_k$，则据(3.6)式有

$$A_k = R_k \cdots R_2 R_1 A R_1^{\mathrm{T}} R_2^{\mathrm{T}} \cdots R_k^{\mathrm{T}}.$$

令

$$V_k^{\mathrm{T}} = R_k \cdots R_2 R_1, \tag{3.24}$$

则

$$V_k^{\mathrm{T}} A V_k = A_k. \tag{3.25}$$

设 A_k 可以看成是一个对角阵(非主对角元素都接近于零)，则 A_k 的主对角元素是矩阵 A 的特征值的近似. 据(3.25)式可得

$$A V_k = V_k A_k,$$

从而 V_k 的第 j 列向量就是矩阵 A 的特征值 $a_{jj}^{(k)}$ 所对应的特征向量，并且得到的特征向量系是一个标准直交系. 记

$$R_0 = I, \tag{3.26}$$

则据(3.24)式得到

$$V_k = R_1^{\mathrm{T}} R_2^{\mathrm{T}} \cdots R_{k-1}^{\mathrm{T}} R_k^{\mathrm{T}} = V_{k-1} R_k^{\mathrm{T}}. \tag{3.27}$$

记 $V_k = [v_{ij}^{(k)}]$，则

$$\left.\begin{aligned} v_{ip}^{(k)} &= c v_{ip}^{(k-1)} + s v_{iq}^{(k-1)} \\ v_{iq}^{(k)} &= - s v_{ip}^{(k-1)} + c v_{iq}^{(k-1)} \\ v_{ij}^{(k)} &= v_{ij}^{(k-1)} \quad (j \neq p, q) \end{aligned}\right\} \quad i = 1, 2, \cdots, n, \tag{3.28}$$

其中 c 和 s 表示相应的平面旋转矩阵中的参数 $\cos\theta$ 和 $\sin\theta$. 这样，若需计算特征向量，则只要保存 V_k 而无需保存每一次的平面旋转矩阵 R_k.

8.4 Givens-Householder 方法

Givens-Householder 方法是计算实对称矩阵 A 的部分或全部特征值的方法. 这个方法，首先用 Givens 变换或 Householder 变换将矩阵 A 化为一个三对角矩阵，

然后计算三对角矩阵的特征值.

8.4.1 实对称矩阵的三对角化

1. Givens 变换

从 8.3.1 节我们已经知道,Givens 平面旋转矩阵 $R(i,j)(i<j)$是一个直交矩阵.它还具有下面的重要性质.

定理 1 设 $\boldsymbol{x}=[x_1,\cdots,x_n]^{\mathrm{T}}\in R^n$,对给定的 i,j,总存在 $R(i,j)$使得

$$[R(i,j)\boldsymbol{x}]_i \geqslant 0, \quad [R(i,j)\boldsymbol{x}]_j = 0,$$

以及

$$[R(i,j)\boldsymbol{x}]_k = x_k, \quad k \neq i,j,$$

其中$[R(i,j)\boldsymbol{x}]_k$ 表示$R(i,j)\boldsymbol{x}$ 的第k 个分量,$k=1,\cdots,n$.

证明 令

$$d = \sqrt{x_i^2 + x_j^2}.$$

若 $d=0$,则 $x_i=x_j=0$.此时,取 $\theta=0,R(i,j)=I$ 就是所要求的矩阵.若 $d>0$,则令

$$\cos\theta = \frac{x_i}{d}, \quad \sin\theta = \frac{x_j}{d},$$

并用 $R(i,j)$表示相应的 Givens 旋转矩阵.易知,

$$[R(i,j)\boldsymbol{x}]_i = x_i\cos\theta + x_j\sin\theta = \frac{x_i^2 + x_j^2}{d} = d > 0,$$

$$[R(i,j)\boldsymbol{x}]_j = - x_i\sin\theta + x_j\cos\theta = -\frac{x_ix_j}{d} + \frac{x_jx_i}{d} = 0,$$

$$[R(i,j)\boldsymbol{x}]_k = x_k, \quad k \neq i,j.$$

定理 2 设 $\boldsymbol{x}=[x_1,\cdots,x_n]^{\mathrm{T}}\neq\boldsymbol{0}\in R^n$,则最多用 $n-1$ 次 Givens 平面旋转矩阵左乘 $\boldsymbol{x}$,可将它化为$[\|\boldsymbol{x}\|_2,0,\cdots,0]^{\mathrm{T}}$ 的形式.

证明 首先,设 $\boldsymbol{x}=[x_1,0,\cdots,0]^{\mathrm{T}}$.若 $x_1>0$,则 $\boldsymbol{x}$ 本身就具有$[\|\boldsymbol{x}\|_2,0,\cdots,0]^{\mathrm{T}}$ 的形式;若 $x_1<0$,则在 $R(1,2)$中取 $\theta=\pi$,便有 $R(1,2)\boldsymbol{x}=[\|\boldsymbol{x}\|_2,0,\cdots,0]^{\mathrm{T}}$.

其次,假设 $x_2,\cdots,x_n$ 中至少有一个不为零.设 $x_2\neq0$,则据定理 1 可知,总存在 $R(1,2)$使

$$R(1,2)\boldsymbol{x} = [y_1,0,x_3,\cdots,x_n]^{\mathrm{T}},$$

其中 $y_1>0$;若 $x_2=0$,则 $\boldsymbol{x}$ 自身具上面形式,无需作变换(即取 $R(1,2)=I$).再若 $x_3\neq0$,则存在 $R(1,3)$,使

$$R(1,3)R(1,2)\boldsymbol{x} = [y_2,0,0,x_4,\cdots,x_n]^{\mathrm{T}},$$

其中 $y_2>0$,如此继续,最后可得

$$R(1,n)R(1,n-1)\cdots R(1,3)R(1,2)\boldsymbol{x}=[y_{n-1},0,\cdots,0]^{\mathrm{T}},$$

其中 $y_{n-1}>0$. 由于 $R(1,n)R(1,n-1)\cdots R(1,2)$是直交矩阵,且在直交变换下向量的 l_2 范数保持不变,因此

$$y_{n-1}=\|\boldsymbol{x}\|_2.$$

现在,我们给出用 Givens 变换化 n 阶实对称矩阵$A=[a_{ij}]$为三对角矩阵的方法.

第一步,用 $n-2$ 个 Givens 平面旋转矩阵 $R(2,3),\cdots,R(2,n)$依次左乘矩阵 A,并用它们的转置矩阵依次右乘 A 使乘积矩阵

$$A_1=R(2,n)\cdots R(2,4)R(2,3)AR(2,3)^{\mathrm{T}}R(2,4)^{\mathrm{T}}\cdots R(2,n)^{\mathrm{T}}$$

中的第一行和第一列中后 $n-2$ 个元素都消为零. 显然 A_1 为对称矩阵.

为了避免标号的复杂性,我们仍用 a_{ij}表示A_1 的(i,j)位置元素.

第二步,用 $n-3$ 个 Givens 旋转矩阵 $R(3,4),R(3,5),\cdots,R(3,n)$依次左乘 A_1,并用它们的转置矩阵依次右乘 A_1,使乘积矩阵

$$A_2=R(3,n)\cdots R(3,4)A_1R(3,4)^{\mathrm{T}}\cdots R(3,n)^{\mathrm{T}}$$

中第二行和第二列的后 $n-3$ 个元素都消为零. 易知,A_2 的第一行和第一列中后 $n-2$ 个元素仍然保持为零.

假定已进行了 $j-1$ 步上述直交相似变换,得到矩阵 A_{j-1}. A_{j-1}便具有如下形式:

$$\begin{array}{c}
\left[\begin{array}{cccccccccc}
\times & \times & 0 & 0 & & \cdot & \cdot & \cdot & & 0 \\
\times & \times & \times & 0 & & \cdot & \cdot & \cdot & & 0 \\
0 & \times & \times & \times & & \cdot & \cdot & \cdot & & 0 \\
0 & 0 & \times & \times & & \cdot & \cdot & \cdot & & 0 \\
 & \cdot & \cdot & \cdot & & \cdot & \cdot & \cdot & & \\
0 & \cdot & \cdot & \cdot & \times & \times & 0 & 0 & \cdots & 0 \\
0 & \cdot & \cdot & \cdot & \times & \times & \times & \times & \cdots & \times \\
0 & \cdot & \cdot & \cdot & 0 & \times & \times & \times & \cdots & \times \\
 & \cdot & \cdot & \cdot & & \cdot & \cdot & \cdot & & \\
0 & \cdot & \cdot & \cdot & 0 & \times & \times & \times & \cdots & \times
\end{array}\right] \begin{array}{l} \\ \\ \\ \\ \\ . \\ j \\ \\ \\ \\ \end{array} \\
j
\end{array}$$

第 j 步,用 $n-j-1$ 个 Givens 旋转矩阵 $R(j+1,j+2),\cdots,R(j+1,n)$及其转置依次分别左、右乘矩阵 A_{j-1},使乘积矩阵

$$A_j=R(j+1,n)\cdots R(j+1,j+2)A_{j-1}R(j+1,j+2)^{\mathrm{T}}\cdots R(j+1,n)^{\mathrm{T}}$$

中第 j 行和第j 列的后$n-j-1$ 个元素都消为零. 易知,A_{j-1}的前 $j-1$ 行和前 $j-$

1列元素保持不变,且 A_j 为对称矩阵.如此继续进行 $n-2$ 步便可将原来矩阵 A 化为一个三对角对称矩阵.

现在,我们讨论从矩阵 A_{j-1} 到 A_j 的计算过程.首先用 $R(j+1,j+2)$ 及其转置分别左、右乘矩阵 A_{j-1},将 A_{j-1} 的 $(j+2,j)$,$(j,j+2)$ 位置元素消为零.然后用 $R(j+1,j+3)$ 及其转置分别左、右乘矩阵

$$R(j+1,j+2)A_{j-1}R(j+1,j+2)^{\mathrm{T}}$$

将 $(j+3,j)$,$(j,j+3)$ 位置元素消为零,如此继续进行下去.假定每次计算得新元素 a_{ij} 仍然存放到 A 的 (i,j) 位置上,则矩阵

$$\begin{aligned} B = & R(j+1,i-1)\cdots R(j+1,j+3)R(j+1,j+2)A_{j-1} \\ & \times R(j+1,j+2)^{\mathrm{T}}R(j+1,j+3)^{\mathrm{T}}\cdots R(j+1,i-1)^{\mathrm{T}} \end{aligned}$$

的后 $n-j+1$ 行和列具有如下形式:

$$\begin{bmatrix} a_{jj} & a_{j,j+1} & 0 & \cdots & 0 & \cdots & 0 & a_{ji} & \cdots & a_{jn} \\ a_{j+1,j} & a_{j+1,j+1} & & \cdots & a_{j+1,r} & \cdots & & a_{j+1,i} & \cdots & a_{j+1,n} \\ 0 & & & & & & & & & \\ \vdots & \vdots & & & \vdots & & & \vdots & & \vdots \\ 0 & a_{r,j+1} & & \cdots & a_{r,r} & \cdots & & a_{ri} & \cdots & a_{rn} \\ \vdots & & & & & & & & & \\ 0 & \vdots & & & \vdots & & & \vdots & & \vdots \\ a_{ij} & a_{i,j+1} & & \cdots & a_{ir} & \cdots & & a_{ii} & \cdots & a_{in} \\ \vdots & \vdots & & & \vdots & & & \vdots & & \vdots \\ a_{nj} & a_{n,j+1} & & \cdots & a_{nr} & \cdots & & a_{ni} & \cdots & a_{nn} \end{bmatrix}.$$

分别用 $R(j+1,i)$,$R(j+1,i)^{\mathrm{T}}$ 左乘和右乘 B 将 a_{ij} 和 a_{ji} 消为零.变换结果,B 中第 $j+1$ 列和第 i 列,第 $j+1$ 行和第 i 行的后 $n-j+1$ 个元素发生变化(其余元素都保持不变),其计算公式如下:

$$\left.\begin{aligned} & b \leftarrow a_{r,j+1}\cos\theta + a_{ri}\sin\theta, \\ & a_{ri} \leftarrow -a_{r,j+1}\sin\theta + a_{ri}\cos\theta, \\ & a_{r,j+1} \leftarrow b \end{aligned}\right\} \quad r = j,j+1,\cdots,n;$$

$$\left.\begin{aligned} & b \leftarrow a_{j+1,r}\cos\theta + a_{ir}\sin\theta, \\ & a_{ir} \leftarrow -a_{j+1,r}\sin\theta + a_{ir}\cos\theta, \\ & a_{j+1,r} \leftarrow b \end{aligned}\right\} \quad r = j,j+1,\cdots,n. \tag{4.1}$$

欲使 a_{ji} 消为零,必须且只须

$$-a_{j,j+1}\sin\theta + a_{ji}\cos\theta = 0,$$

即旋转角 θ 应满足关系式:

$$\tan\theta = a_{ji}/a_{j,j+1}.$$

旋转矩阵 $R(j+1,i)$ 中的参数 $\cos\theta$,$\sin\theta$ 可按下面方法来计算:

若 $a_{ji}=0$,则无需进行这次变换,转向下一次变换;若 $a_{ji}\neq 0$,则

$$d \leftarrow (a_{j,j+1}^2 + a_{ji}^2)^{\frac{1}{2}},$$

$$s \leftarrow \sin\theta = a_{ji}/d,$$

$$c \leftarrow \cos\theta = a_{j,j+1}/d.$$

从(4.1)式不难看出,$a_{j,j+1}=a_{j+1,j}=d$.

例 1 应用 Givens 变换把矩阵 A 化为三对角矩阵,其中

$$A = \begin{bmatrix} 4 & 1 & -1 \\ 1 & 3 & -1 \\ -1 & -1 & 5 \end{bmatrix}.$$

解 计算得

$$d = (a_{12}^2 + a_{13}^2)^{\frac{1}{2}} = (1^2 + (-1)^2)^{\frac{1}{2}} = \sqrt{2},$$

$$c = \frac{a_{12}}{d} = \frac{1}{\sqrt{2}} = \frac{\sqrt{2}}{2}, \quad s = \frac{a_{13}}{d} = \frac{-1}{\sqrt{2}} = -\frac{\sqrt{2}}{2}.$$

于是

$$R(2,3)AR(2,3)^{\mathrm{T}} = \begin{bmatrix} 1 & 0 & 0 \\ 0 & \frac{\sqrt{2}}{2} & -\frac{\sqrt{2}}{2} \\ 0 & \frac{\sqrt{2}}{2} & \frac{\sqrt{2}}{2} \end{bmatrix} \begin{bmatrix} 4 & 1 & -1 \\ 1 & 3 & -1 \\ -1 & -1 & 5 \end{bmatrix} \begin{bmatrix} 1 & 0 & 0 \\ 0 & \frac{\sqrt{2}}{2} & \frac{\sqrt{2}}{2} \\ 0 & -\frac{\sqrt{2}}{2} & \frac{\sqrt{2}}{2} \end{bmatrix}$$

$$= \begin{bmatrix} 4 & \sqrt{2} & 0 \\ \sqrt{2} & 5 & -1 \\ 0 & -1 & 3 \end{bmatrix}.$$

如果还要计算特征向量,那么每一个旋转矩阵中的参数 c,s 都应保存下来. a_{ji},a_{ij}化为零以后,存放它们的单元就不再需要了.这些单元可以用来存放参数 c 和 s.

算法 8.3 应用 Givens 变换把实对称矩阵 A 化为相似的对称三对角矩阵.

输入 A 的阶数 n;A 的元素 $a_{ij}(i,j=1,\cdots,n)$.

输出 三对角矩阵的主对角线和上、下次对角线上的元素(存放在 A 的相应位置上);Givens 旋转矩阵的参数.

step 1 对 $j=1,\cdots,n-2$ 做 step 2.

step 2 对 $i=j+2,\cdots,n$ 做 step 3.

step 3 若 $a_{ji}=0$,则 $a_{ji}\leftarrow c=1$;

$a_{ij}\leftarrow s=0$,

否则做 step 4～6.

step 4　$d \leftarrow (a_{j,j+1}^2 + a_{ji}^2)^{\frac{1}{2}}$;

$c \leftarrow a_{j,j+1}/d$;

$s \leftarrow a_{ji}/d$;

$a_{ij} \leftarrow s$;

$a_{ji} \leftarrow c$;

$a_{j,j+1} \leftarrow d$;

$a_{j+1,j} \leftarrow d$.

step 5　对 $k = j+1, \cdots, n$

$b \leftarrow a_{k,j+1}c + a_{ki}s$;

$a_{ki} \leftarrow -a_{k,j+1}s + a_{ki}c$,

$a_{k,j+1} \leftarrow b$.

step 6　对 $k = j+1, \cdots, n$

$b \leftarrow a_{j+1,k}c + a_{ik}s$;

$a_{ik} \leftarrow -a_{j+1,k}s + a_{ik}c$;

$a_{j+1,k} \leftarrow b$.

step 7　输出$(A = [a_{ij}])$;

停机.

例 2　应用算法 8.3 把矩阵

$$A = \begin{bmatrix} 0 & 12 & 16 & -15 \\ 12 & 288 & 309 & 185 \\ 16 & 309 & 312 & 80 \\ -15 & 185 & 80 & -600 \end{bmatrix}$$

化为三对角矩阵.

解　$j=1, i=3$ 时,计算 $R(2,3)AR(2,3)^{\mathrm{T}}$:

$$d = (a_{12}^2 + a_{13}^2)^{\frac{1}{2}} = \sqrt{(12)^2 + (16)^2} = 20,$$

$$c = \frac{a_{12}}{d} = \frac{3}{5}, \quad s = \frac{a_{13}}{d} = \frac{4}{5},$$

$$a_{31} \leftarrow \frac{4}{5}, \quad a_{13} \leftarrow \frac{3}{5}, \quad a_{12} = a_{21} \leftarrow 20.$$

$k=2$,

$$b \leftarrow a_{22}c + a_{23}s = 288 \times \frac{3}{5} + 309 \times \frac{4}{5} = 420,$$

$$a_{23} \leftarrow -a_{22}s + a_{23}c = -288 \times \frac{4}{5} + 309 \times \frac{3}{5} = -45,$$

$a_{22} \leftarrow 420.$

$k=3,$

$$b \leftarrow a_{32}c + a_{33}s = 309 \times \frac{3}{5} + 312 \times \frac{4}{5} = 435,$$

$$a_{33} \leftarrow -a_{32}s + a_{33}c = -309 \times \frac{4}{5} + 312 \times \frac{3}{5} = -60,$$

$$a_{32} \leftarrow 435.$$

$k=4,$

$$b \leftarrow a_{42}c + a_{43}s = 185 \times \frac{3}{5} + 80 \times \frac{4}{5} = 175,$$

$$a_{43} \leftarrow -a_{42}s + a_{43}c = -185 \times \frac{4}{5} + 80 \times \frac{3}{5} = -100,$$

$$a_{42} \leftarrow 175.$$

$k=2,$

$$b \leftarrow a_{22}c + a_{32}s = 420 \times \frac{3}{5} + 435 \times \frac{4}{5} = 600,$$

$$a_{32} \leftarrow -a_{22}s + a_{32}c = -420 \times \frac{4}{5} + 435 \times \frac{3}{5} = -75,$$

$$a_{22} \leftarrow 600.$$

$k=3,$

$$b \leftarrow a_{23}c + a_{33}s = -45 \times \frac{3}{5} + (-60) \times \frac{4}{5} = -75,$$

$$a_{33} \leftarrow -a_{23}s + a_{33}c = 45 \times \frac{4}{5} - 60 \times \frac{3}{5} = 0,$$

$$a_{23} \leftarrow -75.$$

$k=4,$

$$b \leftarrow a_{24}c + a_{34}s = 185 \times \frac{3}{5} + 80 \times \frac{4}{5} = 175,$$

$$a_{34} \leftarrow -a_{24}s + a_{34}c = -185 \times \frac{4}{5} + 80 \times \frac{3}{5} = -100,$$

$$a_{24} \leftarrow 175.$$

$j=1, i=4$ 时,计算 $A_1 = R(2,4)R(2,3)AR(2,3)^{\mathrm{T}}R(2,4)^{\mathrm{T}}$:

$$d = (a_{12}^2 + a_{14}^2)^{\frac{1}{2}} = \sqrt{(20)^2 + (-15)^2} = 25,$$

$$c = \frac{a_{12}}{d} = \frac{4}{5}, \quad s = \frac{a_{14}}{d} = -\frac{3}{5},$$

$$a_{41} \leftarrow -\frac{3}{5}, \quad a_{14} \leftarrow \frac{4}{5}, \quad a_{12} = a_{21} \leftarrow 25.$$

$k=2,$

$$b \leftarrow a_{22}c + a_{24}s = 600 \times \frac{4}{5} + 175 \times \left(-\frac{3}{5}\right) = 375,$$

$$a_{24} \leftarrow -a_{22}s + a_{24}c = 500, \quad a_{22} \leftarrow 375.$$

$k = 3$,

$$b \leftarrow a_{32}c + a_{34}s = (-75) \times \frac{4}{5} + (-100) \times \left(-\frac{3}{5}\right) = 0,$$

$$a_{34} \leftarrow -a_{32}s + a_{34}c = -125, \quad a_{32} \leftarrow 0.$$

$k = 4$,

$$b \leftarrow a_{42}c + a_{44}s = 175 \times \frac{4}{5} + (-600) \times \left(-\frac{3}{5}\right) = 500,$$

$$a_{44} \leftarrow -a_{42}s + a_{44}c = -375, \quad a_{42} \leftarrow 500.$$

$k = 2$,

$$b \leftarrow a_{22}c + a_{42}s = 375 \times \frac{4}{5} + 500 \times \left(-\frac{3}{5}\right) = 0,$$

$$a_{42} \leftarrow -a_{22}s + a_{42}c = 625, \quad a_{22} \leftarrow 0.$$

$k = 3$,

$$b \leftarrow a_{23}c + a_{43}s = (-75) \times \frac{4}{5} + (-100) \times \left(-\frac{3}{5}\right) = 0,$$

$$a_{43} \leftarrow -a_{23}s + a_{43}c = -125, \quad a_{23} \leftarrow 0.$$

$k = 4$,

$$b \leftarrow a_{24}c + a_{44}s = 500 \times \frac{4}{5} + (-375) \times \left(-\frac{3}{5}\right) = 625,$$

$$a_{44} \leftarrow -a_{24}s + a_{44}c = 0, \quad a_{24} \leftarrow 625.$$

$j = 2, i = 4$ 时,计算 $A_2 = R(3,4)A_1R(3,4)^{\mathrm{T}}$:

$$d = (a_{23}^2 + a_{24}^2)^{\frac{1}{2}} = 625,$$

$$c = 0, \quad s = 1, \quad a_{42} \leftarrow 1, \quad a_{24} \leftarrow 0, \quad a_{23} = a_{32} \leftarrow 625.$$

$k = 3$,

$$b \leftarrow a_{33}c + a_{34}s = 0 \times 0 + (-125) \times 1 = -125,$$

$$a_{34} \leftarrow -a_{33}s + a_{34}c = 0, \quad a_{33} \leftarrow -125.$$

$k = 4$,

$$b \leftarrow a_{43}c + a_{44}s = (-125) \times 0 + 0 \times 1 = 0,$$

$$a_{44} \leftarrow -a_{43}s + a_{44}c = 125, \quad a_{43} \leftarrow 0.$$

$k = 3$,

$$b \leftarrow a_{33}c + a_{43}s = (-125) \times 0 + 0 \times 1 = 0,$$

$$a_{43} \leftarrow -a_{33}s + a_{43}c = 125, \quad a_{33} \leftarrow 0.$$

$k = 4$,

$$b \leftarrow a_{34}c + a_{44}s = 0\times 0 + 125\times 1 = 125,$$
$$a_{44} \leftarrow -a_{34}s + a_{44}c = 0, \quad a_{34} \leftarrow 125.$$

这样,

$$A \to \begin{bmatrix} 0 & 25 & 3/5 & 4/5 \\ 25 & 0 & 625 & 0 \\ 4/5 & 625 & 0 & 125 \\ -3/5 & 1 & 125 & 0 \end{bmatrix},$$

计算得三对角矩阵是

$$\begin{bmatrix} 0 & 25 & 0 & 0 \\ 25 & 0 & 625 & 0 \\ 0 & 625 & 0 & 125 \\ 0 & 0 & 125 & 0 \end{bmatrix}.$$

计算 A_j 时,若考虑到对称性,则约需 $4(n-j)^2$ 次乘法运算,因此,整个三对角化过程约需 $\frac{4}{3}n^3$ 次乘法运算.另外还约需 $\frac{1}{2}n^2$ 次开方运算.

2. Householder 变换

应用 Givens 变换可将实对称矩阵化为三对角矩阵.然而,通过 Householder 变换(参见 7.3.3 节)则可更有效地实现实对称矩阵三对角化.这种方法所需的乘法运算次数约为前者的一半.

用 Householder 变换化 n 阶实对称矩阵 $A=[a_{ij}]$ 为三对角矩阵的整个过程由 $n-2$ 步组成.

第一步,Householder 变换矩阵取为

$$H_1 = I_n - b_1^{-1} v_1 v_1^{\mathrm{T}} = \begin{bmatrix} 1 & \mathbf{0}^{\mathrm{T}} \\ \mathbf{0} & Q_1 \end{bmatrix},$$

其中

$$Q_1 = I_{n-1} - b_1^{-1}\boldsymbol{u}_1\boldsymbol{u}_1^{\mathrm{T}},$$

$\boldsymbol{u}_1$ 为 $n-1$ 维向量,且 $\|\boldsymbol{u}_1\|_2 \neq 0$. $v_1=[0,\boldsymbol{u}_1^{\mathrm{T}}]^{\mathrm{T}}$.用 H_1 左乘和右乘矩阵 A,使乘积矩阵

$$A_1 = H_1 A H_1$$

中第一行和第一列的后 $n-2$ 个元素都消为零,即 A_1 具有如下的形式

$$A_1 = \begin{bmatrix} \times & \times & 0 & \cdots & 0 \\ \times & \times & \times & \cdots & \times \\ 0 & \times & \times & \cdots & \times \\ \vdots & \vdots & \vdots & & \vdots \\ 0 & \times & \times & \cdots & \times \end{bmatrix}.$$

第二步则通过 Householder 变换将 A_1 的第二行和第二列后 $n-3$ 个元素都消为零. 如此继续进行下去. 假设进行了 $k-1$ 步,得到的矩阵的形式为

$$A_{k-1}=\left[\begin{array}{cc:c} C_{k-1} & & O \\ & & \boldsymbol{b}_{k-1}^{\mathrm{T}} \\ \hdashline O & \boldsymbol{b}_{k-1} & B_{k-1} \end{array}\right], \tag{4.2}$$

其中 C_{k-1}是一个对称的 $k\times k$ 阶三对角矩阵,B_{k-1}是一个$(n-k)\times(n-k)$阶对称矩阵,$\boldsymbol{b}_{k-1}$是 $n-k$ 维向量. 且记 $A_0=A$.

第 k 步,Householder 变换矩阵为

$$H_k = I_n - b_k^{-1} v_k v_k^{\mathrm{T}} \tag{4.3}$$

$$= \begin{bmatrix} I_k & O \\ O & Q_k \end{bmatrix}, \tag{4.4}$$

其中

$$Q_k = I_{n-k} - b_k^{-1}\boldsymbol{u}_k\boldsymbol{u}_k^{\mathrm{T}}, \tag{4.5}$$

u_k 为$n-k$ 维向量,且 $\|\boldsymbol{u}_k\|_2\neq 0$, $v_k=[0,\cdots,0,\boldsymbol{u}_k^{\mathrm{T}}]^{\mathrm{T}}\in R^n$. 我们仍将 A_{k-1}的元素记为 a_{ij}. 据 Householder 变换矩阵的性质知,欲将

$$\boldsymbol{b}_{k-1} = [a_{k+1,k}, a_{k+2,k}, \cdots, a_{nk}]^{\mathrm{T}}$$

的分量 $a_{k+2,k},\cdots,a_{n,k}$都消为零,应取

$$\boldsymbol{u}_k = \boldsymbol{b}_{k-1} - \alpha_k \boldsymbol{e}_1^{(k)}, \tag{4.6}$$

其中 $\boldsymbol{e}_1^{(k)}=[1,0,\cdots,0]^{\mathrm{T}}$ 为 $n-k$ 维向量,

$$\alpha_k = -\operatorname{sign}(a_{k+1,k})\sigma_k, \quad \sigma_k = \Big(\sum_{i=k+1}^{n}(a_{ik})^2\Big)^{\frac{1}{2}}, \tag{4.7}$$

或者

$$\begin{aligned} \boldsymbol{u}_k &= [u_{k+1,k}, \cdots, u_{nk}]^{\mathrm{T}} \\ &= [a_{k+1,k}-\alpha_k, a_{k+2,k}, \cdots, a_{nk}]^{\mathrm{T}}. \end{aligned} \tag{4.8}$$

Householder 变换矩阵(4.5)中的系数 b_k 为

$$\begin{aligned} b_k &= \frac{1}{2}\|\boldsymbol{u}_k\|_2^2 = \frac{1}{2}\|\boldsymbol{b}_{k-1}-\alpha_k\boldsymbol{e}_1^{(k)}\|_2^2 \\ &= \alpha_k^2 - \alpha_k a_{k+1,k}. \end{aligned}$$

在(4.7)式中,若 $\sigma_k=0$,即 $a_{k+1,k}=\cdots=a_{nk}=0$,则 A_{k-1}的前 k 行和k 列已具有三对角的形式了,此时取 $H_k=I_n$.

用 Householder 变换矩阵 H_k 左乘和右乘A_{k-1},便将 A_{k-1}的第 k 行和第k 列后$n-k-1$ 个元素都消为零,而 C_{k-1}保持不变. 这样,我们得到

$$A_k = H_k A_{k-1} H_k$$

$$
= \left[\begin{array}{cc:c} C_{k-1} & & O \\ & & (Q_k \boldsymbol{b}_{k-1})^{\mathrm{T}} \\ \hdashline O & Q_k \boldsymbol{b}_{k-1} & Q_k B_{k-1} Q_k \end{array}\right]
$$

$$
= \left[\begin{array}{cc:c} C_{k-1} & & O \\ & & \alpha_k \ 0 \cdots 0 \\ \hdashline & \alpha_k & \\ & 0 & \\ O & \vdots & B_k \\ & 0 & \end{array}\right], \tag{4.9}
$$

其中 $B_k = Q_k B_{k-1} Q_k$. 于是 A_k 的前 $k+1$ 行和 $k+1$ 列便具有三对角的形式.

经过 $n-2$ 步这样的变换,矩阵

$$
A_{n-2} = H_{n-2} \cdots H_2 H_1 A H_1 H_2 \cdots H_{n-2}
$$

就是实对称三对角矩阵.

例 3 应用 Householder 变换把矩阵

$$
A = \begin{bmatrix} 4 & -1 & -1 & 0 \\ -1 & 4 & 0 & -1 \\ -1 & 0 & 4 & -1 \\ 0 & -1 & -1 & 4 \end{bmatrix}
$$

化为三对角矩阵.

解 第一步,计算得

$$
\sigma_1 = ((-1)^2 + (-1)^2 + 0^2)^{\frac{1}{2}} = \sqrt{2}, \quad \alpha_1 = -(-1)\sigma_1 = \sqrt{2},
$$

$$
\boldsymbol{u}_1 = [-1-\sqrt{2}, -1, 0]^{\mathrm{T}}, \quad b_1 = (\sqrt{2})^2 - \sqrt{2} \times (-1) = 2 + \sqrt{2}.
$$

于是有

$$
Q_1 = I_3 - b_1^{-1} \boldsymbol{u}_1 \boldsymbol{u}_1^{\mathrm{T}} = \begin{bmatrix} -\frac{\sqrt{2}}{2} & -\frac{\sqrt{2}}{2} & 0 \\ -\frac{\sqrt{2}}{2} & \frac{\sqrt{2}}{2} & 0 \\ 0 & 0 & 1 \end{bmatrix},
$$

$$
H_1 = \begin{bmatrix} I_1 & \\ & Q_1 \end{bmatrix} = \begin{bmatrix} 1 & 0 & 0 & 0 \\ 0 & -\frac{\sqrt{2}}{2} & -\frac{\sqrt{2}}{2} & 0 \\ 0 & -\frac{\sqrt{2}}{2} & \frac{\sqrt{2}}{2} & 0 \\ 0 & 0 & 0 & 1 \end{bmatrix},
$$

$$H_1AH_1 = \begin{bmatrix} 4 & \sqrt{2} & 0 & 0 \\ \sqrt{2} & 4 & 0 & \sqrt{2} \\ 0 & 0 & 4 & 0 \\ 0 & \sqrt{2} & 0 & 4 \end{bmatrix}.$$

第二步,计算得

$$\sigma_2 = (0^2 + (\sqrt{2})^2)^{\frac{1}{2}} = \sqrt{2}, \quad \alpha_2 = -\sqrt{2},$$

$$\boldsymbol{u}_2 = [0 - (-\sqrt{2}), \sqrt{2}]^{\mathrm{T}} = (\sqrt{2}, \sqrt{2})^{\mathrm{T}}, b_2 = (-\sqrt{2})^2 - (-\sqrt{2}) \times 0 = 2,$$

因此有

$$Q_2 = I_2 - b_2^{-1} \boldsymbol{u}_2 \boldsymbol{u}_2^{\mathrm{T}} = \begin{bmatrix} 0 & -1 \\ -1 & 0 \end{bmatrix},$$

$$H_2 = \begin{bmatrix} I_2 & \\ & Q_2 \end{bmatrix} = \begin{bmatrix} 1 & 0 & 0 & 0 \\ 0 & 1 & 0 & 0 \\ 0 & 0 & 0 & -1 \\ 0 & 0 & -1 & 0 \end{bmatrix},$$

$$H_2H_1AH_1H_2 = \begin{bmatrix} 4 & \sqrt{2} & 0 & 0 \\ \sqrt{2} & 4 & -\sqrt{2} & 0 \\ 0 & -\sqrt{2} & 4 & 0 \\ 0 & 0 & 0 & 4 \end{bmatrix}.$$

现在讨论 A_k 的计算.据 A_{k-1}的对称性,有

$$\begin{aligned} A_k &= (I_n - b_k^{-1} v_k v_k^{\mathrm{T}}) A_{k-1} (I_n - b_k^{-1} v_k v_k^{\mathrm{T}}) \\ &= A_{k-1} - b_k^{-1} v_k v_k^{\mathrm{T}} A_{k-1} - b_k^{-1} A_{k-1} v_k v_k^{\mathrm{T}} + (b_k^{-1})^2 v_k v_k^{\mathrm{T}} A_{k-1} v_k v_k^{\mathrm{T}} \\ &= A_{k-1} - b_k^{-1} v_k (A_{k-1} v_k)^{\mathrm{T}} - b_k^{-1} A_{k-1} v_k v_k^{\mathrm{T}} + (b_k^{-1})^2 (v_k^{\mathrm{T}} A_{k-1} v_k) v_k v_k^{\mathrm{T}}. \end{aligned}$$

若令

$$\boldsymbol{p}_k = b_k^{-1} A_{k-1} v_k, \tag{4.10}$$

$$\boldsymbol{q}_k = \boldsymbol{p}_k - \frac{1}{2} b_k^{-1} (v_k^{\mathrm{T}} \boldsymbol{p}_k) v_k, \tag{4.11}$$

则

$$A_k = A_{k-1} - v_k \boldsymbol{q}_k^{\mathrm{T}} - \boldsymbol{q}_k v_k^{\mathrm{T}}. \tag{4.12}$$

从(4.9)式我们看到,在第 k 步计算 A_k 时,只要形成 A_k 的右下角的 $(n-k) \times (n-k)$ 阶矩阵 B_k 的元素,而 $(k, k+1)$ 和 $(k+1, k)$ 位置元素变成 $\alpha_k (= -\operatorname{sign}(a_{k+1,k})\sigma_k)$,$(k, i)$和$(i, k)$位置元素直接送零$(i = k+2, \cdots, n)$.根据 A_k 的对称性,计算 B_k 时,只要计算下三角(或上三角)部分的元素,这样既可减小计算量,又能保持 A_k 为精确对称.

我们注意到，$\boldsymbol{p}_k$ 具有如下形式：

$$\boldsymbol{p}_k = [0,\cdots,0,p_k,p_{k+1},\cdots,p_n]^{\mathrm{T}}.$$

由于 A_{k-1}的对称性，因此计算 $\boldsymbol{p}_k$ 的各分量的公式可写成

$$p_k = b_k^{-1}\sum_{j=k+1}^{n} a_{jk}u_{jk},$$

$$p_i = b_k^{-1}\Big[\sum_{j=k+1}^{i} a_{ij}u_{jk} + \sum_{j=i+1}^{n} a_{ji}u_{jk}\Big], \quad i = k+1,\cdots,n. \tag{4.13}$$

计算 A_k 约需$(n-k)^2$ 次乘法运算. 整个三对角化过程共约需$\dfrac{2}{3}n^3$ 次乘法运算，另外还需 $n-2$ 次开平方运算. 因此，Householder 方法的乘法运算总数是 Givens 方法的一半.

在作 Householder 变换计算 σ_k 时，若 $a_{ik}(i=k+1,\cdots,n)$过大，则会发生溢出. 为防止这种危险，我们作适当的修改.

对给定的 $\boldsymbol{x}=[x_1,\cdots,x_n]^{\mathrm{T}}\neq\boldsymbol{0}$，确定 v 使得

$$H\boldsymbol{x} = (I_n - \beta vv^{\mathrm{T}})\boldsymbol{x} = \alpha\boldsymbol{e}_1,$$

一般可以选取

$$v = \boldsymbol{x} - \alpha\boldsymbol{e}_1,$$

$$\alpha = -\operatorname{sign}(x_1)\sigma, \quad \sigma = \|\boldsymbol{x}\|_2 = \sqrt{\sum_{i=1}^{n} x_i^2},$$

$$\beta = \frac{2}{\|v\|_2^2} = \frac{1}{\alpha^2 - \alpha x_1}.$$

为防止计算 $\sum\limits_{i=1}^{n} x_i^2$ 时发生溢出，可先将 $\boldsymbol{x}$ 规格化，即令

$$\eta = \max_{1\leqslant i\leqslant n} |x_i|,$$

$$\boldsymbol{y} = [y_1,\cdots,y_n]^{\mathrm{T}} = \frac{1}{\eta}\boldsymbol{x}.$$

选取

$$v = \boldsymbol{y} - \alpha\boldsymbol{e}_1,$$

$$\alpha = -\operatorname{sign}(y_1)\sigma, \quad \sigma = \|\boldsymbol{y}\|_2 = \sqrt{\sum_{i=1}^{n} y_i^2},$$

$$\beta = \frac{2}{\|v\|_2^2} = \frac{1}{\alpha^2 - \alpha y_1}.$$

于是

$$H\boldsymbol{y} = (I_n - \beta vv^{\mathrm{T}})\boldsymbol{y} = \alpha\boldsymbol{e}_1,$$

$$H\boldsymbol{x} = H\eta\boldsymbol{y} = \eta H\boldsymbol{y} = \eta\alpha\boldsymbol{e}_1.$$

现在,我们给出实现实对称矩阵 A 三对角化算法. 假设依次确定 Householder 变换矩阵 $H_1, H_2, \cdots, H_{n-2}$ 使

$$A_{n-2} = H_{n-2} \cdots H_2 H_1 A H_1 H_2 \cdots H_{n-2}$$

$$= \begin{bmatrix} \delta_1 & \alpha_1 & & & \\ \alpha_1 & \delta_2 & \alpha_2 & & \\ & \ddots & \ddots & \ddots & \\ & & & & \alpha_{n-1} \\ & & & \alpha_{n-1} & \delta_n \end{bmatrix}.$$

如果要计算矩阵的特征向量,则每一步的 Householder 变换矩阵 H_k 需要保存起来. 这只要是保存确定 H_k 的向量 v_k 的后 $n-k$ 个分量:$u_{k+1,k}, u_{k+2,k}, \cdots, u_{n,k}$. 从(4.8)式看到,可把它们存放到 A 的第 k 列的后 $n-k$ 个元素所在位置上,因为这样只要将 $a_{k+1,k}$ 改为 $a_{k+1,k} - \alpha_k$,而其余元素不必变动. 于是,A_{n-2} 的次对角元 $\alpha_1, \cdots, \alpha_{n-1}$ 需要另外存放起来. 主对角元 $\delta_1, \cdots, \delta_n$ 也另外存放起来,而把系数 $\beta_k (= b_k^{-1})$ 存放到 a_{kk} 的位置上. 如果第 k 步无需作变换,则置 $\beta_k = 0$.

算法 8.4 应用 Householder 变换化实对称矩阵 A 为三对角形矩阵 A_{n-2}.

输入 A 的阶数 n;A 的下三角部分元素 $a_{ij}(i=1,\cdots,n, j=1,\cdots,i)$.

输出 A_{n-2} 的三对角线元素 $\delta_1, \cdots, \delta_n$ 和 $\alpha_1, \cdots, \alpha_{n-1}$;确定 Householder 变换的向量 $\boldsymbol{u}_k$(存放在 A 的第 k 列, $k=1,\cdots,n-2$).

step 1 对 $k=1,\cdots,n-2$ 做 step 2~4.

step 2 $\delta_k \leftarrow a_{kk}$.

step 3 $\eta \leftarrow \max\{|a_{ik}|, i=k+1,\cdots,n\}$.

step 4 若 $\eta=0$,则 $a_{kk} \leftarrow \beta_k = 0; \alpha_k \leftarrow 0$,

否则做 setp 5~13.

step 5 对 $i=k+1,\cdots,n$

$$a_{ik} \leftarrow u_{ik} = a_{ik}/\eta.$$

step 6 $\sigma \leftarrow \mathrm{sign}(a_{k+1,k})(a_{k+1,k}^2 + \cdots + a_{nk}^2)^{\frac{1}{2}}$.

step 7 $a_{k+1,k} \leftarrow a_{k+1,k} + \sigma$.

step 8 $a_{kk} \leftarrow \beta_k = 1/\sigma a_{k+1,k}$.

step 9 $\alpha_k \leftarrow \sigma\eta$.

step 10 $\sigma \leftarrow 0$.

step 11 对 $i=k+1,k+2,\cdots,n$

$$p_i \leftarrow \sum_{j=k+1}^{i} a_{ij}a_{jk} + \sum_{j=i+1}^{n} a_{ji}a_{jk};$$

$$\sigma \leftarrow \sigma + p_i a_{ik}.$$

step 12 对 $i=k+1,\cdots,n$

$q_i \leftarrow a_{kk}[p_i-(\sigma/2)a_{kk}a_{ik}]$

step 13 对 $i=k+1,\cdots,n$

$a_{ij} \leftarrow a_{ij}-a_{ik}q_j-a_{jk}q_i, j=k+1,\cdots,i.$

step 14 $\delta_{n-1} \leftarrow a_{n-1,n-1}$.

step 15 $\delta_n \leftarrow a_{nn}$.

step 16 $\alpha_{n-1} \leftarrow a_{n,n-1}$.

step 17 输出(A 的下三角部分);$(\delta_1,\cdots,\delta_n)$;$(\alpha_1,\cdots,\alpha_{n-1})$;停机.

8.4.2 计算实对称三对角矩阵特征值的二分法

上一段,我们叙述了一个 n 阶实对称矩阵 A 可经过 Givens 或 Householder 变换化为一个对称三对角矩阵 T. 矩阵 T 与 A 相似,从而有相同的特征值. 现讨论实对称三对角矩阵

$$T=\begin{bmatrix} a_1 & b_1 & & & \\ b_1 & a_2 & & & \\ & \ddots & \ddots & \ddots & \\ & & & & b_{n-1} \\ & & & b_{n-1} & a_n \end{bmatrix} \tag{4.14}$$

的特征值的计算.

不失一般性,可以假定矩阵 T 的次对角元 $b_i(i=1,\cdots,n-1)$ 全不为零. 事实上,在次对角元 b_i 有等于零的情形,可把 T 分成若干个对角块,而每一块仍是对称三对角矩阵,且次对角元全不为零. 易知,各对角块的特征值合在一起就是 A 的全部特征值. 例如

$$T=\begin{bmatrix} a_1 & b_1 & & & \\ b_1 & a_2 & b_2 & & \\ & b_2 & a_3 & b_3 & \\ & & b_3 & a_4 & b_4 \\ & & & b_4 & a_5 \end{bmatrix}. \tag{4.15}$$

假定 $b_3=0$,其余次对角元均非零. 此时,T 可表示成

$$T=\begin{bmatrix} T_1 & O \\ O & T_2 \end{bmatrix},$$

其中

$$T_1 = \begin{bmatrix} a_1 & b_1 & 0 \\ b_1 & a_2 & b_2 \\ 0 & b_2 & a_3 \end{bmatrix}, \quad T_2 = \begin{bmatrix} a_4 & b_4 \\ b_4 & a_5 \end{bmatrix}.$$

若 T_1 的三个特征值为 $\lambda_1,\lambda_2,\lambda_3$，$T_2$ 的两个特征值为 λ_4,λ_5，则 T 的特征值是$\lambda_1,\lambda_2,\lambda_3,\lambda_4,\lambda_5$.

设 $\boldsymbol{x}_j=[x_{1j},x_{2j},x_{3j}]^{\mathrm{T}}$ 是矩阵 T_1 的对应于特征值 $\lambda_j(j=1,2,3)$的特征向量,令

$$\boldsymbol{y}_j = [x_{1j},x_{2j},x_{3j},0,0]^{\mathrm{T}},$$

则

$$T\boldsymbol{y}_j = \begin{bmatrix} T_1 & O \\ O & T_2 \end{bmatrix}\begin{bmatrix} \boldsymbol{x}_j \\ \boldsymbol{0} \end{bmatrix} = \begin{bmatrix} T_1\boldsymbol{x}_j \\ \boldsymbol{0} \end{bmatrix} = \begin{bmatrix} \lambda_j\boldsymbol{x}_j \\ \lambda_j\boldsymbol{0} \end{bmatrix} = \lambda_j\boldsymbol{y}_j,$$

因此 $\boldsymbol{y}_j$ 是矩阵 T 的对应于特征值λ_j 的特征向量.同理,设 $\boldsymbol{x}_j=[x_{4j},x_{5j}]^{\mathrm{T}}$ 是矩阵 T_2 的相应于特征值 $\lambda_j(j=4,5)$的特征向量,则

$$\boldsymbol{y}_j = [0,0,0,x_{4j},x_{5j}]^{\mathrm{T}}$$

是矩阵 T 的相应于特征值λ_j 的特征向量.

以后,若无特别申明,我们总假定矩阵(4.14)的次对角元 $b_1,\cdots,b_{n-1}$全不为零.

1. Sturm 序列

我们用 $p_r(\lambda)$表示矩阵 $T-\lambda I$ 的 r 阶顺序主子式,即

$$p_r(\lambda) = \begin{vmatrix} a_1-\lambda & b_1 & & & \\ b_1 & a_2-\lambda & & & \\ & \ddots & \ddots & \ddots & \\ & & & & b_{r-1} \\ & & & b_{r-1} & a_r-\lambda \end{vmatrix} \tag{4.16}$$

显然

$$p_1(\lambda) = a_1 - \lambda.$$

把(4.16)按最后一行展开便得三项递推关系式:

$$p_r(\lambda) = (a_r-\lambda)p_{r-1}(\lambda) - b_{r-1}^2 p_{r-2}(\lambda), \quad r = 2,3,\cdots,n, \tag{4.17}$$

其中规定

$$p_0(\lambda) = 1.$$

特别,$p_n(\lambda)=\det(T-\lambda I)$.因此 $p_n(\lambda)$是矩阵 T 的特征多项式.

多项式序列$\{p_r(\lambda)\}$具有下列性质:

(1) $p_r(\lambda)$的 r 个根都是实数($r=1,2,\cdots,n$).

(2) $p_r(-\infty)>0, p_r(+\infty)$的符号为$(-1)^r(r=1,2,\cdots,n)$,此处 $p_r(+\infty)$表示 λ 充分大时 $p_r(\lambda)$的值,$p_r(-\infty)$表示 $-\lambda$ 充分大时 $p_r(\lambda)$的值.

证明 由于 $p_r(\lambda)$是 $\det(T-\lambda I)$的 r 阶顺序主子式,$p_r(\lambda)$中 λ 的首项系数是$(-1)^r$.易知 $p_r(-\infty)>0, p_r(+\infty)$的符号为$(-1)^r$.

(3) 任意两个相邻多项式无公共根.

证明 假设对某个 r,多项式 $p_{r-1}(\lambda)$和 $p_r(\lambda)$有公共根 α,则 $p_{r-1}(\alpha)=p_r(\alpha)=0$,据三项递推关系式(4.17)可知

$$b_{r-1}^2 p_{r-2}(\alpha) = 0.$$

由于 $b_{r-1}\neq 0$,因此必有 $p_{r-2}(\alpha)=0$.依此类推,可知

$$p_{r-3}(\alpha) = \cdots = p_0(\alpha) = 0.$$

这与 $p_0(\alpha)=1$ 矛盾.

(4) 若 $p_r(\alpha)=0$,则

$$p_{r-1}(\alpha)p_{r+1}(\alpha) < 0, \quad r = 1,\cdots,n-1.$$

证明 设 $p_r(\alpha)=0$,据性质(3)知 $p_{r-1}(\alpha)\neq 0$,于是

$$\begin{aligned} p_{r-1}(\alpha)p_{r+1}(\alpha) &= p_{r-1}(\alpha)[(a_{r+1}-\alpha)p_r(\alpha) - b_r^2 p_{r-1}(\alpha)] \\ &= -b_r^2[p_{r-1}(\alpha)]^2 < 0. \end{aligned}$$

(5) $p_r(\lambda)$的根都是单重的$(r=1,\cdots,n)$,且 $p_r(\lambda)$的根把 $p_{r+1}(\lambda)$的根严格隔离$(r=1,\cdots,n-1)$.

证明 当 $r=1$ 时,$p_1(\lambda)=a_1-\lambda$,因此 a_1 是 $p_1(\lambda)$的根.据递推关系式(4.17)可得

$$p_2(a_1) = -b_1^2.$$

由于 $p_2(-\infty)>0, p_2(+\infty)>0$,因此在$(-\infty,a_1)$和$(a_1,+\infty)$内各有 $p_2(\lambda)$的一个根.故当 $r-1$ 时,结论成立.

假设当 $r=k-1$ 时,结论成立,即 $p_{k-1}(\lambda)$和 $p_k(\lambda)$的根都是单根,且 $p_{k-1}(\lambda)$的根把 $p_k(\lambda)$的根严格隔开,此时设 $p_{k-1}(\lambda)$的 $k-1$ 个根按从小到大的次序排列成

$$x_1 < x_2 < \cdots < x_{k-1},$$

$p_k(\lambda)$的 k 个根按从小到大的次序排列为

$$y_1 < y_2 < \cdots < y_{k-1} < y_k,$$

则有

$$y_1 < x_1 < y_2 < \cdots < y_{k-1} < x_{k-1} < y_k. \tag{4.18}$$

现证明当 $r=k$ 时,结论仍然成立.由于

$$p_{k-1}(-\infty) > 0, \quad p_{k-1}(x_j) = 0,$$

因此,据(4.18)式知,$p_{k-1}(y_j)$的符号为$(-1)^{j+1}, j=1,\cdots,k$,即

$$p_{k-1}(y_1)>0, p_{k-1}(y_2)<0, p_{k-1}(y_3)>0,\cdots.$$

因为

$$p_{k+1}(y_j)=-b_k^2 p_{k-1}(y_j), \quad j=1,\cdots,k,$$

所以 $p_{k+1}(y_j)$的符号为$(-1)^j$,即

$$p_{k+1}(-\infty)>0, p_{k+1}(y_1)<0, p_{k+1}(y_2)>0,\cdots.$$

因此,在 $k+1$ 个区间$(-\infty,y_1),(y_1,y_2),\cdots,(y_{k-1},y_k),(y_k,+\infty)$的每一个区间内都有 $p_{k+1}(\lambda)$的根,而 $p_{k+1}(\lambda)$只有 $k+1$ 个根,故在每个区间内仅有 $p_{k+1}(\lambda)$的一个根.性质(5)得证.

由于 $p_0(\lambda)=1$,且据性质(3)和(4)知多项式序列$\{p_r(\lambda)\}$实际上是一个 **Sturm 序列**.我们用 $s_k(\alpha)$表示序列

$$p_0(\alpha), p_1(\alpha),\cdots,p_k(\alpha)$$

中相邻两个数中符号相同的数目,若某 $p_r(\alpha)=0$,则规定 $p_r(\alpha)$的符号取与 $p_{r-1}(\alpha)$的符号相反.例如符号顺序

$$+\quad +\quad +\quad -\quad +\quad -\quad -,$$

则 $s_6(\alpha)=3$,若符号顺序为

$$+\quad +\quad 0\quad -\quad +\quad 0\quad -\quad -,$$

则 $s_7(\alpha)=4$.

定理 3　对给定的实数 α, $p_r(\lambda)$恰有 $s_r(\alpha)$个根严格大于 α.

证明　用归纳法来证明.当 $r=1$ 时,对任何实数 α, $p_0(\alpha)=1$.若 $p_1(\alpha)<0$,则 $s_1(\alpha)=0$,由于 $p_1(-\infty)>0$,因此 $p_1(\lambda)$在$(-\infty,\alpha)$有一个根,而在$(\alpha,+\infty)$中无根.若 $p_1(\alpha)=0$,则 $s_1(\alpha)=0$,且 $p_1(\lambda)$在$(\alpha,+\infty)$中无根.若 $p_1(\alpha)>0$,则 $s_1(\alpha)=1$,又由于 $p_1(+\infty)<0$,因此 $p_1(\lambda)$在$(\alpha,+\infty)$内有一根.故当 $r=1$ 时,定理成立.

假设 $r=k$ 时定理成立,即 $p_k(\lambda)$在$(\alpha,+\infty)$内恰有 $s_k(\alpha)$个根.设 $p_k(\lambda)$的 k 个根为

$$x_1>x_2>\cdots>x_k,$$

简记 $s_k(\alpha)=s_k$,则

$$x_1>x_2>\cdots>x_{s_k}>\alpha\geqslant x_{s_k+1}>\cdots>x_k. \tag{4.19}$$

当 $r=k+1$ 时,设 $p_{k+1}(\lambda)$的根为

$$y_1>y_2>\cdots>y_k>y_{k+1}.$$

据性质(5)有

$$y_1>x_1>y_2>x_2>\cdots>y_{s_k}>x_{s_k}>y_{s_k+1}>x_{s_k+1}>\cdots>y_k>x_k>y_{k+1}. \tag{4.20}$$

因此，$p_{k+1}(\lambda)$至少有 s_k，至多有 s_k+1 个根大于 α.

另一方面，显然有

$$p_k(\alpha) = \prod_{i=1}^{k}(x_i - \alpha), p_{k+1}(\alpha) = \prod_{i=1}^{k+1}(y_i - \alpha). \tag{4.21}$$

现只可能出现下列四种情形：

(1) $y_{s_k+1} < \alpha < x_{s_k}$. 此时，据(4.20)和(4.21)知，$p_{k+1}(\alpha)$和 $p_k(\alpha)$异号，因此 $s_{k+1} = s_k$.

(2) $x_{s_k+1} < \alpha < y_{s_k+1}$. 此时，$p_{k+1}(\alpha)$和 $p_k(\alpha)$同号，因此 $s_{k+1} = s_k + 1$.

(3) $y_{s_k+1} = \alpha$. 此时，由于 $p_{k+1}(\alpha) = 0$，因此 $p_{k+1}(\alpha)$的符号应取为与 $p_k(\alpha)$相反. 因此 $s_{k+1} = s_k$.

(4) $x_{s_k+1} = \alpha$. 此时，$p_k(\alpha) = 0$，因此 $p_k(\alpha)$的符号应取为与 $p_{k-1}(\alpha)$相反. 另一方面，据性质(4)，$p_{k-1}(\alpha)$与 $p_{k+1}(\alpha)$异号，因此 $p_{k+1}(\alpha)$与 $p_k(\alpha)$的符号应视为相同. 故有 $s_{k+1} = s_k + 1$.

不论上述哪一种情形，$p_{k+1}(\lambda)$都恰有 $s_{k+1}(\alpha)$个根大于 α. 定理结论对 $r = k+1$亦成立.

推论 对给定的实数 α，矩阵 T 恰有 $s_n(\alpha)$个特征值严格大于 α.

2. 计算实对称三对角矩阵特征值的二分法

设实对称三对角矩阵 T 的特征值为

$$\lambda_n < \lambda_{n-1} < \cdots < \lambda_2 < \lambda_1.$$

由于矩阵 T 的谱半径 $\rho(T) = \max\limits_i |\lambda_i|$ 不超过 T 的任何一种范数. 因此 T 的任何一个特征值 λ_i 都满足

$$|\lambda_i| \leqslant \| T \|_\infty.$$

这样，矩阵 T 的全部特征值必在区间$[-\| T \|_\infty, \| T \|_\infty]$上. 易知

$$\| T \|_\infty = \max_{0 \leqslant i \leqslant n-1}\{|b_i| + |a_{i+1}| + |b_{i+1}|\},$$

其中规定 $b_0 = b_n = 0$.

现在我们可以在区间$[-\| T \|_\infty, \| T \|_\infty]$中寻找矩阵 T 的特征值. 设 a, b 为二实数，且 $a < b$. 据定理 3 的推论知，$s_n(a)$为矩阵 T 的大于 a 的特征值个数，$s_n(b)$为 T 的大于 b 的特征值个数. 显然，$s_n(a) \geqslant s_n(b)$. 因此 $s_n(a) - s_n(b)$恰是矩阵 T 在区间$(a, b]$中的特征值个数.

进一步，若

$$s_n(a) \geqslant k, \quad s_n(b) < k,$$

则可知矩阵 T 的第 k 个特征值 λ_k 位于区间$(a, b]$中.

据上面的分析，我们可以用二分法(区间分半法)来计算矩阵 T 的特征值. 设 λ_k 位于区间$(a, b]$中($s_n(a) = k$，$s_n(b) < k$). 取区间中点

$$c = \frac{a+b}{2},$$

计算 $s_n(c)$. 若 $s_n(c) < s_n(a)$, 则 $\lambda_k \in (a, c]$; 若 $s_n(c) = s_n(a)$, 则 $\lambda_k \in (c, b]$. 继续将区间 $(a, c]$ 或 $(c, b]$ 分半. 一直进行到最后区间的长度小于等于预先给定的精度控制量 TOL 为止, 便取最后区间的中点作为 λ_k 的近似值.

计算实对称三对角矩阵特征值的二分法的算法可参见算法 2.1.

3. 特征向量的计算

假定已经通过 Givens 或 Householder 变换将实对称矩阵 A 化为对称三对角矩阵 T. 矩阵 T 的结构简单, 计算它的特征向量比较方便. 设 λ 是矩阵 T 的一个特征值. $\boldsymbol{x}$ 是 T 的属于 λ 的特征向量, 即有

$$T\boldsymbol{x} = \lambda \boldsymbol{x}.$$

若用 Householder 变换将 A 化为 T:

$$T = H_{n-2}\cdots H_2 H_1 A H_1 H_2 \cdots H_{n-2},$$

则有

$$A(H_1 H_2 \cdots H_{n-2})\boldsymbol{x} = \lambda (H_1 H_2 \cdots H_{n-2})\boldsymbol{x}.$$

由此可知, 向量

$$\boldsymbol{z} = H_1 H_2 \cdots H_{n-2}\boldsymbol{x}$$

是矩阵 A 的属于 λ 的特征向量.

若记

$$\boldsymbol{y}_{n-1} = \boldsymbol{x},$$

$$\boldsymbol{y}_k = H_k \boldsymbol{y}_{k+1}, \quad k = n-2, n-3, \cdots, 2, 1,$$

则

$$\boldsymbol{z} = \boldsymbol{y}_1.$$

据(4.3)式,

$$\begin{aligned} \boldsymbol{y}_k = H_k \boldsymbol{y}_{k+1} &= (I_n - b_k^{-1} v_k v_k^{\mathrm{T}})\boldsymbol{y}_{k+1} \\ &= \boldsymbol{y}_{k+1} - b_k^{-1}(v_k^{\mathrm{T}}\boldsymbol{y}_{k+1})\, v_k . \end{aligned}$$

因此计算 $\boldsymbol{y}_k$ 是很简单的.

8.5　*QR* 方　法

8.5.1　基本的 *QR* 方法

我们知道, 任何一个 n 阶实矩阵总可以分解成

$$A = QR,$$

其中 Q 为一个 n 阶直交阵, R 为一个 n 阶上三角阵. 这种直交三角分解可用一系

列的 Householder 变换矩阵来实现,或者用一系列 Givens 旋转矩阵来实现. Francis 于 1961 年利用这种分解提出了一种计算矩阵特征值的 **QR 方法**,其基本过程如下:

记 $A_1=A$,对 A_1 作 QR 分解

$$A_1 = Q_1R_1.$$

令

$$A_2 = R_1Q_1,$$

然后对 A_2 作 QR 分解

$$A_2 = Q_2R_2,$$

再令

$$A_3 = R_2Q_2.$$

一般地,设已得到 A_m,则对 A_m 作 QR 分解

$$A_m = Q_mR_m, \tag{5.1}$$

令

$$A_{m+1} = R_mQ_m. \tag{5.2}$$

这样,可得到一个矩阵序列 $\{A_m\}$.

据(5.1)和(5.2)式,有

$$Q_m^{\mathrm{T}}A_mQ_m = R_mQ_m = A_{m+1},$$

因此矩阵 A_{m+1} 与 A_m 相似. 于是,矩阵序列 $\{A_m\}$ 中的每一个矩阵都与原矩阵 A 相似,从而它们的特征值相同. 可以证明,在一定条件下,A_m 的主对角线以下的元素当 $m\to\infty$ 时,都趋于零. 因此,当 m 足够大时,可把 A_m 的主对角元作为矩阵 A 的特征值的近似值.

在 QR 方法中,每一步都要进行一次 QR 分解,再作一次矩阵乘法. 因此,对一般的实矩阵,其计算量很大. 为了减少计算量,通常先经相似变换将原矩阵 A 化为一个拟上三角矩阵(下次对角线以下的元素全为零),即上 **Hessenberg 矩阵**,然后对上 Hessenberg 矩阵应用 QR 方法.

在 8.4.1 节中,我们应用 Householder 变换将实对称矩阵化为一个三对角阵. 对一般的 n 阶实矩阵 $A=[a_{ij}]$,用 Householder 变换则可化为一个上 Hessenberg 矩阵.

第一步,令

$$H_1 = I_n - b_1^{-1}v_1v_1^{\mathrm{T}} = \begin{bmatrix} 1 & \mathbf{0}^{\mathrm{T}} \\ \mathbf{0} & Q_1 \end{bmatrix},$$

其中

$$Q_1 = I_{n-1} - b_1^{-1}\boldsymbol{u}_1\boldsymbol{u}_1^{\mathrm{T}},$$

$$\boldsymbol{u}_1 = [a_{21} - \alpha_1, a_{31}, \cdots, a_{n1}]^{\mathrm{T}}, \quad v_1 = [0, \boldsymbol{u}_1^{\mathrm{T}}]^{\mathrm{T}},$$

而

$$\alpha_1 = -\operatorname{sign}(a_{21})\sqrt{\sum_{i=2}^{n}(a_{i1})^2}, \quad b_1 = \alpha_1^2 - \alpha_1 a_{21},$$

则

$$A_1 = H_1 A H_1 = \begin{bmatrix} a_{11} & \boldsymbol{b}^{\mathrm{T}} Q_1 \\ \alpha_1 & \\ 0 & \\ \vdots & Q_1 B_0 Q_1 \\ 0 & \end{bmatrix},$$

其中

$$\boldsymbol{b}^{\mathrm{T}} = [a_{12}, \cdots, a_{1n}],$$

$$B_0 = \begin{bmatrix} a_{22} & a_{23} & \cdots & a_{2n} \\ \vdots & \vdots & & \vdots \\ a_{n2} & a_{n3} & \cdots & a_{nn} \end{bmatrix}.$$

第二步,用 Householder 矩阵

$$H_2 = \begin{bmatrix} I_2 & O \\ O & Q_2 \end{bmatrix}$$

将 A_1 的第 2 列中后 $n-3$ 个元素化为零,此时 $A_2 = H_2 A_1 H_2$ 具有形式

$$A_2 = \begin{bmatrix} \times & \times & \times & \cdots & \times \\ \times & \times & \times & \cdots & \times \\ 0 & \times & \times & \cdots & \times \\ 0 & 0 & \times & \cdots & \times \\ \vdots & \vdots & \vdots & & \vdots \\ 0 & 0 & \times & \cdots & \times \end{bmatrix}.$$

一般地,设已计算得 A_{k-1},则第 k 步便对 A_{k-1} 作直交相似变换.此时

$$\begin{aligned} H_k &= I_n - b_k^{-1} v_k v_k^{\mathrm{T}} \\ &= \begin{bmatrix} I_k & O \\ O & Q_k \end{bmatrix}, \end{aligned}$$

其中

$$Q_k = I_{n-k} - b_k^{-1} \boldsymbol{u}_k \boldsymbol{u}_k^{\mathrm{T}},$$

而

$$\boldsymbol{u}_k = [a_{k+1,k} - \alpha_k, a_{k+2,k}, \cdots, a_{nk}]^{\mathrm{T}},$$

$$\alpha_k = -\operatorname{sign}(a_{k+1,k})\sqrt{\sum_{i=k+1}^{n}(a_{ik})^2},$$

$$b_k = \alpha_k^2 - \alpha_k a_{k+1,k} \quad (k = 1,2,\cdots,n-2).$$

注意,A_{k-1}的(i,j)位置元素仍记作 a_{ij}.

这样,经过 $n-2$ 步上述 Householder 变换,得到矩阵

$$H_{n-2}\cdots H_2H_1AH_1H_2\cdots H_{n-2}$$

便是一个上 Hessenberg 矩阵.

8.5.2 带原点平移的 QR 方法

直接应用上述的 QR 方法计算矩阵的特征值,收敛不快.为了加速收敛,我们介绍**带原点平移的 QR 方法.**

记 $A_1=A$,选取一个适当的实数 t_1,对矩阵 A_1-t_1I 作 QR 分解

$$A_1 - t_1I = Q_1R_1,$$

令

$$A_2 = R_1Q_1 + t_1I.$$

然后选取适当的实数 t_2,对矩阵 A_2-t_2I 作 QR 分解

$$A_2 - t_2I = Q_2R_2,$$

进而,令

$$A_3 = R_2Q_2 + t_2I.$$

一般地,设已得到 A_m,则选取适当的实数 t_m,对 A_m-t_mI 作 QR 分解

$$A_m - t_mI = Q_mR_m, \tag{5.3}$$

令

$$A_{m+1} = R_mQ_m + t_mI, \tag{5.4}$$

依此类推.我们称 t_m 为第 m 次迭代的**原点平移量**.

据(5.3)和(5.4)式,有

$$A_{m+1} = Q_m^{\mathrm{T}}(A_m - t_mI)Q_m + t_mI = Q_m^{\mathrm{T}}A_mQ_m, \tag{5.5}$$

即 A_{m+1}与 A_m 相似,因此序列$\{A_m\}$中的每一个矩阵都与原矩阵相似,从而它们的特征值相同.一般地,A_m 的主对角线以下的元素都趋于零.适当选取平移量 t_m,可使 A_m 最后一行的非对角元素更迅速地趋于零.t_m 的具体选法将在后面介绍.

现在,我们来讨论矩阵 A_m-t_mI 的 Q_mR_m 分解和 A_{m+1}的计算过程.假定 $A_1(=A)$是一个 n 阶上 Hessenberg 矩阵

$$A_1=\begin{bmatrix} a_{11} & a_{12} & a_{13} & \cdots & a_{1n} \\ a_{21} & a_{22} & a_{23} & \cdots & a_{2n} \\ & a_{32} & a_{33} & \cdots & a_{3n} \\ & \ddots & \ddots & & \vdots \\ & & a_{n-1,n-2} & a_{n-1,n-1} & a_{n-1,n} \\ & & & a_{n,n-1} & a_{n,n} \end{bmatrix},$$

并将 A_m 的 (i,j) 位置元素仍记为 a_{ij}. 我们用一系列 Givens 平面旋转矩阵来实现 A_m-t_mI 的 Q_mR_m 分解是方便的. 据 8.4 节定理 1 可知,用 Givens 旋转矩阵 $R(1,2),R(2,3),\cdots,R(n-1,n)$ 依次左乘矩阵 A_m-t_mI,可将它化为一个上三角阵 R_m,即

$$R(n-1,n)\cdots R(2,3)R(1,2)(A_m-t_mI)=R_m,$$

从而有

$$A_m-t_mI=R(1,2)^{\mathrm T}R(2,3)^{\mathrm T}\cdots R(n-1,n)^{\mathrm T}R_m.$$

于是,据(5.4)和(5.5)式,

$$\begin{aligned} A_{m+1}&=R_mR(1,2)^{\mathrm T}R(2,3)^{\mathrm T}\cdots R(n-1,n)^{\mathrm T}+t_mI \\ &=R(n-1,n)\cdots R(2,3)R(1,2)(A_m-t_mI)R(1,2)^{\mathrm T}R(2,3)^{\mathrm T}\cdots \\ &\quad R(n-1,n)^{\mathrm T}+t_mI. \end{aligned}\tag{5.6}$$

易知,若 A_m-t_mI 为上 Hessenberg 矩阵,则 A_{m+1} 仍为上 Hessenberg 矩阵($m=1,2,\cdots$).

计算(5.6)式右端的矩阵

$$R(n-1,n)\cdots R(2,3)R(1,2)(A_m-t_mI)R(1,2)^{\mathrm T}R(2,3)^{\mathrm T}\cdots R(n-1,n)^{\mathrm T}$$

的过程可按如下顺序进行:

第一步,用 $R(1,2)$ 左乘矩阵 A_m-t_mI.

第二步,用 $R(2,3)$ 左乘 $R(1,2)(A_m-t_mI)$,再用 $R(1,2)^{\mathrm T}$ 右乘

$$R(2,3)R(1,2)(A_m-t_mI),$$

依此类推,假设进行了 $k-1$ 步,得到矩阵

$$R(k-1,k)\cdots R(1,2)(A_m-t_mI)R(1,2)^{\mathrm T}\cdots R(k-2,k-1)^{\mathrm T}.\tag{5.7}$$

第 k 步,分别用 $R(k,k+1),R(k-1,k)^{\mathrm T}$ 左乘和右乘矩阵(5.7). 注意,执行最后一步,即第 n 步时,只要用 $R(n-1,n)^{\mathrm T}$ 右乘第 $n-1$ 步得到的矩阵.

从 A_m 到 A_{m+1} 具体计算步骤如下:

1. $a_{11}\leftarrow a_{11}-t$.

2. 对 $k=1,2,\cdots,n$ 做(1)~(4),并把结果存放到相应的位置:

(1) 若 $k=n$,则转到(4).

(2) 确定 $R(k,k+1)$：若 $a_{k+1,k}=0$，则

$$c_k \leftarrow 1, s_k \leftarrow 0; d_k \leftarrow a_{kk}.$$

否则 $$d \leftarrow (a_{kk}^2 + a_{k+1,k}^2)^{\frac{1}{2}};$$

$$c_k \leftarrow a_{kk}/d; s_k \leftarrow a_{k+1,k}/d.$$

(3) 用 $R(k,k+1)$左乘 $A-tI$：

Ⅰ $a_{kk} \leftarrow d$；

Ⅱ $a_{k+1,k} \leftarrow 0$；

Ⅲ $a_{k+1,k+1} \leftarrow a_{k+1,k+1} - t$；

Ⅳ 对 $j=k+1,\cdots,n$ 依次计算

$b \leftarrow a_{kj}c_k + a_{k+1,j}s_k$；

$a_{k+1,j} \leftarrow -a_{kj}s_k + a_{k+1,j}c_k$；

$a_{k,j} \leftarrow b$.

(4) 若 $k=1$，则本步不执行，否则用 $R(k-1,k)^{\mathrm{T}}$ 右乘$(A-tI)$，并使位移复原：

Ⅰ 对 $i=1,2,\cdots,k$ 依次计算

$b \leftarrow a_{i,k-1}c_{k-1} + a_{ik}s_{k-1}$；

$a_{ik} \leftarrow -a_{i,k-1}s_{k-1} + a_{ik}c_{k-1}$；

$a_{i,k-1} \leftarrow b$；

Ⅱ $a_{k-1,k-1} \leftarrow a_{k-1,k-1} + t$（位移复原）.

3. $a_{nn} \leftarrow a_{nn} + t$.

QR 方法是一种迭代法. 上述过程结束时得到 A_{m+1}，反复应用上述过程得到矩阵序列$\{A_m\}$. 当 QR 方法收敛时，A_m 的次对角元逐渐趋于零. 设 A_m 的(n,n)位置元素为 $a_{nn}^{(m)}$. 若平移量 t_m 取为

$$t_m = a_{nn}^{(m)},$$

对于较小的 m，可期望 A_{m+1}的最后一行的次对角元 $a_{n,n-1}^{(m+1)}$接近于零. 当$|a_{n,n-1}^{(m+1)}|$小到一定程度时，便把它作为零看待，其判别准则通常是

(1) $|a_{n,n-1}^{(m+1)}| \leqslant \varepsilon \| A \|$，

或

(2) $|a_{n,n-1}^{(m+1)}| \leqslant \varepsilon \min\{|a_{n,n}^{(m+1)}|, |a_{n-1,n-1}^{(m+1)}|\}$，

(3) $|a_{n,n-1}^{(m+1)}| \leqslant \varepsilon(|a_{n,n}^{(m+1)}| + |a_{n-1,n-1}^{(m+1)}|)$，

其中 ε 为预先给定的精度控制量，例如取为计算机的精度 10^{-t}. 准则(2)，(3)比较安全可靠而且方便. 这样，当(2)或(3)满足时，可将 $a_{nn}^{(m+1)}$作为矩阵A 的一个特征值的近似值.

计算得矩阵 A 的一个特征值后，可将矩阵降阶，取 $n-1$ 阶主子矩阵继续进行迭代，以求 A 的其他特征值. 在计算得 A_{m+1} 时，可能出现若干个下次对角元接近于零，从而把它们都当作零看待，例如，

$$A_{m+1}=\left[\begin{array}{cc:ccc:c}\times & \times & \times & \times & \times & \times \\ \times & \times & \times & \times & \times & \times \\ \hdashline 0 & 0 & \times & \times & \times & \times \\ 0 & 0 & \times & \times & \times & \times \\ 0 & 0 & 0 & \times & \times & \times \\ \hdashline 0 & 0 & 0 & 0 & 0 & \times\end{array}\right],$$

这时，只要再计算一个二阶矩阵和一个三阶矩阵的特征值. 这样可以大大减少计算量.

如果矩阵 A 为实对称三对角阵，则上述带原点平移的 QR 方法生成的 A_m 恒保持为实对称三对角阵. 对于这种情形，平移量 t_m 取为矩阵

$$\begin{bmatrix} a_{n-1,n-1}^{(m)} & a_{n-1,n}^{(m)} \\ a_{n,n-1}^{(m)} & a_{n,n}^{(m)} \end{bmatrix}$$

的两个特征值中最靠近 $a_{n,n}^{(m)}$ 的特征值，可使收敛速度提高. 带原点平移的 QR 方法特别适用于计算实对称矩阵的特征值.

假设实矩阵 A 有复特征值，则上述采用实运算的带原点平移 QR 方法不收敛. 在这种情形下，可应用对上述过程作了修改的**双重步 QR 方法**(参见[6]).

8.6　广义特征值问题

在工程、物理和化学中常常会遇到一类所谓**广义特征值问题**，即求数 λ 及非零向量 $\boldsymbol{x}$，使

$$A\boldsymbol{x}=\lambda B\boldsymbol{x} \tag{6.1}$$

或

$$AB\boldsymbol{x}=\lambda\boldsymbol{x} \tag{6.2}$$

等关系式成立，其中 $A=[a_{ij}]$ 为 n 阶实对称矩阵，$B=[b_{ij}]$ 为 n 阶实对称正定矩阵. 若将矩阵 B 作对称三角分解，则这类特征值问题可以化为一般的对称矩阵的特征值问题.

8.6.1　问题 $A\boldsymbol{x}=\lambda B\boldsymbol{x}$ 的特征值

由于 B 是实对称正定矩阵，因此总存在一个非奇异的下三角阵 L，使得

$$B=LL^{\mathrm{T}}. \tag{6.3}$$

从而,(6.1)式可写成

$$Ax = \lambda LL^{\mathrm{T}}\boldsymbol{x}.$$

上式两端左乘 L^{-1}得

$$L^{-1}A\boldsymbol{x} = \lambda L^{\mathrm{T}}\boldsymbol{x},$$

或写成

$$L^{-1}A(L^{-1})^{\mathrm{T}}L^{\mathrm{T}}\boldsymbol{x} = \lambda L^{\mathrm{T}}\boldsymbol{x}. \tag{6.4}$$

令

$$L^{-1}A(L^{-1})^{\mathrm{T}} = P, \tag{6.5}$$

$$L^{\mathrm{T}}\boldsymbol{x} = \boldsymbol{y}, \tag{6.6}$$

(6.4)式便可简写成

$$P\boldsymbol{y} = \lambda \boldsymbol{y}. \tag{6.7}$$

因 A 是对称的,据(6.5)式可得

$$P^T = [L^{-1}A(L^{-1})^{\mathrm{T}}]^{\mathrm{T}} = L^{-1}A(L^{-1})^{\mathrm{T}} = P.$$

因此,P 也是一个对称矩阵.这样,广义特征值问题(6.1)就化为一个对称矩阵的特征值问题(6.7).矩阵 P 的特征值λ 就是所要求的特征值.但是,矩阵 P 的特征向量 $\boldsymbol{y}$ 则并不是原问题的特征向量.据(6.6)式可知原问题的特征向量为

$$\boldsymbol{x} = (L^{\mathrm{T}})^{-1}\boldsymbol{y}.$$

解广义特征值问题(6.1),首先对矩阵 B 进行 Cholesky 分解 $B = LL^{\mathrm{T}}$.如果我们只要存放 B 的上三角部分的元素,则可将 3.2.3 节中计算 L 的元素 l_{ij}的计算公式(2.17)改写成

$$l_{ji} = \begin{cases} \sqrt{b_{ii} - \sum\limits_{k=1}^{i-1} l_{ik}^2}, & i = j; \\ \left(b_{ij} - \sum\limits_{k=1}^{i-1} l_{ik}l_{jk}\right)/l_{ii}, & i < j; \\ 0, & i > j. \end{cases} \tag{6.8}$$

其次,还得计算矩阵

$$P = L^{-1}A(L^{-1})^{\mathrm{T}}.$$

为此,先把它改写成

$$L^{-1}A = PL^{\mathrm{T}}, \tag{6.9}$$

并令

$$L^{-1}A = X,$$

即

$$LX = A. \tag{6.10}$$

从而便可将(6.9)式写成

$$PL^{\mathrm{T}} = X. \tag{6.11}$$

这样,计算 P 分成二步:先由(6.10)式计算 X,后据(6.11)式计算 P.

由(6.10)式所确定的矩阵 X 一般是非对称的.但对于计算对称矩阵 P,只需计算其上三角部分或下三角部分元素.矩阵 A 是对称的,如果我们只存放 A 的上三角部分元素,则仅计算 X 的上三角部分元素就够了.设 $X=[x_{ij}]_{n\times n}$,$P=[p_{ij}]_{n\times n}$,据(6.10)式可推得

$$x_{ij}=\frac{a_{ij}-\sum_{k=1}^{i-1}l_{ik}x_{kj}}{l_{ii}},\quad i\leqslant j. \tag{6.12}$$

据(6.11)式,计算矩阵 P 的下三角部分元素的计算公式可写成

$$p_{ji}=\frac{x_{ij}-\sum_{k=1}^{i-1}l_{jk}p_{ik}-\sum_{k=i}^{j-1}l_{jk}p_{ki}}{l_{jj}},$$
$$i=1,\cdots,n, j=i,\cdots,n. \tag{6.13}$$

最后,计算得对称矩阵 P 的特征值,就是问题 $A\boldsymbol{x}=\lambda B\boldsymbol{x}$ 的特征值.

8.6.2　问题 $AB\boldsymbol{x}=\lambda\boldsymbol{x}$ 的特征值

若对正定矩阵 B 作出对称三角分解 $B=LL^{\mathrm{T}}$,则(6.2)式可以写成

$$L^{\mathrm{T}}ALL^{\mathrm{T}}\boldsymbol{x}=\lambda L^{\mathrm{T}}\boldsymbol{x}. \tag{6.14}$$

令

$$Q=L^{\mathrm{T}}AL, \tag{6.15}$$
$$L^{\mathrm{T}}\boldsymbol{x}=\boldsymbol{y}, \tag{6.16}$$

则(6.14)式便可写成

$$Q\boldsymbol{y}=\lambda\boldsymbol{y}. \tag{6.17}$$

显然 Q 是对称矩阵.因此,广义特征值问题(6.2)化为特征值问题(6.17).

计算 Q 可分两步:计算

$$Y=AL \tag{6.18}$$

和

$$Q=L^{\mathrm{T}}Y. \tag{6.19}$$

因为矩阵 Q 是对称的,只要计算 Q 的下三角部分元素.因此,即使矩阵 Y 是非对称的,也只要计算 Y 的下三角部分就行了.

假定只存放 A 的上三角部分元素,记 $Y=[y_{ij}]_{n\times n}$.据(6.18)式,容易推得计算矩阵 Y 的下三角部分元素的公式

$$y_{ij}=\sum_{k=j}^{i}a_{ki}l_{kj}+\sum_{k=i+1}^{n}a_{ik}l_{kj},$$
$$i=1,\cdots,n,\quad j=1,\cdots,i. \tag{6.20}$$

记 $Q=[q_{ij}]_{n\times n}$. 据(6.19)式,计算 Q 的下三角部分元素的公式为

$$q_{ij}=\sum_{k=i}^{n}l_{ki}y_{kj},\quad i=1,\cdots,n,\quad j=1,\cdots,i. \tag{6.21}$$

8.6.3 问题 $Ax=\lambda Bx$ 和 $ABx=\lambda x$ 的特征向量

设矩阵

$$P=L^{-1}A(L^{-1})^{\mathrm{T}}$$

的对应于特征值 λ_j 的特征向量为

$$\boldsymbol{y}=[y_{1j},\cdots,y_{nj}]^{\mathrm{T}},$$

问题 $A\boldsymbol{x}=\lambda B\boldsymbol{x}$ 的相应特征向量为

$$\boldsymbol{x}=[x_{1j},\cdots,x_{nj}]^{\mathrm{T}}.$$

从(6.6)式可推得

$$x_{ij}=\frac{y_{ij}-\sum\limits_{k=i+1}^{n}l_{ki}x_{kj}}{l_{ii}},\quad i=1,\cdots,n. \tag{6.22}$$

据(6.16)式,计算问题 $AB\boldsymbol{x}=\lambda\boldsymbol{x}$ 的特征向量的公式与(6.22)相同.

习 题 8

1. 用乘幂法求下列矩阵的主特征值及其相应的特征向量(取 $v_0=[1,0,0]^{\mathrm{T}}$,迭代三次):

(1) $\begin{bmatrix}1&-1&0\\-2&4&-2\\0&-1&1\end{bmatrix}$; (2) $\begin{bmatrix}2&-1&0\\-1&0&2\\1&1&3\end{bmatrix}$.

2. 设 λ_i,λ_j 都是矩阵 A 的特征值,$\boldsymbol{x}_i$ 是 A 的对应于 λ_i 的特征向量,而 $\boldsymbol{u}_j$ 是 A^{T} 的对应于 λ_j 的特征向量. 证明,若 $\lambda_i\neq\lambda_j$,则 $\boldsymbol{x}_i^{\mathrm{T}}\boldsymbol{u}_j=0$.

3. 设 $A\in R^{n\times n}$有 n 个线性无关的特征向量,且其主特征值 λ_1 满足

$$|\lambda_1|>|\lambda_2|\geqslant\cdots\geqslant|\lambda_n|.$$

$\lambda_2,\cdots,\lambda_n$ 都是 A 的特征值. 取初始向量 $v_0(\alpha_1\neq0)$,定义

$$\boldsymbol{u}_k=Av_{k-1},\quad k=1,2,\cdots,\quad v_k=\boldsymbol{u}_k/\|\boldsymbol{u}_k\|_\infty.$$

证明,当 $k\to\infty$时,$\|\boldsymbol{u}_k\|_\infty\to|\lambda_1|$.

4. 设 $A=[\alpha_{ij}]\in R^{n\times n}$有 n 个线性无关的特征向量,且其特征值都是实数,满足

$$\lambda_1>\lambda_2\geqslant\lambda_3\geqslant\cdots\geqslant\lambda_n\geqslant0.$$

试证明,若取 $p=(\lambda_2+\lambda_n)/2$,则当 k 充分大时,$\boldsymbol{x}_k=(A-pI)^k\boldsymbol{x}_0$($\boldsymbol{x}_0\neq\boldsymbol{0}$ 为初始向量),可以作为矩阵 A 的属于λ_1 的近似特征向量,并且若 $\lambda_n>0$,则原点平移法得到加速.

5. 应用反乘幂法求矩阵

$$\begin{bmatrix}-4&14&0\\-5&13&0\\-1&0&2\end{bmatrix}$$

的模数最小的特征值(取 $v_0=[1,1,1]^{\mathrm{T}}$,迭代三次).

6. 应用 Givens 变换把矩阵

$$A=\begin{bmatrix}2 & -1 & -1\\ -1 & 2 & -1\\ -1 & -1 & 2\end{bmatrix}$$

化为三对角阵后求其全部特征值.

7. 应用算法 8.3 把矩阵

$$A=\begin{bmatrix}2 & 0 & 1\\ 0 & 3 & -2\\ 1 & -2 & -1\end{bmatrix}$$

化为三对角阵.

8. 应用 Householder 变换重做第 7 题.

9. 应用 Householder 变换把矩阵

$$A=\begin{bmatrix}1 & 2 & 1 & 2\\ 2 & 2 & -1 & 1\\ 1 & -1 & 1 & 1\\ 2 & 1 & 1 & 1\end{bmatrix}$$

化为三对角矩阵.

10. 应用算法 8.4 把矩阵 A 化为三对角阵,其中

$$A=\begin{bmatrix}8 & 3 & 4\\ 3 & 5 & 1\\ 4 & 1 & 6\end{bmatrix}.$$

11. 设

$$T=\begin{bmatrix}-2 & 1 & 0 & 0\\ 1 & -2 & 1 & 0\\ 0 & 1 & -2 & 1\\ 0 & 0 & 1 & -2\end{bmatrix},$$

问矩阵 T 在区间$[-2,0]$内有多少个特征值.

12. 设$\{A_m\}$为基本 QR 方法得到的矩阵序列,证明:

(1) $A_{m+1}=Q_m^{\mathrm{T}}\cdots Q_2^{\mathrm{T}}Q_1^{\mathrm{T}}A_1Q_1Q_2\cdots Q_m$;

(2) $A_1^m=Q_1Q_2\cdots Q_mR_m\cdots R_2R_1$.

第 9 章　解非线性方程组的数值方法

这一章,我们将要讨论求非线性方程组

$$
\begin{aligned}
&f_1(x_1,\cdots,x_n)=0,\\
&f_2(x_1,\cdots,x_n)=0,\\
&\cdots\cdots\cdots\cdots\\
&f_n(x_1,\cdots,x_n)=0
\end{aligned}
$$

的解问题,此处 $f_i(x_1,\cdots,x_n)$是 $x_1,\cdots,x_n$ 的 n 元实值函数,$i=1,\cdots,n$.记 $\boldsymbol{x}=[x_1,\cdots,x_n]^{\mathrm{T}}\in R^n$,则可将此非线性方程组表示成

$$\boldsymbol{f}(\boldsymbol{x})=\boldsymbol{0},$$

其中

$$\boldsymbol{f}(\boldsymbol{x})=\begin{bmatrix}f_1(x_1,\cdots,x_n)\\ f_2(x_1,\cdots,x_n)\\ \vdots\\ f_n(x_1,\cdots,x_n)\end{bmatrix}=\begin{bmatrix}f_1(\boldsymbol{x})\\ f_2(\boldsymbol{x})\\ \vdots\\ f_n(\boldsymbol{x})\end{bmatrix},$$

$f_i(\boldsymbol{x})=f_i(x_1,\cdots,x_n)$, $i=1,\cdots,n$.因此,$\boldsymbol{f}(\boldsymbol{x})\in R^n$,$\boldsymbol{f}$ 是R^n 中的一个子集D 到另一个子集 W 的一个映射(算子),它使得 $D\subseteq R^n$ 中的每一个向量$\boldsymbol{x}$,都有 $W\subseteq R^n$ 中唯一的向量$\boldsymbol{f}(\boldsymbol{x})$与之对应.我们常常将映射 $\boldsymbol{f}$ 表示成

$$\boldsymbol{f}:D\to W,\quad D\subseteq R^n,W\subseteq R^n.$$

D 是映射$\boldsymbol{f}$ 的定义域.集合

$$W=\{\boldsymbol{y}\mid \boldsymbol{y}=\boldsymbol{f}(\boldsymbol{x}),\ \forall\ \boldsymbol{x}\in D\}$$

是映射 $\boldsymbol{f}$ 的值域.往往并不强调映射 $\boldsymbol{f}$ 的定义域和值域,则把它写成

$$\boldsymbol{f}:R^n\to R^n.$$

我们也常常称 $\boldsymbol{f}(\boldsymbol{x})$为 $\boldsymbol{x}$ 的(实)**向量值函数**.

在讨论解非线性方程组之前,我们先介绍 $\boldsymbol{f}(\boldsymbol{x})$的微分与积分等概念及有关结论.它们在最优化方法和微分方程数值解法中也是极为需要的.

9.1　多变元微积分

9.1.1　Gateaux 导数

现在,我们更一般地考虑映射(算子)

$$\boldsymbol{f}: D \to W, \quad D \subseteq R^n, W \subseteq R^m.$$

不强调它的定义域和值域时,把它表示成

$$\boldsymbol{f}: R^n \to R^m.$$

设 $\boldsymbol{x} = [x_1, \cdots, x_n]^{\mathrm{T}} \in R^n$. 由于 $\boldsymbol{f}(\boldsymbol{x}) \in R^m$,因此 $\boldsymbol{f}(\boldsymbol{x})$可以表示成

$$\boldsymbol{f}(\boldsymbol{x}) = \begin{bmatrix} f_1(\boldsymbol{x}) \\ \vdots \\ f_m(\boldsymbol{x}) \end{bmatrix} = \begin{bmatrix} f_1(x_1, \cdots, x_n) \\ \vdots \\ f_m(x_1, \cdots, x_n) \end{bmatrix},$$

此处 $f_i(\boldsymbol{x}) = f_i(x_1, \cdots, x_n) \in R, i = 1, \cdots, m$.

在一元函数的微分学中,我们知道,设

$$f: R \to R,$$

则 $f(x)$在点 x 的导数$f'(x)$定义为

$$f'(x) = \lim_{t \to 0} \frac{f(x+t) - f(x)}{t}.$$

现在把这个概念推广到映射

$$\boldsymbol{f}: R^n \to R^m,$$

R^m 为赋范空间(参见 3.4 节).

定义 1 对给定的 $\boldsymbol{x}, \boldsymbol{\eta} \in R^n$,若极限

$$\lim_{t \to 0} \frac{\boldsymbol{f}(\boldsymbol{x} + t\boldsymbol{\eta}) - \boldsymbol{f}(\boldsymbol{x})}{t} \tag{1.1}$$

存在,则说 $\boldsymbol{f}$ 在 $\boldsymbol{x}$ 沿方向 $\boldsymbol{\eta}$ 是 **Gateaux 可微**的. 并将(1.1)记作 $D\boldsymbol{f}(\boldsymbol{x})(\boldsymbol{\eta})$,即

$$D\boldsymbol{f}(\boldsymbol{x})(\boldsymbol{\eta}) = \lim_{t \to 0} \frac{\boldsymbol{f}(\boldsymbol{x} + t\boldsymbol{\eta}) - \boldsymbol{f}(\boldsymbol{x})}{t},$$

$D\boldsymbol{f}(\boldsymbol{x})(\boldsymbol{\eta}) \in R^m$. 上式亦即

$$\lim_{t \to 0} \left\| \frac{\boldsymbol{f}(\boldsymbol{x} + t\boldsymbol{\eta}) - \boldsymbol{f}(\boldsymbol{x})}{t} - D\boldsymbol{f}(\boldsymbol{x})(\boldsymbol{\eta}) \right\| = 0,$$

$D\boldsymbol{f}(\boldsymbol{x})(\boldsymbol{\eta})$称为 $\boldsymbol{f}$ 在 $\boldsymbol{x}$ 沿方向 $\boldsymbol{\eta}$ 的 **Gateaux 导数**. 若 $\boldsymbol{f}$ 在 $\boldsymbol{x}$ 沿任何方向都是 Gateaux 可微的,则说 $\boldsymbol{f}$ 在 $\boldsymbol{x}$ 是 Gateaux 可微的,算子(映射)

$$D\boldsymbol{f}(\boldsymbol{x}): R^n \to R^m$$

称为 $\boldsymbol{f}$ 在 $\boldsymbol{x}$ 的 **Gateaux 导数**.

例 1 设 $f: R^n \to R, \boldsymbol{e}_i \in R^n$ 是单位坐标向量,则

$$\boldsymbol{x} = [x_1, \cdots, x_n]^{\mathrm{T}} = x_1\boldsymbol{e}_1 + \cdots + x_n\boldsymbol{e}_n,$$

$$\begin{aligned} \boldsymbol{x} + t\boldsymbol{e}_i &= x_1\boldsymbol{e}_1 + \cdots + (x_i + t)\boldsymbol{e}_i + \cdots + x_n\boldsymbol{e}_n \\ &= [x_1, \cdots, x_{i-1}, x_i + t, x_{i+1}, \cdots, x_n]^{\mathrm{T}}. \end{aligned}$$

于是

$$Df(\boldsymbol{x})(\boldsymbol{e}_i)=\lim_{t\to 0}\frac{f(\boldsymbol{x}+t\boldsymbol{e}_i)-f(\boldsymbol{x})}{t}$$
$$=\lim_{t\to 0}\frac{f(x_1,\cdots,x_i+t,\cdots,x_n)-f(x_1,\cdots,x_n)}{t},$$

即

$$Df(\boldsymbol{x})(\boldsymbol{e}_i)=\frac{\partial f(\boldsymbol{x})}{\partial x_i}.$$

这就是说,f 在 $\boldsymbol{x}$ 对 x_i 的偏导数是 f 在 $\boldsymbol{x}$ 沿方向 $\boldsymbol{e}_i$ 的 Gateaux 导数.

例 2 设 $f:R^2\to R$ 定义为

$$f(\boldsymbol{x})=\begin{cases}\dfrac{x_1x_2}{x_1^2+x_2^2}, & \boldsymbol{x}=[x_1,x_2]^{\mathrm{T}}\neq\boldsymbol{0};\\ 0, & \boldsymbol{x}=[0,0]^{\mathrm{T}}=\boldsymbol{0},\end{cases}$$

则

$$Df(\boldsymbol{0})(\boldsymbol{\eta})=\lim_{t\to 0}\frac{1}{t}[f(\boldsymbol{0}+t\boldsymbol{\eta})-f(\boldsymbol{0})]=\lim_{t\to 0}\frac{1}{t}f(t\boldsymbol{\eta})$$
$$=\lim_{t\to 0}\frac{1}{t}\ \frac{\eta_1\eta_2}{\eta_1^2+\eta_2^2},\quad \boldsymbol{\eta}=[\eta_1,\eta_2]^{\mathrm{T}}.$$

因此 $Df(\boldsymbol{0})(\boldsymbol{\eta})$存在的充分必要条件为 $\boldsymbol{\eta}=[\eta_1,0]^{\mathrm{T}}$ 或 $\boldsymbol{\eta}=[0,\eta_2]^{\mathrm{T}}$. 但$\left.\dfrac{\partial f}{\partial x_i}\right|_{\boldsymbol{x}=\boldsymbol{0}}=0$, $i=1,2$, f 在 $\boldsymbol{x}=\boldsymbol{0}$的偏导数都存在.

这个例子说明,偏导数存在不是 Gateaux 导数存在的充分条件.

例 3 设 $f:R^2\to R$ 定义为

$$f(\boldsymbol{x})=\begin{cases}\dfrac{x_1x_2^2}{x_1^2+x_2^2}, & \boldsymbol{x}=[x_1,x_2]^{\mathrm{T}}\neq\boldsymbol{0};\\ 0, & \boldsymbol{x}=\boldsymbol{0},\end{cases}$$

则

$$Df(\boldsymbol{0})(\boldsymbol{\eta})=\frac{\eta_1\eta_2^2}{\eta_1^2+\eta_2^2},\quad \boldsymbol{\eta}=[\eta_1,\eta_2]^{\mathrm{T}}.$$

因此

$$Df(\boldsymbol{0})(\boldsymbol{\xi}+\boldsymbol{\eta})\neq Df(\boldsymbol{0})(\boldsymbol{\xi})+Df(\boldsymbol{0})(\boldsymbol{\eta}).$$

即算子 $Df(\boldsymbol{0})$不具可加性. 这个例子说明,在一点的 Gateaux 导数未必是线性算子. 但我们有下面的定理.

定理 1 映射 $\boldsymbol{f}:R^n\to R^m$ 在 $\boldsymbol{x}$ 的 Gateaux 导数 $D\boldsymbol{f}(\boldsymbol{x})$是齐次算子,即

$$D\boldsymbol{f}(\boldsymbol{x})(\alpha\boldsymbol{\eta})=\alpha D\boldsymbol{f}(\boldsymbol{x})(\boldsymbol{\eta}),\ \forall\,\alpha\in R. \tag{1.2}$$

证明 若 $\alpha=0$,据定义 1,(1.2)式显然成立;若 $\alpha\neq 0$,则在(1.1)式中用 $t\alpha$ 代

替 t,便有

$$Df(\boldsymbol{x})(\boldsymbol{\eta})=\lim_{t\to 0}\left[\frac{f(\boldsymbol{x}+t\alpha\boldsymbol{\eta})-f(\boldsymbol{x})}{t\alpha}\right]=\frac{1}{\alpha}Df(\boldsymbol{x})(\alpha\boldsymbol{\eta}).$$

因此(1.2)式亦成立.

有些作者在使用术语"$\boldsymbol{f}$ 在 $\boldsymbol{x}$ 的 Gateaux 的导数"时,意味着 $Df(\boldsymbol{x})$必须是线性算子.此时 $Df(\boldsymbol{x})$可以用一个 $m\times n$ 阶矩阵来表示(参见[11]).

定理 2 若 $f:R^n\to R$ 在 $\boldsymbol{x}\in R^n$ 达到极大值或极小值,且 $Df(\boldsymbol{x})$存在,则 $Df(\boldsymbol{x})=O$(零算子).

证明 若 $\boldsymbol{\eta}\in R^n$ 使 $Df(\boldsymbol{x})(\boldsymbol{\eta})>0$,则对足够接近于 0 的 t,有

$$\frac{f(\boldsymbol{x}+t\boldsymbol{\eta})-f(\boldsymbol{x})}{t}>0.$$

因此,若 $t>0$,则 $f(\boldsymbol{x}+t\boldsymbol{\eta})>f(\boldsymbol{x})$;若 $t<0$,则 $f(\boldsymbol{x}+t\boldsymbol{\eta})<f(\boldsymbol{x})$.于是 f 在 $\boldsymbol{x}$ 不会取得极值.同理,若 $Df(\boldsymbol{x})(\boldsymbol{\eta})<0$,则 f 在 $\boldsymbol{x}$ 亦不会取得极值.

例 4 设 $f:R^2\to R$ 定义为

$$f(\boldsymbol{x})=\begin{cases}\dfrac{x_1^3}{x_2}, & 若\ x_2\neq 0;\\ 0, & 若\ x_2=0,\end{cases}$$

则 $Df(\boldsymbol{0})(\boldsymbol{\eta})=0$, $\forall\ \boldsymbol{\eta}\in R^2$.因此 $Df(\boldsymbol{0})=O$.但 f 在 $\boldsymbol{x}=\boldsymbol{0}$不连续.

9.1.2 Frechet 导数

设 $f:R\to R$, f 在 $x\in R$ 的导数为 $f'(x)$,则有

$$\lim_{\Delta x\to 0}\frac{f(x+\Delta x)-f(x)-f'(x)\Delta x}{\Delta x}=0.$$

现把它推广到映射 $\boldsymbol{f}:R^n\to R^m$ 的情形.

定义 2 设 $\boldsymbol{f}:R^n\to R^m$, R^n, R^m 都是赋范空间.若存在线性算子 $\boldsymbol{f}'(\boldsymbol{x}):R^n\to R^m$,使得

$$\lim_{\|\Delta \boldsymbol{x}\|\to 0}\frac{\|\boldsymbol{f}(\boldsymbol{x}+\Delta\boldsymbol{x})-\boldsymbol{f}(\boldsymbol{x})-\boldsymbol{f}'(\boldsymbol{x})\Delta\boldsymbol{x}\|}{\|\Delta\boldsymbol{x}\|}=0,\quad \Delta\boldsymbol{x},\boldsymbol{x}\in R^n,\tag{1.3}$$

则称 $\boldsymbol{f}'(\boldsymbol{x})$为映射 $\boldsymbol{f}$ 在 $\boldsymbol{x}$ 的 **Frechet 导数**,且说 $\boldsymbol{f}$ 在 $\boldsymbol{x}$ 是 **Frechet 可微**的.算子

$$\boldsymbol{f}':R^n\to L_1[R^n,R^m]\tag{1.4}$$

称为 $\boldsymbol{f}$ 的 Frechet 导数,它对于 $\boldsymbol{x}\in R^n$,确定了 $\boldsymbol{f}'(\boldsymbol{x})\in L_1[R^n,R^m]$, $L_1[R^n,R^m]$是由 R^n 到 R^m 的一切线性算子构成的赋范线性空间.

注意,(1.4)不意味着 $\boldsymbol{f}'$的定义域是整个空间 R^n.

在 R^n, R^m 空间中,取定基底后, $L_1[R^n,R^m]$的元素可用 $m\times n$ 阶矩阵,例如 $A=[a_{ij}]_{m\times n}$来表示.若在 $L_1[R^n,R^m]$中引进矩阵范数,如

$$\| A \| = \max_{\| x \|_\alpha = 1} \| Ax \|_\beta, \tag{1.5}$$

其中 $\|\cdot\|_\alpha$, $\|\cdot\|_\beta$ 分别为 R^n 和 R^m 中的范数,则 $L_1[R^n, R^m]$ 便是赋范空间.以后若无特别申明,所使用的矩阵范数均指的是按(1.5)式定义的范数.

下面,我们建立 Frechet 导数和 Gateaux 导数之间的关系.

定理 3 假设 $\boldsymbol{f}: R^n \to R^m$ 在 $\boldsymbol{x}$ 为 Frechet 可微,则 $\boldsymbol{f}$ 在 $\boldsymbol{x}$ 必为 Gateaux 可微,且 $D\boldsymbol{f}(\boldsymbol{x}) = \boldsymbol{f}'(\boldsymbol{x})$.

证明 设 $\boldsymbol{f}'(\boldsymbol{x})$ 存在,在(1.3)中以 $t\Delta \boldsymbol{x}$ 代替 $\Delta \boldsymbol{x}$, $t \in R$,则有

$$\lim_{\| t\Delta x \| \to 0} \frac{\| \boldsymbol{f}(\boldsymbol{x} + t\Delta \boldsymbol{x}) - \boldsymbol{f}(\boldsymbol{x}) - \boldsymbol{f}'(\boldsymbol{x})(t\Delta \boldsymbol{x}) \|}{\| t\Delta \boldsymbol{x} \|} = 0, \quad \Delta \boldsymbol{x} \in R^n,$$

即有

$$\lim_{t \to 0} \frac{\left\| \dfrac{\boldsymbol{f}(\boldsymbol{x} + t\Delta \boldsymbol{x}) - \boldsymbol{f}(\boldsymbol{x})}{t} - \boldsymbol{f}'(\boldsymbol{x})(\Delta \boldsymbol{x}) \right\|}{\| \Delta \boldsymbol{x} \|} = 0, \quad \Delta \boldsymbol{x} \in R^n.$$

从而

$$\lim_{t \to 0} \left\| \frac{\boldsymbol{f}(\boldsymbol{x} + t\Delta \boldsymbol{x}) - \boldsymbol{f}(\boldsymbol{x})}{t} - \boldsymbol{f}'(\boldsymbol{x})(\Delta \boldsymbol{x}) \right\| = 0, \quad \Delta \boldsymbol{x} \in R^n, \tag{1.6}$$

故 $D\boldsymbol{f}(\boldsymbol{x})$ 存在,且 $D\boldsymbol{f}(\boldsymbol{x}) = \boldsymbol{f}'(\boldsymbol{x})$.

现在,我们来讨论 Frechet 导数 $\boldsymbol{f}'(\boldsymbol{x})$ 的矩阵表示形式.

设 R^n, R^m 都取自然基, $\boldsymbol{f}: R^n \to R^m$ 在 $\boldsymbol{x} \in R^m$ 为 Frechet 可微.于是,线性算子 $\boldsymbol{f}'(\boldsymbol{x}): R^n \to R^m$ 可以用一个 $m \times n$ 阶矩阵来表示.记

$$\boldsymbol{f}'(\boldsymbol{x}) = \begin{bmatrix} a_{11} & a_{12} & \cdots & a_{1n} \\ a_{21} & a_{22} & \cdots & a_{2n} \\ \vdots & \vdots & & \vdots \\ a_{m1} & a_{m2} & \cdots & a_{mn} \end{bmatrix} = A.$$

据(1.6)式有

$$\lim_{t \to 0} \left\| \frac{f(\boldsymbol{x} + t\boldsymbol{e}_j) - f(\boldsymbol{x})}{t} - A\boldsymbol{e}_j \right\| = 0. \tag{1.7}$$

由于

$$A\boldsymbol{e}_j = \boldsymbol{a}_j = \begin{bmatrix} a_{1j} \\ \vdots \\ a_{mj} \end{bmatrix},$$

将它代入(1.7)式,则有

$$\lim_{t \to 0} \left[\frac{f_i(\boldsymbol{x} + t\boldsymbol{e}_j) - f_i(\boldsymbol{x})}{t} - a_{ij} \right] = 0, \quad i = 1, \cdots, m,$$

即

$$\frac{\partial f_i(\boldsymbol{x})}{\partial x_j} = a_{ij}.$$

故

$$\boldsymbol{f}'(\boldsymbol{x}) = D\boldsymbol{f}(\boldsymbol{x}) = \begin{bmatrix} \frac{\partial f_1(\boldsymbol{x})}{\partial x_1} & \frac{\partial f_1(\boldsymbol{x})}{\partial x_2} & \cdots & \frac{\partial f_1(\boldsymbol{x})}{\partial x_n} \\ \frac{\partial f_2(\boldsymbol{x})}{\partial x_1} & \frac{\partial f_2(\boldsymbol{x})}{\partial x_2} & \cdots & \frac{\partial f_2(\boldsymbol{x})}{\partial x_n} \\ \vdots & \vdots & & \vdots \\ \frac{\partial f_m(\boldsymbol{x})}{\partial x_1} & \frac{\partial f_m(\boldsymbol{x})}{\partial x_2} & \cdots & \frac{\partial f_m(\boldsymbol{x})}{\partial x_n} \end{bmatrix}. \tag{1.8}$$

上式右端是 **Jacobi 矩阵**.

特别,若 $f: R^n \to R$ 在 $\boldsymbol{x} \in R^n$ 为 Frechet 可微,则

$$f'(\boldsymbol{x}) = Df(\boldsymbol{x}) = \left[\frac{\partial f(\boldsymbol{x})}{\partial x_1}, \cdots, \frac{\partial f(\boldsymbol{x})}{\partial x_n}\right] = [\mathrm{grad} f(\boldsymbol{x})]^{\mathrm{T}}. \tag{1.9}$$

$\mathrm{grad} f(\boldsymbol{x})$是 f 的梯度.

若 $\boldsymbol{f}: R \to R^n$ 在 $t \in R$ 为 Frechet 可微,且记

$$\boldsymbol{f}(t) = \begin{bmatrix} f_1(t) \\ \vdots \\ f_n(t) \end{bmatrix},$$

则

$$\boldsymbol{f}'(t) = \begin{bmatrix} \frac{df_1(t)}{dt} \\ \vdots \\ \frac{df_n(t)}{dt} \end{bmatrix} = \lim_{\Delta t \to 0} \frac{\boldsymbol{f}(t + \Delta t) - \boldsymbol{f}(t)}{\Delta t}. \tag{1.10}$$

反之,若(1.10)式右端极限存在,则 $\boldsymbol{f}$ 在 t 为 Frechet 可微.

假设 $\boldsymbol{f}: R^n \to R^m$ 定义为 $\boldsymbol{f}(\boldsymbol{x}) = [f_1(\boldsymbol{x}), \cdots, f_m(\boldsymbol{x})]^{\mathrm{T}}$,其中 $\boldsymbol{x} = [x_1, \cdots, x_n]^{\mathrm{T}}$. 如果 $f_1(\boldsymbol{x}), \cdots, f_m(\boldsymbol{x})$ 在点 $\boldsymbol{x}_0$ 的邻域内关于 $x_1, \cdots, x_n$ 的偏导数 $\frac{\partial f_i(\boldsymbol{x})}{\partial x_j}$ $(i = 1, \cdots, m, j = 1, \cdots, n)$ 都存在,且这些偏导数在 $\boldsymbol{x}_0$ 都连续,则 $\boldsymbol{f}$ 在 $\boldsymbol{x}_0$ Frechet 可微(参见习题 9 第 4、5 题),从而(1.8)式成立.

例 5　设

$$f(x)=\begin{bmatrix} x_1^2+x_2-37 \\ x_1-x_2^2-5 \\ x_1+x_2+x_3-3 \end{bmatrix}$$

记

$$f_1(x)=x_1^2+x_2-37,\quad f_2(x)=x_1-x_2^2-5,\quad f_3(x)=x_1+x_2+x_3-3,$$

则有

$$\frac{\partial f_1(x)}{\partial x_1}=2x_1,\quad \frac{\partial f_1(x)}{\partial x_2}=1,\quad \frac{\partial f_1(x)}{\partial x_3}=0,$$

$$\frac{\partial f_2(x)}{\partial x_1}=1,\quad \frac{\partial f_2(x)}{\partial x_2}=-2x_2,\quad \frac{\partial f_2(x)}{\partial x_3}=0,$$

$$\frac{\partial f_3(x)}{\partial x_1}=1,\quad \frac{\partial f_3(x)}{\partial x_2}=1,\quad \frac{\partial f_3(x)}{\partial x_3}=1.$$

由于这些偏导数在 R^3 中存在且连续，因此 $f(x)$ 是 Frechet 可微的，且据(1.8)式，我们有

$$f'(x)=\begin{bmatrix} 2x_1 & 1 & 0 \\ 1 & -2x_2 & 0 \\ 1 & 1 & 1 \end{bmatrix}.$$

定理 4 设 $f:R^n\to R^m$ 在 $x\in R^n$ 是 Frechet 可微的，则 f 在 x 连续

$$\left(\lim_{\|\Delta x\|\to 0}\|f(x+\Delta x)-f(x)\|=0\right).$$

证明 设 f 在 x Frechet 可微. 据(1.3)式，对任给的 $\varepsilon>0$，存在 $\delta>0$，使得 $\forall\,\Delta x\in R^n$，当 $\|\Delta x\|<\delta$ 时，恒有

$$\|f(x+\Delta x)-f(x)-f'(x)(\Delta x)\|\leqslant\varepsilon\|\Delta x\|,$$

从而

$$\begin{aligned} &\|f(x+\Delta x)-f(x)\|-\|f'(x)\|\,\|(\Delta x)\| \\ \leqslant&\|f(x+\Delta x)-f(x)\|-\|f'(x)(\Delta x)\| \\ \leqslant&\|f(x+\Delta x)-f(x)-f'(x)(\Delta x)\|\leqslant\varepsilon\|\Delta x\|, \end{aligned}$$

因此

$$\|f(x+\Delta x)-f(x)\|\leqslant(\varepsilon+\|f'(x)\|)\|(\Delta x)\|.$$

由此可知，f 在 x 连续.

9.1.3 高阶导数

设 R^n,R^m 都是赋范空间，$f:R^n\to R^m$ 在 R^n 的一个开子集 D 中为 Frechet 可微，则 $f':R^n\to L_1[R^n,R^m]$，$f'(x)\in L_1[R^n,R^m]$. 再设 $L_1[R^n,R^m]$是赋范空间，则可以考虑 f' 在 $x\in D$ 的 Frechet 导数. 若存在线性算子 $f''(x):R^n\to L_1[R^n,$

R^m],使得

$$\lim_{\|\Delta \boldsymbol{x}\|\to 0}\frac{\|\boldsymbol{f}'(\boldsymbol{x}+\Delta\boldsymbol{x})-\boldsymbol{f}'(\boldsymbol{x})-\boldsymbol{f}''(\boldsymbol{x})(\Delta\boldsymbol{x})\|}{\|\Delta\boldsymbol{x}\|}=0,\quad \Delta\boldsymbol{x}\in D,$$

则称 $\boldsymbol{f}''(\boldsymbol{x})$为 $\boldsymbol{f}$ 在 $\boldsymbol{x}$ 的**二阶 Frechet 导数**.因此,$\boldsymbol{f}$ 的二阶 Frechet 导数 $\boldsymbol{f}''$是$\boldsymbol{f}$ 的 Frechet 导数的 Frechet 导数.

由于 $\boldsymbol{f}''(\boldsymbol{x}):R^n\to L_1[R^n,R^m]$是线性算子,因此 $\boldsymbol{f}''(\boldsymbol{x})\in L_1[R^n,L_1[R^n,R^m]]$,$L_1[R^n,L_1[R^n,R^m]]$是由 R^n 到$L_1[R^n,R^m]$的一切线性算子构成的线性空间.注意,$\boldsymbol{f}''(\boldsymbol{x})(\boldsymbol{y})\in L_1[R^n,R^m]$是线性算子,$\boldsymbol{y}\in D\subseteq R^n$,因此 $\boldsymbol{f}''(\boldsymbol{x})(\boldsymbol{y})(\boldsymbol{\eta})\in R^m$,$\boldsymbol{\eta}\in R^n$.

一般地,用 $L_k[R^n,R^m]$表示 $L_1[R^n,L_{k-1}[R^n,R^m]]$,$k=2,3,\cdots$.$\boldsymbol{f}$ 的 **k 阶 Frechet 导数** $\boldsymbol{f}^{(k)}$定义为 $\boldsymbol{f}$ 的$k-1$ 阶 Frechet 导数的 Frechet 导数($k=2,3,\cdots$).可见 $\boldsymbol{f}^{(k)}:R^n\to L_k[R^n,R^m]$,$\boldsymbol{f}^{(k)}(\boldsymbol{x})\in L_k[R^n,R^m]$.

例6　设 $f:R^n\to R$ 存在二阶 Frechet 导数,则

$$f'(\boldsymbol{x})=\left[\frac{\partial f(\boldsymbol{x})}{\partial x_1},\cdots,\frac{\partial f(\boldsymbol{x})}{\partial x_n}\right]=[\mathrm{grad}f(\boldsymbol{x})]^{\mathrm{T}},$$

$$f'(\boldsymbol{x})\in L_1[R^n,R].$$

据二阶 Frechet 导数的定义和(1.6)式,

$$\lim_{t\to 0}\left\|\frac{f'(\boldsymbol{x}+t\Delta\boldsymbol{x})-f'(\boldsymbol{x})}{t}-f''(\boldsymbol{x})(\Delta\boldsymbol{x})\right\|=0,$$

以 $\boldsymbol{e}_i$ 代替 $\Delta\boldsymbol{x}$,有

$$\lim_{t\to 0}\left(\frac{f'(\boldsymbol{x}+t\boldsymbol{e}_i)(\boldsymbol{e}_j)-f'(\boldsymbol{x})(\boldsymbol{e}_j)}{t}-f''(\boldsymbol{x})(\boldsymbol{e}_i)(\boldsymbol{e}_j)\right)=0,$$

$$i,j=1,2,\cdots,n.$$

于是

$$f''(\boldsymbol{x})(\boldsymbol{e}_i)(\boldsymbol{e}_j)=\lim_{t\to 0}\frac{f'(\boldsymbol{x}+t\boldsymbol{e}_i)(\boldsymbol{e}_j)-f'(\boldsymbol{x})(\boldsymbol{e}_j)}{t},$$

而

$$f'(\boldsymbol{x}+t\boldsymbol{e}_i)(\boldsymbol{e}_j)=\frac{\partial f(\boldsymbol{x}+t\boldsymbol{e}_i)}{\partial x_j},$$

$$f'(\boldsymbol{x})(\boldsymbol{e}_j)=\frac{\partial f(\boldsymbol{x})}{\partial x_j},$$

因此

$$f''(\boldsymbol{x})(\boldsymbol{e}_i)(\boldsymbol{e}_j)=\frac{\partial^2 f(\boldsymbol{x})}{\partial x_j\partial x_i}.$$

令

$$\boldsymbol{\xi} = \sum_{i=1}^{n} \xi_i \boldsymbol{e}_i, \qquad \boldsymbol{\eta} = \sum_{j=1}^{n} \eta_i \boldsymbol{e}_j,$$

$\boldsymbol{\xi}, \boldsymbol{\eta} \in R^n$,则

$$f''(\boldsymbol{x})(\boldsymbol{\xi})(\boldsymbol{\eta}) = f''(\boldsymbol{x})\Big(\sum_{i=1}^{n} \zeta_i \boldsymbol{e}_i\Big)\Big(\sum_{j=1}^{n} \eta_j \boldsymbol{e}_j\Big)$$
$$= \sum_{i,j=1}^{n} \zeta_i \eta_j \frac{\partial^2 f(\boldsymbol{x})}{\partial x_j \partial x_i} = \boldsymbol{\eta}^{\mathrm{T}} \boldsymbol{H}_f(\boldsymbol{x}) \boldsymbol{\xi}, \qquad (1.11)$$

其中 $H_f(\boldsymbol{x})$是 $n \times n$ 阶 **Hessian 矩阵**:

$$H_f(\boldsymbol{x}) = \begin{bmatrix} \dfrac{\partial^2 f(\boldsymbol{x})}{\partial x_1^2} & \dfrac{\partial^2 f(\boldsymbol{x})}{\partial x_1 x_2} & \cdots & \dfrac{\partial^2 f(\boldsymbol{x})}{\partial x_1 \partial x_n} \\ \dfrac{\partial^2 f(\boldsymbol{x})}{\partial x_2 \partial x_1} & \dfrac{\partial^2 f(\boldsymbol{x})}{\partial x_2^2} & \cdots & \dfrac{\partial^2 f(\boldsymbol{x})}{\partial x_2 \partial x_n} \\ \vdots & \vdots & & \vdots \\ \dfrac{\partial^2 f(\boldsymbol{x})}{\partial x_n x_1} & \dfrac{\partial^2 f(\boldsymbol{x})}{\partial x_n x_2} & \cdots & \dfrac{\partial^2 f(\boldsymbol{x})}{\partial x_n^2} \end{bmatrix}.$$

例 7 设 $\boldsymbol{f}: R^n \to R^m$ 存在二阶 Frechet 导数. 令

$$\boldsymbol{f}(\boldsymbol{x}) = \begin{bmatrix} f_1(\boldsymbol{x}) \\ \vdots \\ f_m(\boldsymbol{x}) \end{bmatrix}, \qquad \boldsymbol{x} = \begin{bmatrix} x_1 \\ \vdots \\ x_n \end{bmatrix} \in R^n,$$

则

$$\boldsymbol{f}'(\boldsymbol{x}) \in L_1[R^n, R^m], \quad \boldsymbol{f}''(\boldsymbol{x}) \in L_1[R^n, L_1[R^n, R^m]] (= L_2[R^n, R^m]).$$

若 $\boldsymbol{\xi}, \boldsymbol{\eta} \in R^n$,则

$$\boldsymbol{f}''(\boldsymbol{x})(\boldsymbol{\xi}) \in L_1[R^n, R^m], \quad \boldsymbol{f}''(\boldsymbol{x})(\boldsymbol{\xi})(\boldsymbol{\eta}) \in R^m.$$

据例 6,我们有

$$\boldsymbol{f}''(\boldsymbol{x})(\boldsymbol{\xi})(\boldsymbol{\eta}) = [\boldsymbol{\eta}^{\mathrm{T}} H_1(\boldsymbol{x}) \boldsymbol{\xi}, \cdots, \boldsymbol{\eta}^{\mathrm{T}} H_m(\boldsymbol{x}) \boldsymbol{\xi}]^{\mathrm{T}}, \qquad (1.12)$$

其中 $H_1(\boldsymbol{x}), \cdots, H_m(\boldsymbol{x})$分别为 $f_1(\boldsymbol{x}), \cdots, f_m(\boldsymbol{x})$的 Hessian 矩阵.

9.1.4 Riemann 积分

设 $\boldsymbol{f}: [0,1] \subset R \to R^m$, R^m 为赋范空间,我们用分法 P,将$[0,1]$分成 n 个小区间:

$$P = \{[t_0, t_1], \cdots, [t_{n-1}, t_n]\},$$

其中

$$0 = t_0 < t_1 < \cdots < t_{n-1} < t_n = 1.$$

记

$$|P| = \max_i \Delta t_i, \quad \Delta t_i = t_i - t_{i-1},$$

作和

$$\boldsymbol{S}(P,\boldsymbol{f}) = \sum_{i=1}^{n} \boldsymbol{f}(t_i')\Delta t_i, \quad t_i' \in [t_{i-1}, t_i],$$

则 $\boldsymbol{S}(P,\boldsymbol{f}) \in R^m$.

定义 3 假设有一个向量 $\boldsymbol{J} \in R^m$，若对任给 $\varepsilon > 0$，存在 $\delta > 0$，使得对任意的分法 P，当 $|P| < \delta$ 时，有

$$\| \boldsymbol{J} - \boldsymbol{S}(P,\boldsymbol{f}) \| < \varepsilon,$$

则称 $\boldsymbol{J}$ 为 $\boldsymbol{f}$ 在 $[0,1]$ 上的 **Riemann 积分**，记作 $\int_0^1 \boldsymbol{f}(t)\mathrm{d}t$，即

$$\boldsymbol{J} = \int_0^1 \boldsymbol{f}(t)\mathrm{d}t.$$

假设

$$\boldsymbol{f}(t) = [f_1(t), \cdots, f_m(t)]^{\mathrm{T}}.$$

显然，若 $\int_0^1 f_1(t)\mathrm{d}t, \cdots, \int_0^1 f_m(t)\mathrm{d}t$ 都存在，则

$$\int_0^1 \boldsymbol{f}(t)\mathrm{d}t = \begin{bmatrix} \int_0^1 f_1(t)\mathrm{d}t \\ \vdots \\ \int_0^1 f_m(t)\mathrm{d}t \end{bmatrix}. \tag{1.13}$$

因此，若 $\boldsymbol{f}(t)$ 在 $[0,1]$ 上连续，从而 $f_1(t), \cdots, f_m(t)$ 都连续，则积分 $\int_0^1 \boldsymbol{f}(t)\mathrm{d}t$ 存在，且(1.13)式成立.

定义 4 假设 $\boldsymbol{f}: R^n \to R^m$，$R^n, R^m$ 都是赋范空间. 给定 $\boldsymbol{x}_0, \boldsymbol{x}_1 \in R^n$，若积分

$$\int_0^1 \boldsymbol{f}(\boldsymbol{x}_0 + t(\boldsymbol{x}_1 - \boldsymbol{x}_0))\mathrm{d}t \tag{1.14}$$

存在，则称它为 $\boldsymbol{f}$ 从 $\boldsymbol{x}_0$ 到 $\boldsymbol{x}_1$ 的 **Riemann 积分**.

设 $\boldsymbol{f}: R^n \to R^m$ 连续，则它在 $\{\boldsymbol{x}_0 + t(\boldsymbol{x}_1 - \boldsymbol{x}_0) \mid 0 \leqslant t \leqslant 1\}$ 连续，从而积分 $\int_0^1 \boldsymbol{f}(\boldsymbol{x}_0 + (\boldsymbol{x}_1 - \boldsymbol{x}_0))\mathrm{d}t$ 存在.

定理 5 设 $\boldsymbol{f}: R^n \to R^m$，给定 $\boldsymbol{x}_0, \boldsymbol{x}_1 \in R^n$. 若存在 $\varphi: [0,1] \to R$ 使得

$$\| \boldsymbol{f}(\boldsymbol{x}_0 + t(\boldsymbol{x}_1 - \boldsymbol{x}_0)) \| \leqslant \varphi(t), \quad 0 \leqslant t \leqslant 1,$$

则

$$\left\| \int_0^1 \boldsymbol{f}(\boldsymbol{x}_0 + t(\boldsymbol{x}_1 - \boldsymbol{x}_0))\mathrm{d}t \right\| \leqslant \int_0^1 \varphi(t)\mathrm{d}t, \tag{1.15}$$

此处,假设上述积分都存在.

证明 对区间[0,1]的任一分法 P,有

$$\| \boldsymbol{S}(P,\boldsymbol{f}) \| \leqslant \sum_{i=1}^{n} \| \boldsymbol{f}(\boldsymbol{x}_0 + t_i'(\boldsymbol{x}_1 - \boldsymbol{x}_0)) \| \Delta t_i$$
$$\leqslant \sum_{i=1}^{n} \varphi(t_i')\Delta t_i = S(P,\varphi).$$

由此立即可得到不等式(1.15).

特别地,有不等式:

$$\left\| \int_0^1 \boldsymbol{f}(\boldsymbol{x}_0 + t(\boldsymbol{x}_1 - \boldsymbol{x}_0))\mathrm{d}t \right\| \leqslant \int_0^1 \| \boldsymbol{f}(\boldsymbol{x}_0 + t(\boldsymbol{x}_1 - \boldsymbol{x}_0)) \| \mathrm{d}t. \quad (1.16)$$

我们应该注意,在使用 Frechet 导数时,一般说来,微分形式的中值定理并不成立.这就是说,假设 $\boldsymbol{f}: R^n \to R^m$ 在 $S = \{\boldsymbol{x} \mid \| \boldsymbol{x} - \boldsymbol{x}_0 \| < \delta, \delta > 0\}$ 中 Frechet 可微,一般说来,不存在 $t \in (0,1)$ 使得

$$\boldsymbol{f}(\boldsymbol{y}) - \boldsymbol{f}(\boldsymbol{x}) = \boldsymbol{f}'(\boldsymbol{x} + t(\boldsymbol{y} - \boldsymbol{x}))(\boldsymbol{y} - \boldsymbol{x}), \boldsymbol{x}, \boldsymbol{y} \in S. \quad (1.17)$$

但若 $f: R^n \to R$ 在 S 中 Frechet 可微,则对任何 $\boldsymbol{x}, \boldsymbol{y} \in S$,存在 $t \in (0,1)$ 使得

$$f(\boldsymbol{y}) - f(\boldsymbol{x}) = f'(\boldsymbol{x} + t(\boldsymbol{y} - \boldsymbol{x}))(\boldsymbol{y} - \boldsymbol{x}).$$

事实上,给定 $\boldsymbol{x}, \boldsymbol{y} \in S$,令

$$\varphi(s) = f(\boldsymbol{x} + s(\boldsymbol{y} - \boldsymbol{x})),$$

则

$$\varphi'(s) = \lim_{\Delta s \to 0} \frac{\varphi(s + \Delta s) - \varphi(s)}{\Delta s}$$
$$= \lim_{\Delta s \to 0} \frac{f(\boldsymbol{x} + s(\boldsymbol{y} - \boldsymbol{x}) + \Delta s(\boldsymbol{y} - \boldsymbol{x})) - f(\boldsymbol{x} + s(\boldsymbol{y} - \boldsymbol{x}))}{\Delta s}$$
$$= Df(\boldsymbol{x} + s(\boldsymbol{y} - \boldsymbol{x}))(\boldsymbol{y} - \boldsymbol{x})$$
$$= f'(\boldsymbol{x} + s(\boldsymbol{y} - \boldsymbol{x}))(\boldsymbol{y} - \boldsymbol{x}), \forall s \in (0,1).$$

因此

$$f(\boldsymbol{y}) - f(\boldsymbol{x}) = \varphi(1) - \varphi(0) = \varphi'(t)$$
$$= f'(\boldsymbol{x} + t(\boldsymbol{y} - \boldsymbol{x}))(\boldsymbol{y} - \boldsymbol{x}).$$

设 $\boldsymbol{f}: R^n \to R^m$ 在 S 为 Frechet 可微.令

$$\boldsymbol{f}(\boldsymbol{x}) = [f_1(\boldsymbol{x}), \cdots, f_m(\boldsymbol{x})]^{\mathrm{T}}, \quad f_i(\boldsymbol{x}) \in R,$$

则 $f_i(\boldsymbol{x})$在 S 为 Frechet 可微,$i = 1, \cdots, m$.从而有

$$f_i(\boldsymbol{y}) - f_i(\boldsymbol{x}) = f_i'(\boldsymbol{x} + t_i(\boldsymbol{y} - \boldsymbol{x}))(\boldsymbol{y} - \boldsymbol{x}),$$
$$\boldsymbol{x}, \boldsymbol{y} \in S, \quad t_i \in (0,1), \quad i = 1, \cdots, m.$$

因此

$$\boldsymbol{f}(\boldsymbol{y}) - \boldsymbol{f}(\boldsymbol{x}) = [f_1(\boldsymbol{y}) - f_1(\boldsymbol{x}), \cdots, f_m(\boldsymbol{y}) - f_m(\boldsymbol{x})]^{\mathrm{T}}$$

$$= \begin{bmatrix} f_1'(\boldsymbol{x}+t_1(\boldsymbol{y}-\boldsymbol{x}))(\boldsymbol{y}-\boldsymbol{x}) \\ \vdots \\ f_m'(\boldsymbol{x}+t_m(\boldsymbol{y}-\boldsymbol{x}))(\boldsymbol{y}-\boldsymbol{x}) \end{bmatrix}.$$

当 $i \neq j$ 时,一般地,$t_i \neq t_j$.因此一般地不存在 $t \in (0,1)$ 使(1.17)式成立.

设 $M \subset R^n$ 是 R^n 中的一个集合.若对任意的向量 $\boldsymbol{x}, \boldsymbol{y} \in M$,恒有

$$(1-\lambda)\boldsymbol{x}+\lambda\boldsymbol{y} \in M,$$

其中 $\lambda \in [0,1]$,则称 M 为一个**凸集**.

我们有下面的积分形式的中值定理.

定理6　设 $\boldsymbol{f}: D \subseteq R^n \to R^m$ 在凸集 $D_0 \subset D$ 中每一点都是 Frechet 可微的,且 $\boldsymbol{f}'$ 在 D_0 上连续,则

$$\boldsymbol{f}(\boldsymbol{y}) - \boldsymbol{f}(\boldsymbol{x}) = \int_0^1 \boldsymbol{f}'(\boldsymbol{x}+t(\boldsymbol{y}-\boldsymbol{x}))(\boldsymbol{y}-\boldsymbol{x})\mathrm{d}t, \quad \forall\, \boldsymbol{x}, \boldsymbol{y} \in D_0. \tag{1.18}$$

证明　令

$$\boldsymbol{g}(t) = \boldsymbol{f}(\boldsymbol{x}+t(\boldsymbol{y}-\boldsymbol{x})),$$

则

$$\begin{aligned} \boldsymbol{g}'(t) &= \lim_{\Delta t \to 0} \frac{\boldsymbol{g}(t+\Delta t)-\boldsymbol{g}(t)}{\Delta t} \\ &= \lim_{\Delta t \to 0} \frac{\boldsymbol{f}(\boldsymbol{x}+t(\boldsymbol{y}-\boldsymbol{x})+\Delta t(\boldsymbol{y}-\boldsymbol{x}))-\boldsymbol{f}(\boldsymbol{x}+t(\boldsymbol{y}-\boldsymbol{x}))}{\Delta t} \\ &= D\boldsymbol{f}(\boldsymbol{x}+t(\boldsymbol{y}-\boldsymbol{x}))(\boldsymbol{y}-\boldsymbol{x}) = \boldsymbol{f}'(\boldsymbol{x}+t(\boldsymbol{y}-\boldsymbol{x}))(\boldsymbol{y}-\boldsymbol{x}). \end{aligned}$$

考虑区间[0,1]的分法:

$$P_n = \left\{\left[0, \frac{1}{n}\right], \cdots, \left[\frac{n-1}{n}, 1\right]\right\},$$

即有

$$t_i = (i-1)\frac{1}{n}, \quad \Delta t_i = \frac{1}{n},$$

则

$$\boldsymbol{g}(1) - \boldsymbol{g}(0) - \sum_{i=1}^n \boldsymbol{g}'(t_i)\Delta t_i = \sum_{i=1}^n [\boldsymbol{g}(t_i+\Delta t_i) - \boldsymbol{g}(t_i) - \boldsymbol{g}'(t_i)\Delta t_i].$$

据导数定义,对任意给定的 $\varepsilon > 0$,存在自然数 N_0,使得当 $n \geqslant N_0$ 时,有

$$\| \boldsymbol{g}(t_i+\Delta t_i) - \boldsymbol{g}(t_i) - \boldsymbol{g}'(t_i)\Delta t_i \| < \frac{\varepsilon}{2n},$$

因此

$$\| \boldsymbol{g}(1) - \boldsymbol{g}(0) - \sum_{i=1}^n \boldsymbol{g}'(t_i)\Delta t_i \| < \frac{\varepsilon}{2}, \quad n \geqslant N_0.$$

另一方面,据定理假设,f' 在 D_0 上连续,易知 g' 在$[0,1]$上连续,从而积分 $\int_0^1 g'(t)\mathrm{d}t$ 存在.因此,存在自然数 N_1,使得

$$\left\| \sum_{i=1}^{n} g'(t_i)\Delta t_i - \int_0^1 g'(t)\mathrm{d}t \right\| < \frac{\varepsilon}{2}, \quad n \geqslant N_1.$$

因此有

$$\| g(1) - g(0) - \int_0^1 g'(t)\mathrm{d}t \| < \varepsilon, \quad n \geqslant \max(N_0, N_1).$$

定理得证.

定理 7 设 $f: D \subseteq R^n \to R^m$ 在凸集 $D_0 \subset D$ 上处处 Frechet 可微,且存在常数 γ,使得

$$\| f'(y) - f'(x) \| \leqslant \gamma \| y - x \|, \quad \forall x, y \in D_0, \tag{1.19}$$

则对一切 $x, y \in D_0$,有

$$\| f(y) - f(x) - f'(x)(y - x) \| \leqslant \frac{\gamma}{2} \| y - x \|^2. \tag{1.20}$$

证明 据定理条件(1.19)知 f' 在 D_0 上连续.因此,据定理 6,有

$$\begin{aligned}
&\| f(y) - f(x) - f'(x)(y - x) \| \\
&= \left\| \int_0^1 f'(x + t(y - x))(y - x)\mathrm{d}t - f'(x)(y - x) \right\| \\
&= \left\| \int_0^1 (f'(x + t(y - x)) - f'(x))(y - x)\mathrm{d}t \right\| \\
&\leqslant \int_0^1 \| (f'(x + t(y - x)) - f'(x))(y - x) \| \mathrm{d}t \\
&\leqslant \int_0^1 \| f'(x + t(y - x)) - f'(x) \| \, \| y - x \| \mathrm{d}t \\
&\leqslant \gamma \| y - x \|^2 \int_0^1 t\mathrm{d}t = \frac{\gamma}{2} \| y - x \|^2.
\end{aligned}$$

9.2 不动点迭代

现在,我们来讨论非线性方程组

$$\begin{cases} f_1(x_1, x_2, \cdots, x_n) = 0, \\ f_2(x_1, x_2, \cdots, x_n) = 0, \\ \cdots\cdots\cdots\cdots \\ f_n(x_1, x_2, \cdots, x_n) = 0 \end{cases} \tag{2.1}$$

的数值解法,此处 $f_i(x_1, x_2, \cdots, x_n)(i = 1, \cdots, n)$是实变元 $x_1, x_2, \cdots, x_n$ 的非线

性实值函数. 将方程组(2.1)表示成

$$\boldsymbol{f}(\boldsymbol{x}) = \boldsymbol{0}, \tag{2.2}$$

其中

$$\boldsymbol{x} = \begin{bmatrix} x_1 \\ x_2 \\ \vdots \\ x_n \end{bmatrix}, \quad \boldsymbol{f}(\boldsymbol{x}) = \begin{bmatrix} f_1(x_1,\cdots,x_n) \\ f_2(x_1,\cdots,x_n) \\ \vdots \\ f_n(x_1,\cdots,x_n) \end{bmatrix} = \begin{bmatrix} f_1(\boldsymbol{x}) \\ f_2(\boldsymbol{x}) \\ \vdots \\ f_n(\boldsymbol{x}) \end{bmatrix}.$$

$\boldsymbol{x}\in R^n$, $\boldsymbol{f}: R^n \to R^n$, $\boldsymbol{f}(\boldsymbol{x})\in R^n$, R^n 为赋范空间.

我们将第 2 章中介绍的 Newton 法推广到解非线性方程组(2.2). 设 $\boldsymbol{f}: R^n \to R^n$ 在 $\boldsymbol{x}_0 \in R^n$ 是 Frechet 可微的, 则

$$\lim_{\|\Delta \boldsymbol{x}\| \to 0} \frac{\|\boldsymbol{f}(\boldsymbol{x}_0 + \Delta\boldsymbol{x}) - \boldsymbol{f}(\boldsymbol{x}_0) - \boldsymbol{f}'(\boldsymbol{x}_0)(\Delta\boldsymbol{x})\|}{\|\Delta\boldsymbol{x}\|} = 0,$$

从而有

$$\boldsymbol{f}(\boldsymbol{x}_0 + \Delta\boldsymbol{x}) \simeq \boldsymbol{f}(\boldsymbol{x}_0) + \boldsymbol{f}'(\boldsymbol{x}_0)(\Delta\boldsymbol{x}).$$

设 $\boldsymbol{x}^*$ 是非线性方程组 $\boldsymbol{f}(\boldsymbol{x}) = \boldsymbol{0}$ 的一个解, $\boldsymbol{x}_0$ 是 $\boldsymbol{x}^*$ 的一个近似. 令 $\Delta\boldsymbol{x} = \boldsymbol{x}^* - \boldsymbol{x}_0$, 则

$$\boldsymbol{f}(\boldsymbol{x}_0) + \boldsymbol{f}'(\boldsymbol{x}_0)(\boldsymbol{x}^* - \boldsymbol{x}_0) \simeq \boldsymbol{0}.$$

现考虑线性方程组

$$\boldsymbol{f}(\boldsymbol{x}_0) + \boldsymbol{f}'(\boldsymbol{x}_0)(\boldsymbol{x} - \boldsymbol{x}_0) = \boldsymbol{0}.$$

若 $\boldsymbol{f}'(\boldsymbol{x}_0)$ 非奇异, 则它有唯一解, 设其为 $\boldsymbol{x}_1$, 则

$$\boldsymbol{x}_1 = \boldsymbol{x}_0 - [\boldsymbol{f}'(\boldsymbol{x}_0)]^{-1}\boldsymbol{f}(\boldsymbol{x}_0).$$

这样, 我们可以用 $\boldsymbol{x}_1$ 作为 $\boldsymbol{x}^*$ 的近似, 若 $\boldsymbol{f}$ 在 $\boldsymbol{x}_1$ 为 Frechet 可微, 则可考虑线性方程组

$$\boldsymbol{f}(\boldsymbol{x}_1) + \boldsymbol{f}'(\boldsymbol{x}_1)(\boldsymbol{x} - \boldsymbol{x}_1) = \boldsymbol{0}.$$

更设 $\boldsymbol{f}'(\boldsymbol{x}_1)$ 非奇异, 则可令

$$\boldsymbol{x}_2 = \boldsymbol{x}_1 - [\boldsymbol{f}'(\boldsymbol{x}_1)]^{-1}\boldsymbol{f}(\boldsymbol{x}_1).$$

作为 $\boldsymbol{x}^*$ 的近似. 仿此, 一般地, 令

$$\boldsymbol{x}_{k+1} = \boldsymbol{x}_k - [\boldsymbol{f}'(\boldsymbol{x}_k)]^{-1}\boldsymbol{f}(\boldsymbol{x}_k), \quad k = 0,1,2,\cdots. \tag{2.3}$$

这就是解非线性方程组(2.2)的 **Newton 法**的迭代公式.

类似于第 2 章所述, 解非线性方程组(2.2)的一般迭代公式可表示成

$$\boldsymbol{x}_{k+1} = \boldsymbol{\psi}_k(\boldsymbol{x}_{k-r}, \boldsymbol{x}_{k-r+1}, \cdots, \boldsymbol{x}_k), \quad k = r, r+1, \cdots, \tag{2.4}$$

其中 $\boldsymbol{x}_0, \boldsymbol{x}_1, \cdots, \boldsymbol{x}_r$ 为方程组(2.2)的一组解的初始近似向量, $\boldsymbol{\psi}_k(\boldsymbol{x}_{k-r}, \boldsymbol{x}_{k-r+1}, \cdots, \boldsymbol{x}_k)$ 称为**迭代函数**(它是向量值函数). 由(2.4)产生的序列 $\{\boldsymbol{x}_k\}$ 称为**迭**

代序列.

最常用的迭代公式是在(2.4)中取 $r=0$,且 $\boldsymbol{\psi}_k=\boldsymbol{\varphi}$.此时,迭代公式可表示成

$$\boldsymbol{x}_{k+1} = \boldsymbol{\varphi}(\boldsymbol{x}_k), \quad k = 0,1,2,\cdots, \tag{2.5}$$

其中 $\boldsymbol{\varphi}: R^n \rightarrow R^n$ 为映射.例如,在 Newton 法(2.3)中,

$$\boldsymbol{\varphi}(\boldsymbol{x}) = \boldsymbol{x} - [\boldsymbol{f}'(\boldsymbol{x})]^{-1}\boldsymbol{f}(\boldsymbol{x}).$$

对于非线性方程组的迭代解法,首先应该保证迭代序列是**完全确定的**,例如,在 Newton 法(2.3)中,要保证 $\boldsymbol{x}_k(k=0,1,2,\cdots)$都在 $\boldsymbol{f}$ 的定义域中,$\boldsymbol{f}$ 在每一点 $\boldsymbol{x}_k$ 处 Frechet 导数 $\boldsymbol{f}'(\boldsymbol{x}_k)$都存在,且 $\boldsymbol{f}'(\boldsymbol{x}_k)$都非奇异.

解非线性方程组要比解线性方程组复杂得多.在讨论迭代法的收敛性时,不能像解线性方程组那样,要求一种迭代法产生的迭代序列$\{\boldsymbol{x}_k\}$对于 R^n 中任意取的初始近似,都收敛于方程组(2.2)的解.我们分下面三种情形来讨论收敛性.

(1) 假设方程组(2.2)有一个解 $\boldsymbol{x}^*$ 存在,且有 $\boldsymbol{x}^*$ 的一个邻域 U 使得 U 中任何一组初始近似向量,迭代序列$\{\boldsymbol{x}_k\}$都是完全确定的,$\boldsymbol{x}_k \in U, k=0,1,\cdots$,并且收敛于 $\boldsymbol{x}^*$.这种收敛性称为**局部收敛性**.

(2) 不假定方程组(2.2)的解存在,但从 R^n 中满足一定条件的某一开(闭)集 U 中任意的初始近似向量出发,迭代序列$\{\boldsymbol{x}_k\}$是完全确定的,$\boldsymbol{x}_k \in U, k=0,1,\cdots$,且收敛于 $\boldsymbol{x}^*$,$\boldsymbol{x}^*$ 是方程组(2.2)的一个解,这种收敛性称为**半局部收敛性**.

(3) 不假定方程组的解存在,但从 R^n 或至少 R^n 的大范围区域中任意向量出发,迭代序列$\{\boldsymbol{x}_k\}$都收敛于 $\boldsymbol{x}^*$,且 $\boldsymbol{x}^*$ 是方程组(2.2)的解.这种收敛性称为**大范围收敛性**.

为了讨论迭代法的收敛速度,我们引进收敛阶数的概念.

假设一种迭代法产生的迭代序列$\{\boldsymbol{x}_k\}$(局部,半局部或大范围)收敛于方程组(2.2)的一个解,并且存在一个正常数 C 使得不等式

$$\| \boldsymbol{x}_{k+1} - \boldsymbol{x}^* \| \leqslant C \| \boldsymbol{x}_k - \boldsymbol{x}^* \|^p, \quad k = 0,1,2,\cdots \tag{2.6}$$

成立,其中当 $p=1$ 时,$0<C<1$,称该迭代法(或$\{\boldsymbol{x}_k\}$)至少为 $\boldsymbol{p}$ **阶收敛**.特别地,对 $p=1$,则称该迭代法为至少 Q-**线性收敛**,或至少**线性收敛**.

若迭代序列$\{\boldsymbol{x}_k\}$收敛于 $\boldsymbol{x}^*$,且存在收敛于零的数列$\{\alpha_k\}$,使得

$$\| \boldsymbol{x}_{k+1} - \boldsymbol{x}^* \| \leqslant \alpha_k \| \boldsymbol{x}_k - \boldsymbol{x}^* \|, \quad k = 0,1,2,\cdots, \tag{2.7}$$

则称该迭代法为 Q-**超线性收敛**.

现在,我们来讨论迭代法(2.5)的收敛性和收敛速度问题.

若存在 $\boldsymbol{x}^* \in R^n$,使得

$$\boldsymbol{x}^* = \boldsymbol{\varphi}(\boldsymbol{x}^*),$$

则称 $\boldsymbol{x}^*$ 为映射 $\boldsymbol{\varphi}: R^n \rightarrow R^n$ 的一个不动点.例如,$\varphi: R \rightarrow R$ 定义为

$$\varphi(x) = x^2,$$

它有两个不动点 $x=0$ 和 $x=1$. 解非线性方程组与求不动点之间有着密切的联系. 例如,考虑非线性方程组

$$\boldsymbol{f}(\boldsymbol{x})-\boldsymbol{y}=\boldsymbol{0}, \tag{2.8}$$

其中 $\boldsymbol{f}: R^n \to R^n, \boldsymbol{x}, \boldsymbol{y} \in R^n$, $\boldsymbol{y}$ 为 R^n 的一个固定向量. 设映射 $\boldsymbol{\varphi}: R^n \to R^n$ 定义为

$$\boldsymbol{\varphi}(\boldsymbol{x})=\boldsymbol{x}+\boldsymbol{f}(\boldsymbol{x})-\boldsymbol{y}. \tag{2.9}$$

显然, $\boldsymbol{x}^*$ 是方程组(2.8)的一个解的充分必要条件为 $\boldsymbol{x}^*$ 是映射(2.9)的一个不动点. 又例如,方程组(2.2)与映射 $\boldsymbol{\varphi}: R^n \to R^n$:

$$\boldsymbol{\varphi}(\boldsymbol{x})=\boldsymbol{x}-[\boldsymbol{f}'(\boldsymbol{x})]^{-1}\boldsymbol{f}(\boldsymbol{x}). \tag{2.10}$$

若 $\boldsymbol{f}'(\boldsymbol{x})$ 非奇异,则方程组(2.2)的解与映射(2.10)的不动点相同. 因此,若方程组(2.2)的解与某一映射 $\boldsymbol{\varphi}: R^n \to R^n$ 的不动点相同,则可将方程组的求解问题化为求映射 $\boldsymbol{\varphi}$ 的不动点,而求 $\boldsymbol{\varphi}$ 的不动点可以用迭代公式(2.5). (2.5)称为**不动点迭代**.

定理 1 设 $\boldsymbol{\varphi}: R^n \to R^n$ 有一个不动点 $\boldsymbol{x}^*$,若存在一个开球

$$S_r(\boldsymbol{x}^*)=\{\boldsymbol{x} \mid \|\boldsymbol{x}-\boldsymbol{x}^*\|<r, r>0\}$$

使得

$$\|\boldsymbol{\varphi}(\boldsymbol{x})-\boldsymbol{\varphi}(\boldsymbol{x}^*)\| \leqslant C\|\boldsymbol{x}-\boldsymbol{x}^*\|, \quad 0<C<1, \forall \boldsymbol{x} \in S_r(\boldsymbol{x}^*), \tag{2.11}$$

则对任意的初始近似 $\boldsymbol{x}_0 \in S_r(\boldsymbol{x}^*)$,由迭代公式(2.5)产生的序列 $\{\boldsymbol{x}_k\}$ 具有下列性质:

(1) 对一切 $k=0,1,2,\cdots, \boldsymbol{x}_k \in S_r(\boldsymbol{x}^*)$;

(2) $\lim\limits_{k\to\infty}\boldsymbol{x}_k=\boldsymbol{x}^*$;

(3) 序列 $\{\boldsymbol{x}_k\}$ 至少为线性收敛.

证明 由于 $\boldsymbol{x}_0 \in S_r(\boldsymbol{x}^*)$,据(2.5)和(2.11)式有

$$\|\boldsymbol{x}_1-\boldsymbol{x}^*\|=\|\boldsymbol{\varphi}(\boldsymbol{x}_0)-\boldsymbol{\varphi}(\boldsymbol{x}^*)\| \leqslant C\|\boldsymbol{x}_0-\boldsymbol{x}^*\|<r,$$

因此, $\boldsymbol{x}_1 \in S_r(\boldsymbol{x}^*)$. 现设 $\boldsymbol{x}_k \in S_r(\boldsymbol{x}^*)$,则由

$$\begin{aligned}\|\boldsymbol{x}_{k+1}-\boldsymbol{x}^*\| &= \|\boldsymbol{\varphi}(\boldsymbol{x}_k)-\boldsymbol{\varphi}(\boldsymbol{x}^*)\| \leqslant C\|\boldsymbol{x}_k-\boldsymbol{x}^*\| \\ &\leqslant \cdots \leqslant C^{k+1}\|\boldsymbol{x}_0-\boldsymbol{x}^*\|<r\end{aligned} \tag{2.12}$$

知, $\boldsymbol{x}_{k+1} \in S_r(\boldsymbol{x}^*)$. 从而证得,对一切 $k=0,1,2,\cdots, \boldsymbol{x}_k \in S_r(\boldsymbol{x}^*)$,而且,据(2.12)式,由于 $0<C<1$,因此

$$\lim_{k\to\infty}\boldsymbol{x}_k=\boldsymbol{x}^*.$$

再据不等式

$$\|\boldsymbol{x}_{k+1}-\boldsymbol{x}^*\| \leqslant C\|\boldsymbol{x}_k-\boldsymbol{x}^*\|, \quad 0<C<1$$

知,迭代序列 $\{\boldsymbol{x}_k\}$ 至少为线性收敛.

关于不动点的存在唯一性以及误差估计,我们有下面的定理.

定理 2(压缩映射原理) 设 D 为 R^n 中的一个闭集,$\boldsymbol{\varphi}:D\to D$ 为压缩映射,即它满足条件:

$$\|\boldsymbol{\varphi}(\boldsymbol{x})-\boldsymbol{\varphi}(\boldsymbol{y})\|\leqslant C\|\boldsymbol{x}-\boldsymbol{y}\|,\quad 0<C<1,\forall\,\boldsymbol{x},\boldsymbol{y}\in D,\tag{2.13}$$

则下列结论成立:

(1) 对任意的 $\boldsymbol{x}_0\in D$,由(2.5)产生的迭代序列 $\{\boldsymbol{x}_k\}$ 都有 $\boldsymbol{x}_k\in D,k=1,2,\cdots$;

(2) $\boldsymbol{\varphi}$ 在 D 上有唯一的不动点 $\boldsymbol{x}^*$,$\boldsymbol{x}^*=\boldsymbol{\varphi}(\boldsymbol{x}^*)$,且

$$\lim_{k\to\infty}\boldsymbol{x}_k=\boldsymbol{x}^*;$$

(3) $\|\boldsymbol{x}_{k+1}-\boldsymbol{x}^*\|\leqslant C\|\boldsymbol{x}_k-\boldsymbol{x}^*\|,k=0,1,2,\cdots$,即 $\{\boldsymbol{x}_k\}$ 至少线性收敛;

(4) 有估计式

$$\|\boldsymbol{x}_k-\boldsymbol{x}^*\|\leqslant\frac{C^k}{1-C}\|\boldsymbol{x}_1-\boldsymbol{x}_0\|.$$

证明 (1) 据定理条件,显然,对任意的 $\boldsymbol{x}_0\in D$,有 $\boldsymbol{x}_k\in D,k=1,2,\cdots$.

(2) 据(2.13)式可知

$$\begin{aligned}\|\boldsymbol{x}_{k+1}-\boldsymbol{x}_k\|&=\|\boldsymbol{\varphi}(\boldsymbol{x}_k)-\boldsymbol{\varphi}(\boldsymbol{x}_{k-1})\|\leqslant C\|\boldsymbol{x}_k-\boldsymbol{x}_{k-1}\|\\&\leqslant\cdots\leqslant C^k\|\boldsymbol{x}_1-\boldsymbol{x}_0\|.\end{aligned}$$

于是

$$\begin{aligned}\|\boldsymbol{x}_{k+m}-\boldsymbol{x}_k\|&\leqslant\sum_{i=1}^{m}\|\boldsymbol{x}_{k+i}-\boldsymbol{x}_{k+i-1}\|\\&\leqslant C^k(C^{m-1}+\cdots+1)\|\boldsymbol{x}_1-\boldsymbol{x}_0\|\\&\leqslant\frac{C^k}{1-C}\|\boldsymbol{x}_1-\boldsymbol{x}_0\|.\end{aligned}\tag{2.14}$$

因为 $0<C<1$,所以,当 $k\to\infty$ 时,$\|\boldsymbol{x}_{k+m}-\boldsymbol{x}_k\|\to0$,即 $\{\boldsymbol{x}_k\}$ 是 Cauchy 序列.从而 $\{\boldsymbol{x}_k\}$ 有一个有限的极限 $\boldsymbol{x}^*$:

$$\lim_{k\to\infty}\boldsymbol{x}_k=\boldsymbol{x}^*.$$

由于 $\boldsymbol{x}_k\in D$,D 为闭集,因此 $\boldsymbol{x}^*\in D$.

另外,据条件(2.13)知 $\boldsymbol{\varphi}$ 在 D 上连续,因此对

$$\boldsymbol{x}_{k+1}=\boldsymbol{\varphi}(\boldsymbol{x}_k)$$

两端取极限得 $\boldsymbol{x}^*=\boldsymbol{\varphi}(\boldsymbol{x}^*)$,即 $\boldsymbol{x}^*$ 是 $\boldsymbol{\varphi}$ 在 D 上的一个不动点.设 $\boldsymbol{\varphi}$ 在 D 上还有另一个不动点 $\boldsymbol{y}^*$,则据(2.13)式,必有

$$\|\boldsymbol{x}^*-\boldsymbol{y}^*\|=\|\boldsymbol{\varphi}(\boldsymbol{x}^*)-\boldsymbol{\varphi}(\boldsymbol{y}^*)\|\leqslant C\|\boldsymbol{x}^*-\boldsymbol{y}^*\|.$$

因 $0<C<1$,所以 $\|\boldsymbol{x}^*-\boldsymbol{y}^*\|=0$,即 $\boldsymbol{x}^*=\boldsymbol{y}^*$.故 $\boldsymbol{x}^*$ 是 $\boldsymbol{\varphi}$ 在 D 上的唯一不动点.

(3) 据条件(2.13),

$$\|\boldsymbol{x}_{k+1}-\boldsymbol{x}^*\|=\|\boldsymbol{\varphi}(\boldsymbol{x}_k)-\boldsymbol{\varphi}(\boldsymbol{x}^*)\|\leqslant C\|\boldsymbol{x}_k-\boldsymbol{x}^*\|.$$

(4) 据(2.14)式,

$$\| \boldsymbol{x}^* - \boldsymbol{x}_k \| = \lim_{m \to \infty} \| \boldsymbol{x}_{k+m} - \boldsymbol{x}_k \| \leqslant \frac{C^k}{1-C} \| \boldsymbol{x}_1 - \boldsymbol{x}_0 \| .$$

9.3 Newton 法

9.3.1 Newton 法

在 9.2 节中,我们已经给出了解非线性方程组(2.2)的 Newton 法的迭代公式

$$\boldsymbol{x}_{k+1} = \boldsymbol{x}_k - [\boldsymbol{f}'(\boldsymbol{x}_k)]^{-1}\boldsymbol{f}(\boldsymbol{x}_k), \quad k = 0,1,2,\cdots,$$

或将它写成

$$\boldsymbol{f}'(\boldsymbol{x}_k)(\boldsymbol{x}_{k+1} - \boldsymbol{x}_k) + \boldsymbol{f}(\boldsymbol{x}_k) = \boldsymbol{0}, \quad k = 0,1,2,\cdots.$$

$\boldsymbol{x}_{k+1}$便是线性方程组

$$\boldsymbol{f}'(\boldsymbol{x}_k)(\boldsymbol{x} - \boldsymbol{x}_k) + \boldsymbol{f}(\boldsymbol{x}_k) = \boldsymbol{0} \tag{3.1}$$

的解.这就是说,线性方程组(3.1)的解作为非线性方程组(2.2)的近似解,而把线性(向量值)函数

$$\boldsymbol{l}_k(\boldsymbol{x}) = \boldsymbol{f}'(\boldsymbol{x}_k)(\boldsymbol{x} - \boldsymbol{x}_k) + \boldsymbol{f}(\boldsymbol{x}_k)$$

看作是向量值函数 $\boldsymbol{f}(\boldsymbol{x})$在包含点 $\boldsymbol{x}_k$ 的某邻域D 内的近似函数.一般地,若在包含 $\boldsymbol{x}_k$ 的某邻域D 内,按某种近似意义,用线性函数

$$\boldsymbol{l}_k(\boldsymbol{x}) = A_k\boldsymbol{x} + \boldsymbol{b}_k$$

近似地代替向量值函数 $\boldsymbol{f}(\boldsymbol{x})$,此处 A_k 是n 阶矩阵,则可将线性方程组

$$\boldsymbol{l}_k(\boldsymbol{x}) = A_k\boldsymbol{x} + \boldsymbol{b}_k = \boldsymbol{0} \tag{3.2}$$

的解作为非线性方程组(2.2)的近似解.从而将非线性问题化为线性问题.这种方法通常称为**线性化方法**,并称线性方程组(3.2)为非线性方程组(2.2)的**线性化方程**. Newton 法是一种线性化方法.线性化方程(3.1)通常称为 **Newton 方程组**.

在应用 Newton 法(2.3)解非线性方程组(2.2)的实际计算过程中,每一步计算 $\boldsymbol{x}_{k+1}$时,一般不直接计算 $\boldsymbol{f}'(\boldsymbol{x}_k)$的逆矩阵$[\boldsymbol{f}'(\boldsymbol{x}_k)]^{-1}$,而是解 Newton 方程组(3.1).于是令 $\Delta\boldsymbol{x}_k = \boldsymbol{x}_{k+1} - \boldsymbol{x}_k$,将 Newton 法的迭代公式改写成

$$\begin{cases} \boldsymbol{f}'(\boldsymbol{x}_k)(\Delta\boldsymbol{x}_k) = -\boldsymbol{f}(\boldsymbol{x}_k), \\ \boldsymbol{x}_{k+1} = \boldsymbol{x}_k + \Delta\boldsymbol{x}_k, \end{cases} \quad k = 0,1,2,\cdots.$$

每一步迭代均需解 Newton 方程组

$$\boldsymbol{f}'(\boldsymbol{x}_k)(\Delta\boldsymbol{x}_k) = -\boldsymbol{f}(\boldsymbol{x}_k).$$

它是一个线性方程组,可以用第 3 章中介绍的 Crout 方法等求解.

通常,可用

$$\| \boldsymbol{f}(\boldsymbol{x}_k) \| < \delta \text{ 或 } \| \Delta\boldsymbol{x}_k \| < \varepsilon$$

作为 Newton 法的终止迭代准则,其中 ε,δ 为预先给定的精度要求.

记 $\boldsymbol{f}(\boldsymbol{x})=[f_1(\boldsymbol{x}),\cdots,f_n(\boldsymbol{x})]^{\mathrm{T}}$,$\boldsymbol{x}=[x_1,\cdots,x_n]^{\mathrm{T}}$,以及

$$\boldsymbol{f}'(\boldsymbol{x})=\begin{bmatrix}\dfrac{\partial f_1(\boldsymbol{x})}{\partial x_1} & \dfrac{\partial f_1(\boldsymbol{x})}{\partial x_2} & \cdots & \dfrac{\partial f_1(\boldsymbol{x})}{\partial x_n}\\ \dfrac{\partial f_2(\boldsymbol{x})}{\partial x_1} & \dfrac{\partial f_2(\boldsymbol{x})}{\partial x_2} & \cdots & \dfrac{\partial f_2(\boldsymbol{x})}{\partial x_n}\\ \vdots & \vdots & & \vdots\\ \dfrac{\partial f_n(\boldsymbol{x})}{\partial x_1} & \dfrac{\partial f_n(\boldsymbol{x})}{\partial x_2} & \cdots & \dfrac{\partial f_n(\boldsymbol{x})}{\partial x_n}\end{bmatrix}.$$

解非线性方程组 $\boldsymbol{f}(\boldsymbol{x})=\boldsymbol{0}$的 Newton 法的算法如下:

算法 9.1 应用 Newton 法求非线性方程组的解(对给定的初始近似 $\boldsymbol{x}$).

输入 方程组的阶数 n;初始近似 $\boldsymbol{x}=[x_1,\cdots,x_n]^{\mathrm{T}}$;误差容限 TOL;最大迭代次数 m.

输出 近似解 $\boldsymbol{x}=[x_1,\cdots,x_n]^{\mathrm{T}}$ 或迭代次数超过 m 的信息.

step 1 对 $k=1,\cdots,m$ 做 step 2~5.

  step 2 计算 $\boldsymbol{f}(\boldsymbol{x})$和 $\boldsymbol{f}'(\boldsymbol{x})$.

  step 3 解 $n\times n$ 阶线性方程组$\boldsymbol{f}'(\boldsymbol{x})\boldsymbol{y}=-\boldsymbol{f}(\boldsymbol{x})$.

  step 4 $\boldsymbol{x}\leftarrow\boldsymbol{x}+\boldsymbol{y}$.

  step 5 若 $\|\boldsymbol{y}\|<TOL$,则输出($\boldsymbol{x}$);
  停机.

step 6 输出('Maximum number of iterations exceeded');
停机.

例 应用 Newton 法解非线性方程组

$$3x_1-\cos(x_2x_3)-\frac{1}{2}=0,$$

$$x_1^2-81(x_2+0.1)^2+\sin x_3+1.06=0,$$

$$e^{-x_1x_2}+20x_3+\frac{10\pi-3}{3}=0,$$

取初始近似 $\boldsymbol{x}_0=[0.1,0.1,-0.1]^{\mathrm{T}}$.

解 计算得

$$\boldsymbol{f}'(\boldsymbol{x})=\begin{bmatrix}3 & x_3\sin(x_2x_3) & x_2\sin(x_2x_3)\\ 2x_1 & -162(x_2+0.1) & \cos x_3\\ -x_2e^{-x_1x_2} & -x_1e^{-x_1x_2} & 20\end{bmatrix}.$$

应用 Newton 法迭代 5 次得到的结果见表 9.1.

表 9.1

k	$x_1^{(k)}$	$x_2^{(k)}$	$x_3^{(k)}$	$\lVert \boldsymbol{x}_k - \boldsymbol{x}_{k-1} \rVert_\infty$
0	0.10000000	0.10000000	−0.10000000	
1	0.50003702	0.01946686	−0.52152047	0.422
2	0.50004593	0.00158859	−0.52355711	1.79×10^{-2}
3	0.50000034	0.00001244	−0.52359845	1.58×10^{-3}
4	0.50000000	0.00000000	−0.52359877	1.24×10^{-5}
5	0.50000000	0.00000000	−0.52359877	0

近似解 $\boldsymbol{x}_5=[0.5,0,-0.52359877]^{\mathrm{T}}$.

现在,我们讨论 Newton 法的收敛性和收敛速度.首先有下面的局部收敛性定理.

定理 1　设 $\boldsymbol{x}^*$ 是方程组(2.2)的一个解,$\boldsymbol{f}: R^n \to R^n$ 在包含 $\boldsymbol{x}^*$ 的邻域 D 中 Frechet 可微,$\boldsymbol{f}'(\boldsymbol{x})$ 在 $\boldsymbol{x}^*$ 连续,且 $\boldsymbol{f}'(\boldsymbol{x}^*)$ 非奇异,那么存在闭球 $\bar{S}_r(\boldsymbol{x}^*)=\{\boldsymbol{x} \mid \lVert \boldsymbol{x}-\boldsymbol{x}^* \rVert \leqslant r, r>0\}\subset D$,使得对一切 $\boldsymbol{x}_0\in \bar{S}_r(\boldsymbol{x}^*)$,由 Newton 法(2.3)产生的迭代序列$\{\boldsymbol{x}_k\}$是完全确定的,$\boldsymbol{x}_k\in\bar{S}_r(\boldsymbol{x}^*)$,$k=1,2,\cdots$,且$\{\boldsymbol{x}_k\}$收敛于 $\boldsymbol{x}^*$.

证明　由于 $\boldsymbol{f}'(\boldsymbol{x}^*)$非奇异,所以 $\det\boldsymbol{f}'(\boldsymbol{x}^*)\neq0$.又因 $\boldsymbol{f}'(\boldsymbol{x})$在 $\boldsymbol{x}^*$ 连续,因此 $\det\boldsymbol{f}'(\boldsymbol{x})$在 $\boldsymbol{x}^*$ 处亦连续,从而存在 $\delta_1>0$,当 $\lVert \boldsymbol{x}-\boldsymbol{x}^* \rVert\leqslant\delta_1$ 时,恒有 $\det\boldsymbol{f}'(\boldsymbol{x})\neq 0$,即 $\boldsymbol{f}'(\boldsymbol{x})^{-1}$在闭球 $\bar{S}_{\delta_1}(\boldsymbol{x}^*)=\{\boldsymbol{x}\mid \lVert \boldsymbol{x}-\boldsymbol{x}^* \rVert\leqslant\delta_1\}\subset D$ 上存在.

令

$$\boldsymbol{\varphi}(\boldsymbol{x})=\boldsymbol{x}-\boldsymbol{f}'(\boldsymbol{x})^{-1}\boldsymbol{f}(\boldsymbol{x}).$$

我们将证明 $\boldsymbol{\varphi}$ 在 $\boldsymbol{x}^*$ 的 Frechet 导数为零矩阵,即

$$\boldsymbol{\varphi}'(\boldsymbol{x}^*)=O.$$

据 $\boldsymbol{f}'(\boldsymbol{x})$在 $\boldsymbol{x}^*$ 的连续性,对任给的 $\varepsilon>0$,存在 $\delta>0$,使得对一切 $\boldsymbol{x}\in\bar{S}_\delta(\boldsymbol{x}^*)=\{\boldsymbol{x}\mid \lVert \boldsymbol{x}-\boldsymbol{x}^* \rVert\leqslant\delta<\delta_1\}\subset\bar{S}_{\delta_1}(\boldsymbol{x}^*)\subset D$,有

$$\lVert \boldsymbol{f}'(\boldsymbol{x})-\boldsymbol{f}'(\boldsymbol{x}^*) \rVert \leqslant \varepsilon. \tag{3.3}$$

于是,令

$$\beta=\lVert \boldsymbol{f}'(\boldsymbol{x}^*)^{-1} \rVert,$$

则有

$$\begin{aligned}
&\lVert \boldsymbol{f}'(\boldsymbol{x})^{-1} \rVert - \lVert \boldsymbol{f}'(\boldsymbol{x}^*)^{-1} \rVert \\
\leqslant &\lVert \boldsymbol{f}'(\boldsymbol{x})^{-1}-\boldsymbol{f}'(\boldsymbol{x}^*)^{-1} \rVert \\
\leqslant &\lVert \boldsymbol{f}'(\boldsymbol{x})^{-1} \rVert \, \lVert \boldsymbol{f}'(\boldsymbol{x}^*)^{-1} \rVert \, \lVert \boldsymbol{f}'(\boldsymbol{x}^*)-\boldsymbol{f}'(\boldsymbol{x}) \rVert \\
\leqslant &\varepsilon\beta \lVert \boldsymbol{f}'(\boldsymbol{x})^{-1} \rVert .
\end{aligned}$$

选取 ε 使 $\varepsilon\in(0,(2\beta)^{-1})$,则

$$\| f'(x)^{-1} \| \leqslant \frac{\beta}{1-\varepsilon\beta} < 2\beta. \tag{3.4}$$

由于 f 在 x^* 为 Frechet 可微,我们可以选取足够小的正数 δ,使得对一切 $x\in \bar{S}_\delta(x^*)$有

$$\| f(x) - f(x^*) - f'(x^*)(x - x^*) \| \leqslant \varepsilon \| x - x^* \|. \tag{3.5}$$

据(3.3),(3.4)和(3.5)式可得

$$\begin{aligned}
&\| \varphi(x) - \varphi(x^*) - O(x - x^*) \| \\
&= \| x - x^* - f'(x)^{-1} f(x) \| \\
&= \| f'(x)^{-1} f'(x)(x - x^*) - f'(x)^{-1} f'(x^*)(x - x^*) \\
&\quad - f'(x)^{-1} f(x) + f'(x)^{-1} f(x^*) + f'(x)^{-1} f'(x^*)(x - x^*) \| \\
&\leqslant \| f'(x)^{-1} \| \, \| (f'(x) - f'(x^*))(x - x^*) \| \\
&\quad + \| f'(x)^{-1} \| \, \| f(x) - f(x^*) - f'(x^*)(x - x^*) \| \\
&\leqslant (2\beta\varepsilon + 2\beta\varepsilon) \| x - x^* \| = 4\beta\varepsilon \| x - x^* \|.
\end{aligned}$$

于是证得 $\varphi'(x^*) = O$. 从而 $\rho(\varphi'(x^*)) < 1$. 据习题 9 第 11 题,存在闭球 $\bar{S}_r(x^*)$,使得对一切 $x_0 \in \bar{S}_r(x^*)$,迭代序列$\{x_k\}$是完全确定的,$x_k \in \bar{S}_r(x^*)$, $k = 1,2,\cdots$,且$\lim\limits_{k\to\infty} x_k = x^*$.

关于 Newton 法还有下面的半局部收敛性定理.

定理 2(Kantorovich) 假设给定了 R^n 中的一个开集 D,D_0 为一凸集,且 $\bar{D}_0 \subseteq D$. 设对于给定的 $x_0 \in D_0$,存在正常数 r,α,β,γ,h,它们具有下列性质:

$$S_r(x_0) \subseteq D_0, \quad h = \alpha\beta\gamma/2 < 1, \quad r = \alpha/(1-h).$$

若 $f: R^n \to R^n$ 在 D 中连续,在 D_0 上处处 Frechet 可微,且具有下列性质:

(1) $\| f'(x) - f'(y) \| \leqslant \gamma \| x - y \|, \forall x, y \in D_0$;

(2) $f'(x)^{-1}$存在,且$\| f'(x)^{-1} \| \leqslant \beta, \forall x \in D_0$;

(3) $\| f'(x_0)^{-1} f(x_0) \| \leqslant \alpha$,

则

(1) 从 x_0 出发,

$$x_{k+1} = x_k - f'(x_k)^{-1} f(x_k), \quad k = 0,1,2,\cdots$$

都是完全确定的,且对 $k = 0,1,2,\cdots, x_k \in S_r(x_0)$;

(2) 极限$\lim\limits_{k\to\infty} x_k = x^*$存在,且

$$x^* \in \bar{S}_r(x_0), \quad f(x^*) = \mathbf{0};$$

(3) Newton 法至少为二阶收敛;

(4) 对 $k = 0,1,2,\cdots$

$$\| x_k - x^* \| \leqslant \alpha \frac{h^{2^k - 1}}{1 - h^{2^k}}.$$

证明　(1) 对 $\boldsymbol{x}\in D_0$, $\boldsymbol{f}'(\boldsymbol{x})^{-1}$存在,且据条件(3)可知 $\boldsymbol{x}_1\in S_r(\boldsymbol{x}_0)$. 现设 $\boldsymbol{x}_j\in S_r(\boldsymbol{x}_0)$, $j=0,1,\cdots,k(k\geqslant 1)$,则据条件(2)和 $\boldsymbol{x}_k$ 的定义有

$$\begin{aligned}\|\boldsymbol{x}_{k+1}-\boldsymbol{x}_k\| &= \|-\boldsymbol{f}'(\boldsymbol{x}_k)^{-1}\boldsymbol{f}(\boldsymbol{x}_k)\|\leqslant\beta\|\boldsymbol{f}(\boldsymbol{x}_k)\| \\ &=\beta\|\boldsymbol{f}(\boldsymbol{x}_k)-\boldsymbol{f}(\boldsymbol{x}_{k-1})+\boldsymbol{f}(\boldsymbol{x}_{k-1})\| \\ &=\beta\|\boldsymbol{f}(\boldsymbol{x}_k)-\boldsymbol{f}(\boldsymbol{x}_{k-1})-\boldsymbol{f}'(\boldsymbol{x}_{k-1})(\boldsymbol{x}_k-\boldsymbol{x}_{k-1})\|.\end{aligned}$$

因此,据 9.1 节定理 7 可知

$$\|\boldsymbol{x}_{k+1}-\boldsymbol{x}_k\|\leqslant\frac{\beta\gamma}{2}\|\boldsymbol{x}_k-\boldsymbol{x}_{k-1}\|^2. \tag{3.6}$$

于是有

$$\|\boldsymbol{x}_{k+1}-\boldsymbol{x}_k\|\leqslant\alpha h^{2^k-1}. \tag{3.7}$$

事实上,当 $k=1$ 时,据条件(3)可知

$$\|\boldsymbol{x}_1-\boldsymbol{x}_0\|=\|\boldsymbol{f}'(\boldsymbol{x}_0)^{-1}\boldsymbol{f}(\boldsymbol{x}_0)\|\leqslant\alpha h^{2^0-1}.$$

设(3.7)式对 $k\geqslant 0$ 成立,则据(3.6)式可知

$$\|\boldsymbol{x}_{k+1}-\boldsymbol{x}_k\|\leqslant\frac{\beta\gamma}{2}\|\boldsymbol{x}_k-\boldsymbol{x}_{k-1}\|^2\leqslant\frac{\beta\gamma}{2}\alpha^2h^{2^k-2}=\alpha h^{2^k-1}.$$

因此,它对 $k+1$ 也成立. 据(3.7)式

$$\begin{aligned}\|\boldsymbol{x}_{k+1}-\boldsymbol{x}_0\| &\leqslant\left\|\sum_{i=0}^{k}(\boldsymbol{x}_{i+1}-\boldsymbol{x}_i)\right\|\leqslant\sum_{i=0}^{k}\|\boldsymbol{x}_{i+1}-\boldsymbol{x}_i\| \\ &\leqslant\alpha(1+h+h^3+\cdots+h^{2^k-1}) \\ &\leqslant\alpha/(1-h)=r,\end{aligned}$$

即有 $\boldsymbol{x}_{k+1}\in S_r(\boldsymbol{x}_0)$. 故从 $\boldsymbol{x}_0$ 出发,迭代序列$\{\boldsymbol{x}_k\}$是完全确定的,且 $\boldsymbol{x}_k\in S_r(\boldsymbol{x}_0)$, $k=0,1,2,\cdots$.

(2) 据(3.7)式,

$$\begin{aligned}\|\boldsymbol{x}_{k+m}-\boldsymbol{x}_k\| &=\left\|\sum_{i=1}^{m}(\boldsymbol{x}_{k+i}-\boldsymbol{x}_{k+i-1})\right\|\leqslant\sum_{i=1}^{m}\|\boldsymbol{x}_{k+i}-\boldsymbol{x}_{k+i-1}\| \\ &\leqslant\alpha h^{2^k-1}(1+h^{2^k}+(h^{2^k})^3+\cdots+(h^{2^k})^{2^{m-1}-1}) \\ &\leqslant\frac{\alpha h^{2^k-1}}{1-h^{2^k}},\end{aligned} \tag{3.8}$$

当 $k\to\infty$时, $\|\boldsymbol{x}_{k+m}-\boldsymbol{x}_k\|\to 0$,因此$\{\boldsymbol{x}_k\}$是一个 Cauchy 序列,从而极限存在:

$$\lim_{k\to\infty}\boldsymbol{x}_k=\boldsymbol{x}^*\in\bar{S}_r(\boldsymbol{x}_0).$$

由于对一切 $k\geqslant 0$, $\boldsymbol{x}_k\in S_r(\boldsymbol{x}_0)$,因此据条件(1)有

$$\|\boldsymbol{f}'(\boldsymbol{x}_k)\|-\|\boldsymbol{f}'(\boldsymbol{x}_0)\|\leqslant\|\boldsymbol{f}'(\boldsymbol{x}_k)-\boldsymbol{f}'(\boldsymbol{x}_0)\|\leqslant\gamma\|\boldsymbol{x}_k-\boldsymbol{x}_0\|\leqslant\gamma r,$$

从而

$$\| f'(x_k) \| \leqslant \gamma r + \| f'(x_0) \| .$$

由于

$$f(x_k) = -f'(x_k)(x_{k+1} - x_k),$$

因此

$$\begin{aligned} \| f(x_k) \| &\leqslant \| f'(x_k) \| \, \| x_{k+1} - x_k \| \\ &\leqslant (\gamma r + \| f'(x_0) \|) \| x_{k+1} - x_k \| . \end{aligned}$$

于是有

$$\lim_{k \to \infty} \| f(x_k) \| = 0.$$

因 f 在 $x^* \in D$ 连续,故 $f(x^*) = \mathbf{0}$.

(3) 据 9.1 节定理 7 可知

$$\begin{aligned} \| x_{k+1} - x^* \| &= \| x_k - f'(x_k)^{-1} f(x_k) - x^* + f'(x_k)^{-1} f(x^*) \| \\ &= \| -f'(x_k)^{-1} [f(x_k) - f(x^*) - f'(x_k)(x_k - x^*)] \| \\ &\leqslant \| f'(x_k)^{-1} \| \, \| f(x_k) - f(x^*) - f'(x_k)(x_k - x^*) \| \\ &\leqslant \frac{\beta\gamma}{2} \| x_k - x^* \|^2 = \frac{h}{\alpha} \| x_k - x^* \|^2. \end{aligned}$$

因此,Newton 法至少二阶收敛.

(4) 据(3.8)式,我们有

$$\| x^* - x_k \| = \lim_{m \to \infty} \| x_{m+k} - x_k \| \leqslant \frac{\alpha h^{2^k - 1}}{1 - h^{2^k}}.$$

9.3.2 修正 Newton 法

Newton 法具有较高的收敛速度,然而计算量很大.在每一步迭代中,要计算 n 个函数值,以及形成 Jacobi 矩阵 $f'(x_k)$ 时还要计算 n^2 个偏导数值,而且要求 $f'(x_k)$ 的逆阵或者解一个 n 阶线性方程组.为了减少计算量,在 Newton 法(2.3)中,对一切 $k = 0,1,2,\cdots$,取 $f'(x_k)$ 为 $f'(x_0)$.于是迭代公式便修正成为

$$x_{k+1} = x_k - f'(x_0)^{-1} f(x_k), \quad k = 0,1,2,\cdots. \tag{3.9}$$

我们称(3.9)为**修正 Newton 法**.这样,计算量大为减少,但却大大降低了收敛速度.

减少计算量的另一途径是在不增加求逆次数的情况下提高收敛速度.为此,假定已经计算得 x_k,则用下面的公式计算 x_{k+1}:

$$\left.\begin{aligned} x_{k,0} &= x_k, \\ x_{k,j} &= x_{k,j-1} - f'(x_k)^{-1} f(x_{k,j-1}), j = 1,2,\cdots,m, \\ x_{k+1} &= x_{k,m}, \end{aligned}\right\} \quad k = 0,1,2,\cdots. \tag{3.10}$$

在实际应用中,较为常用的是 $m=2$ 的情形. 此时,(3.10)式可简化为

$$x_{k+1} = x_k - f'(x_k)^{-1}(f(x_k) + f(x_k - f'(x_k)^{-1}f(x_k))),$$
$$k = 0,1,2,\cdots. \tag{3.11}$$

迭代法(3.11)与 Newton 法(2.3)相比,在每一步迭代中增加计算 n 个函数值,并不增加求逆次数. 然而收敛速度提高了. 可以证明,在一定的假设条件下,迭代法(3.11)至少是三阶收敛的.

9.4 割线法

在 Newton 法的每一步迭代形成 Jacobi 矩阵 $f'(x)$时,要计算 n^2 个偏导数值,对 $f(x)$的分量 $f_i(x)(i=1,\cdots,n)$的偏导数无法计算或计算过程很复杂的问题,应用 Newton 法将会有很大困难. 为了克服这种困难,这一节,我们来介绍割线法,它避免了求导过程.

我们回忆一下 2.5 节解一元实函数方程 $f(x)=0$ 的割线法,其迭代公式可写成

$$x_{k+1} = x_k - \left[\frac{f(x_k + h_k) - f(x_k)}{h_k}\right]^{-1} f(x_k), \tag{4.1}$$

其中

$$h_k = x_{k-1} - x_k,$$

因此 x_{k+1}是线性化方程

$$l(x) = \left[\frac{f(x_k + h_k) - f(x_k)}{h_k}\right](x - x_k) + f(x_k) = 0$$

的解. $l(x)$可以看作是切线 $l_T(x) = f'(x_k)(x - x_k) + f(x_k)$的近似,或者是$f(x)$在点 x_k 与 $x_k + h_k$ 之间的线性插值. 按照这两种观点将割线法(4.1)推广到 n 维的情形,便得到解非线性方程组(2.2)的不同方法.

若采用前一种观点,常常使用差商

$$\frac{f_i(x + h_{ij}e_j) - f_i(x)}{h_{ij}}$$

或

$$\frac{f_i\left(x + \sum_{k=1}^{j} h_{ik}e_k\right) - f_i\left(x + \sum_{k=1}^{j-1} h_{ik}e_k\right)}{h_{ij}}$$

近似地代替偏导数$\frac{\partial f_i(x)}{\partial x_j}$,这里 h_{ij}叫做**离散化参数**. 更一般地,令 $h \in R^p$ 表示一

个向量参数，$\Delta_{ij}(\boldsymbol{x},\boldsymbol{h})$表示$\dfrac{\partial f_i(\boldsymbol{x})}{\partial x_j}$的一种差商逼近，使得

$$\lim_{\boldsymbol{h}\to\boldsymbol{0}}\Delta_{ij}(\boldsymbol{x},\boldsymbol{h})=\frac{\partial f_i(\boldsymbol{x})}{\partial x_j},\quad i,j=1,\cdots,n.$$

令

$$J(\boldsymbol{x},\boldsymbol{h})=[\Delta_{ij}(\boldsymbol{x},\boldsymbol{h})]_{n\times n}.$$

这样，我们得到**离散的 Newton 法**：

$$\boldsymbol{x}_{k+1}=\boldsymbol{x}_k-J(\boldsymbol{x}_k,\boldsymbol{h}_k)^{-1}\boldsymbol{f}(\boldsymbol{x}_k),\quad k=0,1,2,\cdots,\tag{4.2}$$

其中

$$J(\boldsymbol{x}_k,\boldsymbol{h}_k)=[\Delta_{ij}(\boldsymbol{x}_k,\boldsymbol{h}_k)]_{n\times n}$$

称为**差商矩阵**，迭代法(4.2)或称为**割线法**.

为了推广后一种观点，我们用分量曲面 $z=f_i(\boldsymbol{x})(i=1,\cdots,n)$在点 $\boldsymbol{x}_k$ 的某邻域内的$n+1$个辅助点

$$\boldsymbol{x}_{k,0},\quad \boldsymbol{x}_{k,1},\quad \cdots,\quad \boldsymbol{x}_{k,n}$$

的插值超平面代替 $f_i(\boldsymbol{x})$. 这就是说，我们寻找 n 维向量$\boldsymbol{a}^i=[a_{i1},\cdots,a_{in}]^{\mathrm{T}}$及 $\boldsymbol{b}_k=[b_1,\cdots,b_n]^{\mathrm{T}}$，使得

$$\begin{cases}\boldsymbol{a}^{1^{\mathrm{T}}}\boldsymbol{x}_{k,j}+b_1=f_1(\boldsymbol{x}_{k,j}),\\ \cdots\cdots\\ \boldsymbol{a}^{n^{\mathrm{T}}}\boldsymbol{x}_{k,j}+b_n=f_n(\boldsymbol{x}_{k,j}),\end{cases}\quad j=0,1,\cdots,n.\tag{4.3}$$

若记

$$A_k=\begin{bmatrix}\boldsymbol{a}^{1^{\mathrm{T}}}\\ \vdots\\ \boldsymbol{a}^{n^{\mathrm{T}}}\end{bmatrix},$$

则要使得

$$\boldsymbol{l}_k(\boldsymbol{x})=A_k\boldsymbol{x}+\boldsymbol{b}_k\tag{4.4}$$

在点 $\boldsymbol{x}_{k,j}$处，有

$$\boldsymbol{l}_k(\boldsymbol{x}_{k,j})=A_k\boldsymbol{x}_{k,j}+\boldsymbol{b}_k=\boldsymbol{f}(\boldsymbol{x}_{k,j}),\quad j=0,1,\cdots,n.\tag{4.5}$$

于是有

$$\boldsymbol{l}_k(\boldsymbol{x}_{k,j})-\boldsymbol{l}_k(\boldsymbol{x}_{k,0})=A_k(\boldsymbol{x}_{k,j}-\boldsymbol{x}_{k,0})=\boldsymbol{f}(\boldsymbol{x}_{k,j})-\boldsymbol{f}(\boldsymbol{x}_{k,0}),\quad j=1,\cdots,n.\tag{4.6}$$

记

$$H_k=[\boldsymbol{x}_{k,1}-\boldsymbol{x}_{k,0},\cdots,\boldsymbol{x}_{k,n}-\boldsymbol{x}_{k,0}],$$

$$\Gamma_k = [\boldsymbol{f}(\boldsymbol{x}_{k,1}) - \boldsymbol{f}(\boldsymbol{x}_{k,0}),\cdots,\boldsymbol{f}(\boldsymbol{x}_{k,n}) - \boldsymbol{f}(\boldsymbol{x}_{k,0})], \tag{4.7}$$

则可将(4.6)式写成

$$A_k H_k = \Gamma_k,$$

其中 H_k,Γ_k 均为 $n\times n$ 阶矩阵.若 H_k 非奇异,即向量系

$$\boldsymbol{x}_{k,1}-\boldsymbol{x}_{k,0},\cdots,\boldsymbol{x}_{k,n}-\boldsymbol{x}_{k,0}$$

线性无关,则

$$A_k = \Gamma_k H_k^{-1}. \tag{4.8}$$

若 Γ_k 非奇异,即向量系

$$\boldsymbol{f}(\boldsymbol{x}_{k,1})-\boldsymbol{f}(\boldsymbol{x}_{k,0}),\cdots,\boldsymbol{f}(\boldsymbol{x}_{k,n})-\boldsymbol{f}(\boldsymbol{x}_{k,0})$$

线性无关,则

$$A_k^{-1} = H_k\Gamma_k^{-1}. \tag{4.9}$$

再据

$$\boldsymbol{l}_k(\boldsymbol{x}_{k,0}) = A_k\boldsymbol{x}_{k,0} + \boldsymbol{b}_k = \boldsymbol{f}(\boldsymbol{x}_{k,0})$$

得

$$\boldsymbol{b}_k = \boldsymbol{f}(\boldsymbol{x}_{k,0}) - A_k\boldsymbol{x}_{k,0}. \tag{4.10}$$

通常,取 $\boldsymbol{x}_{k,0}=\boldsymbol{x}_k$,并将(4.10)代入(4.4)得

$$\boldsymbol{l}_k(\boldsymbol{x}) = A_k\boldsymbol{x} + \boldsymbol{b}_k = A_k\boldsymbol{x} + \boldsymbol{f}(\boldsymbol{x}_k) - A_k\boldsymbol{x}_k.$$

再令 $\boldsymbol{l}_k(\boldsymbol{x})=\boldsymbol{0}$,得

$$\begin{cases} A_k(\boldsymbol{x}-\boldsymbol{x}_k) + \boldsymbol{f}(\boldsymbol{x}_k) = \boldsymbol{0}, \\ A_k = \Gamma_k H_k^{-1}. \end{cases} \tag{4.11}$$

由此解出 $\boldsymbol{x}$,且令 $\boldsymbol{x}=\boldsymbol{x}_{k+1}$,便得到迭代公式

$$\begin{cases} \boldsymbol{x}_{k+1} = \boldsymbol{x}_k - A_k^{-1}\boldsymbol{f}(\boldsymbol{x}_k), \\ A_k^{-1} = H_k\Gamma_k^{-1}. \end{cases} \tag{4.12}$$

我们称它为解非线性方程组(2.2)的**割线法**.

割线法完全避免了计算偏导数,而函数值的计算次数则依赖于辅助点的选择.若辅助点 $\boldsymbol{x}_{k,j}(j=1,\cdots,n)$ 的选择依赖于先前迭代得到的点列 $\boldsymbol{x}_0,\boldsymbol{x}_1,\boldsymbol{x}_2,\cdots,\boldsymbol{x}_k$ 的 p 个点,则称迭代法(4.12)为 ***p* 点割线法**.若 $\boldsymbol{x}_{k,j}$ 依赖于 $\boldsymbol{x}_k,\cdots,\boldsymbol{x}_{k-p+1}$,则称它为 ***p* 点序列割线法**.下面讨论几种具体的辅助点选择方法.

1. 两点序列割线法

取辅助点为

$$\boldsymbol{x}_{k,j} = \boldsymbol{x}_k + (x_j^{(k-1)} - x_j^{(k)})\boldsymbol{e}_j,\quad j=1,2,\cdots,n, \tag{4.13}$$

其中 $x_j^{(k-1)},x_j^{(k)}(j=1,\cdots,n)$ 分别为向量 $\boldsymbol{x}_{k-1}$ 和 $\boldsymbol{x}_k$ 的第 j 个分量.此时,割线法(4.12)中的矩阵 H_k 为对角阵

$$H_k=[\boldsymbol{x}_{k,1}-\boldsymbol{x}_k,\cdots,\boldsymbol{x}_{k,n}-\boldsymbol{x}_k]=\operatorname{diag}(x_1^{(k-1)}-x_1^{(k)},\cdots,x_n^{(k-1)}-x_n^{(k)}).$$

记

$$h_j^{(k)}=x_j^{(k-1)}-x_j^{(k)},\quad j=1,\cdots,n.$$

若 $h_j^{(k)}\neq 0(j=1,\cdots,n)$,则 H_k 非奇异,而

$$\Gamma_k=[\boldsymbol{f}(\boldsymbol{x}_k+h_1^{(k)}\boldsymbol{e}_1)-\boldsymbol{f}(\boldsymbol{x}_k),\cdots,\boldsymbol{f}(\boldsymbol{x}_k+h_n^{(k)}\boldsymbol{e}_n)-\boldsymbol{f}(\boldsymbol{x}_k)].$$

因此

$$\begin{aligned}A_k&=\Gamma_kH_k^{-1}\\&=\left[\frac{1}{h_1^{(k)}}(\boldsymbol{f}(\boldsymbol{x}_k+h_1^{(k)}\boldsymbol{e}_1)-\boldsymbol{f}(\boldsymbol{x}_k)),\cdots,\frac{1}{h_n^{(k)}}(\boldsymbol{f}(\boldsymbol{x}_k+h_n^{(k)}\boldsymbol{e}_n)-\boldsymbol{f}(\boldsymbol{x}_k))\right].\end{aligned}\tag{4.14}$$

假设 Γ_k 非奇异,将(4.14)代入(4.12)式便得到一种**两点序列割线法**.它实际上是用差商

$$\frac{f_i(\boldsymbol{x}_k+h_j^{(k)}\boldsymbol{e}_j)-f_i(\boldsymbol{x}_k)}{h_j^{(k)}}$$

代替偏导数$\dfrac{\partial f_i(\boldsymbol{x}_k)}{\partial x_j}(i,j=1,\cdots,n)$的离散化 Newton 法(4.2).

上述两点序列割线法,每一迭代步形成矩阵 A_k 时,要计算一个向量值函数 $\boldsymbol{f}(\boldsymbol{x}_k)$和 n 个向量值函数$\boldsymbol{f}(\boldsymbol{x}_k+h_j^{(k)}\boldsymbol{e}_j),j=1,\cdots,n$,也就是说要计算 n^2+n 个函数值.为了减少函数值的计算量,取辅助点为

$$\boldsymbol{x}_{k,j}=\boldsymbol{x}_k+\sum_{i=1}^{j}(x_i^{(k-1)}-x_i^{(k)})\boldsymbol{e}_i,\quad j=1,2,\cdots,n.\tag{4.15}$$

仍记 $h_j^{(k)}=x_j^{(k-1)}-x_j^{(k)}$,则

$$H_k=\left[h_1^{(k)}\boldsymbol{e}_1,\sum_{i=1}^{2}h_i^{(k)}\boldsymbol{e}_i,\cdots,\sum_{i=1}^{n}h_i^{(k)}\boldsymbol{e}_i\right]=\begin{bmatrix}h_1^{(k)}&h_1^{(k)}&\cdots&h_1^{(k)}\\&h_2^{(k)}&\cdots&h_2^{(k)}\\&&\ddots&\vdots\\&&&h_n^{(k)}\end{bmatrix}.\tag{4.16}$$

若 $h_j^{(k)}\neq 0(j=1,\cdots,n)$,则 H_k 非奇异,而

$$\begin{aligned}\Gamma_k=[&\boldsymbol{f}(\boldsymbol{x}_k+h_1^{(k)}\boldsymbol{e}_1)-\boldsymbol{f}(\boldsymbol{x}_k),\boldsymbol{f}(\boldsymbol{x}_k+\sum_{i=1}^{2}h_i^{(k)}\boldsymbol{e}_i)-\boldsymbol{f}(\boldsymbol{x}_k),\cdots,\\&\boldsymbol{f}(\boldsymbol{x}_k+\sum_{i=1}^{n}h_i^{(k)}\boldsymbol{e}_i)-\boldsymbol{f}(\boldsymbol{x}_k)].\end{aligned}\tag{4.17}$$

令

$$P = \begin{bmatrix} 1 & -1 & & & \\ & 1 & -1 & & \\ & & \ddots & \ddots & \\ & & & & -1 \\ & & & & 1 \end{bmatrix}, \tag{4.18}$$

则

$$H_kP = \begin{bmatrix} h_1^{(k)} & & & \\ & h_2^{(k)} & & \\ & & \ddots & \\ & & & h_n^{(k)} \end{bmatrix},$$

$$\Gamma_kP = \left[\boldsymbol{f}(\boldsymbol{x}_k + h_1^{(k)}\boldsymbol{e}_1) - \boldsymbol{f}(\boldsymbol{x}_k), \cdots, \boldsymbol{f}\left(\boldsymbol{x}_k + \sum_{i=1}^{n} h_i^{(k)}\boldsymbol{e}_i\right) - \boldsymbol{f}\left(\boldsymbol{x}_k + \sum_{i=1}^{n-1} h_i^{(k)}\boldsymbol{e}_i\right)\right],$$

从而

$$\begin{aligned} A_k &= \Gamma_kPP^{-1}H_k^{-1} = \Gamma_kP(H_kP)^{-1} \\ &= \left[\frac{1}{h_1^{(k)}}(\boldsymbol{f}(\boldsymbol{x}_k + h_1^{(k)}\boldsymbol{e}_1) - \boldsymbol{f}(\boldsymbol{x}_k)), \cdots, \right. \\ &\quad \left. \frac{1}{h_n^{(k)}}\left(\boldsymbol{f}\left(\boldsymbol{x}_k + \sum_{i=1}^{n} h_i^{(k)}\boldsymbol{e}_i\right) - \boldsymbol{f}\left(\boldsymbol{x}_k + \sum_{i=1}^{n-1} h_i^{(k)}\boldsymbol{e}_i\right)\right)\right]. \end{aligned} \tag{4.19}$$

假设 Γ_k 非奇异，将(4.19)代入(4.12)便得到另一种两点序列割线法. 它实际上是用差商.

$$\frac{f_i(\boldsymbol{x}_k + \sum_{r=1}^{j} h_r^{(k)}\boldsymbol{e}_r) - f_i(\boldsymbol{x}_k + \sum_{r=1}^{j-1} h_r^{(k)}\boldsymbol{e}_r)}{h_j^{(k)}}$$

代替偏导数 $\frac{\partial f_i(\boldsymbol{x}_k)}{\partial x_j}$ $(i, j = 1, \cdots, n)$ 的离散 Newton 法(4.2). 据(4.15)式，

$$\boldsymbol{x}_{k,n} = \boldsymbol{x}_k + \sum_{i=1}^{n}(x_i^{(k-1)} - x_i^{(k)})\boldsymbol{e}_i = \boldsymbol{x}_k + (\boldsymbol{x}_{k-1} - \boldsymbol{x}_k) = \boldsymbol{x}_{k-1}.$$

由于 $\boldsymbol{f}(\boldsymbol{x}_{k-1})$ 在前一迭代步已计算得，因此，在这种两点割线法中，每一迭代步只需计算 n 个向量值函数，即计算 n^2 个函数值. 它比前一种两点序列割线法少计算 n 个函数值.

2. $(n+1)$ 点序列割线法

我们取辅助点为

$$\boldsymbol{x}_{k,j} = \boldsymbol{x}_{k-j}, \quad j = 1, \cdots, n, \tag{4.20}$$

这里假定 $k \geqslant n$. 此时

$$H_k = [\boldsymbol{x}_{k-1} - \boldsymbol{x}_k, \boldsymbol{x}_{k-2} - \boldsymbol{x}_k, \cdots, \boldsymbol{x}_{k-n} - \boldsymbol{x}_k], \tag{4.21}$$

$$\Gamma_k = [\boldsymbol{f}(\boldsymbol{x}_{k-1}) - \boldsymbol{f}(\boldsymbol{x}_k), \boldsymbol{f}(\boldsymbol{x}_{k-2}) - \boldsymbol{f}(\boldsymbol{x}_k), \cdots, \boldsymbol{f}(\boldsymbol{x}_{k-n}) - \boldsymbol{f}(\boldsymbol{x}_k)]. \tag{4.22}$$

用矩阵(4.18)右乘(4.21)和(4.22)式两端得

$$H_k P = [\boldsymbol{x}_{k-1} - \boldsymbol{x}_k, \boldsymbol{x}_{k-2} - \boldsymbol{x}_{k-1}, \cdots, \boldsymbol{x}_{k-n} - \boldsymbol{x}_{k-n+1}],$$

$$\Gamma_k P = [\boldsymbol{f}(\boldsymbol{x}_{k-1}) - \boldsymbol{f}(\boldsymbol{x}_k), \boldsymbol{f}(\boldsymbol{x}_{k-2}) - \boldsymbol{f}(\boldsymbol{x}_{k-1}), \cdots, \boldsymbol{f}(\boldsymbol{x}_{k-n}) - \boldsymbol{f}(\boldsymbol{x}_{k-n+1})].$$

仍将 $H_k P$ 和 $\Gamma_k P$ 分别记作 H_k 和 Γ_k. 假设它们都是非奇异, 则

$$A_k = \Gamma_k H_k^{-1}.$$

将它代入(4.12)式便得**($n+1$)点序列割线法**:

$$\boldsymbol{x}_{k+1} = \boldsymbol{x}_k - A_k^{-1} \boldsymbol{f}(\boldsymbol{x}_k), \tag{4.23}$$

此处

$$A_k^{-1} = H_k \Gamma_k^{-1},$$

$$H_k = [\boldsymbol{x}_{k-1} - \boldsymbol{x}_k, \boldsymbol{x}_{k-2} - \boldsymbol{x}_{k-1}, \cdots, \boldsymbol{x}_{k-n} - \boldsymbol{x}_{k-n+1}],$$

$$\Gamma_k = [\boldsymbol{f}(\boldsymbol{x}_{k-1}) - \boldsymbol{f}(\boldsymbol{x}_k), \boldsymbol{f}(\boldsymbol{x}_{k-2}) - \boldsymbol{f}(\boldsymbol{x}_{k-1}), \cdots, \boldsymbol{f}(\boldsymbol{x}_{k-n}) - \boldsymbol{f}(\boldsymbol{x}_{k-n+1})].$$

在($n+1$)点序列割线法的第 k 步, 由于 $\boldsymbol{f}(\boldsymbol{x}_{k-1}), \cdots, \boldsymbol{f}(\boldsymbol{x}_{k-n})$为已知(仅开始进行迭代时要计算 $\boldsymbol{f}(\boldsymbol{x}_0), \boldsymbol{f}(\boldsymbol{x}_1), \cdots, \boldsymbol{f}(\boldsymbol{x}_{n-1})$), 因此仅需要计算一个新的向量值函数 $\boldsymbol{f}(\boldsymbol{x}_k)$, 即 n 个函数值$f_1(\boldsymbol{x}_k), \cdots, f_n(\boldsymbol{x}_k)$. 因此函数值的计算量比两点序列割线法少得多. 然而, 它的收敛速度较差. 尽管它们都具有超线性收敛速度, 但两点割线法的收敛阶数为方程

$$t^2 - t - 1 = 0$$

的最大正根 $\lambda_1 = \dfrac{1+\sqrt{5}}{2} \simeq 1.618$, 而($n+1$)点序列割线法的收敛阶为方程 $t^{n+1} - t^n - 1 = 0$ 的最大正根 λ_n, $\lambda_1 > \lambda_n$. 另外($n+1$)点序列割线法容易产生数值不稳定性.

在实际应用割线法(4.12)时, 为了避免矩阵求逆运算, 令

$$\Gamma_k^{-1} \boldsymbol{f}(\boldsymbol{x}_k) = \boldsymbol{z}_k,$$

从方程组

$$\Gamma_k \boldsymbol{z}_k = \boldsymbol{f}(\boldsymbol{x}_k)$$

解出 $\boldsymbol{z}_k$, 然后代入(4.12)得

$$\boldsymbol{x}_{k+1} = \boldsymbol{x}_k - H_k \boldsymbol{z}_k.$$

9.5 拟 Newton 法

在 9.3 节和 9.4 节中, 我们讨论了解非线性方程组(2.2)的修正 Newton 法和

离散的 Newton 法,其实质是在某种近似意义下,用矩阵 B_k 近似地代替 $\boldsymbol{f}'(\boldsymbol{x}_k)$,从而得到如下形式的迭代法:

$$\boldsymbol{x}_{k+1} = \boldsymbol{x}_k - B_k^{-1}\boldsymbol{f}(\boldsymbol{x}_k), \quad k = 0,1,\cdots, \tag{5.1}$$

其中 $B_k(k=0,1,2,\cdots)$均非奇异.为了不要每次迭代都计算逆矩阵,我们设法构造 H_k(其意义不同于9.4节中的 H_k)直接逼近 $\boldsymbol{f}'(\boldsymbol{x}_k)$的逆阵 $\boldsymbol{f}'(\boldsymbol{x}_k)^{-1}$.这样,迭代公式为

$$\boldsymbol{x}_{k+1} = \boldsymbol{x}_k - H_k\boldsymbol{f}(\boldsymbol{x}_k), \quad k = 0,1,\cdots. \tag{5.2}$$

我们称迭代法(5.1)或(5.2)为**拟 Newton 法**.

假设 $\boldsymbol{f}: R^n \to R^n$ 在凸集 $D \subset R^n$ 为 Frechet 可微.若 $\boldsymbol{x}_k, \boldsymbol{x}_{k+1} \in D$,则 $\Delta\boldsymbol{x}_k = \boldsymbol{x}_{k+1} - \boldsymbol{x}_k \in D$,且当 $\|\Delta\boldsymbol{x}_k\|$ 很小时,

$$\boldsymbol{f}(\boldsymbol{x}_{k+1}) - \boldsymbol{f}(\boldsymbol{x}_k) \simeq \boldsymbol{f}'(\boldsymbol{x}_{k+1})\Delta\boldsymbol{x}_k.$$

于是,我们要求 B_{k+1}满足关系式

$$\boldsymbol{f}(\boldsymbol{x}_{k+1}) - \boldsymbol{f}(\boldsymbol{x}_k) = B_{k+1}\Delta\boldsymbol{x}_k.$$

记

$$\boldsymbol{y}_k = \boldsymbol{f}(\boldsymbol{x}_{k+1}) - \boldsymbol{f}(\boldsymbol{x}_k),$$

则可将上式写成

$$\boldsymbol{y}_k = B_{k+1}\Delta\boldsymbol{x}_k, \tag{5.3}$$

或者,H_{k+1}满足关系式

$$H_{k+1}\boldsymbol{y}_k = \Delta\boldsymbol{x}_k, \tag{5.4}$$

通常,称(5.3)或(5.4)为**拟 Newton 方程**(或**拟 Newton 条件**).这是拟 Newton 法中近似矩阵 B_{k+1}或 H_{k+1}所应满足的基本关系式.

选取不同的矩阵序列$\{B_k\}$或$\{H_k\}$,将得到各类拟 Newton 法.

现在,我们来讨论产生矩阵 B_k 或H_k 的具体方法.假设已作出矩阵 B_k,我们希望从 B_k 产生B_{k+1}.为此,令

$$B_{k+1} = B_k + E_k. \tag{5.5}$$

称矩阵 E_k 为第k 次**校正矩阵**.若能确定 E_k 使B_{k+1}满足拟 Newton 方程,则 B_{k+1}也就产生出来.

9.5.1 Broyden 方法

现在,我们限制 E_k 的秩为1,即 $\mathrm{rank}E_k=1$.于是,可将 E_k 表示成

$$E_k = \boldsymbol{u}_k v_k^{\mathrm{T}}, \tag{5.6}$$

其中 $\boldsymbol{u}_k, v_k \in R^n$,且 $\boldsymbol{u}_k, v_k \neq \boldsymbol{0}$.将(5.5)和(5.6)代入拟 Newton 方程(5.3)得

$$\boldsymbol{y}_k = (B_k + \boldsymbol{u}_k v_k^{\mathrm{T}})\Delta\boldsymbol{x}_k,$$

或

$$\boldsymbol{u}_k v_k^{\mathrm{T}} \Delta \boldsymbol{x}_k = \boldsymbol{y}_k - B_k \Delta \boldsymbol{x}_k.$$

若$v_k^{\mathrm{T}} \Delta \boldsymbol{x}_k \neq 0$,则有

$$\boldsymbol{u}_k = (\boldsymbol{y}_k - B_k \Delta \boldsymbol{x}_k) / v_k^{\mathrm{T}} \Delta \boldsymbol{x}_k.$$

将它代入(5.6)式,得

$$E_k = \frac{(\boldsymbol{y}_k - B_k \Delta \boldsymbol{x}_k) v_k^{\mathrm{T}}}{v_k^{\mathrm{T}} \Delta \boldsymbol{x}_k}.$$

于是,我们得到解非线性方程组(2.2)的一类**1 秩方法**:

$$\begin{cases} \boldsymbol{x}_{k+1} = \boldsymbol{x}_k - B_k^{-1} \boldsymbol{f}(\boldsymbol{x}_k), \\ B_{k+1} = B_k + (\boldsymbol{y}_k - B_k \Delta \boldsymbol{x}_k) \dfrac{v_k^{\mathrm{T}}}{v_k^{\mathrm{T}} \Delta \boldsymbol{x}_k}, \quad k = 0, 1, 2, \cdots, \\ v_k^{\mathrm{T}} \Delta \boldsymbol{x}_k \neq 0, \end{cases} \tag{5.7}$$

其中

$$\Delta \boldsymbol{x}_k = \boldsymbol{x}_{k+1} - \boldsymbol{x}_k,$$

$$\boldsymbol{y}_k = \boldsymbol{f}(\boldsymbol{x}_{k+1}) - \boldsymbol{f}(\boldsymbol{x}_k).$$

公式(5.7)便于理论讨论.为了便于实际计算,宜用 H_k 代替公式(5.7)中的 $B_k^{-1}(H_k = B_k^{-1})$.据 Sherman-Morrison 公式(见习题 9 第 15 题)可知

$$\begin{aligned} B_{k+1}^{-1} &= \left(B_k + (\boldsymbol{y}_k - B_k \Delta \boldsymbol{x}_k) \frac{v_k^{\mathrm{T}}}{v_k^{\mathrm{T}} \Delta \boldsymbol{x}_k} \right)^{-1} \\ &= B_k^{-1} - \frac{B_k^{-1} (\boldsymbol{y}_k - B_k \Delta \boldsymbol{x}_k) v_k^{\mathrm{T}} B_k^{-1}}{v_k^{\mathrm{T}} \Delta \boldsymbol{x}_k + v_k^{\mathrm{T}} B_k^{-1} (\boldsymbol{y}_k - B_k \Delta \boldsymbol{x}_k)} \\ &= B_k^{-1} + \frac{(\Delta \boldsymbol{x}_k - B_k^{-1} \boldsymbol{y}_k) v_k^{\mathrm{T}} B_k^{-1}}{v_k^{\mathrm{T}} B_k^{-1} \boldsymbol{y}_k}, \end{aligned}$$

因此得到

$$H_{k+1} = H_k + \frac{(\Delta \boldsymbol{x}_k - H_k \boldsymbol{y}_k) v_k^{\mathrm{T}} H_k}{v_k^{\mathrm{T}} H_k \boldsymbol{y}_k}, \tag{5.8}$$

此处$v_k^{\mathrm{T}} H_k \boldsymbol{y}_k \neq 0$,令 $\boldsymbol{d}_k = H_k^{\mathrm{T}} v_k$,则(5.8)式可改写成

$$H_{k+1} = H_k + \frac{(\Delta \boldsymbol{x}_k - H_k \boldsymbol{y}_k) \boldsymbol{d}_k^{\mathrm{T}}}{\boldsymbol{d}_k^{\mathrm{T}} \boldsymbol{y}_k},$$

其中 $\boldsymbol{d}_k^{\mathrm{T}} \boldsymbol{y}_k \neq 0$.这样,我们可将(5.7)改写成

$$\begin{cases} \boldsymbol{x}_{k+1} = \boldsymbol{x}_k - H_k \boldsymbol{f}(\boldsymbol{x}_k), \\ H_{k+1} = H_k + \dfrac{(\Delta \boldsymbol{x}_k - H_k \boldsymbol{y}_k)\boldsymbol{d}_k^{\mathrm{T}}}{\boldsymbol{d}_k^{\mathrm{T}} \boldsymbol{y}_k}, \quad k = 0,1,\cdots, \\ \boldsymbol{d}_k^{\mathrm{T}} \boldsymbol{y}_k \neq 0, \end{cases} \tag{5.9}$$

其中

$$\boldsymbol{d}_k = H_k^{\mathrm{T}} v_k .$$

取定 v_k 或 $\boldsymbol{d}_k$，便得到一个特殊的方法. 例如，取

$$v_k = \Delta \boldsymbol{x}_k .$$

若 $\Delta \boldsymbol{x}_k \neq \mathbf{0}$，则 $(\Delta \boldsymbol{x}_k)^{\mathrm{T}} \Delta \boldsymbol{x}_k \neq 0$. 于是，(5.7)和(5.9)便分别具有形式：

$$\begin{cases} \boldsymbol{x}_{k+1} = \boldsymbol{x}_k - B_k^{-1} \boldsymbol{f}(\boldsymbol{x}_k), \\ B_{k+1} = B_k + \dfrac{(\boldsymbol{y}_k - B_k \Delta \boldsymbol{x}_k)(\Delta \boldsymbol{x}_k)^{\mathrm{T}}}{(\Delta \boldsymbol{x}_k)^{\mathrm{T}} \Delta \boldsymbol{x}_k}, \quad k = 0,1,\cdots, \end{cases} \tag{5.10}$$

和

$$\begin{cases} \boldsymbol{x}_{k+1} = \boldsymbol{x}_k - H_k \boldsymbol{f}(\boldsymbol{x}_k), \\ H_{k+1} = H_k + \dfrac{(\Delta \boldsymbol{x}_k - H_k \boldsymbol{y}_k)(\Delta \boldsymbol{x}_k)^{\mathrm{T}} H_k}{(\Delta \boldsymbol{x}_k)^{\mathrm{T}} H_k \boldsymbol{y}_k}, \quad k = 0,1,2,\cdots, \\ (\Delta \boldsymbol{x}_k)^{\mathrm{T}} H_k \boldsymbol{y}_k \neq 0, \end{cases} \tag{5.11}$$

其中 $\Delta \boldsymbol{x}_k = \boldsymbol{x}_{k+1} - \boldsymbol{x}_k$，$\boldsymbol{y}_k = \boldsymbol{f}(\boldsymbol{x}_{k+1}) - \boldsymbol{f}(\boldsymbol{x}_k)$. (5.10)或(5.11)式称为 **Broyden 方法**. 迭代公式(5.10)中的 B_0 和(5.11)中的 H_0 分别为 $\boldsymbol{f}'(\boldsymbol{x}_0)$ 和 $\boldsymbol{f}'(\boldsymbol{x}_0)^{-1}$ 的近似矩阵，称为**初始矩阵**. 公式(5.10)便于理论讨论. 在实际计算中，宜用公式(5.11). 若在计算过程中出现 $(\Delta \boldsymbol{x}_k)^{\mathrm{T}} H_k \boldsymbol{y}_k \simeq 0$，则要改变初始近似 $\boldsymbol{x}_0$，或采用其他方法.

下面，我们给出解非线性方程组(2.2)的 Broyden 方法的算法.

算法 9.2　应用 Broyden 方法求非线方程组 $\boldsymbol{f}(\boldsymbol{x}) = \mathbf{0}$ 的近似解.

输入　方程组的阶数 n；初始近似 $\boldsymbol{x} = [x_1, \cdots, x_n]^{\mathrm{T}}$；误差容限 TOL；最大迭代次数 m.

输入　近似解 $\boldsymbol{x} = [x_1, \cdots, x_n]^{\mathrm{T}}$ 或方法失败信息.

step 1　$A \leftarrow \boldsymbol{f}'(\boldsymbol{x})$；

$v \leftarrow \boldsymbol{f}(\boldsymbol{x})$

step 2　$H \leftarrow A^{-1}$.

step 3　$k \leftarrow 1$；

$\boldsymbol{s} \leftarrow -Hv$

$\boldsymbol{x} \leftarrow \boldsymbol{x} + \boldsymbol{s}$.

step 4 当 $k \leqslant m$ 时，做 step 5～14.

step 5 $\boldsymbol{w} \leftarrow \boldsymbol{v}$

$\boldsymbol{v} \leftarrow \boldsymbol{f}(\boldsymbol{x})$；

$\boldsymbol{y} \leftarrow \boldsymbol{v} - \boldsymbol{w}$.

step 6 $\boldsymbol{z} \leftarrow -H\boldsymbol{y}$.

step 7 $p \leftarrow -\boldsymbol{s}^{\mathrm{T}}\boldsymbol{z}$.

step 8 若 $p=0$，则输出(‘Method failed’)；停机.

step 9 $C \leftarrow pI + (\boldsymbol{s}+\boldsymbol{z})\boldsymbol{s}^{\mathrm{T}}$.

step 10 $H \leftarrow (1/p)CH$.

step 11 $\boldsymbol{s} \leftarrow -H\boldsymbol{v}$.

step 12 $\boldsymbol{x} \leftarrow \boldsymbol{x} + \boldsymbol{s}$.

step 13 若 $\|\boldsymbol{s}\| < TOL$，则输出($\boldsymbol{x}$)；停机.

step 14 $k \leftarrow k+1$.

step 15 输出(‘Maximum number of iterations exceeded’)；停机.

例 应用 Broyden 方法求 9.3 节例中非线性方程组

$$3x_1 - \cos(x_2x_3) - \frac{1}{2} = 0,$$

$$x_1^2 - 81(x_2+0.1)^2 + \sin x_3 + 1.06 = 0,$$

$$e^{-x_1x_2} + 20x_3 + \frac{10\pi - 3}{3} = 0$$

的一个近似解，取初始近似 $\boldsymbol{x}_0 = [0.1, 0.1, -0.1]^{\mathrm{T}}$.

解 这个方程组的 Jacobi 矩阵是

$$\boldsymbol{f}'(\boldsymbol{x}) = \begin{bmatrix} 3 & x_3\sin(x_2x_3) & x_2\sin(x_2x_3) \\ 2x_1 & -162(x_2+0.1) & \cos x_3 \\ -x_2e^{-x_1x_2} & -x_1e^{-x_1x_2} & 20 \end{bmatrix}.$$

计算得

$$\boldsymbol{f}(\boldsymbol{x}_0) = \begin{bmatrix} -1.194949 \\ -2.269832 \\ 8.462926 \end{bmatrix},$$

$$\boldsymbol{f}'(\boldsymbol{x}_0) = \begin{bmatrix} 3 & 9.999836\times10^{-4} & -9.999836\times10^{-4} \\ 0.2 & -323.9999 & 0.9950041 \\ -9.900498\times10^{-2} & -9.900498\times10^{-2} & 20 \end{bmatrix},$$

$$H_0=f'(x_0)^{-1}=\begin{bmatrix}0.3333331 & 1.023852\times10^{-5} & 1.615703\times10^{-5}\\ 2.108606\times10^{-3} & -3.086882\times10^{-2} & 1.535838\times10^{-3}\\ 1.660522\times10^{-3} & -1.527579\times10^{-4} & 5.000774\times10^{-2}\end{bmatrix},$$

$$\boldsymbol{x}_1=\boldsymbol{x}_0-H_0\boldsymbol{f}(\boldsymbol{x}_0)=\begin{bmatrix}0.4998693\\ 1.946693\times10^{-2}\\ -0.5215209\end{bmatrix},$$

$$\boldsymbol{f}(\boldsymbol{x}_1)=\begin{bmatrix}-3.404021\times10^{-4}\\ -0.3443899\\ 3.18737\times10^{-2}\end{bmatrix}.$$

$$\boldsymbol{y}_0=\boldsymbol{f}(\boldsymbol{x}_1)-\boldsymbol{f}(\boldsymbol{x}_0)=\begin{bmatrix}1.199608\\ 1.925442\\ -8.430152\end{bmatrix},$$

$$\Delta\boldsymbol{x}_0=\boldsymbol{x}_1-\boldsymbol{x}_0=\begin{bmatrix}0.3998693\\ -8.053307\times10^{-2}\\ -0.4215209\end{bmatrix},$$

$$(\Delta\boldsymbol{x}_0)^{\mathrm{T}}H_0\boldsymbol{y}_0=0.3424604,$$

$$\begin{aligned}H_1&=H_0+(1/0.3424604)[(\Delta\boldsymbol{x}_0-H_0\boldsymbol{y}_0)(\Delta\boldsymbol{x}_0)^{\mathrm{T}}H_0]\\ &=\begin{bmatrix}0.3333781 & 1.11077\times10^{-5} & 8.944584\times10^{-6}\\ -2.021271\times10^{-3} & -3.094847\times10^{-2} & 2.196909\times10^{-3}\\ 1.022381\times10^{-3} & -1.650679\times10^{-4} & 5.010987\times10^{-2}\end{bmatrix},\end{aligned}$$

$$\boldsymbol{x}_2=\boldsymbol{x}_1-H_1\boldsymbol{f}(\boldsymbol{x}_1)=\begin{bmatrix}0.4999863\\ 8.737888\times10^{-3}\\ -0.5231746\end{bmatrix}.$$

再进行三次迭代得到的结果见表 9.2.

表 9.2

k	$x_1^{(k)}$	$x_2^{(k)}$	$x_3^{(k)}$	$\Vert \boldsymbol{x}_k-\boldsymbol{x}_{k-1}\Vert_2$
3	0.5000066	8.672215×10^{-4}	−0.5236918	7.88×10^{-3}
4	0.5000005	6.087473×10^{-5}	−0.5235954	8.12×10^{-4}
5	0.5000002	-1.445223×10^{-6}	−0.5235989	6.24×10^{-5}

9.5.2　DFP 方法和 BFS 方法

现在考虑

$$H_{k+1}=H_k+E_k \tag{5.12}$$

中校正矩阵 E_k 的秩为 2，即 $\mathrm{rank}E_k=2$ 的情形. 此时，E_k 可以表示成

$$E_k=U_kV_k^{\mathrm{T}},$$

其中 U_k,V_k 均为 $n\times 2$ 阶矩阵. 将 U_k 的第 1,2 列向量分别记作 $\boldsymbol{u}_k^{(1)}$ 和 $\boldsymbol{u}_k^{(2)}$，V_k 的第 1,2 列向量分别记作 $v_k^{(1)}$ 和 $v_k^{(2)}$，则

$$E_k=[\boldsymbol{u}_k^{(1)},\boldsymbol{u}_k^{(2)}]\begin{bmatrix}v_k^{(1)^{\mathrm{T}}}\\ v_k^{(2)^{\mathrm{T}}}\end{bmatrix}=\boldsymbol{u}_k^{(1)}v_k^{(1)^{\mathrm{T}}}+\boldsymbol{u}_k^{(2)}v_k^{(2)^{\mathrm{T}}}. \tag{5.13}$$

将(5.12)和(5.13)代入拟 Newton 方程(5.4)得

$$(H_k+\boldsymbol{u}_k^{(1)}v_k^{(1)^{\mathrm{T}}}+\boldsymbol{u}_k^{(2)}v_k^{(2)^{\mathrm{T}}})\boldsymbol{y}_k=\Delta\boldsymbol{x}_k$$

或写成

$$\boldsymbol{u}_k^{(1)}v_k^{(1)^{\mathrm{T}}}\boldsymbol{y}_k+\boldsymbol{u}_k^{(2)}v_k^{(2)^{\mathrm{T}}}\boldsymbol{y}_k=\Delta\boldsymbol{x}_k-H_k\boldsymbol{y}_k. \tag{5.14}$$

现取

$$\boldsymbol{u}_k^{(1)}=\Delta\boldsymbol{x}_k,\quad \boldsymbol{u}_k^{(2)}=-H_k\boldsymbol{y}_k, \tag{5.15}$$

则(5.14)式化为

$$\Delta\boldsymbol{x}_kv_k^{(1)^{\mathrm{T}}}\boldsymbol{y}_k-H_k\boldsymbol{y}_kv_k^{(2)^{\mathrm{T}}}\boldsymbol{y}_k=\Delta\boldsymbol{x}_k-H_k\boldsymbol{y}_k. \tag{5.16}$$

显然，若取 $v_k^{(1)},v_k^{(2)}$ 使得

$$v_k^{(1)^{\mathrm{T}}}\boldsymbol{y}_k=1,\quad v_k^{(2)^{\mathrm{T}}}\boldsymbol{y}_k=1, \tag{5.17}$$

则(5.16)式成立，从而拟 Newton 方程(5.4)也满足.

现令

$$v_k^{(1)^{\mathrm{T}}}=(1+\beta\boldsymbol{y}_k^{\mathrm{T}}H_k\boldsymbol{y}_k)\frac{(\Delta\boldsymbol{x}_k)^{\mathrm{T}}}{(\Delta\boldsymbol{x}_k)^{\mathrm{T}}\boldsymbol{y}_k}-\beta\boldsymbol{y}_k^{\mathrm{T}}H_k, \tag{5.18}$$

$$v_k^{(2)^{\mathrm{T}}}=(1-\beta(\Delta\boldsymbol{x}_k)^{\mathrm{T}}\boldsymbol{y}_k)\frac{\boldsymbol{y}_k^{\mathrm{T}}H_k}{\boldsymbol{y}_k^{\mathrm{T}}H_k\boldsymbol{y}_k}+\beta(\Delta\boldsymbol{x}_k)^{\mathrm{T}}, \tag{5.19}$$

其中 β 是一个实参数，显然(5.17)式成立. 将(5.15)，(5.18)和(5.19)代入 E_k 的表达式(5.13)，并经整理可得

$$\begin{aligned}H_{k+1}&=H_k+E_k\\&=H_k+\frac{(\Delta\boldsymbol{x}_k)(\Delta\boldsymbol{x}_k)^{\mathrm{T}}}{(\Delta\boldsymbol{x}_k)^{\mathrm{T}}\boldsymbol{y}_k}-\frac{H_k\boldsymbol{y}_k\boldsymbol{y}_k^{\mathrm{T}}H_k}{\boldsymbol{y}_k^{\mathrm{T}}H_k\boldsymbol{y}_k}\\&\quad+\beta\Big[\frac{H_k\boldsymbol{y}_k\boldsymbol{y}_k^{\mathrm{T}}H_k}{\boldsymbol{y}_k^{\mathrm{T}}H_k\boldsymbol{y}_k}(\Delta\boldsymbol{x}_k)^{\mathrm{T}}\boldsymbol{y}_k-H_k\boldsymbol{y}_k(\Delta\boldsymbol{x}_k)^{\mathrm{T}}\\&\quad-(\Delta\boldsymbol{x}_k)\boldsymbol{y}_k^{\mathrm{T}}H_k+\frac{(\Delta\boldsymbol{x}_k)(\Delta\boldsymbol{x}_k)^{\mathrm{T}}}{(\Delta\boldsymbol{x}_k)^{\mathrm{T}}\boldsymbol{y}_k}\boldsymbol{y}_k^{\mathrm{T}}H_k\boldsymbol{y}_k\Big].\end{aligned} \tag{5.20}$$

在(5.20)式中,选取不同的参数 β 便得到不同的公式,从而得到解方程组(2.2)的不同迭代法.

若取 $\beta=0$,则得到 **DFP(Davidon, Fletcher, Powell)方法**:

$$\begin{cases} \boldsymbol{x}_{k+1} = \boldsymbol{x}_k - H_k\boldsymbol{f}(\boldsymbol{x}_k), \quad k = 0,1,2,\cdots, \\ H_{k+1} = H_k + \dfrac{(\Delta\boldsymbol{x}_k)(\Delta\boldsymbol{x}_k)^{\mathrm{T}}}{(\Delta\boldsymbol{x}_k)^{\mathrm{T}}\boldsymbol{y}_k} - \dfrac{H_k\boldsymbol{y}_k\boldsymbol{y}_k^{\mathrm{T}}H_k}{\boldsymbol{y}_k^{\mathrm{T}}H_k\boldsymbol{y}_k}. \end{cases} \tag{5.21}$$

若取

$$\beta=\frac{1}{(\Delta\boldsymbol{x}_k)^{\mathrm{T}}\boldsymbol{y}_k},$$

则得到 **BFS(Broyden, Fletcher, Shanmo)方法**:

$$\begin{cases} \boldsymbol{x}_{k+1} = \boldsymbol{x}_k - H_k\boldsymbol{f}(\boldsymbol{x}_k), \quad k=0,1,2,\cdots, \\ H_{k+1} = H_k + (\mu_k\Delta\boldsymbol{x}_k(\Delta\boldsymbol{x}_k)^{\mathrm{T}} - H_k\boldsymbol{y}_k(\Delta\boldsymbol{x}_k)^{\mathrm{T}} - (\Delta\boldsymbol{x}_k)\boldsymbol{y}_k^{\mathrm{T}}H_k)/(\Delta\boldsymbol{x}_k)^{\mathrm{T}}\boldsymbol{y}_k, \\ \mu_k = 1 + \boldsymbol{y}_k^{\mathrm{T}}H_k\boldsymbol{y}_k/(\Delta\boldsymbol{x}_k)^{\mathrm{T}}\boldsymbol{y}_k. \end{cases}$$

大量的计算实践表明,BFS 方法比 DFP 方法具有较好的数值稳定性.

拟 Newton 法是 20 世纪 60 年代以来发展起来的解非线性方程组的新方法,它克服了 Newton 方法需要求导和求逆的缺点.它是目前实际使用的一类有效方法.

9.6 下降算法

解非线性方程组(2.2)的问题,可以化为多元实值函数的极小化问题,即求多元函数的极小点问题.例如,令

$$h(\boldsymbol{x}) = \boldsymbol{f}(\boldsymbol{x})^{\mathrm{T}}\boldsymbol{f}(\boldsymbol{x}) = f_1(\boldsymbol{x})^2 + \cdots + f_n(\boldsymbol{x})^2, \tag{6.1}$$

则 $\boldsymbol{f}(\boldsymbol{x})=\boldsymbol{0}$的充分必要条件是 $h(\boldsymbol{x})=0$.由于

$$h(\boldsymbol{x})\geqslant 0, \quad \forall\, \boldsymbol{x}\in R^n,$$

因此 $\min h(\boldsymbol{x})\geqslant 0$,从而使 $h(\boldsymbol{x})=0$ 的任何极小点必为方程组 $\boldsymbol{f}(\boldsymbol{x})=\boldsymbol{0}$的解.

解极小化问题(6.1)的一类方法如下:从某一初始点 $\boldsymbol{x}_0$ 出发,沿着使 $h(\boldsymbol{x})$下降的方向 $\boldsymbol{p}_0$,令

$$\boldsymbol{x}_1 = \boldsymbol{x}_0 + \lambda\boldsymbol{p}_0,$$

确定 $\lambda=\lambda_0$,使

$$h(\boldsymbol{x}_1)<h(\boldsymbol{x}_0).$$

依此类推,一般地,从点 $\boldsymbol{x}_k$ 出发,沿方向 $\boldsymbol{p}_k$,令

$$\boldsymbol{x}_{k+1} = \boldsymbol{x}_k + \lambda\boldsymbol{p}_k, \quad k = 0,1,2,\cdots, \tag{6.2}$$

确定 $\lambda=\lambda_k$,使

$$h(\boldsymbol{x}_{k+1})<h(\boldsymbol{x}_k).$$

这样,可以得到一个点序列

$$\boldsymbol{x}_0,\boldsymbol{x}_1,\cdots,\boldsymbol{x}_k,\cdots.$$

这类方法称为**下降算法**. λ_k 称为**步长因子**,它可以这样选择:求 λ_k 使

$$h(\boldsymbol{x}_{k+1})=\min_{\lambda} h(\boldsymbol{x}_k+\lambda\boldsymbol{p}_k).$$

在下降算法中,一个重要的问题是在每次迭代中如何选择寻查方向 $\boldsymbol{p}_k$.

例 1 在(6.2)中取

$$\boldsymbol{p}(\boldsymbol{x})=-\operatorname{grad}h(\boldsymbol{x}),\quad \boldsymbol{p}_k=\boldsymbol{p}(\boldsymbol{x}_k), \tag{6.3}$$

其中 h 的梯度为

$$\operatorname{grad}h(\boldsymbol{x})=\left[\frac{\partial h(\boldsymbol{x})}{\partial x_1},\frac{\partial h(\boldsymbol{x})}{\partial x_2},\cdots,\frac{\partial h(\boldsymbol{x})}{\partial x_n}\right]^{\mathrm{T}}.$$

这样选取寻查方向的下降算法(6.2)称为**最速下降法**.(6.3)为 $h(\boldsymbol{x})$在点 $\boldsymbol{x}$ 附近的最速下降方向.一般说来,最速下降法对任意的初始点都能收敛,因而它是大范围收敛的,$h(\boldsymbol{x})$在某点 $\boldsymbol{x}_k$ 沿最速下降方向

$$\boldsymbol{p}_k=-\operatorname{grad}h(\boldsymbol{x}_k)$$

下降得最快.然而就整个计算过程来说,却未必如此.在初始近似点远离极小点时,开始几步,$h(\boldsymbol{x})$下降得比较快,而后(尤其是在极小点的附近)将变得十分缓慢.我们知道,Newton 法和拟 Newton 法对初始近似比较接近于解的情形收敛得快.因此,在实际应用中,常用最速下降法来计算 Newton 法等的初始近似.

例 2 取

$$\boldsymbol{p}(\boldsymbol{x})=-\boldsymbol{f}'(\boldsymbol{x})^{-1}\boldsymbol{f}(\boldsymbol{x}), \tag{6.4}$$

称它为 **Newton 方向**. $[\operatorname{grad}h(\boldsymbol{x})]^{\mathrm{T}}\dfrac{\boldsymbol{q}}{\|\boldsymbol{q}\|}$ 是 $h(\boldsymbol{x})$在 $\boldsymbol{x}$ 的沿方向$\boldsymbol{q}$ 的方向导数,若

$$[\operatorname{grad}h(\boldsymbol{x})]^{\mathrm{T}}\boldsymbol{q}<0,$$

则 $\boldsymbol{q}$ 必为$h(\boldsymbol{x})$在 $\boldsymbol{x}$ 附近的下降方向.由于

$$\begin{aligned}\operatorname{grad}h(\boldsymbol{x})&=\left[\frac{\partial h(\boldsymbol{x})}{\partial x_1},\cdots,\frac{\partial h(\boldsymbol{x})}{\partial x_n}\right]^{\mathrm{T}}\\&=\begin{bmatrix}2\left(f_1(\boldsymbol{x})\dfrac{\partial f_1(\boldsymbol{x})}{\partial x_1}+\cdots+f_n(\boldsymbol{x})\dfrac{\partial f_n(\boldsymbol{x})}{\partial x_1}\right)\\ \vdots\\ 2\left(f_1(\boldsymbol{x})\dfrac{\partial f_1(\boldsymbol{x})}{\partial x_n}+\cdots+f_n(\boldsymbol{x})\dfrac{\partial f_n(\boldsymbol{x})}{\partial x_n}\right)\end{bmatrix}\\&=2\boldsymbol{f}'(\boldsymbol{x})^{\mathrm{T}}\boldsymbol{f}(\boldsymbol{x}),\end{aligned}$$

因此

$$[\mathrm{grad}h(\boldsymbol{x})]^{\mathrm{T}}(-\boldsymbol{f}'(\boldsymbol{x})^{-1}\boldsymbol{f}(\boldsymbol{x}))=-2\boldsymbol{f}'(\boldsymbol{x})^{\mathrm{T}}\boldsymbol{f}'(\boldsymbol{x})\boldsymbol{f}'(\boldsymbol{x})^{-1}\boldsymbol{f}(\boldsymbol{x})$$
$$=-2\boldsymbol{f}(\boldsymbol{x})^{\mathrm{T}}\boldsymbol{f}(\boldsymbol{x}).$$

若 $\boldsymbol{f}(\boldsymbol{x})\neq\boldsymbol{0}$,则

$$[\mathrm{grad}h(\boldsymbol{x})]^{\mathrm{T}}(-\boldsymbol{f}'(\boldsymbol{x})^{-1}\boldsymbol{f}(\boldsymbol{x}))<0.$$

因此,Newton 方向(6.4)是 $h(\boldsymbol{x})$的一种下降方向.

若在(6.2)中取寻查方向为 Newton 方向(6.4),且取 $\lambda=1$,则(6.2)就是 Newton 法.因此,Newton 法也是一种下降算法.

例 3 我们假定在(6.2)中取寻查方向为 Newton 方向(6.4).此时,迭代公式为

$$\boldsymbol{x}_{k+1}=\boldsymbol{x}_k-\lambda_k\boldsymbol{f}'(\boldsymbol{x}_k)^{-1}\boldsymbol{f}(\boldsymbol{x}_k),\quad k=0,1,2,\cdots. \tag{6.5}$$

关于 λ_k 的选择,要求它满足

$$\min_{\lambda}\|\boldsymbol{f}(\boldsymbol{x}_k-\lambda\boldsymbol{f}'(\boldsymbol{x}_k)^{-1}\boldsymbol{f}(\boldsymbol{x}_k))\|=\|\boldsymbol{f}(\boldsymbol{x}_k-\lambda_k\boldsymbol{f}'(\boldsymbol{x}_k)^{-1}\boldsymbol{f}(\boldsymbol{x}_k))\|.$$

这样的 Newton 法变形,称为**带松弛因子的 Newton 法**.

9.7 延 拓 法

设 $\boldsymbol{f}:R^n\to R^n$,非线性方程组 $\boldsymbol{f}(\boldsymbol{x})=\boldsymbol{0}$有未知解 $\boldsymbol{x}^*$.我们考虑一类以 $t(t\in[0,1])$为参数的非线性方程组.它对应于 $t=0$ 有一个已知解 $\boldsymbol{x}(0)$,而对应于 $t=1$ 有未知解 $\boldsymbol{x}(1)=\boldsymbol{x}^*$.例如,假设 $\boldsymbol{x}(0)$是方程组 $\boldsymbol{f}(\boldsymbol{x})=\boldsymbol{0}$的解 $\boldsymbol{x}^*$的一个初始近似,我们定义

$$\begin{aligned}\boldsymbol{g}(t,\boldsymbol{x})&=t\boldsymbol{f}(\boldsymbol{x})+(1-t)(\boldsymbol{f}(\boldsymbol{x})-\boldsymbol{f}(\boldsymbol{x}(0)))\\&=\boldsymbol{f}(\boldsymbol{x})+(t-1)f(\boldsymbol{x}(0)),t\in[0,1].\end{aligned} \tag{7.1}$$

对于 t 的各种数值,我们欲求方程组

$$\boldsymbol{g}(t,\boldsymbol{x})=\boldsymbol{0} \tag{7.2}$$

的解.当 $t=0$ 时,方程组(7.2)为

$$\boldsymbol{g}(0,\boldsymbol{x})=\boldsymbol{f}(\boldsymbol{x})-\boldsymbol{f}(\boldsymbol{x}(0))=\boldsymbol{0},$$

且 $\boldsymbol{x}(0)$是它的一个解;当 $t=1$ 时,方程组(7.2)为

$$\boldsymbol{g}(1,\boldsymbol{x})=\boldsymbol{f}(\boldsymbol{x})=\boldsymbol{0},$$

且 $\boldsymbol{x}(1)=\boldsymbol{x}^*$是其一个解.

延拓问题是确定一条从方程组 $\boldsymbol{g}(0,\boldsymbol{x})=\boldsymbol{0}$的已知解 $\boldsymbol{x}(0)$到 $\boldsymbol{g}(1,\boldsymbol{x})=\boldsymbol{0}$的未知解 $\boldsymbol{x}(1)=\boldsymbol{x}^*$的路径以解方程组 $\boldsymbol{f}(\boldsymbol{x})=\boldsymbol{0}$.假设对每一个 $t\in[0,1]$方程组(7.2)都有唯一解 $\boldsymbol{x}(t)$,$\boldsymbol{x}(t)$连续依赖于 t,则 $\boldsymbol{x}=\boldsymbol{x}(t)$表示 R^n 中的一条空间曲线,它的一个端点是 $\boldsymbol{x}(0)$,另一个端点是 $\boldsymbol{x}^*=\boldsymbol{x}(1)$.**延拓法**是沿着这条曲线寻求序列

$\{\boldsymbol{x}(t_k)\}_{k=0}^m$，此处 $t_0=0<t_1<t_2<\cdots<t_m=1$.

假设(向量值)函数 $\boldsymbol{x}(t)$ 和 $\boldsymbol{g}$ 都是 Frechet 可微的，则方程组(7.2)对 t 求导数得

$$\frac{\partial \boldsymbol{g}(t,\boldsymbol{x}(t))}{\partial t}+\frac{\partial \boldsymbol{g}(t,\boldsymbol{x}(t))}{\partial \boldsymbol{x}}\cdot \boldsymbol{x}'(t)=\boldsymbol{0}.$$

再设 $\left[\frac{\partial \boldsymbol{g}(t,\boldsymbol{x}(t))}{\partial \boldsymbol{x}}\right]^{-1}$ 存在，则解得

$$\boldsymbol{x}'(t)=-\left[\frac{\partial \boldsymbol{g}(t,\boldsymbol{x}(t))}{\partial \boldsymbol{x}}\right]^{-1}\frac{\partial \boldsymbol{g}(t,\boldsymbol{x}(t))}{\partial t}. \tag{7.3}$$

由于

$$\boldsymbol{g}(t,\boldsymbol{x}(t))=\boldsymbol{f}(\boldsymbol{x}(t))+(t-1)\boldsymbol{f}(\boldsymbol{x}(0)),$$

记

$$\boldsymbol{f}(\boldsymbol{x})=[f_1(\boldsymbol{x}),f_2(\boldsymbol{x}),\cdots,f_n(\boldsymbol{x})]^{\mathrm{T}},\quad \boldsymbol{x}=[x_1,x_2,\cdots,x_n]^{\mathrm{T}},$$

则

$$\frac{\partial \boldsymbol{g}(t,\boldsymbol{x}(t))}{\partial \boldsymbol{x}}=\begin{bmatrix}\frac{\partial f_1(\boldsymbol{x}(t))}{\partial x_1} & \frac{\partial f_1(\boldsymbol{x}(t))}{\partial x_2} & \cdots & \frac{\partial f_1(\boldsymbol{x}(t))}{\partial x_n}\\ \frac{\partial f_2(\boldsymbol{x}(t))}{\partial x_1} & \frac{\partial f_2(\boldsymbol{x}(t))}{\partial x_2} & \cdots & \frac{\partial f_2(\boldsymbol{x}(t))}{\partial x_n}\\ \vdots & \vdots & & \vdots\\ \frac{\partial f_n(\boldsymbol{x}(t))}{\partial x_1} & \frac{\partial f_n(\boldsymbol{x}(t))}{\partial x_2} & \cdots & \frac{\partial f_n(\boldsymbol{x}(t))}{\partial x_n}\end{bmatrix}, \tag{7.4}$$

它是 Jacobi 矩阵，或记作 $J(\boldsymbol{x}(t))$，且

$$\frac{\partial \boldsymbol{g}(t,\boldsymbol{x}(t))}{\partial t}=\boldsymbol{f}(\boldsymbol{x}(0)).$$

于是，(7.3)式可写成

$$\boldsymbol{x}'(t)=-[J(\boldsymbol{x}(t))]^{-1}\boldsymbol{f}(\boldsymbol{x}(0)),\quad 0\leqslant t\leqslant 1. \tag{7.5}$$

(7.5)是一个微分方程组，具有初值条件 $\boldsymbol{x}(0)$. 若取 $t_j=jh$，$h=\frac{1-0}{m}$，$j=0,1,2,\cdots,m$，则应用延拓法解方程组 $\boldsymbol{f}(\boldsymbol{x})=\boldsymbol{0}$ 便化为求微分方程组(7.5)的数值解 $\boldsymbol{x}(t_j)$，$j=1,2,\cdots,m$. 最后以 $\boldsymbol{x}(t_m)$ 作为方程组 $\boldsymbol{f}(\boldsymbol{x})=\boldsymbol{0}$ 的解 $\boldsymbol{x}^*$ 的近似. 求微分方程组的数值解方法见 10.8 节.

下面的定理(见[11])表明在一定的假设条件下延拓法是可行的.

定理　假设对一切 $\boldsymbol{x}\in R^n$，$\boldsymbol{f}(\boldsymbol{x})$ 是连续 Frechet 可微的，它的 Jacobi 矩阵 $J(\boldsymbol{x})=\boldsymbol{f}'(\boldsymbol{x})$ 是非奇异的，且存在常数 M 使得 $\|\boldsymbol{f}'(\boldsymbol{x})^{-1}\|\leqslant M$，$\boldsymbol{x}\in R^n$. 那么，对于任一 $\boldsymbol{x}(0)\in R^n$，存在唯一解函数 $\boldsymbol{x}(t)$ 使得

$$f(t, x(t)) = 0$$

对于$[0,1]$中一切t都成立. 又, $x(t)$是连续可微的, 且

$$x'(t) = -[J(x(t))]^{-1} f(x(0)), \quad t \in [0,1].$$

习　题　9

1. 设$f: R^2 \to R$定义为

$$f(x) = \mathrm{sign}(x_2)\min(|x_1|, |x_2|), \quad x = [x_1, x_2]^{\mathrm{T}},$$

计算$Df(\mathbf{0})(\boldsymbol{\eta}), \boldsymbol{\eta} \in R^2$.

2. 设$f: R^2 \to R$定义为

$$f(x) = \begin{cases} \dfrac{x_1 x_2^2}{x_1^2 + x_2^4}, & x = [x_1, x_2]^{\mathrm{T}} \neq \mathbf{0}; \\ 0, & x = [0,0]^{\mathrm{T}}. \end{cases}$$

证明f在$x = \mathbf{0}$有 Gateaux 导数, 但f在$x = \mathbf{0}$不连续.

3. 设$f: R^2 \to R$定义为

$$f(x) = \begin{cases} x_2 (x_1^2 + x_2^2)^{\frac{3}{2}} / ((x_1^2 + x_2^2)^2 + x_2^2), & x = [x_1, x_2]^{\mathrm{T}} \neq \mathbf{0}; \\ 0, & x = [0,0]^{\mathrm{T}}. \end{cases}$$

证明$Df(\mathbf{0})$存在, 但$f'(\mathbf{0})$不存在.

4. 设$f: R^n \to R$在包含点x_0的某邻域D中一阶偏导数$\dfrac{\partial f(x)}{\partial x_i}$ $(i = 1, \cdots, n)$都存在, 且这些偏导数在x_0都连续, $x = [x_1, \cdots, x_n]^{\mathrm{T}}$. 证明$f$在$x_0$处 Frechet 可微.

5. 设$\boldsymbol{f}: R^n \to R^m$定义为

$$\boldsymbol{f}(x) = \begin{bmatrix} f_1(x) \\ \vdots \\ f_m(x) \end{bmatrix},$$

其中$x = [x_1, \cdots, x_n]^{\mathrm{T}}, f_i(x) \in R, i = 1, \cdots, m$. 证明, 若$f_i (i = 1, \cdots, m)$都在$x$为 Frechet 可微, 则$\boldsymbol{f}$在$x$为 Frechet 可微.

6. 设A为$n \times n$阶实矩阵, $f: R^n \to R$定义为

$$f(x) = x^{\mathrm{T}} A x, \quad x \in R^n.$$

计算$f'(x)$.

7. 设$\boldsymbol{f}: R^2 \to R^2$定义为

$$\boldsymbol{f}(x) = \begin{bmatrix} e^{x_1^2 + x_2^2} - 3 \\ x_1 + x_2 - \sin(3(x_1 + x_2)) \end{bmatrix}, \quad x = [x_1, x_2]^{\mathrm{T}}.$$

试计算$\boldsymbol{f}'(x)$, 并求出使$\boldsymbol{f}'(x)$奇异的x.

8. 设$\boldsymbol{f}: R^3 \to R^3$定义为

$$\boldsymbol{f}(x) = \begin{bmatrix} x_1 + 2x_3 \\ x_1 \cos x_2 \\ x_2^2 + x_3 \end{bmatrix}, \quad x = [x_1, x_2, x_3]^{\mathrm{T}} \in R^3.$$

证明 $\boldsymbol{f}$ 在 R^3 中的每一点 $\boldsymbol{x}$ 都是连续的.

9. 设 $f:D\subset R^n\to R$ 在凸子集 $D_0\subset D$ 中为二次 Frechet 可微，证明，对任何 $\boldsymbol{x},\boldsymbol{y}\in D_0$，都存在 $t\in(0,1)$，使得

$$f(\boldsymbol{y})-f(\boldsymbol{x})-f'(\boldsymbol{x})(\boldsymbol{y}-\boldsymbol{x})=\frac{1}{2}f''(\boldsymbol{x}+t(\boldsymbol{y}-\boldsymbol{x}))(\boldsymbol{y}-\boldsymbol{x})(\boldsymbol{y}-\boldsymbol{x}).$$

10. 设 $\boldsymbol{g}:R^2\to R^2$ 定义为

$$\boldsymbol{g}(\boldsymbol{x})=\begin{bmatrix}\dfrac{x_1^2+x_2^2+8}{10}\\ \dfrac{x_1x_2^2+x_1+8}{10}\end{bmatrix},\quad \boldsymbol{x}=[x_1,x_2]^{\mathrm{T}},$$

证明映射 $\boldsymbol{g}$ 在 $D=\{(x_1,x_2)\mid 0\leqslant x_1,x_2\leqslant 1.5\}$ 中有唯一的不动点 $\boldsymbol{u}$，并且对任意的 $\boldsymbol{x}_0\in D$，由不动点迭代

$$\boldsymbol{x}_{k+1}=\boldsymbol{g}(\boldsymbol{x}_k),\quad k=0,1,2,\cdots$$

产生的序列 $\{\boldsymbol{x}_k\}$ 都收敛于 $\boldsymbol{u}$.

11. 设 $\boldsymbol{g}:R^n\to R^n$ 有一个不动点 $\boldsymbol{u}$，$\boldsymbol{g}$ 在 $\boldsymbol{u}$ 为 Frechet 可微，且 $\boldsymbol{g}'(\boldsymbol{u})$ 的谱半径小于 1，即

$$\rho(\boldsymbol{g}'(\boldsymbol{u}))<1.$$

试证明，存在一个开球 $S_r(\boldsymbol{u})$，使得对任意 $\boldsymbol{x}_0\in S_r(\boldsymbol{u})$，由迭代法

$$\boldsymbol{x}_{k+1}=\boldsymbol{g}(\boldsymbol{x}_k),k=0,1,2,\cdots$$

产生的迭代序列是完全确定的 $\boldsymbol{x}_k\in S_r(\boldsymbol{u})$，$k=0,1,\cdots$，且收敛于 $\boldsymbol{u}$.

12. 试用 Newton 法解非线性方程组

$$x_1+2x_2-3=0,\qquad 2x_1^2+x_2^2-5=0.$$

取初始向量 $\boldsymbol{x}_0=[1.5,1.0]^{\mathrm{T}}$，进行二次迭代，结果取三位小数.

13. 应用 Newton 法解非线性方程组

$$x_1^2+x_2^2-x_1=0,\qquad x_1^2-x_2^2-x_2=0.$$

取初始近似 $\boldsymbol{x}_0=[0.8,0.4]^{\mathrm{T}}$，要求 $\|\boldsymbol{x}_k-\boldsymbol{x}_{k-1}\|_\infty<10^{-5}$.

14. 试证明方程组

$$x_1=\frac{1}{2}\cos x_2,\qquad x_2=\frac{1}{2}\sin x_1$$

有唯一解 $\boldsymbol{u}$，且存在闭球 $\bar{S}_r(\boldsymbol{u})$ 使得对一切 $\boldsymbol{x}_0\in\bar{S}_r(\boldsymbol{u})$，由 Newton 法产生的迭代序列 $\{\boldsymbol{x}_k\}$ 都收敛于 $\boldsymbol{u}$.

15. 设 A 为 $n\times n$ 阶实的非奇异矩阵，试验证，对 $\boldsymbol{u},v\in R^n$ 有

$$(A+\boldsymbol{u}v^{\mathrm{T}})^{-1}=A^{-1}-\frac{A^{-1}\boldsymbol{u}v^{\mathrm{T}}A^{-1}}{1+v^{\mathrm{T}}A^{-1}-\boldsymbol{u}},$$

其中 $(1+v^{\mathrm{T}}A^{-1}\boldsymbol{u})\neq 0$.

第 10 章　常微分方程初值问题的数值解法

10.1　引　　言

在自然科学和经济的许多领域中，常常会遇到一阶常微分方程初值问题：

$$\begin{cases} y' = f(t,y), & a \leqslant t \leqslant b, \\ y(a) = \eta, \end{cases} \tag{1.1}$$

此处 f 为 t,y 的已知函数，η 是给定的初始值，$y(a)=\eta$ 称为初值条件.

例 1　物种的逻辑斯蒂增长律满足一阶微分方程

$$y' = \alpha y - \beta y^2,$$

其中 $y=y(t)$ 表示时间 t 时某一生物的数量；α,β 均为正常数，α 表示这种生物的出生率和死亡率之差，而 β 表示该生物的食物供给和它所占空间的限制，α,β 常由实验数据决定的.假设已知时间 t_0 时，该生物的数量为 $y(t_0)=y_0$，则有初值问题：

$$y' = \alpha y - \beta y^2, \quad y(t_0) = y_0.$$

它可用来预报该种生物在 $t>t_0$ 时的数量.将这个方程改写成

$$y' = \beta y(t)\left[\frac{\alpha}{\beta} - y(t)\right],$$

可以看出，若 $0<y(t)<\alpha/\beta$，则 $y'(t)>0$.因此 $y(t)$ 为单调增函数，生物数量在增加，并以 α/β 为极限数量.若 $y(t)>\alpha/\beta$，则 $y'(t)<0$.因此 $y(t)$ 为单调减函数.$y(t)$ 超过 α/β 后，生物开始减少.

在常微分方程课程中，我们已经知道，关于初值问题(1.1)有下面的解(精确解)的存在性定理.

定理 1　如果 $f(t,y)$ 在带形区域 $R=\{(t,y)\mid a\leqslant t\leqslant b, -\infty<y<+\infty\}$ 中连续，且关于 y 满足 Lipschitz 条件：存在常数 L，使得

$$|f(t,y_1)-f(t,y_2)| \leqslant L|y_1-y_2| \tag{1.2}$$

对所有的 $t\in[a,b]$ 以及任何 y_1,y_2 都成立，那么初值问题(1.1)存在唯一的连续可微解 $y=y(t)$.

在许多实际问题中，微分方程的右端 $f(t,y)$ 以及初始值 η 常常是由观测得到的.因此，我们除了保证初值问题有解外，还必须保证它是适定的，即当 η 和 $f(t,y)$ 有微小摄动时，只能引起初值问题(1.1)的解的微小摄动.更确切地说，适定性的定义如下：

定义 假设初值问题(1.1)有唯一解 $y=y(t)$. 如果存在正常数 $K,\bar{\varepsilon}$,使得对任何 $\varepsilon\leqslant\bar{\varepsilon}$,当

$$|\eta-\tilde{\eta}|<\varepsilon$$

以及

$$|\delta(t)|<\varepsilon,\quad a\leqslant t\leqslant b$$

时,摄动初值问题:

$$z'=f(t,z)+\delta(t),\quad z(a)=\tilde{\eta}$$

有唯一解 $z(t)$,并且满足

$$|y(t)-z(t)|\leqslant K\bar{\varepsilon},$$

那么,称初值问题(1.1)是**适定**的.

定理 2 若 $f(t,y)$在 $R=\{(t,y)\,|\,a\leqslant t\leqslant b,-\infty<y<+\infty\}$中连续,且关于 y 满足 Lipschitz 条件,那么初值问题(1.1)是适定的.

例 2 初值问题

$$\frac{\mathrm{d}y}{\mathrm{d}t}=-y+t+1,\quad 0\leqslant t\leqslant 1,\tag{1.3}$$

$$y(0)=1.$$

由于 $f(t,y)=-y+t+1$ 在 $R=\{(t,y)\,|\,0\leqslant t\leqslant 1,-\infty<y<+\infty\}$中连续,以及

$$\left|\frac{\partial(-y+t+1)}{\partial y}\right|=1,$$

因此,对任何 y_1,y_2,

$$|f(t,y_1)-f(t,y_2)|=\left|\frac{\partial f(t,y)}{\partial y}(y_1-y_2)\right|=|y_1-y_2|.$$

f 关于 y 满足 Lipschitz 条件. 据定理 2 知初值问题(1.3)是适定的.

现考虑摄动的初值问题

$$\frac{\mathrm{d}z}{\mathrm{d}t}=-z+t+1+\delta,\quad 0\leqslant t\leqslant 1,\tag{1.4}$$

$$z(0)=1+\varepsilon,$$

其中 δ 和 ε 都是常数. 容易求得初值问题(1.3)和(1.4)的解分别为

$$y(t)=e^{-t}+t$$

和

$$z(t)=(1+\varepsilon-\delta)e^{-t}+t+\delta.$$

设 $|\delta|<|\varepsilon|$,则

$$\begin{aligned}|y(t)-z(t)|&=|\varepsilon e^{-t}+\delta(1-e^{-t})|\\&\leqslant|\varepsilon e^{-t}|+|\delta(1-e^{-t})|\\&\leqslant|\varepsilon|+|\delta|\leqslant 2|\varepsilon|.\end{aligned}$$

今后,若无特别申明,我们总假定初值问题(1.1)满足定理 1 的条件,从而它有唯一的连续可微解,并且它是适定的.

10.2 离散变量法和离散误差

在实际问题中,所得到的初值问题往往不能求得它的解的解析表达式,只能得到它的近似解.求初值问题(1.1)的近似解的一类数值方法是**离散变量法**:求初值问题(1.1)的精确解 $y(t)$在一系列离散点:

$$t_1, t_2, \cdots, t_N$$

处的近似值

$$y_1, y_2, \cdots, y_N.$$

用 $y(t_n)$表示 $y(t)$在 $t=t_n$ 处的值,则 y_n 为 $y(t_n)$的近似值, $n=1,2,\cdots,N$.这样,我们把一个连续型问题(1.1)化为一个离散的问题.这个过程称为**离散化过程**.

我们取离散点为

$$t_{n+1}=t_n+h_n, \qquad t_0=a.$$

h_n 称为**步长**.通常取 $h_n=h$(h 为常数),即离散点 $t_0, t_1, t_2, \cdots, t_N$ 为等距的,此时

$$t_n=a+nh, \quad n=0,1,\cdots,N,$$

$$Nh=b-a.$$

例 1 初值问题(1.1)中的初值条件 $y(a)=y(t_0)=\eta$ 是给定的,因此可以算出

$$y'(t_0)=f(t_0, y(t_0)).$$

我们用(前)差商

$$\frac{y(t_1)-y(t_0)}{h},$$

近似地代替 $y(t)$在 $t=t_0$ 的导数 $y'(t_0)$,即

$$y'(t_0) \simeq \frac{y(t_1)-y(t_0)}{h}.$$

于是

$$y(t_1) \simeq y(t_0)+hf(t_0, y(t_0)).$$

记 $y_0=y(t_0)=\eta$,则可取

$$y_1=y_0+hf(t_0, y_0)$$

作为 $y(t_1)$的近似值.再利用 y_1 及 $f(t_1, y_1)$,取

$$y_2=y_1+hf(t_1, y_1)$$

作为 $y(t_2)$的近似值.一般地,取

$$y_{n+1}=y_n+hf(t_n,y_n),\quad n=0,1,2,\cdots,N-1, \tag{2.1}$$

其中

$$y_0=\eta,$$

作为 $y(t_{n+1})$的近似值.

通常,方程

$$F(t_n,y_n,\Delta y_n,\Delta^2 y_n,\cdots,\Delta^k y_n)=0$$

称为一个 ***k* 阶差分方程**(见 10.6 节),而(2.1)式可写成

$$\Delta y_n-hf(t_n,y_n)=0.$$

它是一个一阶差分方程.例 1 说明,离散化过程把微分方程初值问题(1.1)化为一个差分方程初值问题(2.1),然后求差分方程初值问题的解 y_n 作为微分方程初值问题的解 $y(t)$在 $t=t_n$ 处的值 $y(t_n)$的近似值.这样的离散变量法又称为**差分方法**.

(2.1)是解初值问题(1.1)的 **Euler 方法**的计算公式.我们将在 10.3 节中较详细地讨论 Euler 方法.

关于离散化方法,通常有三种:差商代替导数的方法,Taylor 级数法和数值积分法.

1. 差商代替导数的方法

我们用差商近似地代替微分方程(1.1)中的导数,从而把微分方程初值问题化为一个差分方程初值问题.在例 1 中,就是采用这种方法导出 Euler 方法.

2. Taylor 级数法

我们假设初值问题(1.1)满足 10.1 节定理 1 的条件,且函数 f 是足够次可微的.据 Taylor 公式,有

$$y(t+h)=y(t)+hy'(t)+\frac{1}{2}h^2y''(t)+\frac{1}{3!}h^3y'''(t)+\cdots+\frac{1}{p!}h^py^{(p)}(t)$$
$$+\frac{1}{(p+1)!}h^{p+1}y^{(p+1)}(\xi),\quad t<\xi<t+h \tag{2.2}$$

或

$$y(t+h)=y(t)+hf(t,y(t))+\frac{1}{2}h^2f'(t,y(t))+\frac{1}{3!}h^3f''(t,y(t))$$
$$+\cdots+\frac{1}{p!}h^pf^{(p-1)}(t,y(t))+\frac{1}{(p+1)!}h^{p+1}y^{(p+1)}(\xi). \tag{2.3}$$

记

$$\Phi(t,y,h)=f(t,y(t))+\frac{1}{2}hf'(t,y(t))+\frac{1}{3!}h^2f''(t,y(t))+\cdots$$
$$+\frac{1}{p!}h^{p-1}f^{(p-1)}(t,y(t)), \tag{2.4}$$

则可将(2.3)式简写成

$$y(t+h)=y(t)+h\Phi(t,y,h)+\frac{1}{(p+1)!}h^{p+1}y^{(p+1)}(\xi).$$

以 $t=t_n$ 代入上式得

$$y(t_{n+1})=y(t_n)+h\Phi(t_n,y(t_n),h)+\frac{1}{(p+1)!}h^{p+1}y^{(p+1)}(\xi). \tag{2.5}$$

假如截去(2.5)中的项

$$\frac{1}{(p+1)!}h^{p+1}y^{(p+1)}(\xi),$$

则可得

$$y(t_{n+1})\simeq y(t_n)+h\Phi(t_n,y(t_n),h).$$

这样,我们得到求初值问题(1.1)的解的近似计算公式:

$$y_{n+1}=y_n+h\Phi(t_n,y_n,h),\quad n=0,1,\cdots,N-1,y_0=\eta. \tag{2.6}$$

(2.6)是一个一阶差分方程.因此,我们把求解微分方程初值问题(1.1)化求解差分方程初值问题(2.6).

由于初值问题(1.1)的精确解 $y(t)$满足(2.5)式,因此我们称

$$R_n=\frac{1}{(p+1)!}h^{p+1}y^{(p+1)}(\xi) \tag{2.7}$$

为数值方法(2.6)的**局部离散误差**,或**局部截断误差**.假如 $y_n=y(t_n)$,据(2.5)和(2.7)式可知

$$y(t_{n+1})=y_{n+1}+R_n.$$

因此,局部离散误差(2.7)表示 $y_n=y(t_n)$为精确时,利用(2.6)计算 $y(t_{n+1})$的近似值 y_{n+1}的误差.据(2.7)式,我们有

$$R_n=O(h^{p+1}). \tag{2.8}$$

假如 y_n 是在无舍入误差的情形用(2.6)计算得微分方程初值问题(1.1)的近似解,则称

$$\varepsilon_n=y(t_n)-y_n$$

为数值方法(2.6)的**整体离散误差**.

例 2　取 $p=1$ 时,(2.6)便可写成

$$y_{n+1}=y_n+hf(t_n,y_n),\quad n=0,1,\cdots,N-1,$$
$$y_0=\eta.$$

这又导出 Euler 方法,其局部离散误差为

$$R_n=\frac{1}{2}h^2y''(\xi)=O(h^2).$$

例 3　取 $p=2$ 时,(2.6)可写成

$$y_{n+1} = y_n + h\left[f(t_n, y_n) + \frac{1}{2}h\left(f_t'(t_n, y_n) + f_y'(t_n, y_n)f(t_n, y_n)\right)\right],$$

$$n = 0,1,\cdots,N-1,$$

$$y_0 = \eta.$$

其局部离散误差为

$$R_n = \frac{1}{3!}h^3 y'''(\xi) = O(h^3).$$

3. 数值积分方法

对微分方程

$$y' = f(t, y)$$

在区间$[t_n, t_{n+1}]$上求积分得

$$y(t_{n+1}) - y(t_n) = \int_{t_n}^{t_{n+1}} f(t, y(t))\mathrm{d}t. \tag{2.9}$$

若把(2.9)右端积分的被积函数 $f(t, y(t))$换成它的插值多项式,或对(2.9)右端积分使用数值积分公式,我们将得到解初值问题(1.1)的数值方法. 例如,对(2.9)式右端积分应用矩形公式

$$\int_{t_n}^{t_{n+1}} f(t, y(t))\mathrm{d}t \simeq hf(t_n, y(t_n)),$$

再用 y_n 代替 $y(t_n)$,便得到 Euler 方法:

$$y_{n+1} = y_n + hf(t_n, y_n), \quad n = 0,1,2,\cdots,N-1,$$

$$y_0 = \eta.$$

例 4 若对(2.9)式右端积分使用更精确的梯形公式,则得

$$y(t_{n+1}) - y(t_n) = \frac{h}{2}[f(t_n, y(t_n)) + f(t_{n+1}, y(t_{n+1}))] - \frac{1}{12}h^3 y'''(\xi_n),$$

$$t_n < \xi_n < t_{n+1}.$$

于是,我们得到差分方程

$$y_{n+1} = y_n + \frac{h}{2}[f(t_n, y_n) + f(t_{n+1}, y_{n+1})], \quad n = 0,1,2,\cdots,N-1, \tag{2.10}$$

$$y_0 = \eta.$$

这样,求解初值问题(1.1)便化为解差分方程初值问题(2.10). 我们称(2.10)为**梯形方法**. 它的局部离散误差为

$$R_n = -\frac{1}{12}h^3 y'''(\xi_n) = O(h^3).$$

10.3 单 步 法

离散变量法可分成单步法和多步法.解初值问题(1.1)的一个离散变量法称为**单步法**是指,在其计算公式从初始值 $y_0=\eta$ 出发,依次计算 $y_1,y_2,\cdots$的过程中,计算 y_{n+1}时,仅仅需要用到 y_n.例如,在10.2节中提到的Euler方法和梯形方法都是单步法.若计算 y_{n+1}时要用到 $y_n,y_{n-1},\cdots,y_{n-k+1}$的值,则称此方法为 ***k* 步法**.

这一节,我们将介绍一阶微分方程初值问题的离散变量法中一些常用的单步法,并讨论与之有关的问题.求解初值问题(1.1)的单步法的一般形式可以表示成

$$y_{n+1}=y_n+h\Phi(t_n,y_n,h),\quad n=0,1,2,\cdots,N-1,\qquad(3.1)$$
$$y_0=\eta,$$

或

$$y_{n+1}=y_n+h\Phi(t_n,y_n,y_{n+1},h),\quad n=0,1,\cdots,N-1,\qquad(3.2)$$
$$y_0=\eta,$$

其中 Φ 为某一函数,称为**增量函数**,N 是一个正整数,$h=(b-a)/N$.(3.1)的右端仅出现 y_n,y_{n+1}可由 y_n 和增量函数明显地计算得.我们称(3.1)为**显式方法**,例如Euler方法.(3.2)的右端不仅出现 y_n,而且在增量函数中还隐含 y_{n+1}.这样的方法称为**隐式方法**,例如梯形方法.

衡量离散变量法的精确度的标准之一是方法的阶数.

定义　如果对于初值问题(1.1)的精确解 $y(t)$,p 是使得关系式:

$$y(t+h)=y(t)+h\Phi(t,y(t),h)+O(h^{p+1})$$

或

$$y(t+h)=y(t)+h\Phi(t,y(t),y(t+h),h)+O(h^{p+1})$$

成立的最大整数,那么,称单步法(3.1)或(3.2)为 ***p* 阶方法**.

易知,定义中 $O(h^{p+1})$是单步法(3.1)或(3.2)的局部离散误差.

10.3.1 Euler 方法

Euler方法实际上已经很少用了.但因它的概念简单,易于分析,并且它的误差和稳定性分析较为典型,因此,我们再来讨论Euler方法.在(3.1)中,取 $\Phi(t,y,h)=f(t,y)$,便得到Euler方法:

$$y_{n+1}=y_n+hf(t_n,y_n),\quad n=0,1,\cdots,N-1,\qquad(3.3)$$
$$y_0=\eta.$$

N 是一个正整数,$h=(b-a)/N$.据(3.3)式,从 $y_0=\eta$ 出发,可依次计算出 y_1,$y_2,\cdots,y_N$,它们分别为初值问题(1.1)的解 $y(t)$在 $t_1,t_2,\cdots,t_N$ 的值 $y(t_1)$,

$y(t_2),\cdots,y(t_N)$的近似值,其中 $t_0=a,t_n=a+nh,n=1,2,\cdots,N$. Euler 方法的算法如下.

算法 10.1 应用 Euler 方法计算初值问题

$$y' = f(t,y), \quad a \leqslant t \leqslant b,$$
$$y(a) = \eta$$

的解 $y(t)$在区间$[a,b]$上的 N 个等距点的近似值.

输入 端点 a,b;区间等分数 N;初值 η.

输出 $y(t)$在 t 的N 个点处的近似值y.

step 1 $h \leftarrow (b-a)/N$;

$t \leftarrow a$;

$y \leftarrow \eta$.

step 2 对 $i=1,2,\cdots,N$ 做 step 3~4.

step 3 $y \leftarrow y+hf(t,y)$;

$t \leftarrow a+ih$.

step 4 输出(t,y).

step 5 停机.

Euler 方法有明显的几何解释(图 10.1).设初值问题(1.1)的解曲线为 $y=y(t)$.经过解曲线 $y=y(t)$上的点$(a,\eta)=(t_0,y_0)$的切线方程为

$$y-y_0=y'(t_0)(t-t_0),$$

即

$$y-y_0=f(t_0,y_0)(t-t_0).$$

据(3.3)式,

$$y_1=y_0+hf(t_0,y_0).$$

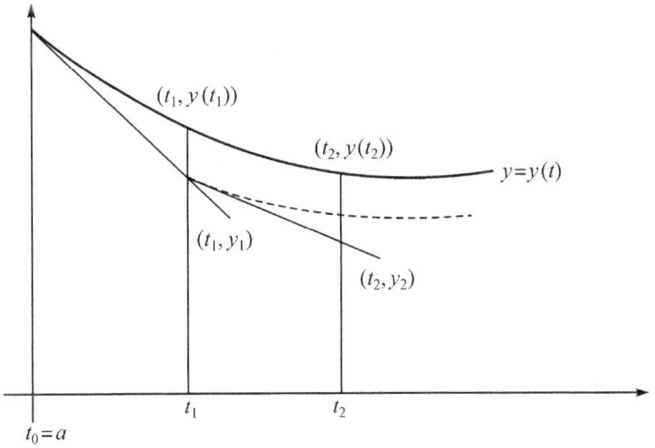

图 10.1

因此,该切线与直线 $t=t_1$ 的交点为

$$\begin{aligned} t &= t_1, \\ y &= y_0 + f(t_0,y_0)(t_1-t_0) = y_0 + hf(t_0,y_0) = y_1, \end{aligned}$$

即点(t_1,y_1).再据(3.3)式得

$$y_2 = y_1 + hf(t_1,y_1).$$

现在(t_2,y_2)是初值问题

$$\begin{aligned} y' &= f(t,y), \\ y(t_1) &= y_1 \end{aligned}$$

的解曲线 $y=u(t)$在点(t_1,y_1)的切线与直线 $t=t_2$ 的交点.一般地,据(3.3)式,有

$$y_{n+1} = y_n + hf(t_n,y_n).$$

(t_{n+1},y_{n+1})是初值问题

$$\begin{aligned} y' &= f(t,y), \\ y(t_n) &= y_n \end{aligned}$$

的解曲线 $y=v(t)$在点(t_n,y_n)的切线与直线 $t=t_{n+1}$的交点.

例 1　应用 Euler 方法解初值问题

$$y' = \frac{2}{t}y + t^2e^t,\quad 1\leqslant t\leqslant 2, y(1)=0,$$

取步长 $h=0.1$,并把计算结果与精确解比较.

解　微分方程

$$y' = \frac{2}{t}y + t^2e^t$$

是一阶线性微分方程.容易求出它的通解为

$$y = t^2(e^t + C).$$

由初值条件 $t=1,y=0$ 得 $C=-e$.因此初值问题的解为

$$y = t^2(e^t - e).$$

从而

$$y(t_n) = t_n^2(e^{t_n} - e).$$

据 Euler 方法

$$\begin{aligned} y_{n+1} &= y_n + h\left(\frac{2}{t_n}y_n + t_n^2e^{t_n}\right), \\ y_0 &= y(1) = 0, \\ t_n &= t_0 + nh = 1 + 0.1n, \end{aligned}$$

我们有

$$y_1 = y_0 + h\left(\frac{2}{t_0}y_0 + t_0^2e^{t_0}\right) = 0.271828182,$$

$$y_2 = y_1 + h\left(\frac{2}{t_1}y_1 + t_1^2e^{t_1}\right) = 0.684755578$$

等等. 计算结果见表 10.1.

表 10.1

n	t_n	y_n	$y(t_n)$	$y(t_n)-y_n$
0	1.0	0	0	0
1	1.1	0.271828182	0.345919876	0.074091694
2	1.2	0.684755578	0.866642536	0.181886958
3	1.3	1.276978344	1.607215079	0.330236735
4	1.4	2.093547688	2.620359552	0.526811864
5	1.5	3.187445121	3.967666295	0.780221174
6	1.6	4.620817844	5.720961527	1.100143683
7	1.7	6.466396375	7.963873479	1.497477104
8	1.8	8.809119685	10.79362466	1.984504975
9	1.9	11.74799654	14.32308154	2.575085000
10	2.0	15.39823564	18.68309708	3.28486144

此例也说明,当步长不是很小时,Euler 方法的精确度不高. 步长取定后,步数愈多,误差愈大.

从 10.2 节例 2,我们知道,Euler 方法的局部离散误差为

$$R_n = \frac{1}{2}h^2y''(\xi) = O(h^2).$$

因此,Euler 方法是一阶方法. 现在讨论 Euler 方法的整体离散误差. 在(2.3)式中,取 $p=1$,并令 $t=t_n$ 得

$$y(t_{n+1}) = y(t_n) + hf(t_n, y(t_n)) + R_n, \tag{3.4}$$

其中 R_n 是 Euler 方法的局部离散误差. 从(3.4)式减去(3.3)式得

$$\varepsilon_{n+1} = \varepsilon_n + h[f(t_n, y(t_n)) - f(t_n, y_n)] + R_n,$$

其中 $\varepsilon_n = y(t_n) - y_n$. 假设 $f(t,y)$关于 y 满足 Lipschitz 条件,且$|R_n|<R$,则有

$$\begin{aligned} &|f(t_n, y(t_n)) - f(t_n, y_n)| \leqslant L|y(t_n) - y_n| = L|\varepsilon_n|, \\ &|\varepsilon_{n+1}| \leqslant (1+hL)|\varepsilon_n| + R, \end{aligned} \tag{3.5}$$

其中 L 为 Lipschitz 常数. 反复利用(3.5)式得

$$\begin{aligned}|\varepsilon_n| &\leqslant (1+hL)|\varepsilon_{n-1}|+R \\ &\leqslant (1+hL)^2|\varepsilon_{n-2}|+(1+hL)R+R \\ &\leqslant (1+hL)^n|\varepsilon_0|+R\sum_{i=0}^{n-1}(1+hL)^i \\ &= (1+hL)^n|\varepsilon_0|+\frac{R}{hL}[(1+hL)^n-1],\end{aligned}$$

$$\max_{0\leqslant n\leqslant N}|\varepsilon_n| \leqslant e^{L(b-a)}|\varepsilon_0|+\frac{R}{hL}(e^{L(b-a)}-1). \tag{3.6}$$

因此,如果 $f(t,y)$在带形区域$\{(t,y)\mid a\leqslant t\leqslant b,-\infty<y<+\infty\}$中连续,且关于 y 满足 Lipschitz 条件,那么 Euler 方法的整体离散误差 ε_n 满足估计式(3.6),式中 R 为局部离散误差的上界.假设

$$M_2=\max_{t\in[a,b]}|y''(t)|,$$

且 $\varepsilon_0=\eta-y_0=0$.由于

$$|R_n|=\left|\frac{1}{2}h^2y''(\xi)\right|\leqslant\frac{1}{2}h^2M_2,$$

因此(3.6)式可简化为

$$\max_{0\leqslant n\leqslant N}|\varepsilon_n|\leqslant\frac{hM_2}{2L}(e^{L(b-a)}-1). \tag{3.7}$$

例 2　我们来估计 Euler 方法解初值问题

$$\begin{aligned}&y'=\frac{2}{t}y+t^2e^t,\quad 1\leqslant t\leqslant 2,\\ &y(1)=0\end{aligned}$$

的总体离散误差界.令 $f(t,y)=\dfrac{2}{t}y+t^2e^t$,则

$$\begin{aligned}&\frac{\partial f(t,y)}{\partial y}=\frac{2}{t},\\ &L=\max_{(t,y)\in R}\left|\frac{\partial f(t,y)}{\partial y}\right|=2,\end{aligned}$$

其中 $R=\{(t,y)\mid 1\leqslant t\leqslant 2,-\infty<y<+\infty\}$.由例 1,我们已经知道该初值问题的精确解为

$$y=t^2(e^t-e),$$

因此

$$\begin{aligned}&y''(t)=(t^2+4t+2)e^t-2e,\\ &M_2=\max_{t\in[1,2]}|y''(t)|=y''(2)=14e^2-2e.\end{aligned}$$

据(3.7)式,有

$$\max_{0\leqslant n\leqslant N}|\varepsilon_n|\leqslant\frac{(7e^2-e)h}{2}(e^2-1)<142h.$$

10.3.2 改进的 Euler 方法

Euler 方法的计算量小,但精确度不高.如果对计算结果的精确度要求较高,就得考虑其他较为精确的方法.在 10.2 节中,我们得到解初值问题(1.1)的梯形方法的计算公式

$$y_{n+1}=y_n+\frac{h}{2}[f(t_n,y_n)+f(t_{n+1},y_{n+1})],\quad n=0,1,\cdots,N-1,\tag{3.8}$$

$$y_0=\eta,$$

其中 $h=(b-a)/N$.它的局部离散误差为

$$R_n=-\frac{h^3}{12}y'''(\xi_n)=O(h^3),$$

因而是一个二阶方法,较 Euler 方法提高了精确度.

梯形方法与 Euler 方法有一个很大的不同之处,就是(3.8)右端的 $f(t_{n+1},y_{n+1})$中出现 y_{n+1}.若函数 $f(t,y)$对 y 来说不是线性的,则(3.8)为隐式差分方程,一般要用迭代法来计算 y_{n+1}.在应用迭代法时,需要取 y_{n+1}的一个初始近似值 $y_{n+1}^{(0)}$.在此,可用 Euler 方法(3.3)计算的结果作为 $y_{n+1}^{(0)}$,即

$$y_{n+1}^{(0)}=y_n+hf(t_n,y_n),$$

然后以 $y_{n+1}^{(0)}$替代差分方程(3.8)右端 $f(t_{n+1},y_{n+1})$中的 y_{n+1}得到

$$y_{n+1}^{(1)}=y_n+\frac{h}{2}[f(t_n,y_n)+f(t_{n+1},y_{n+1}^{(0)})].$$

一般的迭代格式为

$$y_{n+1}^{(k+1)}=y_n+\frac{h}{2}[f(t_n,y_n)+f(t_{n+1},y_{n+1}^{(k)})],\quad k=0,1,2,\cdots.\tag{3.9}$$

假设 $f(t,y)$关于 y 满足 Lipschitz 条件,且 $q=\frac{hL}{2}<1$,其中 L 为 Lipschitz 常数,则迭代法(3.9)是收敛的.事实上,在上述假定下,据(3.9)式有

$$\begin{aligned}|y_{n+1}^{(p+1)}-y_{n+1}^{(p)}|&\leqslant\frac{hL}{2}|y_{n+1}^{(p)}-y_{n+1}^{(p-1)}|\\&\leqslant\left(\frac{hL}{2}\right)^p|y_{n+1}^{(1)}-y_{n+1}^{(0)}|\\&=q^p|y_{n+1}^{(1)}-y_{n+1}^{(0)}|.\end{aligned}$$

因 $q<1$,因此级数

$$\sum_{p=0}^{\infty}|y_{n+1}^{(p+1)}-y_{n+1}^{(p)}|$$

收敛,从而级数

$$y_{n+1}^{(0)} + \sum_{p=0}^{\infty}(y_{n+1}^{(p+1)} - y_{n+1}^{(p)})$$

收敛.故部分和

$$y_{n+1}^{(k)} = y_{n+1}^{(0)} + \sum_{p=0}^{k-1}(y_{n+1}^{(p+1)} - y_{n+1}^{(p)})$$

当 $k\to\infty$时,存在极限,设其为 y_{n+1}.由(3.9)式两端取极限得

$$y_{n+1} = y_n + \frac{h}{2}[f(t_n, y_n) + f(t_{n+1}, y_{n+1})],$$

y_{n+1}满足差分方程(3.8).

当步长 h 取得足够小,且由 Euler 方法计算得 $y_{n+1}^{(0)}$已是较好的近似,则由(3.9)迭代一、二次即可.这样,我们得到

$$\left.\begin{aligned} &y_{n+1}^{(0)} = y_n + hf(t_n, y_n), \\ &y_{n+1} = y_n + \frac{h}{2}[f(t_n, y_n) + f(t_{n+1}, y_{n+1}^{(0)})], \end{aligned}\right\} n = 0,1,2,\cdots,N-1, \tag{3.10}$$

$$y_0 = \eta,$$

或者

$$\begin{aligned} y_{n+1} &= y_n + \frac{h}{2}[f(t_n, y_n) + f(t_{n+1}, y_n + hf(t_n, y_n))], \\ & n = 0,1,\cdots,N-1, \\ y_0 &= \eta. \end{aligned} \tag{3.11}$$

(3.10)或(3.11)称为**改进的 Euler 方法**.

我们把(3.10)式改写成

$$\left.\begin{aligned} &y_{n+1}^{(0)} = y_n + hf(t_n, y_n), \\ &y_{n+1} = \frac{1}{2}[y_{n+1}^{(0)} + y_n + hf(t_{n+1}, y_{n+1}^{(0)})] \end{aligned}\right\} n = 0,1,\cdots,N-1.$$

由此可见,改进的 Euler 方法计算得 y_{n+1}可以看作是用 Euler 方法计算两步结果的平均值.

算法 10.2 应用改进的 Euler 方法计算初值问题

$$y' = f(t, y), \quad a \leqslant t \leqslant b,$$
$$y(a) = \eta$$

的解 $y(t)$在区间$[a,b]$上 $N+1$ 个等距点的近似值.

输入 端点 a,b;区间等分数 N;初值 η.

输出 $y(t)$在 t 的$N+1$ 个点处的近似值 y.

step 1 $h\leftarrow(b-a)/N$;

$t \leftarrow a$;

$y \leftarrow \eta$.

step 2 输出(t, y).

step 3 对 $i=1,2,\cdots,N$ 做 step 4～5.

step 4 $y_p \leftarrow y + hf(t, y)$;

$t \leftarrow a + ih$;

$y_c \leftarrow y + hf(t, y_p)$;

$y \leftarrow \frac{1}{2}(y_p + y_c)$.

step 5 输出(t, y).

step 6 停机.

例 3 应用改进的 Euler 方法解初值问题

$$y' = \frac{1}{t}(y^2 + y), \quad 1 \leqslant t \leqslant 3,$$
$$y(1) = -2,$$

取 $h=0.5$. 并把计算结果与精确解比较.

解 微分方程 $y' = \frac{1}{t}(y^2 + y)$可以用分离变量法求得通解为

$$y = Ct(y+1).$$

再由初值条件 $t=1, y=-2$ 确定 $C=2$. 于是可得该初值问题的解为

$$y = \frac{2t}{1-2t}.$$

从而有

$$y(t_n) = \frac{2t_n}{1-2t_n}. \quad n = 0,1,2,\cdots.$$

据改进的 Euler 方法

$$y_{n+1} = y_n + \frac{h}{2}[f(t_n, y_n) + f(t_{n+1}, y_n + hf(t_n, y_n))],$$
$$y_0 = y(1) = -2,$$

现 $h=0.5, t_n = t_0 + hn = 1 + 0.5n, f(t_n, y_n) = \frac{1}{t_n}(y_n^2 + y_n)$,因此有

$$y_1 = y_0 + 0.25[f(t_0, y_0) + f(t_1, y_0 + 0.5f(t_0, y_0))] = -1.5,$$
$$y_2 = y_1 + 0.25[f(t_1, y_1) + f(t_2, y_1 + 0.5f(t_1, y_1))] = -1.3359375,$$

等等. 计算结果和精确解的比较见表 10.2.

表 10.2

n	t_n	y_n	$y(t_n)$	$y(t_n)-y_n$
0	1.0	−2	−2	0
1	1.5	−1.5	−1.5	0
2	2.0	−1.335937500	−1.333333333	2.6042×10^{-3}
3	2.5	−1.252458658	−1.25	2.4589×10^{-3}
4	3.0	−1.202087254	−1.2	2.0873×10^{-3}

10.3.3 Runge-Kutta 方法

Runge-Kutta 方法最早是 19 世纪末德国科学家 C. Runge 和 M. W. Kutta 提出的. 后来作了不同程度的改进和发展. Runge-Kutta 方法至今仍然得到广泛的应用.

1. 二阶 Runge-Kutta 方法

在 10.2 节中, 我们指出, 用 Taylor 级数法可得初值问题(1.1)的单步法(2.6). 设 $y(t)$是初值问题(1.1)的解. 据(2.3)式

$$\begin{aligned}y(t+h) &= y(t)+hf(t,y(t))+\frac{1}{2}h^2f'(t,y(t))\\&\quad+\frac{1}{3!}h^3f''(t,y(t))+\cdots+\frac{1}{p!}h^pf^{(p-1)}(t,y(t))\\&\quad+\frac{1}{(p+1)!}h^{(p+1)}y^{(p+1)}(\xi),\end{aligned}$$

记

$$\Phi(t,y,h)=f(t,y(t))+\frac{1}{2}hf'(t,y(t))+\cdots+\frac{1}{p!}h^{p-1}f^{(p-1)}(t,y(t)),$$

则

$$y(t_{n+1})\simeq y(t_n)+h\Phi(t_n,y(t_n),h).$$

从而得到单步法(2.6):

$$\begin{aligned}&y_{n+1}=y_n+h\Phi(t_n,y_n,h),\quad n=0,1,\cdots,N-1,\\&y_0=\eta.\end{aligned}$$

然而, 用 Taylor 展开式多展开几项来提高方法的阶数并不现实, 因要计算若干偏导数的值. 对于许多问题, 这是很复杂的, 并且工作量很大. 从改进的 Euler 方法看到, 取 $\Phi(t,y,h)$为两个不同点的函数值的线性组合, 较 Euler 方法提高了方法的阶数. 我们根据这个思想来考虑初值问题(1.1)的单步法(2.6).

在 $y(t+h)$的 Taylor 的展开式中，取 $p=2$，得

$$\begin{aligned} y(t+h) &= y(t) + hf(t,y(t)) + \frac{1}{2}h^2 f'(t,y(t)) + O(h^3) \\ &= y(t) + h\Phi(t,y,h) + O(h^3), \end{aligned}$$

其中

$$\Phi(t,y,h) = f(t,y(t)) + \frac{1}{2}hf'(t,y(t)).$$

由于

$$f'(t,y(t)) = \frac{\mathrm{d}}{\mathrm{d}t}f(t,y) = f_t'(t,y) + f_y'(t,y) \cdot y'(t),$$

$$y'(t) = f(t,y),$$

因此上式可写成

$$y(t+h) = y(t) + h\left[f(t,y) + \frac{1}{2}h(f_t'(t,y) + f_y'(t,y)f(t,y))\right] + O(h^3). \tag{3.12}$$

另一方面，令

$$\Phi(t,y,h) = c_1K_1 + c_2K_2, \tag{3.13}$$

其中

$$\begin{aligned} K_1 &= f(t,y) \\ K_2 &= f(t+a_2h, y+b_{21}hK_1), \end{aligned}$$

c_1,c_2,a_2,b_{21}为待定系数. 将 K_2 展开成

$$K_2 = f(t,y) + a_2hf_t'(t,y) + b_{21}hf(t,y)f_y'(t,y) + O(h^2),$$

则(3.13)式可写成

$$\Phi(t,y,h) = (c_1+c_2)f(t,y) + c_2h[a_2f_t'(t,y) + b_{21}f_y'(t,y)f(t,y)] + O(h^2),$$

因此

$$y(t+h) = y(t) + h\Phi(t,y,h) + O(h^3) \tag{3.14}$$

$$\begin{aligned} &= y(t) + h[(c_1+c_2)f(t,y) \\ &\quad + c_2h(a_2f_t'(t,y) + b_{21}f_y'(t,y)f(t,y))] + O(h^3). \end{aligned} \tag{3.15}$$

比较(3.12)和(3.15)式，得

$$\begin{cases} c_1 + c_2 = 1, \\ c_2a_2 = \dfrac{1}{2}, \\ c_2b_{21} = \dfrac{1}{2}. \end{cases} \tag{3.16}$$

方程组(3.16)有四个未知量 c_1, c_2, a_2, b_{21},但只有三个方程,其中一个未知量可以自由选取,例如 a_2.解方程组(3.16)得

$$\begin{cases} b_{21} = a_2, \\ c_1 = \dfrac{2a_2 - 1}{2a_2}, \\ c_2 = \dfrac{1}{2a_2}. \end{cases} \tag{3.17}$$

将它们代入(3.13)和(3.14)式,以 t_n 代替 t,并截去 $O(h^3)$,便得到**二阶 Runge-Kutta 方法**:

$$y_{n+1} = y_n + h(c_1K_1 + c_2K_2), \quad n = 0, 1, \cdots, N-1, \tag{3.18}$$

其中

$$\begin{aligned} K_1 &= f(t_n, y_n), \\ K_2 &= f(t_n + a_2h, y_n + a_2hK_1), \\ c_1 &= \frac{2a_2 - 1}{2a_2}, \quad c_2 = \frac{1}{2a_2}, \\ y_0 &= \eta. \end{aligned}$$

特别,若取 $a_2 = 1$,则 $c_1 = c_2 = \dfrac{1}{2}$.于是(3.18)便化为

$$y_{n+1} = y_n + \frac{h}{2}(K_1 + K_2), \quad n = 0, 1, \cdots, N-1,$$

其中

$$\begin{aligned} K_1 &= f(t_n, y_n), \\ K_2 &= f(t_n + h, y_n + hK_1), \\ y_0 &= \eta \end{aligned}$$

或

$$y_{n+1} = y_n + \frac{h}{2}[f(t_n, y_n) + f(t_{n+1}, y_n + hf(t_n, y_n))], \quad n = 0, 1, \cdots, N-1,$$

$$y_0 = \eta.$$

这就是改进的 Euler 方法.

若取 $a_2 = \dfrac{1}{2}$,则 $c_1 = 0, c_2 = 1$.于是(3.18)化为

$$y_{n+1} = y_n + hK_2, \quad n = 0, 1, \cdots, N-1, \tag{3.19}$$

其中

$$K_1 = f(t_n, y_n),$$

$$K_2 = f\left(t_n + \frac{h}{2}, y_n + \frac{1}{2}hK_1\right),$$

$$y_0 = \eta$$

或

$$y_{n+1} = y_n + hf\left(t_n + \frac{h}{2}, y_n + \frac{h}{2}f(t_n, y_n)\right), \quad n = 0,1,\cdots,N-1,$$

$$y_0 = \eta.$$

我们称(3.19)为**变形的 Euler 方法或中点方法**.

若取 $a_2=\frac{2}{3}$,则 $c_1=\frac{1}{4}, c_2=\frac{3}{4}$. 于是得到 **Heun 方法**:

$$y_{n+1}=y_n+\frac{1}{4}h(K_1+3K_2), \quad n=0,1,\cdots,N-1, \tag{3.20}$$

其中

$$K_1 = f(t_n, y_n),$$

$$K_2 = f\left(t_n + \frac{2}{3}h, y_n + \frac{2}{3}hK_1\right),$$

$$y_0 = \eta,$$

或

$$y_{n+1} = y_n + \frac{h}{4}\left[f(t_n, y_n) + 3f\left(t_n + \frac{2}{3}h, y_n + \frac{2}{3}hf(t_n, y_n)\right)\right],$$

$$n = 0,1,\cdots,N-1,$$

$$y_0 = \eta.$$

二阶 Runge-Kutta 方法的局部离散误差为 $O(h^3)$.

例 4 应用 Euler 方法,变形的 Euler 方法,改进的 Euler 方法和 Heun 方法解初值问题

$$y' = -y + t^2 + 1, \quad 0 \leqslant t \leqslant 1,$$

$$y(0) = 1$$

(取步长 $h=0.1$),并与精确解比较.

解 不难计算得这个初值问题的解为

$$y = -2e^{-t} + t^2 - 2t + 3.$$

应用这四种方法计算的结果以及同精确值比较见表 10.3.

2. m 级显式 Runge-Kutta 方法

我们将上述方法加以推广,考虑解初值问题的如下数值方法:

$$y_{n+1}=y_n+h\Phi(t_n, y_n, h), \quad n=0,1,\cdots,N-1, \tag{3.21}$$

表 10.3

t_n	精确值	Euler 方法	Euler 方法的误差	变形的 Euler 方法	变形的 Euler 方法的误差
0.0	1.0000000	1.0000000	0.0000000	1.0000000	
0.1	1.0003252	1.0000000	3.22×10^{-4}	1.0002500	7.52×10^{-5}
0.2	1.0025385	1.0010000	1.54×10^{-3}	1.0024263	1.12×10^{-4}
0.3	1.0083636	1.0049000	3.47×10^{-3}	1.0082458	1.18×10^{-4}
0.4	1.0193599	1.0134100	5.95×10^{-3}	1.0192624	9.75×10^{-5}
0.5	1.0369387	1.0280690	8.87×10^{-3}	1.0368825	5.62×10^{-5}
0.6	1.0623767	1.0502621	1.22×10^{-2}	1.0623787	2.00×10^{-6}
0.7	1.0968294	1.0812359	1.56×10^{-2}	1.0969027	7.33×10^{-5}
0.8	1.1413421	1.1221123	1.93×10^{-2}	1.1414969	1.55×10^{-4}
0.9	1.1968607	1.1739011	2.30×10^{-2}	1.1971047	2.44×10^{-4}
1.0	1.2642411	1.2375110	2.68×10^{-2}	1.2645798	3.39×10^{-4}

t_n	改进的 Euler 方法	改进 Euler 的误差	Heun 方法	Heun 方法的误差
0.0	1.0000000		1.0000000	
0.1	1.0005000	1.75×10^{-4}	1.0003333	8.10×10^{-6}
0.2	1.0029025	3.64×10^{-4}	1.0025850	4.65×10^{-5}
0.3	1.0089268	5.63×10^{-4}	1.0084728	1.09×10^{-4}
0.4	1.0201288	7.69×10^{-4}	1.0195512	1.91×10^{-4}
0.5	1.0379166	9.78×10^{-4}	1.0372272	2.88×10^{-4}
0.6	1.0635645	1.19×10^{-3}	1.0627739	3.97×10^{-4}
0.7	1.0982259	1.40×10^{-3}	1.0973437	5.14×10^{-4}
0.8	1.1429444	1.60×10^{-3}	1.1419794	6.37×10^{-4}
0.9	1.1986647	1.80×10^{-3}	1.1976247	7.64×10^{-4}
1.0	1.2662416	2.00×10^{-3}	1.2651337	8.93×10^{-4}

其中

$$\Phi(t_n, y_n, h) = \sum_{r=1}^{m} c_r K_r,$$

$$K_1 = f(t_n, y_n),$$

$$K_r = f(t_n + a_r h, y_n + h\sum_{j=1}^{r-1} b_{rj}K_j), \quad r = 2,3,\cdots,m,$$

$$y_0 = \eta.$$

差分方程(3.21)的右端可以直接计算,因为计算 K_r 时,仅用到 $K_1,\cdots,K_{r-1}$,从而

$K_1, K_2, \cdots, K_m$ 可逐次计算得. 因此,我们称(3.21)为**显式 Runge-Kutta 方法**. 又因解差分方程(3.21)时,每前进一步用到 m 个函数值,因此这个显式 Runge-Kutta 方法是 m 级的. **三阶 Heun 方法**:

$$y_{n+1} = y_n + \frac{h}{4}(K_1 + 3K_3), \quad n = 0, 1, \cdots, N-1, \tag{3.22}$$

其中

$$\begin{aligned} K_1 &= f(t_n, y_n), \\ K_2 &= f\left(t_n + \frac{1}{3}h, y_n + \frac{1}{3}hK_1\right), \\ K_3 &= f\left(t_n + \frac{2}{3}h, y_n + \frac{2}{3}hK_2\right), \\ y_0 &= \eta, \end{aligned}$$

以及**三阶 Runge-Kutta 方法**:

$$y_{n+1} = y_n + \frac{h}{9}(2K_1 + 3K_2 + 4K_3), \quad n = 0, 1, \cdots, N-1, \tag{3.23}$$

其中

$$\begin{aligned} K_1 &= f(t_n, y_n), \\ K_2 &= f\left(t_n + \frac{1}{2}h, y_n + \frac{1}{2}hK_1\right), \\ K_3 &= f\left(t_n + \frac{3}{4}h, y_n + \frac{3}{4}hK_2\right), \\ y_0 &= \eta, \end{aligned}$$

都是三级显式方法. 它们的局部离散误差是 $O(h^4)$.

在实际应用中,最常用的单步法是 **4 级四阶 Runge-Kutta 方法**:

$$y_{n+1} = y_n + \frac{h}{6}(K_1 + 2K_2 + 2K_3 + K_4), \quad n = 0, 1, \cdots, N-1, \tag{3.24}$$

其中

$$\begin{aligned} K_1 &= f(t_n, y_n), \\ K_2 &= f\left(t_n + \frac{1}{2}h, y_n + \frac{1}{2}hK_1\right), \\ K_3 &= f\left(t_n + \frac{1}{2}h, y_n + \frac{1}{2}hK_2\right), \\ K_4 &= f(t_n + h, y_n + hK_3), \\ y_0 &= \eta. \end{aligned}$$

由于这个方法应用最早、最广泛,因此又称为**经典的 Runge-Kutta 方法**. 它的局部

离散误差为 $O(h^5)$.

算法 10.3　用经典的 Runge-Kutta 方法计算初值问题

$$y' = f(t,y), \quad a \leqslant t \leqslant b,$$
$$y(a) = \eta$$

的解 $y(t)$在区间$[a,b]$上 $n+1$ 个等距点的近似值.

输入　端点 a,b;整数 n;初值 η.

输出　$y(t)$在 t 的$n+1$ 个点处的近似值 y.

step 1　$h \leftarrow (b-a)/n$;

$t \leftarrow a$;

$y \leftarrow \eta$;

输出(t,y).

step 2　对 $i=1,2,\cdots,n$ 做 step 3～5.

step 3　$K_1 \leftarrow f(t,y)$,

$K_2 \leftarrow f\left(t+\dfrac{h}{2}, y+\dfrac{h}{2}K_1\right)$,

$K_3 \leftarrow f\left(t+\dfrac{h}{2}, y+\dfrac{h}{2}K_2\right)$,

$K_4 = f(t+h, y+hK_3)$.

step 4　$y \leftarrow y+(K_1+2K_2+2K_3+K_4)h/6$;

$t \leftarrow a+ih$.

step 5　输出(t,y).

step 6　停机.

在单步法

$$y_{n+1} = y_n + h\Phi(t_n, y_n, h)$$

中,通常 $h\Phi(t_n,y_n,h)$相对于 y_n 来说其绝对值较小.因此可以把它视为 y_n 的校正.如果对所有的计算都是用的单精度,那么计算和 $y_n+h\Phi(t_n,y_n,h)$易产生误差.在经典 Runge-Kutta 方法中,计算函数值往往比较复杂,可用单精度,而计算和

$$y_n + h\Phi(t_n,y_n,h) = y_n + h(K_1+2K_2+2K_3+K_4)/6$$

最好用双精度.

显式 Runge-Kutta 方法已经推广到高于四阶的方法,它们的精确度更高.但五阶的 Runge-Kutta 方法每步要计算六个函数值,六阶方法要计算七个函数值,而 p 阶($p>7$)方法,则至少要计算 $p+2$ 个函数值.Runge-Kutta 方法的主要工作量在于计算函数值.阶数与每步计算函数值的次数相等的最高阶方法是经典的 Runge-Kutta 方法,这也是它比较通用的原因.

例 5　我们用经典四阶 Runge-Kutta 方法解例 4 的初值问题:

$$y' = -y + t^2 + 1, \quad 0 \leqslant t \leqslant 1,$$
$$y(0) = 1,$$

取步长 $h = 0.1, N = 10, t_n = 0.1n, y_0 = 1$. 令

$$f(t, y) = -y + t^2 + 1,$$

计算得

$$K_1 = f(t_0, y_0) = f(0,1) = 0,$$
$$K_2 = f\left(t_0 + \frac{h}{2}, y_0 + \frac{h}{2}K_1\right) = f(0.05,1) = 0.0025,$$
$$K_3 = f\left(t_0 + \frac{h}{2}, y_0 + \frac{h}{2}K_2\right) = 0.002375,$$
$$K_4 = f(t_1, y_0 + hK_3) = 0.0097625,$$
$$y_1 = y_0 + (K_1 + 2K_2 + 2K_3 + K_4)h/6 = 1.000325208,$$

等等. 计算结果见表 10.4. 它比前面介绍的变形的 Euler 方法, 改进的 Euler 方法精确得多.

表 10.4

t_n	y_n	$y(t_n)$	$y_n - y(t_n)$
0.00	1.000000000	1.000000000	0.000000000
0.10	1.000325208	1.000325164	4.40×10^{-8}
0.20	1.002538594	1.002538494	1.00×10^{-7}
0.30	1.008363723	1.008363559	1.65×10^{-7}
0.40	1.019360144	1.019359908	2.36×10^{-7}
0.50	1.036938993	1.036938681	3.12×10^{-7}
0.60	1.062377119	1.062376728	3.91×10^{-7}
0.70	1.096829865	1.096829392	4.72×10^{-7}
0.80	1.141342626	1.141342072	5.54×10^{-7}
0.90	1.196861317	1.196860681	6.36×10^{-7}
1.00	1.264241835	1.264241118	7.17×10^{-7}

3. m 级隐式 Runge-Kutta 方法

上述显式 Runge-Kutta 方法, 其右端可直接计算. 现去掉这种限制条件, 考虑如下形式的 Runge-Kutta 方法:

$$y_{n+1} = y_n + h\Phi(t_n, y_n, h), \quad n = 0,1,\cdots,N-1, \tag{3.25}$$

其中

$$\Phi(t_n, y_n, h) = \sum_{r=1}^{m} c_r K_r,$$

$$K_r = f(t_n + a_r h, y_n + h\sum_{j=1}^{m} b_{rj}K_j), \quad r = 1,2,\cdots,m,$$

$$y_0 = \eta.$$

这个方法与 m 级显式 Runge-Kutta 方法(3.21)相同之处是每进一步都要用到 m 个函数值,而主要不同之处在于 K_r 中除了含有 $K_1, K_2, \cdots, K_{r-1}$外,还含有 K_r, $K_{r+1}, \cdots, K_m$. 因此,我们称(3.25)为 **m 级隐式 Runge-Kutta 方法**. (3.25)较(3.21)含有更多参数,因此通过参数的确定可望提高方法的阶数. 然而,所付代价也将更高,因为每前进一步计算 K_r 时都要解方程组

$$K_r = f(t_n + a_r h, y_n + h\sum_{j=1}^{m} b_{rj}K_j), \quad r = 1,2,\cdots,m. \tag{3.26}$$

假如 $f(t,y)$不是 y 的线性函数,则方程组(3.26)是非线性方程组. 一般需要用迭代法来解(参见第 9 章).

下面列出三个隐式 Runge-Kutta 方法.

(1) **一级二阶隐式 Runge-Kutta 方法**:

$$y_{n+1} = y_n + K_1, \quad n = 0,1,\cdots,N-1, \tag{3.27}$$

其中

$$K_1 = hf\left(t_n + \frac{1}{2}h, y_n + \frac{1}{2}K_1\right),$$

$$y_0 = \eta.$$

(2) **二级四阶隐式 Runge-Kutta 方法**:

$$y_{n+1} = y_n + \frac{1}{2}(K_1 + K_2), \quad n = 0,1,\cdots,N-1, \tag{3.28}$$

其中

$$K_1 = hf\left(t_n + \frac{(3-\sqrt{3})}{6}h, y_n + \frac{1}{4}K_1 + \frac{(3-2\sqrt{3})}{12}K_2\right),$$

$$K_2 = hf\left(t_n + \frac{(3+\sqrt{3})}{6}h, y_n + \frac{3+2\sqrt{3}}{12}K_1 + \frac{1}{4}K_2\right),$$

$$y_0 = \eta.$$

(3) **三级六阶隐式 Runge-Kutta 方法**:

$$y_{n+1} = y_n + \frac{5}{18}K_1 + \frac{4}{9}K_2 + \frac{5}{18}K_3, \quad n = 0,1,\cdots,N-1, \tag{3.29}$$

其中

$$K_1 = hf\left(t_n + \frac{5-\sqrt{15}}{10}h, y_n + \frac{5}{36}K_1 + \frac{10-3\sqrt{15}}{45}K_2 + \frac{25-6\sqrt{15}}{180}K_3\right),$$

$$K_2 = hf\left(t_n + \frac{1}{2}h, y_n + \frac{10+3\sqrt{15}}{72}K_1 + \frac{2}{9}K_2 + \frac{10-3\sqrt{15}}{72}K_3\right),$$

$$K_3 = hf\left(t_n + \frac{5+\sqrt{15}}{10}h, y_n + \frac{25+6\sqrt{15}}{180}K_1 + \frac{10+3\sqrt{15}}{45}K_2 + \frac{5}{36}K_3\right),$$

$$y_0 = \eta.$$

10.3.4 自适应 Runge-Kutta 方法

在微分方程数值解法中，步长 h 的选择是很重要的. 但是，要做到合理选择也是比较困难的，因为它与问题本身和所选用的数值方法都有关系. 前面介绍的 Runge-Kutta 方法，实际上，往往并不直接应用它们. 一般地，使用者要求数值解与精确解之差不超过某一误差容限. 由这个容限来确定数值方法中应取多大的步长. 为了选取比较合适的步长，一方面必须对局部(每一步)误差有一个估计；另一方面在整个区间不取固定的步长 h，在区间的某些段上取相对小的 h，而在另一些段上则取相当大的 h.

下面，我们以变形的 Euler 方法(3.19)和三阶 Runge-Kutta 方法(3.23)为例，说明如何用后者去估计前者的局部误差，从而较合理地选取区间中各段的步长. 我们把方法(3.23)写成

$$u_{n+1} = u_n + h\widetilde{\Phi}(t_n, u_n, h), \quad n = 0,1,\cdots,N-1, \tag{3.30}$$

其中

$$\widetilde{\Phi}(t,u,h) = \frac{1}{9}(2K_1 + 3K_2 + 4K_3),$$

$$K_1 = f(t,u),$$

$$K_2 = f\left(t + \frac{h}{2}, u + \frac{h}{2}K_1\right),$$

$$K_3 = f\left(t + \frac{3h}{4}, u + \frac{3h}{4}K_2\right),$$

$$u_0 = \eta.$$

(3.30)的局部离散误差为

$$y(t_{n+1}) - [y(t_n) + h\widetilde{\Phi}(t_n, y(t_n), h)] = O(h^4).$$

变形的 Euler 方法(3.19)可写成

$$y_{n+1} = y_n + h\Phi(t_n, y_n, h), \quad n = 0,1,\cdots,N-1, \tag{3.31}$$

其中

$$\Phi(t,u,h) = K_2,$$

$$y_0 = \eta.$$

它的局部离散误差为

$$y(t_{n+1})-[y(t_n)+h\Phi(t_n,y(t_n),h)]=O(h^3).$$

为了估计第 $n+1$ 步的误差 $y(t_{n+1})-y_{n+1}$，我们假定 $u_n=y_n=y(t_n)$. 于是有

$$y(t_{n+1})-y_{n+1}=y(t_{n+1})-[y(t_n)+h\Phi(t_n,y(t_n),h)]=O(h^3),$$

$$y(t_{n+1})-u_{n+1}=y(t_{n+1})-[y(t_n)+h\widetilde{\Phi}(t_n,y(t_n),h)]=O(h^4).$$

由于

$$y(t_{n+1})-y_{n+1}=y(t_{n+1})-u_{n+1}+u_{n+1}-y_{n+1},$$

u_{n+1}的误差阶数比 y_{n+1}的误差阶数高，因此，我们有可计算的误差估计

$$y(t_{n+1})-y_{n+1}\simeq u_{n+1}-y_{n+1}. \tag{3.32}$$

记

$$\tau_{n+1}=(y(t_{n+1})-y_{n+1})/h,$$

则

$$\tau_{n+1}\simeq\frac{u_{n+1}-y_{n+1}}{h}. \tag{3.33}$$

但

$$\frac{y(t_{n+1})-y_{n+1}}{h}=O(h^2),$$

这样，存在常数 K 使得

$$\tau_{n+1}\simeq Kh^2. \tag{3.34}$$

于是，据(3.32)和(3.33)式，有

$$Kh^2\simeq\frac{1}{h}(u_{n+1}-y_{n+1}). \tag{3.35}$$

我们利用估计式(3.35)来选择合适的步长. 在(3.34)式中，以 qh 代替 h，其中 q 为正数但不能太接近于 0，再由(3.35)式得

$$\tau_{n+1}(qh)\simeq K(qh)^2=q^2Kh^2=\frac{q^2}{h}(u_{n+1}-y_{n+1}).$$

假设误差容限 TOL 是给定的. 这样，我们可以选取 q，使得

$$\frac{q^2}{h}|u_{n+1}-y_{n+1}|\simeq|\tau_{n+1}(qh)|\leqslant TOL,$$

即

$$q\leqslant\left[\frac{TOL}{\dfrac{|u_{n+1}-y_{n+1}|}{h}}\right]^{\frac{1}{2}}. \tag{3.36}$$

由于假定 $u_n=y_n$，因此从(3.30)减去(3.31)得

$$\frac{u_{n+1}-y_{n+1}}{h}=\frac{2K_1+4K_3-6K_2}{9}, \tag{3.37}$$

其中 K_1,K_2,K_3 都是在 t_n,y_n 和 h 处计算得到的.假设 y_n 是用步长 h 计算得,由(3.37)得到 $(u_{n+1}-y_{n+1})/h$.从(3.36)看出,若

$$\frac{|u_{n+1}-y_{n+1}|}{h}\leqslant TOL,$$

则可取 $q=1,y(t_{n+1})\simeq y_{n+1}$,且下一步仍然用这个 h;若

$$\frac{|u_{n+1}-y_{n+1}|}{h}>TOL,$$

则不取 y_{n+1},而是将步长缩小,重新计算.为了确保步长缩小不至无限循环下去,我们给出一个步长的下限,如 $h_{\min}$.若 $h<h_{\min}$,则终止计算,并给出过早终止的信号.当 $\frac{|u_{n+1}-y_{n+1}|}{h}$ 过小,比 TOL 小到一定程度时,则增大步长.

Fehlberg 于 1970 年提出用五阶 Runge-Kutta 方法

$$u_{n+1}=u_n+\frac{16}{135}K_1+\frac{6656}{12825}K_3+\frac{28561}{56430}K_4-\frac{9}{50}K_5+\frac{2}{55}K_6, \tag{3.38}$$

去估计四阶 Runge-Kutta 方法

$$y_{n+1}=y_n+\frac{25}{216}K_1+\frac{1408}{2565}K_3+\frac{2197}{4104}K_4-\frac{1}{5}K_5, \tag{3.39}$$

其中

$$\begin{aligned}
K_1 &= hf(t_n,y_n),\\
K_2 &= hf\left(t_n+\frac{h}{4},y_n+\frac{1}{4}K_1\right),\\
K_3 &= hf\left(t_n+\frac{3}{8}h,y_n+\frac{3}{32}K_1+\frac{9}{32}K_2\right),\\
K_4 &= hf\left(t_n+\frac{12}{13}h,y_n+\frac{1932}{2197}K_1-\frac{7200}{2197}K_2+\frac{7296}{2197}K_3\right),\\
K_5 &= hf\left(t_n+h,y_n+\frac{439}{216}K_1-8K_2+\frac{3680}{513}K_3-\frac{845}{4104}K_4\right),\\
K_6 &= hf\left(t_n+\frac{h}{2},y_n-\frac{8}{27}K_1+2K_2-\frac{3544}{2565}K_3+\frac{1859}{4104}K_4-\frac{11}{40}K_5\right).
\end{aligned}$$

我们称它为 **Runge-Kutta-Fehlberg 方法**,简称 **R-K-F 方法**.显然,这个方法的优点是每一步只要计算 6 个函数值.而其他四阶和五阶 Runge-Kutta 方法一起使用时,每一步将要求计算 10 个函数值.

由于方法(3.38)和(3.39)的局部离散误差分别为 $O(h^6)$ 和 $O(h^5)$,因此(3.34)和(3.35)式分别修改为

$$\tau_{n+1} \simeq Kh^4$$

和

$$Kh^4 \simeq \frac{1}{h}(u_{n+1} - y_{n+1}),$$

从而,(3.36)式修改为

$$q \leqslant \left[\frac{TOL}{\frac{|u_{n+1} - y_{n+1}|}{h}}\right]^{\frac{1}{4}}.$$

实际使用时,通常取

$$q = \left[\frac{TOL}{\frac{2|u_{n+1} - y_{n+1}|}{h}}\right]^{\frac{1}{4}} = 0.84\left[\frac{TOL}{\frac{|u_{n+1} - y_{n+1}|}{h}}\right]^{\frac{1}{4}}. \tag{3.40}$$

现在(3.37)式修改为

$$\frac{|u_{n+1} - y_{n+1}|}{h} = \left|\frac{1}{360}K_1 - \frac{128}{4275}K_3 - \frac{2197}{75240}K_4 + \frac{1}{50}K_5 + \frac{2}{55}K_6\right| \Big/ h.$$

算法 10.4　R-K-F 方法解初值问题

$$y' = f(t, y), \quad a \leqslant t \leqslant b, \quad y(a) = \eta.$$

输入　端点 a, b;初值 η;误差容限 TOL 最大步长 $h_{\max}$,最小步长 $h_{\min}$.

输出　t, y, h,其中 y 是使用步长 h 时的 $y(t)$ 的近似值,以及超出极小步长信号.

step 1　$t \leftarrow a$;

$y \leftarrow \eta$;

$h \leftarrow h_{\max}$;

输出(t, y).

step 2　当$(t < b)$时,做 step 3～11.

step 3　$K_1 \leftarrow hf(t, y)$;

$$K_2 \leftarrow hf\left(t + \frac{1}{4}h, y + \frac{1}{4}K_1\right);$$

$$K_3 \leftarrow hf\left(t + \frac{3}{8}h, y + \frac{3}{32}K_1 + \frac{9}{32}K_2\right);$$

$$K_4 \leftarrow hf\left(t + \frac{12}{13}h, y + \frac{1932}{2197}K_1 - \frac{7200}{2197}K_2 + \frac{7296}{2197}K_3\right);$$

$$K_5 \leftarrow hf\left(t + h, y + \frac{439}{216}K_1 - 8K_2 + \frac{3680}{513}K_3 - \frac{845}{4104}K_4\right);$$

$$K_6 \leftarrow hf\left(t + \frac{1}{2}h, y - \frac{8}{27}K_1 + 2K_2 - \frac{3544}{2565}K_3 + \frac{1859}{4104}K_4 - \frac{11}{40}K_5\right).$$

step 4 $R \leftarrow \left| \frac{1}{360}K_1 - \frac{128}{4275}K_3 - \frac{2197}{75240}K_4 + \frac{1}{50}K_5 + \frac{2}{55}K_6 \right| / h.$

step 5 $\delta \leftarrow 0.84(TOL/R)^{1/4}$.

step 6 若 $R \leqslant TOL$ 则做 step 7 和 step 8.

step 7 $t \leftarrow t + h$;

$$y \leftarrow y + \frac{25}{216}K_1 + \frac{1408}{2565}K_3 + \frac{2197}{4104}K_4 - \frac{1}{5}K_5.$$

step 8 输出(t, y, h).

step 9 若 $\delta \leqslant 0.1$,则 $h \leftarrow 0.1h$

否则,若 $\delta \geqslant 4$ 则 $h \leftarrow 4h$

否则 $h \leftarrow \delta h$.

step 10 若 $h \geqslant h_{\max}$,则 $h \leftarrow h_{\max}$.

step 11 若 $h < h_{\min}$,则

输出('Minimum h exceeded');

停机.

step 12 输出('The procedure is complete');

停机.

例 6 应用 Runge-Kutta-Fehlberg 算法,解初值问题

$$y' = -y + t^2 + 1, \quad 0 \leqslant t \leqslant 1,$$
$$y(0) = 1.$$

取 $TOL = 10^{-4}$, $h_{\max} = 0.1$, $h_{\min} = 0.001$. 计算结果见表 10.5.

表 10.5

t	y	h
0.1	1.00032520	0.1
0.2	1.00253865	0.1
0.3	1.00836397	0.1
0.4	1.01936076	0.1
0.5	1.03694019	0.1
0.6	1.06237912	0.1
0.7	1.09683293	0.1
0.8	1.14134702	0.1
0.89694417	1.19499907	0.09694417
0.98586296	1.25397359	0.08891879
1.06376848	1.31377021	0.07790552

10.3.5 Richardson 外推法

在 5.5 节中,我们曾经提到用 Richardson 外推法提高数值积分的精确度.现在,我们将用它来提高微分方程数值解的精确度以及估计计算结果的误差.

我们用 $y_{n,h}$表示以 h 为步长的 p 阶数值方法所得到的数值解(假设无舍入影响),它是初值问题(1.1):

$$\begin{aligned} &y' = f(t,y), \quad a \leqslant t \leqslant b, \\ &y(a) = \eta \end{aligned} \tag{3.41}$$

的解 $y(t_n)$的近似值.此时,整体截断误差为 $O(h^p)$(参见 10.4.2 节).将 $y_{n,h}$关于 h 展开,便有

$$y_{n,h} = y(t_n) + A_p h^p + A_{p+1} h^{p+1} + \cdots. \tag{3.42}$$

将步长缩小一半,则有

$$y_{n,\frac{h}{2}} = y(t_n) + \frac{1}{2^p} A_p h^p + \frac{1}{2^{p+1}} A_{p+1} h^{p+1} + \cdots. \tag{3.43}$$

于是,得到

$$2^p y_{n,\frac{h}{2}} - y_{n,h} = (2^p - 1) y(t_n) - \frac{1}{2} A_{p+1} h^{p+1} + \cdots,$$

或

$$\frac{2^p y_{n,\frac{h}{2}} - y_{n,h}}{2^p - 1} = y(t_n) - \frac{1}{2(2^p - 1)} A_{p+1} h^{p+1} + \cdots.$$

由此可见,若用 $y_{n,\frac{h}{2}}$与 $y_{n,h}$的线性组合

$$y_n = \frac{2^p y_{n,\frac{h}{2}} - y_{n,h}}{2^p - 1} \tag{3.44}$$

作为 $y(t_n)$的新的近似值,则整体截断误差为 $O(h^{p+1})$,从而阶数有所提高.这就是 **Richardson** 外推法.

Richardson 外推法还常常用来估计误差.据(3.42)和(3.43)式,有

$$y_{n,h} - y_{n,\frac{h}{2}} = \left(\frac{2^p - 1}{2^p}\right) A_p h^p + O(h^{p+1}),$$

从而

$$A_p h^p = \frac{2^p (y_{n,h} - y_{n,\frac{h}{2}})}{2^p - 1} + O(h^{p+1}).$$

由此得到整体离散误差的近似估计式:

$$y_{n,h} - y(t_n) \simeq \frac{2^p}{2^p - 1} (y_{n,h} - y_{n,\frac{h}{2}}). \tag{3.45}$$

Richardson 外推法也是选择步长的一种常用方法.据误差估计式(3.45),令

$$\varepsilon_{n,h}=\frac{2^p}{2^p-1}(y_{n,h}-y_{n,\frac{h}{2}}).$$

在计算过程中,若$|\varepsilon_{n,h}|$超过误差容限 TOL,就应该缩小步长;若它比 TOL 小得多就放大步长.应该注意,在计算过程的后期,可能舍入误差的影响很大,再用缩小步长的方法不可能使误差减小.

10.4 单步法的相容性、收敛性和稳定性

10.4.1 相容性

假设初值问题(1.1):

$$\begin{aligned} y' &= f(t,y), \quad a\leqslant t\leqslant b, \\ y(a) &= \eta \end{aligned}$$

满足 10.1 节定理 1 的假设条件.求解问题(1.1)的显式单步法的一般形式为

$$\begin{aligned} y_{n+1} &= y_n + h\Phi(t_n,y_n,h), \quad n=0,1,\cdots,N-1, \\ y_0 &= \eta, \end{aligned} \tag{4.1}$$

其中 $h=(b-a)/N, t_n=a+nh$.这样,我们用差分方程初值问题(4.1)的解 y_n 作为问题(1.1)的解 $y(t_n)$在 $t=t_n$ 处的近似值,即 $y(t_n)\simeq y_n$.因此,只有在问题(1.1)的解使得

$$\frac{y(t+h)-y(t)}{h}-\Phi(t,y(t),h)$$

逼近

$$y'(t)-f(t,y(t)) \quad (=0)$$

时,才有可能使(4.1)的解逼近于问题(1.1)的解.从而,我们期望对任一固定的 $t\in[a,b]$,都有

$$\lim_{h\to 0}\left[\frac{y(t+h)-y(t)}{h}-\Phi(t,y(t),h)\right]=0. \tag{4.2}$$

假设 $\Phi(t,y,h)$对所含变元是连续的,则有

$$y'(t)=\Phi(t,y(t),0)$$

亦即

$$\Phi(t,y(t),0)=f(t,y(t)).$$

定义 1 若关系式

$$\Phi(t,y,0)=f(t,y). \tag{4.3}$$

成立,则称单步法(4.1)与微分方程初值问题(1.1)**相容**,或简称单步法(4.1)是相容的,并称(4.3)为**相容条件**.

假设单步法(4.1)为 p 阶的,$y(t)$为问题(1.1)的解,则应有

$$y(t+h)-y(t)=h\Phi(t,y(t),h)+R(t,h), \tag{4.4}$$

其中 $R(t,h)$是单步法(4.1)的局部离散误差,且

$$R(t,h)=O(h^{p+1}), \tag{4.5}$$

p 为使(4.5)式成立的最大整数. 假设单步法(4.1)是相容的,则据(4.4)式有

$$\begin{aligned}\lim_{h\to 0}\frac{R(t,h)}{h}&=y'(t)-\Phi(t,y(t),0)\\&=f(t,y(t))-\Phi(t,y(t),0)=0,\end{aligned}$$

而据(4.5)式有

$$\frac{R(t,h)}{h}=O(h^p),$$

即有

$$\left|\frac{R(t,h)}{h}\right|\leqslant Mh^p, \tag{4.6}$$

其中 M 为常数,从而 p 至少为 1. 因此,我们得到下面的定理.

定理 1　假设 $\Phi(t,y,h)$关于 h 是连续的. 若单步法(4.1)是相容的,则它至少是一阶方法.

10.4.2　收敛性

相容性描述了差分方程逼近微分方程的问题. 我们尚未考虑差分方程初值问题(4.1)的准确解 y_n 如何精确地逼近微分方程初值问题(1.1)的解 $y(t)$的问题. 为了使 y_n 收敛于 $y(t)$,必须使得当 $h\to 0$ 时,$t=t_n=a+nh$ 保持固定($n\to\infty$).

定义 2　假设微分方程(1.1)的右端函数 $f(t,y)$在带形区域 $R=\{(t,y)\mid a\leqslant t\leqslant b,-\infty<y<+\infty\}$中连续,且关于 y 满足 Lipschitz 条件. 若对所有的 $t\in[a,b]$,

$$\lim_{\substack{h\to 0\\ t_n=t\text{固定}}} y_n=y(t),$$

则称单步法(4.1)是**收敛**的.

例 1　对微分方程初值问题

$$y'=y,\quad y(0)=1, \tag{4.7}$$

Euler 方法为

$$\begin{aligned}&y_{n+1}=y_n+hy_n,\quad n=0,1,2,\cdots,\\&y_0=1.\end{aligned} \tag{4.8}$$

易知,差分方程初值问题(4.8)的解为

$$y_n=(1+h)^n,$$

而问题(4.7)的解为

$$y=e^t.$$

由于

$$e^h=1+h+\frac{1}{2}h^2e^{h'},\quad 0<h'<h,$$

因此

$$y_n=\left(e^h-\frac{1}{2}h^2e^{h'}\right)^n=e^{nh}\left(1-\frac{1}{2}h^2e^{h'-h}\right)^n.$$

又因 $t_n=nh$,以及 $y(t_n)=e^{nh}$,因此,当 h 足够小时,有

$$\begin{aligned}|y(t_n)-y_n|&=e^{nh}\left|\left(1-\frac{1}{2}h^2e^{h'-h}\right)^n-1\right|\\&\leqslant e^{nh}\frac{1}{2}nh^2e^{h'-h}\leqslant e^{t_n}\frac{t_nh}{2}.\end{aligned}$$

这样,当 $h\to0$,而 t_n 固定时,$|y(t_n)-y_n|\to0$.这就证得,对于问题(4.7),Euler 方法是收敛的.

定理 2 若 $\Phi(t,y,h)$对于 $a\leqslant t\leqslant b,0<h\leqslant h_0$ 以及一切实数 y,关于 t,y,h 满足 Lipschitz 条件,则单步法(4.1)收敛的充分必要条件是相容条件成立,即

$$\Phi(t,y,0)=f(t,y).$$

证明 令

$$\Phi(t,y,0)=g(t,y).$$

据定理假设,初值问题

$$\begin{aligned}z'&=g(t,z),\\z(a)&=\eta\end{aligned}\tag{4.9}$$

存在唯一的连续可微解 $z(t)$.现证明,在定理的假设条件下,差分方程初值问题

$$\begin{aligned}z_{n+1}&=z_n+h\Phi(t_n,z_n,h),\\z_0&=\eta\end{aligned}\tag{4.10}$$

的解 z_n 收敛于初值问题(4.9)的解 $z(t)$,即当 $h\to0$,而 $a+nh=t_n=t$ 固定时,$z_n\to z(t)$.

令

$$\begin{aligned}z(t_{n+1})&=z(t_n)+h\Delta(t_n,z(t_n),h),\\\varepsilon_n&=z_n-z(t_n).\end{aligned}\tag{4.11}$$

从(4.10)减去(4.11)得

$$\varepsilon_{n+1}=\varepsilon_n+h[\Phi(t_n,z_n,h)-\Delta(t_n,z(t_n),h)].$$

据中值定理

$$\Delta(t_n,z(t_n),h)=\frac{z(t_{n+1})-z(t_n)}{h}=z'(t_n+\theta h)$$
$$=g(t_n+\theta h,z(t_n+\theta h)),\quad 0<\theta<1,$$

因此

$$\begin{aligned}&\Phi(t_n,z_n,h)-\Delta(t_n,z(t_n),h)\\=&\Phi(t_n,z_n,h)-\Phi(t_n,z(t_n),h)\\&+\Phi(t_n,z(t_n),h)-\Phi(t_n,z(t_n),0)\\&+g(t_n,z(t_n))-g(t_n+\theta h,z(t_n+\theta h)).\end{aligned}$$

据定理假设条件,有

$$|\Phi(t_n,z_n,h)-\Phi(t_n,z(t_n),h)|\leqslant L|\varepsilon_n|,$$
$$|\Phi(t_n,z(t_n),h)-\Phi(t_n,z(t_n),0)|\leqslant L_0h,$$
$$\begin{aligned}&|g(t_n,z(t_n))-g(t_n+\theta h,z(t_n+\theta h))|\\\leqslant&|g(t_n,z(t_n))-g(t_n+\theta h,z(t_n))|\\&+|g(t_n+\theta h,z(t_n))-g(t_n+\theta h,z(t_n+\theta h))|\\\leqslant&L_1h+L|z(t_n)-z(t_n+\theta h)|\\\leqslant&L_1h+LL_2h,\end{aligned}$$

其中 L,L_0,L_1 分别是 $\Phi(t,y,h)$关于 y,h,t 的 Lipschitz 常数,$L_2=\max|z'(t)|$.于是

$$|\varepsilon_{n+1}|\leqslant|\varepsilon_n|+h(L|\varepsilon_n|+L_0h+L_1h+LL_2h),$$

即

$$|\varepsilon_{n+1}|\leqslant(1+hL))|\varepsilon_n|+h^2(L_0+L_1+LL_2).\tag{4.12}$$

(4.12)与10.3节中(3.5)的形式完全相同,仿(3.6)式的推导,可推得

$$|\varepsilon_n|\leqslant e^{L(b-a)}|\varepsilon_0|+h\frac{L_0+L_1+LL_2}{L}(e^{L(b-a)}-1),\qquad n=1,2,\cdots.$$

由于 $\varepsilon_0=\eta-z(a)=0$,因此,当 $h\to0$ 时,$|\varepsilon_n|\to0$.这就证得 $z_n\to z(t_n)$.

充分性　若相容条件成立,则

$$g(t,y)=\Phi(t,y,0)=f(t,y).$$

于是,初值问题(4.9)变成

$$\begin{aligned}z'&=f(t,z),\\z(a)&=\eta.\end{aligned}$$

从而 $z(t)$是初值问题(1.1)的解.充分性得证.

必要性　设(4.1)的解 y_n 收敛于初值问题(1.1)的解.前面已经证明,y_n 收敛于$z(t)$,因此 $y(t)=z(t)$.从而

$$f(t,y(t))=y'(t)=z'(t)=g(t,z(t))=\Phi(t,y(t),0).$$

由于初始值 η 是任意的,因而对任何点(t,y)都有

$$f(t,y)=\Phi(t,y,0).$$

必要性得证.

若单步法(4.1)是 p 阶的,则其局部离散误差为

$$R(t,h)=O(h^{p+1}).$$

从而有

$$|R(t,h)|\leqslant Mh^{p+1}, \tag{4.13}$$

其中 M 为一常数.

定理 3 在定理 2 的假设条件下,若单步法(4.1)的局部离散误差满足(4.13)式,则其整体离散误差 $\varepsilon_n=y(t_n)-y_n$ 满足估计式

$$|\varepsilon_n|\leqslant e^{L(b-a)}|\varepsilon_0|+h^p\frac{M}{L}(e^{L(b-a)}-1), \tag{4.14}$$

其中 L 是$\Phi(t,y,h)$关于 y 满足 Lipschitz 条件的 Lipschitz 常数.

证明 以 $t=t_n$ 代入(4.4)式得

$$y(t_{n+1})-y(t_n)=h[\Phi(t_n,y(t_n),h)+R(t_n,h). \tag{4.15}$$

把(4.1)改写成

$$y_{n+1}-y_n=h\Phi(t_n,y_n,h). \tag{4.16}$$

从(4.15)减去(4.16)得

$$\varepsilon_{n+1}=\varepsilon_n+h[\Phi(t_n,y(t_n),h)-\Phi(t_n,y_n,h)]+R(t_n,h).$$

从而,据定理假设条件,我们有

$$|\varepsilon_{n+1}|\leqslant(1+Lh)|\varepsilon_n|+Mh^{p+1}.$$

仿 10.3 节中(3.6)式的推导,便可推得估计式(4.14).

假设 $\varepsilon_0=0$,据(4.14)式可知,p 阶单步法(4.1)的整体离散误差为 $O(h^p)$.

10.4.3 稳定性

在解微分方程初值的数值方法中,需要解差分方程初值问题.实际进行计算时,初始值会有误差,而且计算过程中一般也会产生舍入误差.这些误差的传播、积累对以后的计算结果将产生影响.粗略地说,如果误差的积累不大,不致于影响计算结果的可靠性,或者误差的积累可以受到控制,则说相应的数值方法是**稳定**的;否则说它是**不稳定**的.下面,我们对单步法给出具体的稳定性定义.

定义 3 如果存在正常数 h_0 及 C,使得对任意的初始出发值 $y_0,\tilde{y}_0$,单步法(4.1)的相应精确解 y_n 和 $\tilde{y}_n$,对所有的 $0<h\leqslant h_0$,恒有

$$|y_n-\tilde{y}_n|\leqslant C|y_0-\tilde{y}_0|,\quad nh\leqslant b-a, \tag{4.17}$$

则称单步法(4.1)是**稳定**的.

定理 4　若 $\Phi(t,y,h)$对于 $a\leqslant t\leqslant b, 0<h\leqslant h_0$ 以及一切实数 y,关于 y 满足 Lipschitz 条件,则单步法(4.1)是稳定的.

证明　设 $y_n, \tilde{y}_n$ 分别是以 y_0 和 $\tilde{y}_0$ 为初始值的差分方程(4.1)的解,则有等式

$$y_{n+1} = y_n + h\Phi(t_n, y_n, h), \tag{4.18}$$

$$\tilde{y}_{n+1} = \tilde{y}_n + h\Phi(t_n, \tilde{y}_n, h). \tag{4.19}$$

令 $e_n = y_n - \tilde{y}_n$,从(4.18)减去(4.19)得

$$e_{n+1} = e_n + h(\Phi(t_n, y_n, h) - \Phi(t_n, \tilde{y}_n, h)).$$

从而有

$$\begin{aligned}|e_{n+1}| &\leqslant |e_n| + h|\Phi(t_n, y_n, h) - \Phi(t_n, \tilde{y}_n, h)| \\ &\leqslant |e_n| + hL|e_n| = (1+hL)|e_n| \\ &\leqslant (1+hL)^{n+1}|e_0|,\end{aligned}$$

即有

$$|e_n| \leqslant (1+hL)^n |e_0|,$$

其中 L 为 Lipschitz 常数.因此,当 $nh\leqslant b-a$ 时,就有

$$|e_n| \leqslant e^{nhL}|e_0| \leqslant e^{L(b-a)}|e_0|.$$

令 $C = e^{L(b-a)}$,便得到(4.17)式.

由定义 3 引进的稳定性概念,实际上描述了当步长 $h\to 0$ 时初始值的误差对计算结果的影响.这种稳定性又称为**渐近稳定性**或**古典稳定性**,**D-稳定性**等.然而,在实际计算中,我们是取有限的固定步长,它并不能随意缩小.因此,讨论步长固定时,初始值的误差和计算过程中的误差对计算结果的影响问题,对实际计算则更有意义.为此,我们引进绝对稳定性概念.

定义 4　对给定的微分方程和给定的步长 h,如果由单步法(显式或隐式)计算 y_n 时有大小为 δ 的误差,即计算得 $\tilde{y}_n = y_n + \delta$,而引起其后值 $y_m(m>n)$的变化小于 $\delta(|\tilde{y}_m - y_m| < |\delta|)$,则说该单步法是**绝对稳定**的.

一般只限于典型微分方程

$$y' = \mu y \tag{4.20}$$

考虑数值方法的绝对稳定性,其中 μ 为复常数(我们仅限于 μ 为实数情形).若对于所有 $\mu h\in(\alpha,\beta)$,单步法都绝对稳定,则称(α,β)为**绝对稳定区间**.

例 2　求 Euler 方法

$$\begin{aligned}y_{n+1} &= y_n + hf(t_n, y_n), \\ y_0 &= \eta\end{aligned}$$

的绝对稳定区间.

解　对方程(4.20)有

$$y_{m+1} = y_m + \mu h y_m = (1+\mu h)y_m. \tag{4.21}$$

如果在 y_n 引进摄动 δ,即 $\tilde{y}_n = y_n + \delta$,那么我们计算得

$$\tilde{y}_{m+1} = (1+\mu h)\tilde{y}_m, \quad m \geqslant n.$$

因此

$$\begin{aligned} |\tilde{y}_{m+1} - y_{m+1}| &= |1+\mu h| \, |\tilde{y}_m - y_m| \\ &= |1+\mu h|^2 \, |\tilde{y}_{m-1} - y_{m-1}| \\ &= |1+\mu h|^{m+1-n} \, |\tilde{y}_n - y_n|, \\ & \quad m \geqslant n-1. \end{aligned}$$

于是,若 $|1+\mu h|<1$,则

$$|\tilde{y}_{m+1} - y_{m+1}| < |\tilde{y}_n - y_n| = |\delta|. \tag{4.22}$$

故当 $\mu h \in (-2,0)$ 时,Euler 方法是绝对稳定的.我们便求得 Euler 方法的绝对稳定区间为 $(-2,0)$.这样,若 $\mu>0$,则不可能选取 $h>0$ 使得 $\mu h \in (-2,0)$;若 $\mu<0$,则取 $h<-2/\mu$ 时,Euler 方法是绝对稳定的.

从上面的推导过程,我们看到,只要在(4.21)式中令 $|1+\mu h|<1$,则必定使(4.22)式成立.因此,从(4.21)式便可求得绝对稳定区间.

例 3 求梯形方法

$$y_{n+1} = y_n + \frac{h}{2}[f(t_n, y_n) + f(t_{n+1}, y_{n+1})]$$

的绝对稳定区间.

解 对方程(4.20),我们有

$$y_{n+1} = y_n + \frac{h}{2}(\mu y_n + \mu y_{n+1}),$$

即有

$$y_{n+1} = \left[\frac{1+\dfrac{\mu}{2}h}{1-\dfrac{\mu}{2}h}\right] y_n.$$

若要梯形方法绝对稳定,则必须

$$\left|\frac{1+\dfrac{1}{2}\mu h}{1-\dfrac{1}{2}\mu h}\right| < 1.$$

解得 $\mu h<0$.故梯形方法的绝对稳定区间为 $(-\infty,0)$.

例 4 求经典的四阶 Runge-Kutta 方法的绝对稳定区间.

解　对方程(4.20),据 10.3 节中(3.24)式,有

$$K_1=\mu y_n,$$

$$K_2=\mu\left(y_n+\frac{1}{2}h\mu y_n\right)=\left(\mu+\frac{1}{2}h\mu^2\right)y_n,$$

$$K_3=\mu\left(y_n+\frac{1}{2}h\left(\mu+\frac{1}{2}h\mu^2\right)y_n\right)=\left(\mu+\frac{1}{2}h\mu^2+\frac{1}{4}h^2\mu^3\right)y_n,$$

$$\begin{aligned}K_4&=\mu\left(y_n+h\left(\mu+\frac{1}{2}h\mu^2+\frac{1}{4}h^2\mu^3\right)y_n\right)\\&=\left(\mu+h\mu^2+\frac{1}{2}h^2\mu^3+\frac{1}{4}h^3\mu^4\right)y_n,\end{aligned}$$

$$\begin{aligned}y_{n+1}&=y_n+\frac{h}{6}(K_1+2K_2+2K_3+K_4)\\&=\left(1+\mu h+\frac{1}{2}\mu^2h^2+\frac{1}{6}\mu^3h^3+\frac{1}{24}\mu^4h^4\right)y_n.\end{aligned}$$

因此,绝对稳定区间是满足不等式

$$\left|1+\mu h+\frac{1}{2}(\mu h)^2+\frac{1}{6}(\mu h)^3+\frac{1}{24}(\mu h)^4\right|<1$$

的 μh 构成的区间,从而可以得到绝对稳定区间为$(-2.78,0)$.

在实际应用中,选择数值方法的步长,有时还要考虑到稳定性. 步长的变化范围应在绝对稳定区间内. 假如需要求解的微分方程不是典型方程(4.20),则可视 $\mu=\frac{\partial f}{\partial y}\left(\frac{\partial f}{\partial y}\text{的变化很缓慢时}\right)$,从而确定步长 h,使 $\mu h=h\frac{\partial f}{\partial y}$属于绝对稳定区间.

例 5　用 Euler 方法解初值问题

$$\begin{aligned}&y'=e^t-100y,\quad 0\leqslant t\leqslant 1,\\&y(0)=1.\end{aligned}$$

令 $f(t,y)=e^t-100y$,则$\frac{\partial f}{\partial y}=-100$. 因此这个初值问题是适定的. 容易计算得这个问题的精确解为

$$y(t)=\frac{1}{101}(e^t+100e^{-100t}).$$

对 $N=20,70,120,\cdots,520,h=\frac{1}{N}$. 用 Euler 方法计算得解的最大误差见表 10.6.

当 $h=0.05(N=20)$时,最大误差是相当大的. 但当 $h=1/70(N=70)$时,它已经适当小了,且以后随 h 的减小而稳定地减小. 我们令 $\mu=\frac{\partial f}{\partial y}=-100$,考虑典型方程

表 10.6

N	最大误差	N	最大误差
20	0.1089×10^{13}	320	0.6599×10^{-1}
70	0.6616×10^{0}	370	0.5536×10^{-1}
120	0.2653×10^{0}	420	0.4836×10^{-1}
170	0.1421×10^{0}	470	0.4246×10^{-1}
220	0.1043×10^{0}	520	0.3818×10^{-1}
270	0.7953×10^{-1}		

$$y' = -100y, \quad y(0)=1.$$

Euler 方法的绝对稳定区间为$(-2,0)$. 当 $h=1/20=0.05$ 时, $\mu h=-100\times0.05=-5\overline{\in}(-2,0)$, 而当 $h\leqslant1/70$ 时, $\mu h\in(-2,0)$. 现在,我们具体地分析一下,为什么在 $h=0.05$ 时会产生如此大的误差? Euler 方法的精确计算值是

$$y_{n+1}=y_n+h(e^{t_n}-100y_n).$$

由于舍入误差的影响,得到摄动过的值为

$$\tilde{y}_{n+1}=\tilde{y}_n+h(e^{t_n}-100\tilde{y}_n).$$

令 $e_n=\tilde{y}_n-y_n$,则

$$e_{n+1}=(1-100h)e_n.$$

e_n 是用 Euler 方法解初值问题

$$y'=-100y, \quad y(0)=0$$

的精确解. 取 $h=0.05$ 时,每一步 e_n 被放大 $1-100\times0.05=-4$ 倍. 经过 20 步计算,误差大约放大 $4^{20}\simeq10^{12}$倍.

若一个微分方程初值问题中 $f(t,y)$的偏导数$\dfrac{\partial f}{\partial y}\ll0$,则称它为 **stiff(刚性)问题**. 关于 stiff 问题是人们正在研究的课题(尽管已经得到一些研究成果).

10.5 多 步 法

10.5.1 线性多步法

这一节,我们来介绍解微分方程初值问题的线性多步法. 求解初值问题(1.1):

$$\begin{aligned} y' &= f(t,y), \quad a\leqslant t\leqslant b, \\ y(a) &= \eta \end{aligned}$$

的线性 k 步法的一般公式为

$$\sum_{j=0}^{k}\alpha_j y_{n+j} = h\sum_{j=0}^{k}\beta_j f(t_{n+j},y_{n+j}), \quad n=0,1,\cdots,N-k, \tag{5.1}$$

其中 α_j, β_j 均为常数，且 $\alpha_k \neq 0$, α_0, β_0 不同时为零，$h=(b-a)/N$, $t_i=a+ih$, $n=0,1,\cdots,N$. (5.1)定义了 $y_{n+j}, f(t_{n+j}, y_{n+j})(j=0,1,\cdots,k)$之间的一个线性关系.利用它来计算序列$\{y_n\}$,首先需要 k 个出发值 $y_0, y_1, \cdots, y_{k-1}$. 微分方程初值问题(1.1)只提出一个初始出发值 y_0,尚有 $k-1$ 个出发值 $y_1, \cdots, y_{k-1}$需要通过其他方法来计算.

在(5.1)中,若 $\beta_k=0$,则可直接计算 y_{n+k},此时,称(5.1)为**显式的**;若 $\beta_k \neq 0$,则当 f 不是 y 的线性函数时,不能直接计算得 y_{n+k},此时,称(5.1)为**隐式的**.

10.5.2 Adams 方法

1. 显式 Adams 方法

设 $y(t)$是初值问题(1.1)的解,则有等式

$$y'(t)=f(t, y(t)).$$

在区间$[t_n, t_{n+1}]$上对上式两端求积分得

$$y(t_{n+1}) = y(t_n) + \int_{t_n}^{t_{n+1}} f(t, y(t)) \mathrm{d}t. \tag{5.2}$$

给定步长 h,假如我们已经计算得初值问题(1.1)的解 $y(t)$在等距点 $t_m=t_0+mh$ $(t_0=a, m=0,1,\cdots,n)$处的近似值 $y_0, y_1, \cdots, y_n$. 我们以

$$f_m=f(t_m, y_m), \quad m=0,1,\cdots,n$$

作为 $f(t_m, y(t_m))$的近似值,用经过 $k+1$ 个点

$$(t_n, f_n), (t_{n-1}, f_{n-1}), \cdots, (t_{n-k}, f_{n-k})$$

的插值多项式 $p_k(t)(k \leqslant n)$作 $f(t, y(t))$在 t_n 与 t_{n+1}之间的近似式(外插!),并将(5.2)式换成

$$y_{n+1} = y_n + \int_{t_n}^{t_{n+1}} p_k(t) \mathrm{d}t. \tag{5.3}$$

若取 $p_k(t)$为 Newton 后差插值多项式

$$\begin{aligned}
p_k(t) &= p_k(t_n+sh) \\
&= f_n + s\nabla f_n + \frac{s(s+1)}{2}\nabla^2 f_n + \cdots + \frac{s(s+1)\cdots(s+k-1)}{k!}\nabla^k f_n \\
&= f_n + (-1)(-s)\nabla f_n + (-1)^2\frac{(-s)(-s-1)}{2}\nabla^2 f_n \\
&\quad + \cdots + (-1)^k\frac{(-s)(-s-1)\cdots(-s-k+1)}{k!}\nabla^k f_n,
\end{aligned}$$

其中 $s=(t-t_n)/h$. 记

$$\binom{s}{m}=\frac{s(s-1)\cdots(s-m+1)}{m!}, \quad \binom{s}{0}=1, \tag{5.4}$$

则

$$p_k(t) = \sum_{m=0}^{k}(-1)^m\binom{-s}{m}\nabla^m f_n.$$

将 $p_k(t)$ 代入(5.3)式,得到 Adams-Bashforth 公式:

$$y_{n+1} = y_n + h\sum_{m=0}^{k}\gamma_m\nabla^m f_n, \tag{5.5}$$

其中

$$\begin{aligned}\gamma_m &= (-1)^m\frac{1}{h}\int_{t_n}^{t_{n+1}}\binom{-s}{m}\mathrm{d}t \\ &= (-1)^m\int_0^1\binom{-s}{m}\mathrm{d}s, \quad m = 0,1,\cdots,k.\end{aligned} \tag{5.6}$$

注意,γ_m 不依赖于 k 和 n. 例如,$m=3$ 时,

$$\begin{aligned}\gamma_3 &= (-1)^3\int_0^1\binom{-s}{3}\mathrm{d}s \\ &= -\int_0^1\frac{(-s)(-s-1)(-s-2)}{3!}\mathrm{d}s = \frac{3}{8}.\end{aligned}$$

$\gamma_0,\gamma_1,\cdots,\gamma_m,\cdots$ 的值见表 10.7.

表 10.7

m	0	1	2	3	4	5	6
γ_m	1	$\frac{1}{2}$	$\frac{5}{12}$	$\frac{3}{8}$	$\frac{251}{720}$	$\frac{95}{288}$	$\frac{19087}{60480}$

公式(5.5)又称为 **Adams 外插公式**,这是因为插值多项式的基点是 $t_{n-k},\cdots,t_{n-1},t_n$,而积分区间是 $[t_n,t_{n+1}]$. 如果已计算得近似值 $y_{n-k},\cdots,y_{n-1},y_n$,则可根据公式(5.5)计算 y_{n+1}. 因此,假如通过其他方法计算得出发值 $y_1,y_2,\cdots,y_k$,我们便可以对 $n=k,k+1,\cdots,N-1$ 用递推式(5.5)计算初值问题(1.1)的解在等距点 $t_n=t_0+nh\,(n=k+1,\cdots,N)$ 处的近似值 $y_{k+1},y_{k+2},\cdots,y_N$. 但因(5.5)式中用到后差,不便于计算机实现,我们改用函数值表示后差:

$$\nabla^m f_n = \sum_{j=0}^{m}(-1)^j\binom{m}{j}f_{n-j}.$$

这样

$$\begin{aligned}\sum_{m=0}^{k}\gamma_m\nabla^m f_n &= \sum_{m=0}^{k}\gamma_m\sum_{j=0}^{m}(-1)^j\binom{m}{j}f_{n-j} \\ &= \sum_{j=0}^{k}(-1)^j\sum_{m=j}^{k}\binom{m}{j}\gamma_m f_{n-j}.\end{aligned}$$

从而(5.5)式可写成

$$y_{n+1} = y_n + h\sum_{j=0}^{k}\beta_{kj}f_{n-j}, \tag{5.7}$$

其中

$$\beta_{kj} = (-1)^j\sum_{m=j}^{k}\binom{m}{j}\gamma_m, \quad j = 0,1,2,\cdots,k. \tag{5.8}$$

系数 β_{kj} 依赖于两个参数 k,j,将 γ_m 的值代入(5.8)式,不难得到 β_{kj} 的值(见表10.8).

表 10.8

j	0	1	2	3	4	5
β_{0j}	1					
$2\beta_{1j}$	3	-1				
$12\beta_{2j}$	23	-16	5			
$24\beta_{3j}$	55	-59	37	-9		
$720\beta_{4j}$	1901	-2774	2616	-1274	251	
$1440\beta_{5j}$	4277	-7923	9982	-7298	2877	-475

因为(5.5)或(5.7)为显式公式,所以又称它们为**显式 Adams 公式**.显然,显式 Adams 公式(5.5)或(5.7)是线性$(k+1)$步公式.例如,当 $k=1$ 时,我们得到二步公式

$$y_{n+1}=y_n+\frac{h}{2}(3f_n-f_{n-1}); \tag{5.9}$$

当 $k=3$ 时,得到四步公式

$$y_{n+1}=y_n+\frac{h}{24}(55f_n-59f_{n-1}+37f_{n-2}-9f_{n-3}). \tag{5.10}$$

例1　用二步 Adams 方法解初值问题

$$y'=1-y,\quad 0\leqslant t\leqslant 1,\quad y(0)=0,$$

取 $h=0.2$.此初值问题的解为 $y(t)=1-e^{-t}$.据二步 Adams 方法的计算公式

$$y_{n+1}=y_n+\frac{h}{2}(3f_n-f_{n-1}),$$

由于 $f(t,y)=1-y$,因此

$$\begin{aligned} y_{n+1} &= y_n + 0.1(3-3y_n-1+y_{n-1}) \\ &= y_n + 0.1(2-3y_n+y_{n-1}). \end{aligned}$$

取 $y_0=0$, $y_1=y(0.2)=0.181269246$,得

$$y_2=y_1+0.1(2-3y_1+y_0)=0.326888472.$$

计算结果见表 10.9.

表 10.9

n	t_n	y_n	$y(t_n)$	$y(t_n)-y_n$
0	0	0	0	0
1	0.2	0.181269246	0.181269246	0
2	0.4	0.326888472	0.329679954	2.7915×10^{-3}
3	0.6	0.446948854	0.451188363	4.2396×10^{-3}
4	0.8	0.545553044	0.550671035	5.1180×10^{-3}
5	1.0	0.626559412	0.632120558	5.5612×10^{-3}

2. 隐式 Adams 方法

假设我们取插值多项式的基点为

$$t_{n+1}, t_n, t_{n-1}, \cdots, t_{n-k+1},$$

则 Newton 后差插值多项式 $p_k(t)$ 为

$$\begin{aligned}p_k(t) &= p_k(t_{n+1}+sh)\\&= f_{n+1}+s\nabla f_{n+1}+\frac{s(s+1)}{2}\nabla^2 f_{n+1}+\cdots+\frac{s(s+1)\cdots(s+k-1)}{k!}\nabla^k f_{n+1}\\&= \sum_{m=0}^{k}(-1)^m\binom{-s}{m}\nabla^m f_{n+1},\end{aligned}$$

其中 $s=\dfrac{t-t_{n+1}}{h}$. 将 $p_k(t)$ 代入(5.3)式得

$$\begin{aligned}y_{n+1} &= y_n+\int_{t_n}^{t_{n+1}} p_k(t)\mathrm{d}t\\&= y_n+h\int_{-1}^{0}\sum_{m=0}^{k}(-1)^m\binom{-s}{m}\nabla^m f_{n+1}\mathrm{d}s,\end{aligned}$$

即

$$y_{n+1}=y_n+h\sum_{m=0}^{k}\gamma_m^*\nabla^m f_{n+1}, \tag{5.11}$$

其中

$$\gamma_m^*=(-1)^m\int_{-1}^{0}\binom{-s}{m}\mathrm{d}s,\quad m=0,1,\cdots,k. \tag{5.12}$$

我们称(5.11)为 **Adams-Moulton 公式**. 因所使用的插值多项式的基点为 $t_{n-k+1},\cdots,t_n,t_{n+1}$, 而积分区间为$[t_n,t_{n+1}]$, 因此, 或称(5.11)为 **Adams 内插公式**. 又因它是隐式公式, 因而又称为**隐式 Adams 公式**. γ_m^* 的部分数值见表 10.10.

表 10.10

m	0	1	2	3	4	5	6
γ_m^*	1	$-\frac{1}{2}$	$-\frac{1}{12}$	$-\frac{1}{24}$	$-\frac{19}{720}$	$-\frac{3}{160}$	$-\frac{863}{60480}$

由于

$$\nabla^m f_{n+1} = \sum_{j=0}^{m} (-1)^j \binom{m}{j} f_{n-j+1},$$

因此(5.11)式可改写成

$$y_{n+1} = y_n + h\sum_{j=0}^{k} \beta_{kj}^* f_{n-j+1}, \tag{5.13}$$

其中

$$\beta_{kj}^* = (-1)^j \sum_{m=j}^{k} \binom{m}{j} \gamma_m^*, \quad j = 0,1,2,\cdots,k. \tag{5.14}$$

系数 β_{kj}^* 的部分数值见表 10.11.

表 10.11

j	0	1	2	3	4	5
β_{0j}^*	1					
$2\beta_{1j}^*$	1	1				
$12\beta_{2j}^*$	5	8	−1			
$24\beta_{3j}^*$	9	19	−5	1		
$720\beta_{4j}^*$	251	646	−264	106	−19	
$1440\beta_{5j}^*$	475	1427	−798	482	−173	27

显然,隐式 Adams 方法(5.11)或(5.13)是线性 k 步法($k=0$ 时,仍是单步法).例如,当 $k=1$ 时,我们得到一步公式(梯形公式):

$$y_{n+1} = y_n + \frac{h}{2}(f_{n+1} + f_n).$$

当 $k=2$ 时,得到二步公式:

$$y_{n+1} = y_n + \frac{h}{12}(5f_{n+1} + 8f_n - f_{n-1}). \tag{5.15}$$

当 $k=3$ 时,得到三步公式:

$$y_{n+1} = y_n + \frac{h}{24}[9f_{n+1} + 19f_n - 5f_{n-1} + f_{n-2}]. \tag{5.16}$$

3. Adams 方法的离散误差

我们可以像单步法那样定义多步法的离散误差和方法阶数. 由于

$$f(t,y(t))=y'(t)=\sum_{m=0}^{k}(-1)^m\binom{-s}{m}\nabla^m y'(t_m)+(-1)^{k+1}\binom{-s}{k+1}h^{k+1}y^{(k+2)}(\xi),$$

因此,据(5.2)和(5.6)式有

$$\begin{aligned}y(t_{n+1})&=y(t_n)+\int_{t_n}^{t_{n+1}}y'(t)\mathrm{d}t\\&=y(t_n)+h\sum_{m=0}^{k}\gamma_m\nabla^m y'(t_n)+(-1)^{k+1}h^{k+1}\int_{t_n}^{t_{n+1}}\binom{-s}{k+1}y^{(k+2)}(\xi)\mathrm{d}t.\end{aligned}\tag{5.17}$$

比较(5.5)和(5.17)式便知,显式 Adams 公式(5.5)或(5.7)的局部离散误差为

$$R_{n,k}^{(1)}=(-1)^{k+1}h^{k+1}\int_{t_n}^{t_{n+1}}\binom{-s}{k+1}y^{(k+2)}(\xi)\mathrm{d}t.$$

注意到$\binom{-s}{k+1}$在区间$[t_n,t_{n+1}]$中保持定号. $y^{(k+2)}(\xi)$为 t 的连续函数,应用推广的积分中值定理,得

$$R_{n,k}^{(1)}=h^{k+2}y^{(k+2)}(\eta)\gamma_{k+1},\quad t_{n-k}<\eta<t_{n+1}.\tag{5.18}$$

因此,$(k+1)$步显式 Adams 公式(5.5)或(5.7)的阶数至少为 $k+1$.

类似地,我们可推导得隐式 Adams 公式(5.11)或(5.13)的局部离散误差为

$$R_{n,k}^{(2)}=h^{k+2}y^{(k+2)}(\xi)\gamma_{k+1}^{*},\quad t_{n-k+1}<\xi<t_{n+1}.\tag{5.19}$$

因此,k 步隐式 Adams 公式(5.11)或(5.13)的阶数至少为 $k+1$.

例如,四步显式 Adams 公式(5.10)的局部离散误差为

$$R_{n,3}^{(1)}=\frac{251}{720}h^5y^{(5)}(\eta).$$

因此它是四阶方法. 二步隐式 Adams 公式(5.15)的局部离散误差为

$$R_{n,2}^{(2)}=-\frac{1}{24}h^4y^{(4)}(\xi).$$

从而,它是三阶方法.

10.5.3 预测-校正方法

Adams 内插公式是一类隐式公式,或者说是封闭型公式,即它的左端出现 y_{n+1},而右端也隐含有 y_{n+1}. 因而使用它时一般要用迭代法. 在 10.3 节中,梯形公式

$$y_{n+1}=y_n+\frac{h}{2}[f(t_n,y_n)+f(t_{n+1},y_{n+1})]$$

是封闭型公式. 我们曾把它和 Euler 公式

$$y_{n+1}=y_n+hf(t_n,y_n)$$

联合使用：

$$\left.\begin{aligned} y_{n+1}^{(0)} &= y_n + hf(t_n,y_n), \\ y_{n+1} &= y_n + \frac{h}{2}[f(t_n,y_n)+f(t_{n+1},y_{n+1}^{(0)})] \end{aligned}\right\} n=0,1,\cdots,N-1. \tag{5.20, 5.21}$$

$$y_0=\eta.$$

(5.20)式起着预测 y_{n+1}的值的作用，而(5.21)起校正作用.因此，我们分别称它**预测公式**和**校正公式**.像这样的数值方法，通常称为**预测-校正方法**.

记 $f_n^{(i)}=f(t_n,y_n^{(i)})$.用 P 表示预测过程，C 表示校正过程，E 表示计算 f 的过程.我们更具体些分析一下上述改进的 Euler 方法可知，其第 n 步由下列四个过程组成：

$$\text{P:}\quad y_{n+1}^{(0)}=y_n+hf_n, \tag{5.22}$$

$$\text{E:}\quad f_{n+1}^{(0)}=f(t_{n+1},y_{n+1}^{(0)}), \tag{5.23}$$

$$\text{C:}\quad y_{n+1}=y_n+\frac{1}{2}h(f_n+f_{n+1}^{(0)}), \tag{5.24}$$

$$\text{E:}\quad f_{n+1}=f(t_{n+1},y_{n+1}). \tag{5.25}$$

注意，$f_0=f(t_0,y_0)$.我们称这种计算方案为 PECE **模式**.若不执行过程(5.25)，则得到下面更简单的 PEC 模式：

$$\text{P:}\quad y_{n+1}^{(0)}=y_n+hf_n^{(0)}, \tag{5.26}$$

$$\text{E:}\quad f_{n+1}^{(0)}=f(t_{n+1},y_{n+1}^{(0)}), \tag{5.27}$$

$$\text{C:}\quad y_{n+1}=y_n+\frac{h}{2}(f_n^{(0)}+f_{n+1}^{(0)}). \tag{5.28}$$

欲提高计算结果的精确度，还可以将(5.23)，(5.24)(或(5.27)，(5.28))重复迭代 t 次.这样的计算方案称为 $\text{P(EC)}^t\text{E}$(或 P(EC)^t)模式.

通常，把 Adams 隐式公式与显式公式联合使用，构成预测-校正方法：

预测公式：

$$y_{n+1}^{(0)}=y_n+h[\beta_{k0}f_n+\beta_{k1}f_{n-1}+\cdots+\beta_{kk}f_{n-k}], \tag{5.29}$$

校正公式：

$$y_{n+1}^{(i+1)}=y_n+h[\beta_{k0}^*f_{n+1}^{(i)}+\beta_{k1}^*f_n+\cdots+\beta_{kk}^*f_{n-k+1}]. \tag{5.30}$$

例如，在(5.29)，(5.30)式中均取 $k=1$ 时，得到预测-校正方法：

$$\left.\begin{aligned} y_{n+1}^{(0)} &= y_n+\frac{h}{2}(3f_n-f_{n-1}), \\ y_{n+1}^{(i+1)} &= y_n+\frac{h}{2}(f_{n+1}^{(i)}+f_n). \end{aligned}\right\} \tag{5.31}$$

若在(5.29)式中取 $k=2$,而在(5.30)式中取 $k=3$,则得到预测-校正方法:

$$\left.\begin{aligned} y_{n+1}^{(0)} &= y_n + \frac{h}{12}(23f_n - 16f_{n-1} + 5f_{n-2}), \\ y_{n+1}^{(i+1)} &= y_n + \frac{h}{24}(9f_{n+1}^{(i)} + 19f_n - 5f_{n-1} + f_{n-2}). \end{aligned}\right\} \tag{5.32}$$

再若对预测-校正方法(5.31)使用 PECE 模式,则计算公式为

$$\begin{aligned} &\text{P:} \quad y_{n+1}^{(0)} = y_n + \frac{h}{2}(3f_n - f_{n-1}), \\ &\text{E:} \quad f_{n+1}^{(0)} = f(t_{n+1}, y_{n+1}^{(0)}), \\ &\text{C:} \quad y_{n+1} = y_n + \frac{h}{2}(f_n + f_{n+1}^{(0)}), \\ &\text{E:} \quad f_{n+1} = f(t_{n+1}, y_{n+1}). \end{aligned}$$

对预测-校正方法(5.32)使用 PECE 模式,则计算公式为

$$\begin{aligned} &\text{P:} \quad y_{n+1}^{(0)} = y_n + \frac{h}{12}(23f_n - 16f_{n-1} + 5f_{n-2}), \\ &\text{E:} \quad f_{n+1}^{(0)} = f(t_{n+1}, y_{n+1}^{(0)}), \\ &\text{C:} \quad y_{n+1} = y_n + \frac{h}{24}(9f_{n+1}^{(0)} + 19f_n - 5f_{n-1} + f_{n-2}), \\ &\text{E:} \quad f_{n+1} = f(t_{n+1}, y_{n+1}). \end{aligned}$$

我们把四步显式 Adams 公式和三步隐式公式联合使用,得到四阶 Adams 预测-校正方法:

$$\left.\begin{aligned} &\text{预测公式:} \\ &\qquad y_{n+1}^{(0)} = y_n + \frac{h}{24}[55f_n - 59f_{n-1} + 37f_{n-2} - 9f_{n-3}], \\ &\text{校正公式:} \\ &\qquad y_{n+1}^{(i+1)} = y_n + \frac{h}{24}[9f_{n+1}^{(i)} + 19f_n - 5f_{n-1} + f_{n-2}], \end{aligned}\right\} \tag{5.33}$$

其 PECE 模式为

$$\begin{aligned} &\text{P:} \quad y_{n+1}^{(0)} = y_n + \frac{h}{24}[55f_n - 59f_{n-1} + 37f_{n-2} - 9f_{n-3}], \\ &\text{E:} \quad f_{n+1}^{(0)} = f(t_{n+1}, y_{n+1}^{(0)}), \\ &\text{C:} \quad y_{n+1} = y_n + \frac{h}{24}[9f_{n+1}^{(0)} + 19f_n - 5f_{n-1} + f_{n-2}], \\ &\text{E:} \quad f_{n+1} = f(t_{n+1}, y_{n+1}). \end{aligned}$$

利用线性 k 步法(5.1)解初值问题(1.1)时,需要 k 个出发值 $y_0, y_1, \cdots, y_{k-1}$.

初值问题本身只提供一个出发值 $y_0=\eta$,其他 $k-1$ 个出发值不能由公式(5.1)计算得,必须通过其他方法来计算它们.为了保证方法的精确度,要求有足够精确的初始出发值.我们通常使用精确度不低于多步法的单步法提供初始出发值.

在下面的四阶 Adams 预测-校正方法的 PECE 模式的算法中,我们用经典的四阶 Runge-Kutta 方法提供初始出发值 y_1,y_2,y_3.

算法 10.5　应用四阶 Adams 预测-校正方法计算初值问题

$$y'=f(t,y),\quad a\leqslant t\leqslant b,\quad y(a)=\eta$$

的解 $y(t)$在区间$[a,b]$上 $m+1$ 个等距基点处的近似值.

输入　端点 a,b;整数 m;初值 η.

输出　解 $y(t)$在 t 的$m+1$ 个点处的近似值 y.

step 1　$h\leftarrow(b-a)/m$;

$t_0\leftarrow a$;

$y_0\leftarrow\eta$;

输出(t_0,y_0).

step 2　对 $i=1,2,3$ 做 step 3～5.

step 3　$K_1\leftarrow hf(t_{i-1},y_{i-1})$;

$K_2\leftarrow hf(t_{i-1}+h/2,y_{i-1}+K_1/2)$;

$K_3\leftarrow hf(t_{i-1}+h/2,y_{i-1}+K_2/2)$;

$K_4\leftarrow hf(t_{i-1}+h,y_{i-1}+K_3)$.

step 4　$y_i\leftarrow y_{i-1}+(K_1+2K_2+2K_3+K_4)/6$;

$t_i\leftarrow a+ih$.

step 5　输出(t_i,y_i).

step 6　对 $i=4,\cdots,m$ 做 step 7～10.

step 7　$t\leftarrow a+ih$

$y\leftarrow y_3+h[55f(t_3,y_3)-59f(t_2,y_2)$

$+37f(t_1,y_1)-9f(t_0,y_0)]/24$.

$y\leftarrow y_3+h[9f(t,y)+19f(t_3,y_3)-5f(t_2,y_2)+f(t_1,y_1)]/24$.

step 8　输出(t,y).

step 9　对$j=0,1,2$ 做

$t_j\leftarrow t_{j+1}$;

$y_j\leftarrow y_{j+1}$.

step 10　$t_3\leftarrow t$;

$y_3\leftarrow y$.

step 11　停机.

例 2 应用算法 10.5 解初值问题

$$y' = -y + t + 1,\quad 0 \leqslant t \leqslant 1,\quad y(0) = 1,$$

取 $h = 0.1$. 计算结果与精确值比较见表 10.12. 精确解 $y = y(t) = t + e^{-t}$.

表 10.12

t_i	$y(t_i)$	y_i	$\lvert y(t_i) - y_i \rvert$
0.0	1.0000000000	1.0000000000	
0.1	1.0048374180	1.0048375000	8.200×10^{-8}
0.2	1.0187307531	1.0187309014	1.483×10^{-7}
0.3	1.0408182207	1.0408184220	2.013×10^{-7}
0.4	1.0703200460	1.0703199182	1.278×10^{-7}
0.5	1.1065306597	1.1065302684	3.923×10^{-7}
0.6	1.1488116360	1.1488110326	6.035×10^{-7}
0.7	1.1965853038	1.1965845314	7.724×10^{-7}
0.8	1.2493289641	1.2493280604	9.043×10^{-7}
0.9	1.3065696597	1.3065686568	1.003×10^{-6}
1.0	1.3678794412	1.3678783660	1.075×10^{-6}

前面,我们提到,使用多步法解微分方程初值问题时,通常由精度不低于它的单步法提供初始出发值.例如,在算法 10.5 中,我们用四阶的 Runge-Kutta 方法提供四阶 Adams 预测-校正方法的初始出发值.既然两个方法有相同的精度阶数,为什么要用单步法提供初始出发值,又用多步法继续计算解的近似值,而不只用单步法?一般说来,解初值问题的数值方法的大部分计算工作量是计算函数值(f 的值),四阶 Runge-Kutta 方法每前进一步需要计算四个函数值,然而,当 $n>3$ 时,四步显式 Adams 方法每前进一步(计算 y_{n+1})只需计算一个函数值.当区间$[a,b]$较大,计算步数很多时,则更显示多步法的这种优点.

为了减少计算函数值的次数,对算法 10.5 只要作稍许修改,把下一步要用到的函数值保存下来.

现在,我们来考虑预测-校正方法的另一种修正方案.它是用 y_n 的预测值和校正值的线性的组合,对 y_n 的值加以修正.

我们用 p_n 和 c_n 分别表示 y_n 的预测值和校正值.以预测-校正方法(5.31)(校正迭代一次):

$$\left.\begin{aligned} &\text{预测值}\quad p_{n+1} = y_n + \frac{h}{2}(3f_n - f_{n-1}), \\ &\text{校正值}\quad c_{n+1} = y_n + \frac{h}{2}(f_{n+1} + f_n) \end{aligned}\right\} \tag{5.34}$$

为例来说明这种修正方案.预测公式的局部离散误差为

$$R_{n,1}^{(1)}=h^3y^{(3)}(\xi_n)\gamma_2=\frac{5}{12}h^3y^{(3)}(\xi_n),\quad t_{n-1}<\xi_n<t_{n+1};$$

校正公式的局部离散误差为

$$R_{n,1}^{(2)}=h^3y^{(3)}(\xi_n')\gamma_2^*=-\frac{1}{12}h^3y^{(3)}(\xi_n'),\quad t_n<\xi_n'<t_{n+1}.$$

假设 y_{n-1},y_n 分别是 $y(t_{n-1})$ 和 $y(t_n)$ 的精确值,则

$$y(t_{n+1})-p_{n+1}=\frac{5}{12}h^3y^{(3)}(\xi_n),$$

$$y(t_{n+1})-c_{n+1}=-\frac{1}{12}h^3y^{(3)}(\xi_n').$$

从而

$$c_{n+1}-p_{n+1}=\frac{1}{2}h^3\left(\frac{5y^{(3)}(\xi_n)+y^{(3)}(\xi_n')}{6}\right).$$

假设 $y^{(3)}(t)$ 在所考虑的区间内连续,据介值定理,在 t_{n-1} 与 t_{n+1} 之间必存在 η_1 使

$$c_{n+1}-p_{n+1}=\frac{1}{2}h^3y^{(3)}(\eta_1).$$

于是

$$R_{n,1}^{(1)}\simeq\frac{5}{12}h^3y^{(3)}(\eta_1)=\frac{5}{6}(c_{n+1}-p_{n+1}),$$

$$R_{n,1}^{(2)}\simeq-\frac{1}{12}h^3y^{(3)}(\eta_1)=-\frac{1}{6}(c_{n+1}-p_{n+1}).$$

这样,我们得到实现预测-校正方法(5.34)的一种修正方案:

预测值

$$p_{n+1}=y_n+\frac{h}{2}(3f_n-f_{n-1}),$$

修正预测值

$$m_{n+1}=p_{n+1}-\frac{5}{6}(p_n-c_n),$$

$$m_{n+1}'=f(t_{n+1},m_{n+1}),$$

校正值

$$c_{n+1}=y_n+\frac{h}{2}(m_{n+1}'+f_n),$$

修正校正值

$$y_{n+1} = c_{n+1} + \frac{1}{6}(p_{n+1} - c_{n+1}),$$

$$f_{n+1} = f(t_{n+1}, y_{n+1}),$$

开始时,无预测值和校正值利用,可令 $p_0 = c_0 = 0$.

10.5.4 Hamming 方法

1. Milne 方法

对

$$y'(t) = f(t, y(t))$$

在区间$[t_{n-p}, t_{n+1}]$上求积分得

$$\begin{aligned} y(t_{n+1}) - y(t_{n-p}) &= \int_{t_{n-p}}^{t_{n+1}} f(t, y(t))\mathrm{d}t \\ &= \int_{t_{n-p}}^{t_{n+1}} y'(t)\mathrm{d}t. \end{aligned}$$

类似于 Adams 的方法的推导,以 $t_n, t_{n-1}, \cdots, t_{n-k}$为插值基点作 $y'(t)$的 Newton 后差插值公式,将得到数值方法的显式公式.例如,令 $p=3, k=3$,我们有

$$y'(t) = \sum_{m=0}^{3}(-1)^m \binom{-s}{m} \nabla^m y'(t_n) + (-1)^4 \binom{-s}{4} h^4 y^{(5)}(\eta_1),$$

其中 $s = (t - t_n)/h, t_{n-3} < \eta_1 < t_{n+1}$,因此

$$\begin{aligned} y(t_{n+1}) - y(t_{n-3}) &= \int_{t_{n-3}}^{t_{n+1}} y'(t)\mathrm{d}t \\ &= h\left[y'(t_n)\int_{-3}^{1}\mathrm{d}s + \nabla y'(t_n)\int_{-3}^{1} s\mathrm{d}s + \nabla^2 y'(t_n)\int_{-3}^{1}\frac{s(s+1)}{2}\mathrm{d}s\right. \\ &\quad \left. + \nabla^3 y'(t_n)\int_{-3}^{1}\frac{s(s+1)(s+2)}{3!}\mathrm{d}s\right] + T_1 \\ &= h\left[4y'(t_n) - 4\nabla y'(t_n) + \frac{8}{3}\nabla^2 y'(t_n)\right] + T_1 \\ &= \frac{4}{3}h[2y'(t_n) - y'(t_{n-1}) + 2y'(t_{n-2})] + T_1 \end{aligned}$$

其中

$$\begin{aligned} T_1 &= h^5 \int_{-3}^{1} \frac{s(s+1)(s+2)(s+3)}{4!} y^{(5)}(\eta_1)\mathrm{d}s \\ &= \frac{14}{45} h^5 y^{(5)}(\xi_1). \end{aligned}$$

这样,便得到数值公式

$$y_{n+1}=y_{n-3}+\frac{4}{3}h(2f_n-f_{n-1}+2f_{n-2}). \tag{5.35}$$

若以 $t_{n+1},t_n,\cdots,t_{n-k+1}$ 为插值基点作 $y'(t)$ 的插值公式,则可得到数值方法的隐式公式.如令 $p=1,k=2$.由于

$$y(t_{n+1})-y(t_{n-1})=\int_{t_{n-1}}^{t_{n+1}}y'(t)\mathrm{d}t$$

的右端积分恰是 Simpson 公式,因此有

$$y(t_{n+1})-y(t_{n-1})=\frac{h}{3}(y'(t_{n+1})+4y'(t_n)+y'(t_{n-1}))-\frac{1}{90}h^5y^{(5)}(\xi_2).$$

从而得到数值公式:

$$y_{n+1}=y_{n-1}+\frac{h}{3}(f_{n+1}+4f_n+f_{n-1}). \tag{5.36}$$

它的局部离散误差为

$$T_2=-\frac{1}{90}h^5y^{(5)}(\xi_2).$$

以(5.35)为预测公式,(5.36)为校正公式的预测-校正方法称为 **Milne 方法**. Milne 方法的数值稳定性较差(参见 10.7 节).Hamming 对 Milne 方法的校正公式加以改进.

2. 建立线性多步法的待定系数法

在介绍 Hamming 方法之前,我们先介绍构造线性 k 步公式(5.1)的**待定系数法**.令

$$L[y(t);h]=\sum_{j=0}^{k}[\alpha_jy(t+jh)-h\beta_jy'(t+jh)]. \tag{5.37}$$

将 $y(t+jh)$ 及其导数在点 t 展成 Taylor 级数,得到

$$L[y(t);h]=c_0y(t)+c_1hy'(t)+\cdots+c_qh^qy^{(q)}(t)+\cdots, \tag{5.38}$$

其中 $c_q(q=0,1,\cdots)$ 均为常数,它们与函数 $y(t)$ 的选择无关.对(5.37)和(5.38)式,分别令 $y(t)=1,t,t^2,\cdots$,并取 $t=0$,得

$$\left.\begin{aligned}
c_0&=\alpha_0+\alpha_1+\cdots+\alpha_k\\
c_1&=\alpha_1+2\alpha_2+\cdots+k\alpha_k-(\beta_0+\beta_1+\cdots+\beta_k),\\
&\cdots\cdots\cdots\cdots\\
c_q&=\frac{1}{q!}(\alpha_1+2^q\alpha_2+\cdots+k^q\alpha_k)\\
&\quad-\frac{1}{(q-1)!}(\beta_1+2^{q-1}\beta_2+\cdots+k^{q-1}\beta_k),\quad q=2,3,\cdots.
\end{aligned}\right\} \tag{5.39}$$

显然,线性 k 步公式为 q 阶的充分必要条件是 $c_0=c_1=\cdots=c_q=0$,但 $c_{q+1}\neq$

0. 因此,我们可以从(5.39)式确定线性 q 阶 k 步公式(5.37)的系数 $\alpha_0,\alpha_1,\cdots,\alpha_k$, $\beta_0,\beta_1,\cdots,\beta_k$. 此时,便有

$$\begin{aligned}&\sum_{j=0}^{k}[\alpha_j y(t+jh)-h\beta_j y'(t+jh)]\\&=c_{q+1}h^{q+1}y^{(q+1)}(t)+O(h^{q+2}).\end{aligned}$$

3. Hamming 方法

我们将 Milne 方法的校正公式写成一般的形式

$$y_{n+1}=ay_n+by_{n-1}+cy_{n-2}+h(df_{n+1}+ef_n+gf_{n-1}),\tag{5.40}$$

且把 $y(t+jh)$, $y'(t+jh)$在点 t 展成 Taylor 级数,则有

$$\begin{aligned}&y(t+h)-ay(t)-by(t-h)-cy(t-2h)-h(\mathrm{d}y'(t+h)+ey'(t)+gy'(t-h))\\&\quad=c_0y(t)+c_1hy'(t)+c_2h^2y''(t)+c_3h^3y'''(t)+c_4h^4y^{(4)}(t)+\cdots,\end{aligned}$$

其中 c_0,c_1,c_2,c_3,c_4 均为常数. 仿(5.39)式的推导,可得

$$\begin{aligned}c_0&=1-a-b-c,\\c_1&=1+b+2c-(d+e+g),\\c_2&=\frac{1}{2}(1-b-2^2c)-(d-g),\\c_3&=\frac{1}{3!}(1+b+2^3c)-\frac{1}{2}(d+g),\\c_4&=\frac{1}{4!}(1-b-2^4c)-\frac{1}{3!}(d-g).\end{aligned}$$

欲使公式(5.40)为四阶的,应选取 a,b,c,d,e,g 使得 $c_0=c_1=c_2=c_3=c_4=0$,从而得到 a,b,c,d,e,g 所满足的线性方程组. 这个方程组含有 6 个未知量,但只有 5 个方程,因此可以任选一个未知量为自由参数,例如 b,解此方程组可得

$$\begin{aligned}a&=\frac{27}{24}(1-b),\qquad c=-\frac{3}{24}(1-b),\\d&=\frac{1}{24}(9-b),\qquad e=\frac{1}{24}(18+14b),\\g&=\frac{1}{24}(-9+17b).\end{aligned}$$

Hamming 选定 $b=0$,得

$$a=\frac{9}{8},\quad b=0,\quad c=-\frac{1}{8},\quad d=\frac{3}{8},\quad e=\frac{3}{4},\quad g=-\frac{3}{8}.$$

于是得到 **Hamming 方法**的校正公式

$$y_{n+1}=\frac{1}{8}[9y_n-y_{n-2}+3h(f_{n+1}+2f_n-f_{n-1})].\tag{5.41}$$

它的局部离散误差为

$$T_3 = -\frac{1}{40}h^5 y^{(5)}(\xi_n), \quad t_{n-2} < \xi_n < t_{n+1}.$$

仿 10.5.3 节中关于预测-校正方法的修正方案推导，可得**修改的 Hamming 方法**的计算公式：

预测值

$$p_{n+1} = y_{n-3} + \frac{4}{3}h(2f_n - f_{n-1} + 2f_{n-2}),$$

校正预测值

$$q_{n+1} = p_{n+1} - \frac{112}{121}(p_n - c_n),$$
$$q'_{n+1} = f(t_{n+1}, q_{n+1}),$$

校正值

$$c_{n+1} = \frac{1}{8}[9y_n - y_{n-2} + 3h(q'_{n+1} + 2f_n - f_{n-1})],$$

修正校正值

$$y_{n+1} = c_{n+1} + \frac{9}{121}(p_{n+1} - c_{n+1}),$$
$$f_{n+1} = f(t_{n+1}, y_{n+1}).$$

注意，实际计算时，从 $n=3$ 开始，取 $p_3 = c_3 = y_3$. y_0, y_1, y_2, y_3 为出发值.

例 3　我们就例 2 的初值问题：

$$y' = -y + t + 1, \quad 0 \leqslant t \leqslant 1, \quad y(0) = 1$$

用修改的 Hamming 方法计算 y_4 及 $y_5 (h=0.1)$，取精确解的值作为出发值：$y_0 = y(0) = 1$, $y_1 = y(0.1) = 1.004837418$, $y_2 = y(0.2) = 1.018730753$, $y_3 = y(0.3) = 1.040818221$.

解　记 $f(t,y) = -y + t + 1$, $f_n = f(t_n, y_n) = -y_n + t_n + 1$,

$$p_3 = c_3 = y_3 = 1.040818221.$$

$n=3$ 时，

$$p_4 = y_0 + \frac{4}{3} \times 0.1(2f_3 - f_2 + 2f_1) = 1.070322597,$$
$$q_4 = p_4 = 1.070322597,$$
$$q_4' = f(t_4, q_4) = -q_4 + 0.4 + 1 = 0.329677403,$$
$$c_4 = \frac{1}{8}[9y_3 - y_1 + 3 \times 0.1(q_4' + 2f_3 - f_2)] = 1.070319761,$$
$$y_4 = c_4 + \frac{9}{121}(p_4 - c_4) = 1.070319972.$$

$n=4$ 时，

$$p_5=y_1+\frac{4}{3}\times 0.1(2f_4-f_3+2f_2)=1.106532987,$$

$$q_5=p_5-\frac{112}{121}(p_4-c_4)=1.106530362,$$

$$q_5'=f(t_5,q_5)=-q_5+0.5+1=0.393469638,$$

$$c_5=\frac{1}{8}[9y_4-y_2+3\times 0.1(q_5'+2f_4-f_3)]=1.106530421,$$

$$y_5=c_5+\frac{9}{121}(p_5-c_5)=1.106530612.$$

我们有如下的误差估计(精确解的数值见表 10.12)：

$$|y(0.4)-y_4|=7.4\times 10^{-8},\quad |y(0.5)-y_5|=4.77\times 10^{-8}.$$

在下面的算法中，y_1,y_2,y_3 由经典的四阶 Runge-Kutta 方法计算得.

算法 10.6 用修改的 Hamming 方法计算初值问题

$$y'=f(t,y),\quad a\leqslant t\leqslant b,\quad y(a)=\eta.$$

的解 $y(t)$ 在区间 $[a,b]$ 上 $m+1$ 个等距点处的近似值.

输入 端点 a,b；整数 m；初值 η.

输出 解 $y(t)$ 在 t 的 $m+1$ 个点处的近似值 y.

step 1 $h\leftarrow(b-a)/m$;

$t_0\leftarrow a$;

$y_0\leftarrow\eta$;

输出(t_0,y_0).

step 2 对 $i=1,2,3$ 做 step 3～5.

step 3 $K_1\leftarrow hf(t_{i-1},y_{i-1})$;

$K_2\leftarrow hf(t_{i-1}+h/2,y_{i-1}+K_1/2)$;

$K_3\leftarrow hf(t_{i-1}+h/2,y_{i-1}+K_2/2)$;

$K_4\leftarrow hf(t_{i-1}+h,y_{i-1}+K_3)$.

step 4 $y_i\leftarrow y_{i-1}+(K_1+2K_2+2K_3+K_4)/6$;

$t_i\leftarrow a+ih$.

step 5 输出(t_i,y_i)

step 6 $p\leftarrow y_3$;

$c\leftarrow y_3$.

step 7 对 $i=4,\cdots,m$ 做 step 8～11.

step 8 $t\leftarrow a+ih$;

$y \leftarrow y_0 + 4h(2f(t_3, y_3) - f(t_2, y_2) + 2f(t_1, y_1))/3;$

$q \leftarrow y - 112(p - c)/121;$

$p \leftarrow y;$

$c \leftarrow [9y_3 - y_1 + 3h(f(t, q) + 2f(t_3, y_3)$

$\quad - f(t_2, y_2))]/8;$

$y \leftarrow c + 9(p - c)/121.$

step 9　输出(t, y).

step 10　对 $j = 0, 1, 2$ 做

$t_j \leftarrow t_{j+1};$

$y_j \leftarrow y_{j+1}.$

step 11　$t_3 \leftarrow t;$

$y_3 \leftarrow y.$

step 12　停机.

10.5.5　隐式公式的迭代解法

在线性 k 步法的计算公式(5.1)中,若 $\beta_k \neq 0$,则它是隐式的. 当 f 不是 y 的线性函数时,不能直接计算得 y_{n+k}. 一般需要用迭代法来计算它. 在 10.3.2 节中介绍的改进的 Euler 方法的隐式公式的迭代法(3.9)中是通常所说的不动点迭代法. 现就一般的线性 k 步法(5.1)讨论不动点迭代法及其收敛性问题.

由于在(5.1)式中假设 $\alpha_k \neq 0$,现不防设 $\alpha_k = 1$,将(5.1)式改写成

$$y_{n+1} - h\beta_k f(t_{n+1}, y_{n+1}) + \omega_n = 0, \tag{5.42}$$

其中

$$\omega_n = \sum_{j=0}^{k-1} (\alpha_j y_{n-j} - h\beta_j f_{n-j}),$$

它不含 y_{n+1},因而是已知量,不动点迭代的迭代公式为

$$y_{n+1}^{(i+1)} = h\beta_k f(t_{n+1}, y_{n+1}^{(i)}) - \omega_n, \quad i = 0, 1, \cdots. \tag{5.43}$$

据 2.3 节定理 1 的推论(注意习题 2 第 10 题),或类同于迭代法(3.9)的收敛性证明,可得迭代法(5.43)的下面的收敛性定理.

定理　设 $f(t, y)$在 $R = \{(t, y) \mid a \leqslant t \leqslant b, -\infty < y < +\infty\}$中关于 y 满足 Lipschitz 条件,$L(>0)$为 Lipschitz 常数,且$|h\beta_k L| < 1$,则对任意的初始值 $y_{n+1}^{(0)}$, $y_{n+1}^{(i)}$收敛于差分方程(5.42)的唯一解 y_{n+1}.

我们还可以用第 2 章中介绍的 Newton 法等来解差分方程(5.42). 这里就不再赘述了.

10.6 差分方程简介

为讨论数值方法及与之有关理论的需要,我们对线性差分方程作简单的介绍.

设 N 是相邻的整数集合,$y(n)$是定义在集合 N 上的实值函数,称方程

$$F(n,y(n),\Delta y(n),\cdots,\Delta^m y(n))=0 \tag{6.1}$$

为未知函数 $y(n)$的 **m 阶差分方程**,其中 F 为已知函数.由于方程(6.1)中各阶前差可用函数值来表示:

$$\begin{aligned}\Delta y(n) &= y(n+1)-y(n),\\ \Delta^2 y(n) &= y(n+2)-2y(n+1)+y(n),\\ &\cdots\cdots\cdots\cdots\\ \Delta^m y(n) &= \sum_{j=0}^{m}(-1)^j C_m^j y(n+m-j),\end{aligned}$$

其中

$$C_m^j=\frac{m(m-1)\cdots(m-j+1)}{j!}.$$

因此,差分方程(6.1)又可表示成

$$G(n,y(n),y(n+1),\cdots,y(n+m))=0. \tag{6.2}$$

例如 10.3 节中的(3.1)实际上是一个一阶差分方程.

若存在一个定义在 N 上的实值函数 $y(n)$,使得对所有 $n\in N$,$y(n)$满足(6.2),则称这样的函数 $y(n)$是差分方程(6.2)的一个**解**.

例如,差分方程

$$y(n)-y(n+1)+2n=0 \tag{6.3}$$

是一个一阶差分方程.函数

$$y(n)=n(n-1)+C \tag{6.4}$$

是差分方程(6.3)的解,其中 C 为任意常数,事实上,

$$y(n)-y(n+1)+2n=n(n-1)+C-(n+1)n-C+2n\equiv 0.$$

如果(6.4)的某一个值(例如 $y(0)=y_0$)是给定的,则这个任意常数 C 就可以确定.这个任意常数 C 类似于一阶常微分方程解中的任意常数.例如,$y(0)=y_0$ 是给定的,称它是**初始值**,于是,据(6.4)可以确定 $C=y_0$,从而

$$y(n)=n(n-1)+y_0$$

是差分方程(6.3)的一个解(或者说它是一个特解).

另一方面,据(6.3),有递推关系式

$$y(n+1)=y(n)+2n. \tag{6.5}$$

因此,欲计算方程(6.3)的任何一个解,都需要一个初始值,例如 $y(0)=y_0$,由此可

得 $y(n)=n(n-1)+y_0$,这也说明,差分方程(6.3)的任何一个解由初始值唯一确定,而它又是(6.4)中取特殊的常数 C(就上述初始值 y_0,取 $C=y_0$)得到的.换句话说,差分方程(6.3)的任意一个解均可表示成它的解(6.4)的形式.因此,我们称(6.4)是差分方程(6.3)的**通解**.

10.6.1　线性差分方程

差分方程

$$a_0(n)y(n)+a_1(n)y(n+1)+\cdots+a_m(n)y(n+m)=b(n) \tag{6.6}$$

称为 ***m* 阶线性差分方程**,其中 $a_j(n)(j=0,1,\cdots,m)$,$b(n)$均为给定的关于 n 的函数,且 $a_0(n)\neq 0$,$a_m(n)\neq 0$.当 $b(n)\equiv 0$ 时,方程

$$a_0(n)y(n)+a_1(n)y(n+1)+\cdots+a_m(n)y(n+m)=0 \tag{6.7}$$

称为 ***m* 阶齐次线性差分方程**.当 $b(n)\neq 0$ 时,又说(6.6)是**非齐次**的.

容易看出,线性差分方程(6.6)的每一个解,将由递推关系式

$$y(n+m)=(b(n)-a_{m-1}(n)y(n+m-1)-\cdots-a_0(n)y(n))/a_m(n)$$

和给定的 m 个初始值,例如 $y(0)=y_0,y(1)=y_1,\cdots,y(m-1)=y_{m-1}$完全确定.

线性差分方程和线性常微分方程有很多类似的性质.

性质 1　若 $y_1(n),y_2(n),\cdots,y_p(n)$是齐次差分方程(6.7)的解,则它们的任意线性组合

$$g(n)=C_1y_1(n)+C_2y_2(n)+\cdots+C_py_p(n) \tag{6.8}$$

也是(6.7)的解,其中 $C_1,\cdots,C_p$ 为常数.

证明　将(6.8)代入(6.7)的左端得

$$\begin{aligned}\sum_{j=0}^{m}a_j(n)g(n+j)&=\sum_{j=0}^{m}a_j(n)\sum_{i=1}^{p}C_iy_i(n+j)\\&=\sum_{i=1}^{p}C_i\sum_{j=0}^{m}a_j(n)y_i(n+j).\end{aligned} \tag{6.9}$$

由于所有的 $y_i(n)$都是齐次差分方程(6.7)的解,因此(6.9)的右端等于零.这就是说,$g(n)$仍为齐次差分方程(6.7)的解.

性质 2　若 $y_1(n),y_2(n),\cdots,y_m(n)$是齐次差分方程(6.7)的解,且集合 N 中只要一组 m 个相邻数,例如 $0,1,\cdots,m-1$,使得行列式

$$\begin{vmatrix}y_1(0)&y_2(0)&\cdots&y_m(0)\\y_1(1)&y_2(1)&\cdots&y_m(1)\\\vdots&\vdots&&\vdots\\y_1(m-1)&y_2(m-1)&\cdots&y_m(m-1)\end{vmatrix}\neq 0, \tag{6.10}$$

令

$$g(n)=C_1y_1(n)+C_2y_2(n)+\cdots+C_my_m(n), \tag{6.11}$$

其中 $C_1,C_2,\cdots,C_m$ 为任意常数,则 $g(n)$是齐次差分方程(6.7)的解,且方程(6.7)的任何解均可表示成(6.11)的形式,即(6.11)是齐次差分方程(6.7)的通解.

证明 据性质1知,$g(n)$是差分方程(6.7)的解.设 $h(n)$是差分方程(6.7)的任意一个解,它由给定的初始值 $h(0),h(1),\cdots,h(m-1)$完全确定.现在,我们从全体 $g(n)$中取具有初始值 $h(0),h(1),\cdots,h(m-1)$的函数,即选择(6.11)中的常数 $C_1,\cdots,C_m$ 使得

$$\begin{aligned}&C_1y_1(0)+C_2y_2(0)+\cdots+C_my_m(0)=h(0),\\&C_1y_1(1)+C_2y_2(1)+\cdots+C_my_m(1)=h(1),\\&\cdots\cdots\cdots\cdots\\&C_1y_1(m-1)+C_2y_2(m-1)+\cdots+C_my_m(m-1)=h(m-1).\end{aligned} \tag{6.12}$$

(6.12)是关于 $C_1,C_2,\cdots,C_m$ 的 m 阶线性方程组.据(6.10)知它的系数行列式不等于零,因此有唯一解:$C_1',C_2',\cdots,C_m'$,从而 $g(n)=C_1'y_1(n)+\cdots+C_m'y_m(n)$与 $h(n)$具有相同的初始值.因为方程(6.7)的解由初始值唯一确定,所以对一切 $n\in N$,

$$h(n)\equiv g(n)=C_1'y_1(n)+C_2'y_2(n)+\cdots+C_m'y_m(n).$$

这就证明了 $h(n)$可以表示成(6.11)的形式,故证得(6.11)是齐次差分方程(6.7)的通解.

假设 $y_1(n),y_2(n),\cdots,y_m(n)$为定义在 N 上的实函数,若存在 m 个不全为零的常数$C_1,C_2,\cdots,C_m$,使得对一切 $n\in N$,等式

$$C_1y_1(n)+C_2y_2(n)+\cdots+C_my_m(n)=0 \tag{6.13}$$

成立,则称 $y_n(n),y_2(n),\cdots,y_m(n)$为**线性相关**;否则称它们为**线性无关**,这就是说,在 $C_1,C_2,\cdots,C_m$ 不全为零的情形下,至少对某一个 $n_0\in N$,使(6.13)不成立,则说 $y_1(n),y_2(n),\cdots,y_m(n)$是线性无关的.

若 $y_1(n),y_2(n),\cdots,y_m(n)$为线性相关,则行列式

$$D=\begin{vmatrix}y_1(n)&y_2(n)&\cdots&y_m(n)\\y_1(n+1)&y_2(n+1)&\cdots&y_m(n+1)\\\vdots&\vdots&&\vdots\\y_1(n+m-1)&y_2(n+m-1)&\cdots&y_m(n+m-1)\end{vmatrix} \tag{6.14}$$

等于零,其中$(n+j)\in N,j=0,1,\cdots,m-1$.事实上,设 $y_1(n),y_2(n),\cdots,y_m(n)$为线性相关,则存在不全为零的常数 $C_1,\cdots,C_m$ 使得对一切 $n\in N$,(6.13)式成立.不妨设 $C_1\neq0$,用 C_1 乘行列式(6.14)的第一列,以及 $C_2,\cdots,C_m$ 分别乘第2,…,第 m 列然后将它们加到第一列得

$$C_1 D = \begin{vmatrix} \sum_{j=1}^{m} C_j y_j(n) & y_2(n) & \cdots & y_m(n) \\ \sum_{j=1}^{m} C_j y_j(n+1) & y_2(n+1) & \cdots & y_m(n+1) \\ \vdots & \vdots & & \vdots \\ \sum_{j=1}^{m} C_j y_j(n+m-1) & y_2(n+m-1) & \cdots & y_m(n+m-1) \end{vmatrix}.$$

因 C_1D 中的第一列的诸元素均等于零,因此 $C_1D=0$,从而 $D=0$.

易知,m 阶齐次差分方程(6.7)至少有 m 个线性无关解.

如果 m 阶齐次差分方程(6.7)的 m 个解 $y_1(n),y_2(n),\cdots,y_m(n)$满足条件(6.10)式,则 $y_1(n),y_2(n),\cdots,y_m(n)$线性无关;反之,若差分方程(6.7)的 m 个解 $y_1(n),y_2(n),\cdots,y_m(n)$线性无关,则集合 N 中必存在一组 m 个相邻数,例如 $0,1,\cdots,m-1$ 使(6.10)式成立.

事实上,假设对 N 中的一切 n,

$$\begin{vmatrix} y_1(n) & y_2(n) & \cdots & y_m(n) \\ y_1(n+1) & y_2(n+1) & \cdots & y_m(n+1) \\ \vdots & \vdots & & \vdots \\ y_1(n+m-1) & y_2(n+m-1) & \cdots & y_m(n+m-1) \end{vmatrix} = 0,$$

这里$(n+j)\in N, j=0,1,\cdots,m-1$.再假设 $0,1,\cdots,m-1$ 均在 N 中,考虑方程组

$$\begin{aligned} &C_1y_1(0)+C_2y_2(0)+\cdots+C_my_m(0)=0,\\ &C_1y_1(1)+C_2y_2(1)+\cdots+C_my_m(1)=0,\\ &\cdots\cdots\cdots\cdots\\ &C_1y_1(m-1)+C_2y_2(m-1)+\cdots+C_my_m(m-1)=0. \end{aligned}$$

因该方程组的系数行列式等于零,所以存在一组不全为零的解 $C_1,C_2,\cdots,C_m$,即对这组不全为零的数 $C_1,C_2,\cdots,C_m$ 有等式

$$\sum_{j=1}^{m} C_j y_j(n) = 0, \quad n = 0,1,\cdots,m-1 \tag{6.15}$$

成立.以 C_j 乘等式

$$a_0(0)y_j(0)+a_1(0)y_j(1)+\cdots+a_m(0)y_j(m)=0$$

两端,并对 j 求和得

$$a_0(0)\sum_{j=1}^{m} C_j y_j(0) + a_1(0)\sum_{j=1}^{m} C_j y_j(1) + \cdots + a_m(0)\sum_{j=1}^{m} C_j y_j(m) = 0.$$

从而,据(6.15)式得

$$a_m(0)\sum_{j=1}^{m} C_j y_j(m) = 0.$$

因 $a_m(0)\neq 0$,因此

$$\sum_{j=1}^{m} C_j y_j(m) = 0.$$

如此继续进行,对这组不全为零的常数 $C_1, C_2, \cdots, C_m$,可使

$$\sum_{j=1}^{m} C_j y_j(n) = 0, \quad \forall\, n \in N.$$

这与 $y_1(n), y_2(n), \cdots, y_m(n)$为线性无关的假设相矛盾.

综合上述,我们可将性质 2 改述如下:

m 阶齐次线性差分方程(6.7)的通解可以表示为它的任意 m 个线性无关解的线性组合.

性质 3 非齐次差分方程(6.6)的通解可以表示成它的任意一个解与相应的齐次差分方程(6.7)的通解之和.

证明 设 $y_1(n), y_2(n), \cdots, y_m(n)$是差分方程(6.7)的线性无关解,则(6.7)的通解可以表示成

$$f(n) = C_1 y_1(n) + C_2 y_2(n) + \cdots + C_m y_m(n), \tag{6.16}$$

其中 $C_1, C_2, \cdots, C_m$ 为任意常数.再设 $y^*(n)$是(6.6)的一个解,并令

$$y(n) = f(n) + y^*(n). \tag{6.17}$$

易知,$y(n)$是差分方程(6.6)的解.

另一方面,非齐次差分方程(6.6)的任何一个解 $g(n)$总可以表示成

$$g(n) = y^*(n) + h(n),$$

容易验证,$h(n)$必为方程(6.7)的解.因此它具有(6.16)的形式.这就证得(6.17)是非齐次差分方程(6.6)的通解.

下面我们给出非齐次线性差分方程(6.6)的一个特解形式,它由相应的齐次方程的解迭加得到.

假设 $N=\{0,1,2,\cdots\}$,对 $j=0,1,2,\cdots$,考虑下列齐次差分方程初值问题:

$$a_0(n)y(n) + a_1(n)y(n+1) + \cdots + a_m(n)y(n+m) = 0, \quad n = j+1, j+2, \cdots,$$

初值条件为

$$y(j+1) = \cdots = y(j+m-1) = 0, \quad y(j+m) = \frac{1}{a_m(j)}.$$

把它们的解记为 $g_{n,j}$(与 j 有关!),$n=j+1, j+2, \cdots$.再补充定义

$$g_{n,j} = 0, \quad n = 0, 1, \cdots, j,$$

且据初值条件,便有

$$g_{n,j} = 0, \quad n = 0, 1, \cdots, j, \cdots, j+m-1,$$

于是

$$a_0(j)g_{jj}+\cdots+a_{m-1}(j)g_{j+m-1,j}+a_m(j)g_{j+m,j}=1.$$

综合上述,对 $j=0,1,2,\cdots$, $g_{n,j}$满足下列关系式:

$$\left.\begin{array}{l}\sum_{r=0}^{m}a_r(n)g_{n+r,j}=\delta_{n,j},\quad n=0,1,2,\cdots\\ g_{l,j}=0,\quad l=0,1,\cdots,j+m-1\end{array}\right\}j=0,1,2,\cdots,\qquad(6.18)$$

其中

$$\delta_{n,j}=\begin{cases}0, & n\neq j,\\ 1, & n=j.\end{cases}$$

现证明

$$y^*(n)=\sum_{j=0}^{n-m}g_{n,j}b(j)\qquad(6.19)$$

是非齐次差分方程(6.6)的一个解.事实上,由于

$$y^*(n+r)=\sum_{j=0}^{n+r-m}g_{n+r,j}b(j),$$

据(6.18)式,有

$$\begin{aligned}&\sum_{r=0}^{m}a_r(n)y^*(n+r)\\ =&\sum_{r=0}^{m}a_r(n)\sum_{j=0}^{n+r-m}g_{n+r,j}b(j)\\ =&\sum_{r=0}^{m-1}a_r(n)\sum_{j=0}^{n+r-m}g_{n+r,j}b(j)+a_m(n)\sum_{j=0}^{n}g_{n+m,j}b(j)\\ =&\sum_{r=0}^{m-1}a_r(n)\sum_{j=0}^{n}g_{n+r,j}b(j)+a_m(n)\sum_{j=0}^{n}g_{n+m,j}b(j)\\ =&\sum_{r=0}^{m}a_r(n)\sum_{j=0}^{n}g_{n+r,j}b(j)\\ =&\sum_{j=0}^{n}\Big(\sum_{r=0}^{m}a_r(n)g_{n+r,j}\Big)b(j)\\ =&\sum_{j=0}^{n}\delta_{n,j}b(j)=b(n),\end{aligned}$$

因此(6.19)满足差分方程(6.6).

10.6.2 常系数线性差分方程

最简单而又常用的 m 阶线性差分方程为

$$a_0y(n)+a_1y(n+1)+\cdots+a_my(n+m)=b(n),\qquad(6.20)$$

其中系数 $a_0,a_1,\cdots,a_m$ 均与 n 无关,且 $a_0\neq0,a_m\neq0$.(6.20)称为 **m 阶常系数线**

性差分方程..若 $b(n)\equiv 0$,则差分方程(6.20)便是齐次的.类似于常系数线性微分方程的情形,m 阶齐次常系数线性差分方程

$$a_0y(n)+a_1y(n+1)+\cdots+a_my(n+m)=0 \tag{6.21}$$

的通解可以利用特征方程的根求得.在以下的讨论中,假定 $N=\{0,1,2,\cdots,\}$.我们要寻求形式为

$$y(n)=z^n$$

的解,将它代入(6.21)得

$$a_0z^n+a_1z^{n+1}+\cdots+a_mz^{n+m}=0,$$

因此 $z=0$,或

$$a_0+a_1z+a_2z^2+\cdots+a_mz^m=0. \tag{6.22}$$

由 $z=0$ 得 $y(n)=0$,我们称它为差分方程(6.21)的**平凡解**.(6.22)称为差分方程(6.20)或(6.21)的**特征方程**,它的根称为**特征根**.

1.特征根均为单重根的情形

设特征方程(6.22)有 m 个互异的根 $z_1,z_2,\cdots,z_m$.由于

$$\begin{vmatrix} z_1^n & z_2^n & \cdots & z_m^n \\ z_1^{n+1} & z_2^{n+1} & \cdots & z_m^{n+1} \\ \vdots & \vdots & & \vdots \\ z_1^{n+m-1} & z_2^{n+m-1} & \cdots & z_m^{n+m-1} \end{vmatrix} = z_1^nz_2^n\cdots z_m^n \begin{vmatrix} 1 & 1 & \cdots & 1 \\ z_1 & z_2 & \cdots & z_m \\ \vdots & \vdots & & \vdots \\ z_1^{m-1} & z_2^{m-1} & \cdots & z_m^{m-1} \end{vmatrix}, \tag{6.23}$$

$z_1z_2\cdots z_m=(-1)^m\dfrac{a_0}{a_m}\neq 0$,且(6.23)右端行列式为 Vandermonde 行列式,因 z_1,$z_2,\cdots,z_m$ 互导而不等于零,因此(6.23)左端行列式不等于零.于是,若 $z_1,z_2,\cdots$,z_m 均为实数,则 $z_1^n,z_2^n,\cdots,z_m^n$ 是差分方程(6.21)的 m 个线性无关解,此时

$$y(n)=C_1z_1^n+C_2z_2^n+\cdots+C_mz_m^n \tag{6.24}$$

为差分方程(6.21)的通解,其中 $C_1,C_2,\cdots,C_m$ 为任意常数.因为特征方程(6.22)的系数均为实的,如有复根,则必成对出现.设

$$z_1=\rho e^{i\theta}=\rho(\cos\theta+i\sin\theta)$$

是一个特征根,则

$$\bar{z}_1=\rho e^{-i\theta}=\rho(\cos\theta-i\sin\theta)$$

也是特征根.再设 $z_3,\cdots,z_m$ 均为实特征根,则

$$\begin{vmatrix} z_1^n & \bar{z}_1^n & z_3^n & \cdots & z_m^n \\ z_1^{n+1} & \bar{z}_1^{n+1} & z_3^{n+1} & \cdots & z_m^{n+1} \\ \vdots & \vdots & \vdots & & \vdots \\ z_1^{n+m-1} & \bar{z}_1^{n+m-1} & z_3^{n+m-1} & \cdots & z_m^{n+m-1} \end{vmatrix}$$

$$=-2i\begin{vmatrix} \rho^n\cos n\theta & \rho^n\sin n\theta & z_3^n & \cdots & z_m^n \\ \rho^{n+1}\cos(n+1)\theta & \rho^{n+1}\sin(n+1)\theta & z_3^{n+1} & \cdots & z_m^{n+1} \\ \vdots & \vdots & \vdots & & \vdots \\ \rho^{n+m-1}\cos(n+m-1)\theta & \rho^{n+m-1}\sin(n+m-1)\theta & z_3^{n+m-1} & \cdots & z_m^{n+m-1} \end{vmatrix}\neq 0,$$

因此

$$\rho^n\cos n\theta,\rho^n\sin n\theta,z_3^n,\cdots,z_m^n$$

为差分方程(6.21)的线性无关解,此时,差分方程(6.21)的通解可以表示成

$$y(n)=C_1\rho^n\cos n\theta+C_2\rho^n\sin n\theta+C_3z_3^n+\cdots+C_mz_m^n. \qquad (6.25)$$

注意,假如 z_1,z_2 为一对共轭复根,则方程(6.21)的通解仍可写成(6.24)的形式,但我们要确定的是实数解,因此,此时应当假定 C_1,C_2 为复数.

2. 重根情形

设特征方程(6.22)有重数分别为 $s_1,s_2,\cdots,s_p$ 的 p 个不同重实根 $z_1,z_2,\cdots,z_p$, $s_1+s_2+\cdots+s_p=m$. 我们将证明

$$z_j^n,nz_j^n,\cdots,n^{s_j-1}z_j^n,\quad j=1,2,\cdots,p$$

是差分方程(6.21)的 m 个线性无关解. 这只要证明关系式

$$C_{1,1}z_1^n+C_{2,1}nz_1^n+\cdots+C_{s_1,1}n^{s_1-1}z_1^n+C_{1,2}z_2^n+C_{2,2}nz_2^n+\cdots$$
$$+C_{s_2,2}n^{s_2-1}z_2^n+\cdots+C_{1,p}z_p^n+C_{2,p}nz_p^n+\cdots+C_{s_p,p}n^{s_p-1}z_p^n\equiv 0 \quad (6.26)$$

对不全为零的常数 $C_{l,j}(l=1,\cdots,s_j,j=1,\cdots,p)$不可能成立.

我们可以假定 $z_1,z_2,\cdots,z_p$ 按绝对值减小的次序排列

$$|z_1|\geqslant|z_2|\geqslant\cdots\geqslant|z_p|,$$

且若$|z_1|=|z_2|$,则 $s_1\geqslant s_2$.

现假设(6.26)对一切 $n\in N$ 均成立,且 $C_{l,j}(l=1,\cdots,s_j,j=1,\cdots,p)$全不为零,则必存在两个正常数 M_1,M_2 使得

$$0<M_1\leqslant|C_{l,j}|\leqslant M_2. \qquad (6.27)$$

若$|z_1|=|z_2|$,且 $s_1=s_2$,则除 $n^{s_1-1}z_1^n,n^{s_2-1}z_2^n$ 外,必存在 n_0 使得

$$\frac{n^lz_j^n}{n^{s_1-1}|z_1|^n}<\frac{M}{n},\quad n\geqslant n_0, \qquad (6.28)$$

其中 M 为常数. 不妨设 $z_1>0$,则 $z_2=-z_1$,据(6.26),(6.27)和(6.28)式可知,对一切 $n\geqslant n_0$,有

$$|C_{s_1,1}+C_{s_2,2}(-1)^n|<\frac{MM_2m}{n}.$$

令

$$D(n)=\begin{vmatrix}1 & (-1)^n \\ 1 & (-1)^{n+1}\end{vmatrix},$$

则

$$|D(n)|=2>0.$$

由于

$$C_{s_1,1}D(n)=\begin{vmatrix}C_{s_1,1}+C_{s_2,2}(-1)^n & (-1)^n \\ C_{s_1,1}+C_{s_2,2}(-1)^{n+1} & (-1)^{n+1}\end{vmatrix},$$

因此

$$\begin{aligned}|C_{s_1,1}||D(n)| &\leqslant |C_{s_1,1}+C_{s_2,2}(-1)^n| \\ &\quad + |C_{s_1,1}+C_{s_2,2}(-1)^{n+1}| < \frac{2MM_2m}{n}.\end{aligned}$$

据假设$|C_{s_1,1}|>0$,因此

$$\lim_{n\to\infty}|D(n)|=0,$$

这是不可能的.

再若$|z_1|>|z_2|$,或者$|z_1|=|z_2|$,而 $s_1>s_2$,则除 $n^{s_1-1}z_1^n$ 外(6.28)式仍成立.据(6.26),(6.27)和(6.28)可得

$$|C_{s_1,1}|<\frac{MM_2m}{n},$$

从而

$$\lim_{n\to\infty}|C_{s_1,1}|=0.$$

这也是不可能的.

这就证得(6.26)式不可能成立,于是

$$z_j^n,nz_j^n,\cdots,n^{s_j-1}z_j^n,\quad j=1,\cdots,p$$

是差分方程(6.21)的 m 个线性无关解.据性质 2 可知方程(6.21)的通解可表示成

$$y(n)=\sum_{j=0}^{p}\sum_{l=1}^{s_j}C_{l,j}n^{l-1}z_j^n, \tag{6.29}$$

其中 $C_{l,j}$为任意常数($l=1,\cdots,s_j,j=1,\cdots,p$).

假设 $z_1,z_2,\cdots,z_p$ 中出现有复数时,我们仍然可将方程(6.21)的通解写成(6.29)的形式.

例 1 求差分方程

$$y(n)-y(n+1)-y(n+2)+y(n+3)=0 \tag{6.30}$$

的通解.

解 差分方程(6.30)的特征方程为

$$1 - z - z^2 + z^3 = 0,$$

因此,特征根为 1,1, −1.故方程(6.30)的通解可表示成

$$y(n) = C_1 + nC_2 + C_3(-1)^n.$$

例 2　求差分方程

$$y(n+4) + 2y(n+3) + 3y(n+2) + 2y(n+1) + y(n) = 0 \tag{6.31}$$

具有初始值为 $y(0) = y(1) = y(3) = 0, y(2) = -1$ 的解.

解　方程(6.31)的特征方程为

$$z^4 + 2z^3 + 3z^2 + 2z + 1 = 0,$$

或

$$(z^2 + z + 1)^2 = 0.$$

它的根为

$$z_1 = z_2 = \cos\frac{2\pi}{3} + i\sin\frac{2\pi}{3},$$

$$z_3 = z_4 = \cos\frac{2\pi}{3} - i\sin\frac{2\pi}{3}.$$

因此方程(6.31)的通解可以表示成

$$\begin{aligned} y(n) &= (C_1' + C_2' n)\left(\cos\frac{2\pi}{3} + i\sin\frac{2\pi}{3}\right)^n \\ &\quad + (C_3' + C_4' n)\left(\cos\frac{2\pi}{3} - i\sin\frac{2\pi}{3}\right)^n \\ &= (C_1 + C_2 n)\cos\frac{2\pi}{3}n + (C_3 + C_4 n)\sin\frac{2\pi}{3}n. \end{aligned}$$

据初始条件得

$$\begin{aligned} y(0) &= C_1 = 0, \\ y(1) &= (C_1 + C_2)\cos\frac{2\pi}{3} + (C_3 + C_4)\sin\frac{2\pi}{3} = 0, \\ y(3) &= C_1 + 3C_2 = 0, \\ y(2) &= (C_1 + 2C_2)\cos\frac{4\pi}{3} + (C_3 + 2C_4)\sin\frac{4\pi}{3} = -1, \end{aligned}$$

从而得

$$C_1 = C_2 = 0, \quad C_3 = -C_4 = -\frac{1}{\sin\frac{\pi}{3}} = -\frac{2}{\sqrt{3}},$$

故

$$y(n) = \frac{2(n-1)}{\sqrt{3}}\sin\frac{2\pi}{3}n.$$

例 3 求差分方程

$$y(n+2)+y(n+1)-2y(n)=1 \tag{6.32}$$

的通解.

解 方程(6.32)的特征方程为

$$z^2+z-2=0,$$

特征根是 $z_1=1, z_2=-2$,因此与(6.32)相应的齐次方程的通解为

$$\varphi(n)=C_1+C_2(-2)^n.$$

因方程(6.32)的右端是 n 的多项式,我们可以用 n 的多项式,如

$$y^*(n)=K_0,\quad y^*(n)=K_0+K_1n,\quad y^*(n)=K_0+K_1n+K_2n^2$$

等来试求特解.把 $y^*(n)=K_0+K_1n$ 代入方程(6.32)得

$$\begin{aligned}&y^*(n+2)+y^*(n+1)-2y^*(n)\\&=K_0+K_1(n+2)+K_0+K_1(n+1)-2(K_0+K_1n)\\&=3K_1=1,\end{aligned}$$

因此 $K_1=\dfrac{1}{3}$,而 K_0 可任意选取,如取 $K_0=0$.这样求得方程(6.32)的一个特解

$$y^*(n)=\frac{n}{3}.$$

故差分方程(6.32)的通解可以表示成

$$\begin{aligned}y(n)&=\varphi(n)+y^*(n)\\&=C_1+C_2(-2)^n+\frac{n}{3}.\end{aligned}$$

10.7 线性多步法的相容性、收敛性和数值稳定性

10.7.1 相容性

关于解初值问题(1.1)的线性 k 步法(5.1)

$$\sum_{j=0}^{k}\alpha_j y_{n+j}=h\sum_{j=0}^{k}\beta_j f(t_{n+j},y_{n+j}),$$

其中 $\alpha_k\neq0$, α_0, β_0 不同时为零,类似于单步法,首先必须考虑

$$\frac{1}{h}\sum_{j=0}^{k}\alpha_j y(t+jh)-\sum_{j=0}^{k}\beta_j f(t+jh,y(t+jh)) \tag{7.1}$$

是否逼近于

$$\frac{\mathrm{d}y(t)}{\mathrm{d}t}-f(t,y(t))$$

的问题,即线性 k 步法(5.1)的相容性问题.

定义 1　若求解初值问题(1.1)的线性 k 步法(5.1)至少是一阶方法,则称它是**相容**的.

记

$$\rho(\lambda) = \alpha_k\lambda^k + \alpha_{k-1}\lambda^{k-1} + \cdots + \alpha_1\lambda + \alpha_0, \tag{7.2}$$

$$\sigma(\lambda) = \beta_k\lambda^k + \beta_{k-1}\lambda^{k-1} + \cdots + \beta_1\lambda + \beta_0. \tag{7.3}$$

它们由线性 k 步法(5.1)完全确定.反之,若给定了 $\rho(\lambda)$和 $\sigma(\lambda)$,则它们唯一确定一个线性 k 步法.我们称 $\rho(\lambda)$为线性 k 步法(5.1)的**特征多项式**.

定理 1　线性 k 步法(5.1)相容的充分必要条件是

$$\rho(1)=0, \quad \rho'(1)=\sigma(1). \tag{7.4}$$

证明　据(5.37)和(5.38)式可知,欲使线性 k 步法(5.1)相容,其充分必要条件为 $c_0=c_1=0$.由(7.2),(7.3)和(5.39)式可得

$$c_0 = \alpha_0 + \alpha_1 + \cdots + \alpha_k = \rho(1),$$

$$c_1 = \alpha_1 + 2\alpha_2 + \cdots + k\alpha_k - (\beta_0 + \beta_1 + \cdots + \beta_k) = \rho'(1) - \sigma(1),$$

因此,线性 k 步法(5.1)相容的充分必要条件是

$$\rho(1)=0, \quad \rho'(1)=\sigma(1).$$

我们称(7.4)为**相容条件**.

10.7.2　收敛性

使用线性 k 步法(5.1)解初值问题(1.1)需要 k 个出发值,但初值问题(1.1)只提供一个出发值

$$y_0=y(a)=\eta,$$

因此,尚需用其他方法补充 $k-1$ 个出发值.假设它们是

$$y_i=\eta_i(h), \quad i=1,2,\cdots,k-1,$$

并且

$$\lim_{h\to 0}y_i=\lim_{h\to 0}\eta_i(h)=\eta, \quad i=0,1,\cdots,k-1. \tag{7.5}$$

我们在这个假设前提下讨论收敛性.

定义 2　假设 $f(t,y)$在 $R=\{(t,y)\mid a\leqslant t\leqslant b, -\infty<y<+\infty\}$中连续,且关于 y 满足 Lipschitz 条件.若对任意的 $t\in[a,b]$,当 $h\to 0$,而 $a+nh=t_n=t$ 固定时,(5.1)的解 y_n 收敛于问题(1.1)的解 $y(t)$,则称线性 k 步法(5.1)为**收敛**的.

定理 2　若线性 k 步法(5.1)收敛,则必相容.

证明　设线性 k 步法(5.1)收敛,即当 $h\to 0$,而 $a+nh=t_n=t$ 固定($n\to\infty$)时,$y_n\to y(t)$,则

$$y_{n+j}\to y(t), \quad j=1,2,\cdots,k$$

或者

$$y(t)=y_{n+j}+\varphi_{j,n}(h),\quad j=1,2,\cdots,k,$$

其中 $\varphi_{j,n}(h)\to 0(h\to 0)$. 于是有

$$\sum_{j=0}^{k}\alpha_j y(t)=\sum_{j=0}^{\beta}\alpha_j y_{n+j}+\sum_{j=0}^{k}\alpha_j\varphi_{j,n}(h).$$

从而,据(5.1)便有

$$y(t)\sum_{j=0}^{k}\alpha_j=h\sum_{j=0}^{k}\beta_j f_{n+j}+\sum_{j=0}^{k}\alpha_j\varphi_{j,n}(h).$$

由 $f(t,y(t))$ 的连续性可知,上式右端趋于零,但总可选取 $y(t)\neq 0$,于是得到 $\sum_{j=0}^{k}\alpha_j=0$,即 $\rho(1)=0$.

由于

$$\frac{y_{n+j}-y_n}{jh}\to y'(t)$$

或

$$y_{n+j}-y_n=jhy'(t)+jh\psi_{j,n}(h),\quad j=1,2,\cdots,k,$$

其中 $\psi_{j,n}(h)\to 0(h\to 0)$,因此有

$$\sum_{j=0}^{k}\alpha_j y_{n+j}-y_n\sum_{j=0}^{k}\alpha_j=hy'(t)\sum_{j=0}^{k}j\alpha_j+h\sum_{j=0}^{k}j\alpha_j\psi_{j,n}(h),$$

从而,据(5.1)及 $\rho(1)=0$,便有

$$\sum_{j=0}^{k}\beta_j f_{n+j}=y'(t)\sum_{j=0}^{k}j\alpha_j+\sum_{j=0}^{k}j\alpha_j\psi_{j,n}(h).$$

由于 $f_{n+j}\to f(t,y(t))$,因此,对上式两端取极限得

$$f(t,y(t))\sum_{j=0}^{k}\beta_j=y'(t)\sum_{j=0}^{k}j\alpha_j.$$

因 $y(t)$ 满足微分方程(1.1),故得 $\sigma(1)=\rho'(1)$.

10.7.3 稳定性

定义 3 假设 $f(t,y)$ 在 $R=\{(t,y)\mid a\leqslant t\leqslant b,-\infty<y<+\infty\}$ 中连续,且关于 y 满足 Lipschitz 条件. 如果存在正常数 C 和 h_0,使得当 $0<h\leqslant h_0$ 时,线性 k 步法(5.1)的任何两个解 y_n 和 $\tilde{y}_n$ 满足不等式

$$\max_{nh\leqslant(b-a)}|y_n-\tilde{y}_n|\leqslant CM_0,\tag{7.6}$$

其中

$$M_0=\max_{0\leqslant j\leqslant k-1}|y_j-\tilde{y}_j|,$$

那么称线性 k 步法(5.1)是**稳定**的.

引理 若 k 为非负整数,数列 $\{\varepsilon_n\}$ 满足递推不等式

$$|\varepsilon_n| \leqslant \beta + \alpha h \sum_{j=0}^{n-1} |\varepsilon_j|, \quad n = k, k+1, \cdots, nh \leqslant (b-a),$$

其中 $\alpha, \beta \geqslant 0, M_0 = \max\limits_{0 \leqslant j \leqslant k-1} |\varepsilon_j|$，则

$$|\varepsilon_n| \leqslant e^{\alpha(b-a)}(\beta + \alpha hkM_0), \quad n = k, k+1, \cdots, nh \leqslant (b-a).$$

定理 3　线性 k 步法(5.1)稳定的充分必要条件是 $\rho(\lambda)$ 满足**特征根条件**：$\rho(\lambda)$ 的所有根均在单位圆中，并且在单位圆周上的根只能是单重根.

证明　*必要性*　我们只要考虑微分方程 $y'=0$，此时 $f(t,y)=0$. 因此，线性 k 步法(5.1)的形式为

$$\sum_{j=0}^{k} \alpha_j y_{n+j} = 0, \tag{7.7}$$

它是常系数齐次线性差分方程. 设 $y_n, \tilde{y}_n$ 为(7.7)的任意两个解，则 $\varepsilon_n = y_n - \tilde{y}_n$ 也是(7.7)的解. (7.7)的特征多项式为 $\rho(\lambda)$，设其互异的根为 $\lambda_1, \lambda_2, \cdots, \lambda_p$，它们的重数分别为 $s_1, s_2, \cdots, s_p (s_1 + s_2 + \cdots + s_p = k)$，则

$$\varepsilon_n = \sum_{r=1}^{p} \sum_{l=1}^{s_r} C_{l,r} n^{l-1} \lambda_r^n. \tag{7.8}$$

由于 $C_{l,r}$ 是任意的，欲使 ε_n 满足(7.6)，必须 $n^{l-1}\lambda_r^n (l = 1, 2, \cdots, s_r)$ 对任何 n 均有界，从而必须 $|\lambda_r| < 1$，或 $|\lambda_r| = 1$，而 $s_r = 1$，即 $\rho(\lambda)$ 满足特征根条件.

充分性　设 $y_n, \tilde{y}_n$ 为(5.1)的任意两个解，则 $\varepsilon_n = y_n - \tilde{y}_n$ 满足关系式

$$\sum_{j=0}^{k} \alpha_j \varepsilon_{n+j} = b_n, \tag{7.9}$$

其中

$$b_n = h \sum_{j=0}^{k} \beta_j [f(t_{n+j}, y_{n+j}) - f(t_{n+j}, \tilde{y}_{n+j})]. \tag{7.10}$$

据 10.6.1 节最后一段的讨论，可将 ε_n 表示为

$$\varepsilon_n = \sum_{r=1}^{p} \sum_{l=1}^{s_r} C_{l,r} n^{l-1} \lambda_r^n + \sum_{i=0}^{n-k} g_{n,i} b_i, \tag{7.11}$$

其中 $\lambda_r (r = 1, \cdots, p)$ 为 $\rho(\lambda)$ 的互异根，其重数为 s_r，且 $\sum\limits_{r=1}^{p} s_r = k$，$g_{n,i}$ 是齐次方程 $\sum\limits_{j=0}^{k} \alpha_j \varepsilon_{n+j} = 0$ 满足初值条件

$$g_{i+1,i} = \cdots = g_{i+k-1,i} = 0, \quad g_{i+k,i} = 1/\alpha_k$$

的解. 假设 $\rho(\lambda)$ 满足特征根条件，则 $n^{l-1}\lambda_r^n, g_{n,i}$ 均有界，设其上界为 M. 据(7.11)式可得

$$|\varepsilon_n| \leqslant M\left(\sum_{r=1}^{p} \sum_{l=1}^{s_r} |C_{l,r}| + \sum_{i=0}^{n-k} |b_i|\right), \quad n \geqslant k.$$

由于 $C_{l,r}$ 可以表示成 $\varepsilon_0,\varepsilon_1,\cdots,\varepsilon_{k-1}$ 的线性组合,因此有

$$|\varepsilon_n| \leqslant AM_0 + M\sum_{i=0}^{n-k}|b_i|, \quad n \geqslant k, \tag{7.12}$$

其中 $M_0 = \max\limits_{0\leqslant j\leqslant k-1}|\varepsilon_j|$,$A$ 为一个正常数. 由于假设 $f(t,y)$ 满足 Lipschitz 条件,据(7.10)式有

$$|b_i| \leqslant hLB\sum_{j=0}^{k}|\varepsilon_{i+j}|,$$

其中 L 为 Lipschitz 常数,$B = \max\limits_{0\leqslant j\leqslant k}|\beta_j|$. 因此

$$\begin{aligned}
|\varepsilon_n| &\leqslant AM_0 + hMLB\sum_{i=0}^{n-k}\sum_{j=0}^{k}|\varepsilon_{i+j}| \\
&= AM_0 + hMLB\sum_{j=0}^{k}\sum_{i=j}^{n-k+j}|\varepsilon_i| \\
&\leqslant AM_0 + hMLBk\sum_{i=0}^{n}|\varepsilon_i|, \quad n \geqslant k.
\end{aligned}$$

这样,

$$|\varepsilon_n| \leqslant A_1M_0 + hM_1\sum_{i=0}^{n-1}|\varepsilon_i|, \quad n \geqslant k, \tag{7.13}$$

其中

$$A_1 = \frac{A}{1-hkLMB}, \quad M_1 = \frac{kMLB}{1-hkLMB},$$

此处 $h<1/kLMB$,从而 $A_1>0, M_1>0$. 应用引理,由(7.13)式可得

$$|\varepsilon_n| \leqslant e^{M_1(b-a)}(A_1 + hkM_1)M_0,$$

从而证得线性 k 步法(5.1)是稳定的.

定理 4 若线性 k 步法(5.1)收敛,则必稳定.

证明 据定理 3,欲证明线性 k 步法(5.1)是稳定的,只须证明特征根条件成立. 假设线性 k 步法(5.1)是收敛的,则对初值问题 $y'=0, y(0)=0$ 方法亦是收敛的. 对于这个初值问题的精确解为 $y(t)=0$,线性 k 步法(5.1)的形式为

$$\sum_{j=0}^{k}\alpha_j y_{n+j} = 0. \tag{7.14}$$

(7.5)式变成

$$\lim_{h\to 0} y_i = \lim_{h\to 0}\eta_i(h) = 0, \quad i = 0,1,\cdots,k-1. \tag{7.15}$$

因此,差分方程(7.14)的满足(7.15)的所有解 $\{y_n\}$,对一切 $t>0$ 有

$$\lim_{n\to\infty} y_n = 0, \tag{7.16}$$

其中 $nh=t$.

设 $\lambda = re^{i\varphi}(r\geqslant 0, 0\leqslant\varphi\leqslant 2\pi)$ 是 $\rho(\lambda)$ 的一个单根,则

$$y_n = hr^n \cos n\varphi$$

是差分方程(7.14)的解，它满足(7.15)式，因此(7.16)式成立. 从而，若 $\varphi = 0$ 或 $\varphi = \pi$，则 $r \leqslant 1$；若 $\varphi \neq 0, \pi$，注意到

$$\frac{y_n^2 - y_{n+1}y_{n-1}}{\sin^2\varphi} = h^2 r^{2n},$$

由于上式左端当 $n \to \infty$ 时趋于零，因此右端亦趋于零，这又得到 $r \leqslant 1$.

设 $\lambda = re^{i\varphi}$ 是 $\rho(\lambda)$ 的重数大于 1 的根，则

$$y_n = h^{\frac{1}{2}} n r^n \cos n\varphi$$

是差分方程(7.14)的解. 由于

$$|\eta_i(h)| = |y_i| \leqslant h^{\frac{1}{2}} i r^i, \quad i = 0, 1, \cdots, k-1,$$

因此 y_n 满足(7.15)式，(7.16)式亦成立. 从而，若 $\varphi = 0$ 或 $\varphi = \pi$，则

$$|y_n| = t^{\frac{1}{2}} n^{\frac{1}{2}} r^n,$$

因此 $r < 1$；若 $\varphi \neq 0, \pi$，则有

$$\frac{z_n^2 - z_{n+1}z_{n-1}}{\sin^2\varphi} = r^{2n},$$

其中 $z_n = n^{-1}h^{-\frac{1}{2}}y_n \to 0$，从而 $r^{2n} \to 0$，故 $r < 1$.

定理 5　若线性 k 步法(5.1)相容且稳定，则必收敛.

证明　设 $y(t)$ 是初值问题(1.1)的精确解，y_n 是线性 k 步法(5.1)的满足(7.5)的解. 令 $\varepsilon_n = y(t_n) - y_n$，据(5.1)和(5.37)式可得

$$\sum_{j=0}^{k} \alpha_j \varepsilon_{n+j} = b_n + L[y(t_n); h],$$

其中

$$b_n = h\sum_{j=0}^{k} \beta_j [f(t_{n+j}, y(t_{n+j})) - f(t_{n+j}, y_{n+j})].$$

设 $\rho(\lambda)$ 满足特征根条件，仿(7.12)式的推导，可得

$$|\varepsilon_n| \leqslant AM_0 + M\sum_{i=0}^{n-1} |b_i| + \frac{b-a}{h} M \max_{nh \leqslant (b-a)} |L[y(t_n); h]|,$$

其中 $M_0 = \max\limits_{0 \leqslant j < k} |y(t_j) - y_j|$，$A, M$ 为正常数. 再仿(7.13)式的推导，得到

$$|\varepsilon_n| \leqslant A_1 M_0 + hM_1 \sum_{i=0}^{n-1} |\varepsilon_i| + \frac{1}{h} M_2 \max_{nh \leqslant (b-a)} |L[y(t_n); h]|,$$

其中

$$A_1 = \frac{A}{1 - hkLMB}, \quad M_1 = \frac{kMLB}{1 - hkLMB}, \quad M_2 = \frac{(b-a)M}{1 - hkLMB},$$

$B=\max\limits_{0\leqslant j<k}|\beta_j|$，$L$ 为 Lipschitz 常数，此处假设

$$h<\frac{1}{kLMB}.$$

因此，据引理可导出

$$|\varepsilon_n|\leqslant e^{M_1(b-a)}\left[(A_1+hkM_1)M_0+\frac{M_2}{h}\max_{nh\leqslant(b-a)}|L[y(t_n);h]|\right]. \quad (7.17)$$

由于假设(7.5)式成立，因此

$$\lim_{h\to0}M_0=\lim_{h\to0}\max_{0\leqslant j<k}|y(t_j)-y_j|=0.$$

再假设方法是相容的，即有

$$\lim_{h\to0}\frac{1}{h}\max_{nh\leqslant(b-a)}|L[y(t_n);h]|=0.$$

故 $\varepsilon_n\to0$，即线性 k 步法(5.1)收敛. 定理 5 得证.

假设线性 k 步法(5.1)是 q 阶的，即有

$$\max_{nh\leqslant(b-a)}|L[y(t_n);h]|=0(h^{q+1}),$$

再若

$$\max_{0\leqslant j<k}|\varepsilon_j|=O(h^q),$$

则据(7.17)式有

$$|\varepsilon_n|=O(h^q),$$

即方法(5.1)整体离散误差阶为 $O(h^q)$.

在上述特征根条件中，若单位圆周上除了一个根 $\lambda_1=1$ 外还有其他根 $\lambda=e^{i\varphi}$，$\varphi\neq0$，则这种根的存在将会使初始出发值的误差发生振荡. 对微分方程 $y'=\mu y(\mu<0)$ 来说，精确解 $y=Ae^{\mu t}$ 随变量 t 的增长而衰减，但有了这种振荡使数值解产生振荡，从而淹没了我们所要求的解.

例 1 初值问题

$$y'=\mu y\quad(\mu<0),\quad y(0)=1 \quad (7.18)$$

的解为 $y(t)=e^{\mu t}$. 我们使用 Nystrom 方法：

$$y_{n+1}=y_{n-1}+2hf_n,\quad y_0=1 \quad (7.19)$$

来解初值问题(7.18). 差分方程(7.19)的特征多项式为

$$\rho(\lambda)=\lambda^2-1,$$

而 $\sigma(\lambda)=2\lambda$.

易知 $\rho(1)=0,\rho'(1)=\sigma(1)$. 据定理 1 知方程(7.19)是相容的. $\rho(\lambda)$有两个根 $\lambda_1=1,\lambda_2=-1$，因此数值方法(7.19)是稳定的，且据定理 5 知它是收敛的.

由于 $f(t,y)=\mu y$，因此(7.19)化为

$$y_{n+1}=y_{n-1}+2\mu hy_n, \quad (7.20)$$

它是二阶差分方程，其特征方程为

$$\lambda^2-2\mu h\lambda-1=0,$$

根为

$$\begin{aligned}\lambda_1(\mu h)&=\mu h+\sqrt{1+(\mu h)^2}\\&=\mu h+1+\frac{1}{2}(\mu h)^2+O(h^4),\\\lambda_2(\mu h)&=\mu h-\sqrt{1+(\mu h)^2}\\&=\mu h-1-\frac{1}{2}(\mu h)^2+O(h^4).\end{aligned}$$

显然，当 $h\to 0$ 时，$\lambda_1(\mu h)\to\lambda_1=1$；$\lambda_2(\mu h)\to\lambda_2=-1$. 由于

$$e^{\mu h}=1+\mu h+\frac{1}{2}(\mu h)^2+O(h^3),$$

因此

$$\begin{aligned}\lambda_1(\mu h)&=e^{\mu h}+O(h^3)=e^{\mu h}(1+O(h^3)),\\\lambda_2(\mu h)&=-e^{-\mu h}+O(h^3)=-e^{-\mu h}(1+O(h^3)).\end{aligned}$$

假设以 $y_0=1, y_1=e^{\mu h}$ 为出发值时，差分方程(7.20)的解为 y_n，以 $\tilde{y}_0=1$，$\tilde{y}_1(\neq y_1)$为出发值时，(7.20)的解为 $\tilde{y}_n$. 令 $\varepsilon_n=y_n-\tilde{y}_n$，则 ε_n 满足差分方程

$$\varepsilon_{n+1}=\varepsilon_{n-1}+2\mu h\varepsilon_n. \tag{7.21}$$

(7.21)的通解为

$$\varepsilon_n=C_1[\lambda_1(\mu h)]^n+C_2[\lambda_2(\mu h)]^n,$$

据初值条件 $\varepsilon_0=0, \varepsilon_1=y_1-\tilde{y}_1$，可确定

$$C_1=\frac{\varepsilon_1}{2\sqrt{1+(\mu h)^2}},\quad C_2=-\frac{\varepsilon_1}{2\sqrt{1+(\mu h)^2}}.$$

于是，假设 $t_n=nh$ 固定，则有

$$\begin{aligned}\varepsilon_n&=\frac{\varepsilon_1}{2\sqrt{1+(\mu h)^2}}[\lambda_1(\mu h)]^n-\frac{\varepsilon_1}{2\sqrt{1+(\mu h)^2}}[\lambda_2(\mu h)]^n\\&=\frac{\varepsilon_1}{2\sqrt{1+(\mu h)^2}}e^{\mu nh}(1+O(h^3))^n-\frac{\varepsilon_1}{2\sqrt{1+(\mu h)^2}}(-1)^ne^{-\mu nh}(1+O(h^3))^n\\&=\frac{\varepsilon_1}{2\sqrt{1+(\mu h)^2}}e^{\mu nh}(1+O(h^2))-\frac{\varepsilon_1}{2\sqrt{1+(\mu h)^2}}(-1)^ne^{-\mu nh}(1+O(h^2)).\end{aligned}$$

由此可见，由于 $\varepsilon_1\neq 0$，当 n 逐渐变大时，上式右端第二项发生振荡. 因此 ε_n 是振荡的.

我们称定理 3 中的特征根条件为**弱根条件**，满足弱根条件的稳定性又称**弱稳**

定性. 如果特征多项式 $\rho(\lambda)$ 的全部根除 $\lambda=1$ 外均在单位圆内,则说它是**强根条件**,满足强根条件的稳定性称为**强稳定性**.

例 2 Adams 显式公式(5.7):

$$y_{n+1} = y_n + h\sum_{j=0}^{k}\beta_{kj}f_{n-j}$$

的特征多项式为

$$\rho(\lambda)=\lambda^{k+1}-\lambda^{k}.$$

它只有一个根 1,而其他 k 个根均为零. 因此 Adams 显式方法是强稳定的. 显然该方法是相容的(它至少是一阶方法). 据定理 5 知,它也是收敛的.

易知,隐式 Adams 方法(5.13):

$$y_{n+1} = y_n + h\sum_{j=0}^{k}\beta_{kj}^{*}f_{n-j+1}$$

是相容,强稳定而且收敛的.

例 3 Milne 方法的校正公式

$$y_{n+1}=y_{n-1}+\frac{h}{3}(f_{n+1}+4f_n+f_{n-1})$$

的特征多项式为

$$\rho(\lambda)=\lambda^2-1.$$

它的特征根 1, -1 均在单位圆周上. 因此 Milne 方法是弱稳定的,但不是强稳定的.

10.7.4 绝对稳定性

上述稳定性概念描述了步长 $h\to 0$ 时初始数据误差对计算结果的影响. 但是,在实际计算中,常取固定步长. 为了讨论这种情形下误差的传播,如同单步法那样,我们将引进绝对稳定性概念.

我们仍然只限于讨论典型微分方程

$$y'=\mu y, \tag{7.22}$$

这里假设 μ 为实常数. 对此方程,线性 k 步法(5.1)具有形式

$$\sum_{j=0}^{k}\alpha_j y_{n+j} = \mu h\sum_{j=0}^{k}\beta_j y_{n+j}. \tag{7.23}$$

(7.23)是齐次常系数线性差分方程,其特征方程为

$$\rho(\lambda)-\mu h\sigma(\lambda)=0. \tag{7.24}$$

设差分方程(7.23)的精确解为 y_n. 但在实际求解(7.23)时,由于计算过程中舍入误差的影响,只能得到近似解 $\tilde{y}_n$,它满足

$$\sum_{j=0}^{k}\alpha_j\tilde{y}_{n+j} = \mu h\sum_{j=0}^{k}\beta_j\tilde{y}_{n+j}+\eta_n, \tag{7.25}$$

其中 η_n 是舍入误差. 令 $e_n=\tilde{y}_n-y_n$，易知它满足差分方程

$$\sum_{j=0}^{k}\alpha_j e_{n+j} = \mu h\sum_{j=0}^{k}\beta_j e_{n+j}+\eta_n. \tag{7.26}$$

差分方程(7.26)的解可以表示成

$$e_n = \sum_{r=1}^{p}\sum_{l=1}^{s_r}C_{l,r}n^{l-1}\lambda_r^n+\sum_{i=0}^{n-k}g_{n,i}\eta_i,$$

其中 $\lambda_r(r=1,\cdots,p)$ 是方程(7.26)的互异根，其重数分别为 $s_r(r=1,\cdots,p)$，且 $\sum\limits_{r=1}^{p}s_r=k$. $C_{l,r}$ 由 $e_0,e_1,\cdots,e_{k-1}$ 确定，$g_{n,i}$ 也可以表示成 $n^{l-1}\lambda_r^n$ 的线性组合. 因此，当 $|\lambda_r|<1(r=1,\cdots,p)$ 时，可望计算过程中的舍入误差对以后计算结果的影响不会步步增长.

定义 4　对给定的 μ,h，若特征方程(7.24)的所有根 λ_r 的模都小于 1，则称线性 k 步法(7.23)关于 μh **绝对稳定**. 若对所有 $\mu h\in(\alpha,\beta)$，(7.23)都绝对稳定，则称 (α,β) 为**绝对稳定区间**.

计算初值问题(1.1)的数值解，首先应该选用相容而且稳定的数值方法，此时，$\lambda=1$ 是 $\rho(\lambda)$ 的单重根. 方程(7.24)的根 ξ_r 是 μh 的函数，即 $\xi_r=\xi_r(\mu h)$. 因为多项式的根是其系数的连续函数，因此 $\xi_r(\mu h)$ 是 μh 的连续函数. $\mu h=0$ 时，方程(7.24)必有一个单重根 1，例如 $\xi_1(0)=1$，因此，当 $h\to 0$ 时，$\xi_1(\mu h)\to 1$.

现设方法(7.23)是 q 阶的，则

$$\xi_1(\mu h)=e^{\mu h}+O(h^{q+1}). \tag{7.27}$$

事实上，由于

$$L[e^{\mu t};h] = \sum_{j=0}^{k}[\alpha_j e^{\mu(t+jh)}-\mu h\beta_j e^{\mu(t+jh)}] = O(h^{q+1}),$$

因此，上式除以 $e^{\mu t}$ 得

$$\sum_{j=0}^{k}[\alpha_j(e^{\mu h})^j-\mu h\beta_j(e^{\mu h})^j] = O(h^{q+1}),$$

即

$$\rho(e^{\mu h})-\mu h\sigma(e^{\mu h})=O(h^{q+1}).$$

设 $\xi_1,\xi_2,\cdots,\xi_k$ 是方程(7.24)的 k 个根，则有

$$(e^{\mu h}-\xi_1)(e^{\mu h}-\xi_2)\cdots(e^{\mu h}-\xi_k)=O(h^{q+1}).$$

当 $h\to 0$ 时，上式因子 $(e^{\mu h}-\xi_2),\cdots,(e^{\mu h}-\xi_k)$ 均不趋于零. 故有

$$e^{\mu h}-\xi_1=O(h^{q+1}),$$

即(7.27)式成立.

从(7.27)式可以看出，对充分小的 $\mu h(>0)$ 有 $\xi_1(\mu h)>1$. 因此，相容而且稳定的方法当 $\mu h>0$，且 h 充分接近于零时，不是绝对稳定的. 这就是说，当 h 充分

接近于零时,绝对稳定的方法必须有

$$\mu h<0. \tag{7.28}$$

或者说,(7.28)是方法绝对稳定的必要条件.

微分方程(7.22)的解是

$$y(t)=Ae^{\mu t_n}=A(e^{\mu h})^n,$$

其中 $t=t_n=nh$.据(7.27)式可知,差分方程(7.23)的解 $A\xi_1^n$ 将逼近于 $y(t_n)$.我们称 ξ_1 为方程(7.24)的**主根**.方程(7.24)的其他 $k-1$ 个根 $\xi_2,\cdots,\xi_k$ 都是因为我们用k 阶差分方程逼近一阶微分方程所产生的**寄生根**.这些根也产生解 $A\xi_r^n(r=2,\cdots,k)$,称为**寄生解**.就例 1,由于寄生根的存在,使得数值解失真.

例 4 我们来求 Adams 方法的绝对稳定区间.k 步 Adams 外插和内插公式分别为

$$y_{n+1}=y_n+h\sum_{j=0}^{k-1}\beta_{k-1,j}f_{n-j}$$

和

$$y_{n+1}=y_n+h\sum_{j=0}^{k}\beta_{k,j}^{*}f_{n-j+1}.$$

它们的特征方程为

$$\rho(\lambda)-\mu h\sigma(\lambda)=\lambda^{k-1}(\lambda-1)-\mu h\sum_{j=0}^{k-1}\beta_{k-1,k-j-1}\lambda^j=0$$

和

$$\rho(\lambda)-\mu h\sigma(\lambda)=\lambda^{k-1}(\lambda-1)-\mu h\sum_{j=0}^{k}\beta_{k,k-j}^{*}\lambda^j=0.$$

Adams 外插和内插法的绝对稳定区间分别记作$(\alpha_E,0)$和$(\alpha_I,0)$.我们可以计算出 α_E 和 α_I 的值.当 $k=1,2,3,4$ 时,α_E 和 α_I 的值见表 10.13.

表 10.13

k	1	2	3	4
α_E	-2	-1	$-\frac{6}{11}$	$-\frac{3}{10}$
α_I	$-\infty$	-6	-3	$-\frac{90}{49}$

从表 10.13 看出,Adams 内插法的绝对稳定区间比 Adams 外插法的绝对稳定区间大得多.对于内插方法来说,离散误差也是较小的.

例 5 Milne 方法的校正公式为

$$y_{n+1}=y_{n-1}+\frac{h}{3}(f_{n+1}+4f_n+f_{n-1}).$$

对典型微分方程(7.22)来说,它的特征方程为

$$\rho(\lambda)-\mu h\sigma(\lambda)=\lambda^2-1-\frac{\mu h}{3}(\lambda^2+4\lambda+1)$$
$$=\left(1-\frac{\mu h}{3}\right)\lambda^2-\frac{4}{3}\mu h\lambda-\left(1+\frac{1}{3}\mu h\right)=0.$$

据(7.27)式，主根为

$$\xi_1(\mu h)=e^{\mu h}+O(h^5).$$

由于

$$\xi_1(\mu h)+\xi_2(\mu h)=\frac{4}{3}\frac{\mu h}{\left(1-\frac{\mu h}{3}\right)},$$

因此

$$\begin{aligned}\xi_2(\mu h)&=\frac{4}{3}\frac{\mu h}{\left(1-\frac{\mu h}{3}\right)}-e^{\mu h}+O(h^5)\\&=\frac{4}{3}\mu h\left(1+\frac{\mu h}{3}+O(h^2)\right)-1-\mu h-\frac{(\mu h)^2}{2}+O(h^3)\\&=-\left(1-\frac{\mu h}{3}+\frac{(\mu h)^2}{18}\right)+O(h^3)\\&=-e^{-\frac{1}{3}\mu h}+O(h^3).\end{aligned}$$

因而 Milne 方法对任何 μ,h 都不绝对稳定.

在结束这一节的讨论之时，我们还得指出，关于线性多步法，也有合理选择步长的问题. 类似于 10.3.4 节的自适应 Runge-Kutta 方法，有自适应多步方法，如自适应 Adams 预测-校正方法.

10.8　常微分方程组和高阶微分方程的数值解法

10.8.1　微分方程组

到目前为止，我们讨论的是单个的一阶微分方程的初值问题的数值解法. 在生物学和物理学中提出的还有一阶常微分方程组的初值问题. 现在，我们来讨论求解它的数值方法.

给定一阶微分方程组的初值问题：

$$\begin{aligned}y_1'&=f_1(t,y_1,\cdots,y_m),\\y_2'&=f_2(t,y_1,\cdots,y_m),\\&\cdots\cdots\cdots\cdots\\y_m'&=f_m(t,y_1,\cdots,y_m),\end{aligned}\tag{8.1}$$

$a\leqslant t\leqslant b$，其初值条件：

$$y_1(a)=\eta_1,\cdots,y_m(a)=\eta_m.$$

记

$$\begin{aligned}\boldsymbol{y}&=[y_1,\cdots,y_m]^{\mathrm{T}},\\\boldsymbol{y}(t)&=[y_1(t),\cdots,y_m(t)]^{\mathrm{T}},\\\boldsymbol{f}(t,\boldsymbol{y})&=[f_1(t,\boldsymbol{y}),\cdots,f_m(t,\boldsymbol{y})]^{\mathrm{T}},\\\boldsymbol{y}'&=[y_1',y_2',\cdots,y_m']^{\mathrm{T}}=\left[\frac{\mathrm{d}y_1}{\mathrm{d}t},\cdots,\frac{\mathrm{d}y_m}{\mathrm{d}t}\right]^{\mathrm{T}},\\\boldsymbol{\eta}&=[\eta_1,\cdots,\eta_m]^{\mathrm{T}},\end{aligned}$$

则初值问题(8.1)可以简单地表示成

$$\begin{aligned}\boldsymbol{y}'&=\boldsymbol{f}(t,\boldsymbol{y}),\quad a\leqslant t\leqslant b,\\\boldsymbol{y}(a)&=\boldsymbol{\eta}.\end{aligned}\tag{8.2}$$

前面讨论的关于一个微分方程的初值问题的数值解法,完全适用一阶微分方程组初值问题(8.2). 例如,我们把解一阶微分方程初值问题(1.1)的经典四阶 Runge-Kutta 方法推广到解一阶微分方程组初值问题(8.2),我们有计算公式:

$$\boldsymbol{w}_{j+1}=\boldsymbol{w}_j+\frac{1}{6}[\boldsymbol{K}_1+2\boldsymbol{K}_2+2\boldsymbol{K}_3+\boldsymbol{K}_4],\quad j=0,1,\cdots,N-1,$$

其中

$$\begin{aligned}\boldsymbol{K}_1&=h\boldsymbol{f}(t_j,\boldsymbol{w}_j),\\\boldsymbol{K}_2&=h\boldsymbol{f}\left(t_j+\frac{1}{2}h,\boldsymbol{w}_j+\frac{1}{2}\boldsymbol{K}_1\right),\\\boldsymbol{K}_3&=h\boldsymbol{f}\left(t_j+\frac{1}{2}h,\boldsymbol{w}_j+\frac{1}{2}\boldsymbol{K}_2\right),\\\boldsymbol{K}_4&=h\boldsymbol{f}(t_j+h,\boldsymbol{w}_j+\boldsymbol{K}_3),\\\boldsymbol{w}_0&=\boldsymbol{\eta},\end{aligned}$$

$h=(b-a)/N$. $t_{j+1}=t_j+h$, $j=0,1,\cdots,N-1$, $t_0=a$. $\boldsymbol{w}_j$ 是问题(8.2)的解 $\boldsymbol{y}(t)$在 $t=t_j$ 处的数值解.

记

$$\boldsymbol{w}_j=[w_{1,j},w_{2,j},\cdots,w_{m,j}]^{\mathrm{T}},$$

则

$$y_i(t_j)\simeq w_{i,j},\boldsymbol{w}_0=[w_{1,0},w_{2,0},\cdots,w_{m,0}]^{\mathrm{T}}=[\eta_1,\eta_2,\cdots,\eta_m]^{\mathrm{T}}.$$

再记

$$\boldsymbol{K}_l=[k_{l,1},k_{l,2},\cdots,k_{l,m}]^{\mathrm{T}},\quad l=1,2,3,4,$$

则经典四阶 Runge-Kutta 方法的计算公式的分量形式为

$$w_{i,j+1}=w_{i,j}+\frac{1}{6}[k_{1,i}+2k_{2,i}+2k_{3,i}+k_{4,i}],i=1,\cdots,m,\quad j=0,1,\cdots,N-1,$$

其中

$k_{1,i}=hf_i(t_j,w_{1,j},w_{2,j},\cdots,w_{m,j}),\quad i=1,\cdots,m,$

$k_{2,i}=hf_i\left(t_j+\frac{h}{2},w_{1,j}+\frac{1}{2}k_{1,1},w_{2,j}+\frac{1}{2}k_{1,2},\cdots w_{m,j}+\frac{1}{2}k_{1,m}\right),\quad i=1,\cdots,m,$

$k_{3,i}=hf_i\left(t_j+\frac{h}{2},w_{1,j}+\frac{1}{2}k_{2,1},w_{2,j}+\frac{1}{2}k_{2,2},\cdots w_{m,j}+\frac{1}{2}k_{2,m}\right),\quad i=1,\cdots,m,$

$k_{4,i}=hf_i(t_j+h,w_{1,j}+k_{3,1},w_{2,j}+k_{3,2},\cdots w_{m,j}+k_{3,m}),\quad i=1,\cdots,m,$

$w_{i,0}=\eta_i,\quad i=1,\cdots,m.$

算法 10.7 用经典的四阶 Runge-Kutta 方法求一阶常微分方程组的初值问题

$$y_j' = f_j(t,y_1,y_2,\cdots,y_m),\quad j=1,2,\cdots,m,$$
$$a\leqslant t\leqslant b,\quad y_j(a)=\eta_j,\quad j=1,\cdots,m$$

的近似解.

输入 端点 a,b;方程个数 m;整数 N;
初值 $\eta_1,\eta_2,\cdots,\eta_m$.

输出 解 $y_j(t)$在 t 的$N+1$ 个等距点的近似 w_j.

step 1 $h\leftarrow(b-a)/N$;
$t\leftarrow a$.

step 2 对$j=1,2,\cdots,m$
$w_j\leftarrow\eta_j$.

step 3 输出$(t,w_1,w_2,\cdots,w_m)$.

step 4 对 $i=1,2,\cdots N$ 做 step 5~11.

step 5 对$j=1,2\cdots,m$
$k_{1,j}\leftarrow hf_j(t,w_1,w_2,\cdots,w_m)$.

step 6 对$j=1,2,\cdots,m$
$k_{2,j}\leftarrow hf_j\left(t+\frac{h}{2},w_1+\frac{1}{2}k_{1,1},w_2+\frac{1}{2}k_{1,2},\cdots,w_m+\frac{1}{2}k_{1,m}\right)$.

step 7 对$j=1,2,\cdots,m$
$k_{3,j}\leftarrow hf_j\left(t+\frac{h}{2},w_1+\frac{1}{2}k_{2,1},w_2+\frac{1}{2}k_{2,2},\cdots,w_m+\frac{1}{2}k_{2,m}\right)$.

step 8 对$j=1,2,\cdots,m$
$k_{4,j}\leftarrow hf_j(t+h,w_1+k_{3,1},w_2+k_{3,2},\cdots,w_m+k_{3,m})$.

step 9 对$j=1,2,\cdots,m$
$w_j\leftarrow w_j+(k_{1,j}+2k_{2,j}+2k_{3,j}+k_{4,j})/6$.

step 10 $t\leftarrow a+ih$.

step 11 输出$(t,w_1,w_2,\cdots,w_m)$.

step 12 停机.

例 1 应用经典的四阶 Runge-Kutta 方法解一阶微分方程组的初值问题

$$y_1' = 3y_1 + 2y_2,$$
$$y_2' = 4y_1 + y_2,$$
$$0 \leqslant t \leqslant 0.3, \quad y_1(0) = 0, \quad y_2(0) = 1.$$

取 $h=0.1$. 记 $f_1(t,y_1,y_2)=3y_1+2y_2, f_2(t,y_1,y_2)=4y_1+y_2$. 由于 $w_{1,0}=y(0)=0, w_{2,0}=y_2(0)=1$, 因此

$k_{1,1}=hf_1(t_0,w_{1,0},w_{2,0})=0.1f_1(0,0,1)=0.2,$

$k_{1,2}=hf_2(t_0,w_{1,0},w_{2,0})=0.1f_2(0,0,1)=0.1,$

$k_{2,1}=hf_1\left(t_0+\frac{h}{2},w_{1,0}+\frac{1}{2}k_{1,1},w_{2,0}+\frac{1}{2}k_{1,2}\right)=0.1f_1(0.05,0.1,1.05)=0.24,$

$k_{2,2}=hf_2\left(t_0+\frac{h}{2},w_{1,0}+\frac{1}{2}k_{1,1},w_{2,0}+\frac{1}{2}k_{1,2}\right)=0.1f_2(0.05,0.1,1.05)=0.145,$

$k_{3,1}=hf_1\left(t_0+\frac{h}{2},w_{1,0}+\frac{1}{2}k_{2,1},w_{2,0}+\frac{1}{2}k_{2,2}\right)=0.1f_1(0.05,0.12,1.0725)=0.2505,$

$k_{3,2}=hf_2\left(t_0+\frac{h}{2},w_{1,0}+\frac{1}{2}k_{2,1},w_{2,0}+\frac{1}{2}k_{2,2}\right)=0.1f_2(0.05,0.12,1.0725)=0.15525,$

$k_{4,1}=hf_1(t_0+h,w_{1,0}+k_{3,1},w_{2,0}+k_{3,2})=0.1f_1(0.1,0.2025,1.15525)=0.3062,$

$k_{4,2}=hf_2(0.1,0.2025,1.15525)=0.215725,$

$w_{1,1}=w_{1,0}+\frac{1}{6}(k_{1,1}+2k_{2,1}+2k_{3,1}+k_{4,1})=0.247866667,$

$w_{2,1}=w_{2,0}+\frac{1}{6}(k_{1,2}+2k_{2,2}+2k_{3,2}+k_{4,2})=1.152704167.$

于是

$$y_1(0,1)\simeq w_{1,1}=0.247866667,$$
$$y_2(0,1)\simeq w_{2,1}=1.152704167.$$

此初值问题的解为

$$y_1(t)=\frac{1}{3}(e^{5t}-e^{-t}), \quad y_2(t)=\frac{1}{3}(e^{5t}+2e^{-t}).$$

计算结果以及与精确解的比较见表 10.14.

表 10.14

t_j	$w_{1,j}$	$w_{2,j}$	$\|y_1(t_j)-w_{1,j}\|$	$\|y_2(t_j)-w_{2,j}\|$
0.0	0	1	0	0
0.1	0.24786667	1.15270417	9.46×10^{-5}	9.45×10^{-5}
0.2	0.63287176	1.45160267	3.12×10^{-4}	3.12×10^{-4}
0.3	1.24618565	1.98700407	7.71×10^{-4}	7.71×10^{-4}

10.8.2　高阶微分方程

m 阶微分方程初值问题

$$\begin{cases} y^{(m)}=f(t,y,y',\cdots,y^{(m-1)}), \quad a\leqslant t\leqslant b, \\ y(a)=\eta_1, \quad y'(a)=\eta_2,\cdots,y^{(m-1)}(a)=\eta_m \end{cases} \tag{8.3}$$

可以化为一阶微分方程组的初值问题. 令

$$y_1=y, \quad y_2=y',\cdots,y_m=y^{(m-1)},$$

则(8.3)便化为关于 $y_1,y_2,\cdots,y_m$ 的一阶微分方程组的初值问题

$$\begin{cases} y_1'=y_2, \\ y_2'=y_3, \\ \cdots\cdots \\ y_{m-1}'=y_m, \\ y_m'=f(t,y_1,y_2,\cdots,y_m), \end{cases} \tag{8.4}$$

$a\leqslant t\leqslant b, y_1(a)=\eta_1, y_2(a)=\eta_2,\cdots,y_m(a)=\eta_m$.

例如,考虑二阶微分方程初值问题

$$\begin{cases} y''=f(t,y,y'), \quad a\leqslant t\leqslant b, \\ y(a)=\eta_1, \quad y'(a)=\eta_2. \end{cases} \tag{8.5}$$

令 $y_1=y, y_2=y'$,则把它化为一阶微分方程组的初值问题

$$\begin{cases} y_1'=y_2, \\ y_2'=f(t,y_1,y_2), \end{cases} \tag{8.6}$$

$a\leqslant t\leqslant b, y_1(a)=\eta_1, y_2(a)=\eta_2$. 我们应用经典的四阶 Runge-Kutta 方法求初值问题(8.6)的数值解,其计算公式为

$$w_{i,j+1}=w_{i,j}+\frac{1}{6}(k_{1,i}+2k_{2,i}+2k_{3,i}+k_{4,i}), \quad i=1,2, \quad j=0,1,\cdots,N-1,$$

其中

$$\begin{aligned} k_{1,1} &= hw_{2,j}, \\ k_{1,2} &= hf(t_j,w_{1,j},w_{2,j}), \\ k_{2,1} &= h\left(w_{2,j}+\frac{1}{2}k_{1,2}\right), \\ k_{2,2} &= hf\left(t_j+\frac{h}{2},w_{1,j}+\frac{1}{2}k_{1,1},w_{2,j}+\frac{1}{2}k_{1,2}\right), \\ k_{3,1} &= h\left(w_{2,j}+\frac{1}{2}k_{2,2}\right), \\ k_{3,2} &= hf\left(t_j+\frac{h}{2},w_{1,j}+\frac{1}{2}k_{2,1},w_{2,j}+\frac{1}{2}k_{2,2}\right), \end{aligned}$$

$$k_{4,1}=h(w_{2,j}+k_{3,2}),$$
$$k_{4,2}=hf(t_j+h,w_{1,j}+k_{3,1},w_{2,j}+k_{3,2}),$$
$$w_{1,0}=\eta_1,\quad w_{2,0}=\eta_2,$$
$$h=(b-a)/N,\quad t_j=a+jh,\quad j=0,1,\cdots,N.$$

这样,得到的 $w_{1,1},w_{1,2},\cdots,w_{1,N}$是初值问题(8.5)的解 $y(t)$分别在 $t_1,t_2,\cdots,t_N$ 处的近似值.

例 2 对初值问题

$$y''-2y'+2y=e^{2t}\sin t,\quad 0\leqslant t\leqslant 1,$$
$$y(0)=-0.4,\quad y'(0)=-0.6,$$

令 $y_1=y,y_2=y'$,则化为

$$y_1'=y_2,$$
$$y_2'=e^{2t}\sin t-2y_1+2y_2,$$
$$0\leqslant t\leqslant 1,\quad y_1(0)=-0.4,\quad y_2(0)=-0.6.$$

应用经典的四阶 Runge-Kutta 方法,取 $h=0.1,w_{1,0}=-0.4,w_{2,0}=-0.6$,计算得

$$k_{1,1}=hw_{2,0}=-0.06,$$
$$k_{1,2}=hf(t_0,w_{1,0},w_{2,0})=h(e^{2t_0}\sin t_0-2w_{1,0}+2w_{2,0})=-0.04,$$
$$k_{2,1}=h\left(w_{2,0}+\frac{1}{2}k_{1,2}\right)=-0.062,$$
$$\begin{aligned}k_{2,2}&=hf\left(t_0+\frac{h}{2},w_{1,0}+\frac{1}{2}k_{1,1},w_{2,0}+\frac{1}{2}k_{1,2}\right)\\&=h\left[e^{2(t_0+0.05)}\sin(t_0+0.05)-2\left(w_{1,0}+\frac{1}{2}k_{1,1}\right)+2\left(w_{2,0}+\frac{1}{2}k_{1,2}\right)\right]\\&=-0.03247644757,\end{aligned}$$
$$k_{3,1}=h\left(w_{2,0}+\frac{1}{2}k_{2,2}\right)=-0.06162382238,$$
$$k_{3,2}=hf\left(t_0+\frac{h}{2},w_{1,0}+\frac{1}{2}k_{2,1},w_{2,0}+\frac{1}{2}k_{2,2}\right)=-0.03152409237,$$
$$k_{4,1}=h(w_{2,0}+k_{3,2})=-0.06315240924,$$
$$k_{4,2}=hf(t_0+h,w_{1,0}+k_{3,1},w_{2,0}+k_{3,2})=-0.02178637298,$$

因此

$$w_{1,1}=w_{1,0}+\frac{1}{6}(k_{1,1}+2k_{2,1}+2k_{3,1}+k_{4,1})=-0.4617333423,$$
$$w_{2,1}=w_{2,0}+\frac{1}{6}(k_{1,2}+2k_{2,2}+2k_{3,2}+k_{4,2})=-0.6316312421.$$

该初值问题的解为

$$y(t)=0.2e^{2t}(\sin t-2\cos t).$$

在表 10.15 中，我们列出 $w_{1,j}$，$w_{2,j}$ $(j=0,1,\cdots,10)$ 的值以及解，$y(t)$ 在 $t=t_j$ $(j=0,1,\cdots,10)$ 的值.

表 10.15

t_j	$w_{1,j}$	$w_{2,j}$	$y(t_j)$	$\lvert y(t_j)-w_{1,j}\rvert$
0.0	−0.40000000	−0.60000000	−0.40000000	0
0.1	−0.46173334	−0.63163124	−0.46173297	3.7×10^{-7}
0.2	−0.52555988	−0.64014895	−0.52555905	8.3×10^{-7}
0.3	−0.58860144	−0.61366381	−0.58860005	1.39×10^{-6}
0.4	−0.64661231	−0.53658203	−0.64661028	2.03×10^{-6}
0.5	−0.69356666	−0.38873810	−0.69356395	2.71×10^{-6}
0.6	−0.72115190	−0.14438087	−0.72114849	3.41×10^{-6}
0.7	−0.71815295	0.22899702	−0.71814890	4.05×10^{-6}
0.8	−0.66971133	0.77199180	−0.66970677	4.56×10^{-6}
0.9	−0.55644290	0.15347815	−0.55643814	4.76×10^{-6}
1.0	−0.35339886	0.25787663	−0.35339436	4.50×10^{-6}

习　题　10

1. 求微分方程初值问题

$$\frac{dy}{dt}=\alpha y-\beta y^2,\quad y(t_0)=y_0$$

的解 $y(t)$，并证明

$$\lim_{t\to\infty}y(t)=\frac{\alpha}{\beta}.$$

2. 证明下列初值问题：

(1) $y'=t^2y+1,\quad 0\leqslant t\leqslant 1,\quad y(0)=1$；

(2) $y'=ty,\quad 0\leqslant t\leqslant 1,\quad y(0)=1$

都是适定的.

3. 假设函数 $g(x)$ 与 $h(x)$ 在区间 $[a,b]$ 上连续，证明初值问题

$$y'=g(x)y+h(x),\quad y(a)=\eta$$

在 $[a,b]$ 上有唯一解，并且对任何初始值都是适定的.

4. 试用 Taylor 级数法(取 $p=3$)导出求解初值问题

$$y'=\frac{1}{1+y^2},\quad y(0)=1$$

的数值方法.

5. 用 Euler 方法求初值问题

$$y' = -y, \quad y(0) = 2$$

的解 $y(t)$在 $t=1$ 的近似值(取步长 $h=0.25,0.125$).

6. 用 Euler 方法计算积分

$$\int_0^x e^{t^2} \mathrm{d}t$$

在点 $x=0.5,1$ 处的近似值(取步长 $h=0.1$).

7. 对初值问题

$$y' = \frac{1}{1+y^2}, \quad 0 \leqslant t \leqslant 1, \quad y(0) = 1,$$

求 Euler 方法的整体离散误差界.

8. 试用改进的 Euler 方法解初值问题

$$y' = t + y, \quad 0 \leqslant t \leqslant 1, \quad y(0) = 1,$$

取步长 $h=0.2$,并将计算结果与精确解比较.

9. 用变形的 Euler 方法解下列初值问题:

(1) $y' = -y + t + 1, \quad 0 \leqslant t \leqslant 1, \quad y(0) = 1$;

(2) $y' = e^t + y, \quad 0 \leqslant t \leqslant 1, \quad y(0) = 1$,

并将计算结果与精确解比较(取步长 $h=0.2$).

10. 用二阶 Heun 方法解初值问题

$$y' = -y + t + 1, \quad 0 \leqslant t \leqslant 1, \quad y(0) = 1,$$

并将计算结果与精确解比较(取步长 $h=0.2$).

11. 试证明,用变形的 Euler 方法,改进的 Euler 方法和 Heun 方法解初值问题

$$y' = -y + t + 1, \quad 0 \leqslant t \leqslant 1, \quad y(0) = 1,$$

对任意的 h 值得到的近似解都是相同的.能否把这个结论推广到微分方程为 $y' = ay + bt + c$ 的情形(a,b,c 都是常数)?

12. 试验证解初值问题

$$y' = f(t,y), \quad y(t_0) = \eta$$

的数值公式

$$y_{n+1} = y_n + \frac{h}{2}(f(t_n, y_n) + f(t_{n+1}, y_{n+1}))$$

对 $y(t) = 1, t, t^2$ 均准确成立,但对 $y(t) = t^3$ 不准确成立,并说明理由.

13. 试证明,解初值问题

$$y' = f(t,y), \quad y(t_0) = \eta$$

的隐式单步法

$$y_{n+1} = y_n + \frac{1}{6}h[4f(t_n, y_n) + 2f(t_{n+1}, y_{n+1}) + hf'(t_n, y_n)]$$

为三阶方法.

14. 应用经典的四阶 Runge-Kutta 方法解初值问题

$$y' = \frac{1}{t}(y^2 + y), \quad 1 \leqslant t \leqslant 3,$$

$$y(1) = -2,$$

取 $h=0.5$.

15. 试写出经典的四阶 Runge-Kutta 方法解初值问题

$$y'=f(t),\quad t_0\leqslant t\leqslant T,\quad y(t_0)=y_0$$

的计算公式.它与数值积分公式有什么关系?

16. 试写出解初值问题

$$y'=f(y),\quad y(t_0)=y_0$$

的经典四阶 Runge-Kutta 方法的计算公式,并用它求解初值问题

$$y'=e^{-y^2},\quad 0\leqslant t\leqslant 0.4,\quad y(0)=1,$$

取步长 $h=0.2$.

17. 试证明用经典四阶 Runge-Kutta 方法解初值问题

$$y'=\lambda y,\quad y(t_0)=y_0$$

的计算公式可写成

$$y_{n+1}=\left(1+\lambda h+\frac{1}{2}(\lambda h)^2+\frac{1}{6}(\lambda h)^3+\frac{1}{24}(\lambda h)^4\right)y_n,$$

并就初值问题

$$y'=-10y,\quad y(0)=1$$

求 $y(1)$的近似值(取步长 $h=0.1$).

18. 试证明,用 Euler 方法解初值问题

$$y'=at+b,\quad y(0)=0$$

得到的解为

$$y_n=\frac{1}{2}at_n^2+bt_n-\frac{1}{2}aht_n,$$

其中 $t_n=nh$,并证明方法是收敛的.

19. 对初值问题

$$y'=\frac{1}{y+y^2},\quad 0\leqslant t\leqslant 1,$$

证明 Euler 方法收敛而且稳定.

20. 求后退 Euler 方法

$$y_{n+1}=y_n+hf(t_{n+1},y_{n+1})$$

的绝对稳定区间.

21. 求变形的 Euler 方法(中点方法)

$$y_{n+1}=y_n+hf\left(t_n+\frac{h}{2},y_n+\frac{h}{2}f(t_n,y_n)\right)$$

和改进的 Euler 方法的绝对稳定区间.

22. 应用变形的 Euler 方法解初值问题

$$y'=-10y,\quad y(0)=y_0,$$

为保证绝对稳定性,问步长 h 应加什么限制?

23. 应用 Heun 方法

$$y_{n+1}=y_n+\frac{h}{4}\left[f(t_n,y_n)+3f\left(t_n+\frac{2}{3}h,y_n+\frac{2}{3}hf(t_n,y_n)\right)\right]$$

解初值问题

$$y'=-y,\quad y(0)=y_0$$

时,问步长 h 应取何值方能保证方法的绝对稳定性?

24. 试用经典四阶 Runge-Kutta 方法求初值问题

$$y'=-y+1,\quad 0\leqslant t\leqslant 1,\quad y(0)=2$$

的解 $y(t)$在 $t=1$ 处的近似值(取 $h=0.1$).

25. 用二步显式 Adams 方法解初值问题

$$y'=-y+t+1,\quad 0\leqslant t\leqslant 1,\quad y(0)=1.$$

$y(0.1)=1.004837418, h=0.1$.

26. 应用四步显式 Adams 方法解初值问题

$$y'=1-y,\quad 0\leqslant t\leqslant 0.5,\quad y(0)=0.$$

用经典的四阶 Runge-Kutta 方法计算出发值,取 $h=0.1$.

27. 应用 $k=1$ 的显式和隐式 Adams 方法的 PECE 模式解初值问题

$$y'=-y+t+1,\quad 0\leqslant t\leqslant 1,\quad y(0)=1.$$

取步长 $h=0.2$,用经典的四阶 Runge-Kutta 方法提供出发值.

28. 应用算法 10.5 解初值问题

$$y'=\frac{1}{t}(y^2+y),\quad 1\leqslant t\leqslant 3,\quad y(1)=-2.$$

取步长 $h=0.5$.

29. 试从

$$y(t_{n+1})-y(t_{n-p})=\int_{t_{n-p}}^{t_{n+1}}f(t,y(t))\mathrm{d}t=\int_{t_{n-p}}^{t_{n+1}}y'(t)\mathrm{d}t$$

导出解初值问题

$$y'=f(t,y),\quad a\leqslant t\leqslant b,\quad y(a)=y_0$$

的 Nystrom 方法:

$$y_{n+1}=y_{n-1}+2hf_n.$$

30. 试用待定系数法导出 Milne 方法的校正公式:

$$y_{n+1}=y_{n-1}+\frac{h}{3}(f(t_{n+1},y_{n+1})+4f(t_n,y_n)+f(t_{n-1},y_{n-1})).$$

31. 用算法 10.6 解初值问题

$$y'=-y+t^2+1,\quad 0\leqslant t\leqslant 1,\quad y(0)=1.$$

取步长 $h=0.1$.

32. 证明 m 阶齐次线性差分方程(6.7)至少有 m 个线性无关解.

33. 证明 m 阶齐次线性差分方程(6.7)的线性无关解的最大数目是 m.

34. 求下列齐次差分方程的通解:

(1) $y(n+3)-3y(n+1)-2y(n)=0$;

(2) $y(n+3)-5y(n+2)+8y(n+1)-4y(n)=0$;

(3) $y(n)-2\cos\theta y(n+1)+y(n+2)=0$,
其中 θ 为常数.

35. 求差分方程

(1) $y(n+2)-2y(n+1)+y(n)=n+1$;

(2) $y(n+2)+2y(n+1)+2y(n)=2^n$

的通解.

36. 设正实数列 $u_0,u_1,u_2,\cdots$满足递推不等式

$$u_{n+1}\leqslant u_n+\sum_{j=0}^{m}\alpha_j u_{n-j}+b,$$

其中 $n=m,m+1,m+2,\cdots$,而 $\alpha_j\geqslant 0,j=0,\cdots,m,b\geqslant 0$. 试证明,对 $n=0,1,2,\cdots$,有

$$u_n\leqslant\left(\delta+\frac{b}{A}\right)e^{nA}-\frac{b}{A},$$

其中实数 $\delta\geqslant u_j,j=0,1,\cdots,m$,并且, $A=\sum_{j=0}^{m}\alpha_j\neq 0$.

37. 证明 10.7.3 节引理.

38. 判断解初值问题

$$y'=f(t,y),y(t_0)=y_0$$

的下列多步法:

(1) $y_{n+2}-4y_{n+1}+3y_n=h(f_{n+1}-3f_n)$;

(2) $y_{n+2}+y_{n+1}-2y_n=h(2f_{n+1}+f_n)$;

(3) $y_n-y_{n-1}=\frac{h}{12}(5f_n+8f_{n-1}-f_{n-2})$;

(4) $y_{n+1}-y_{n-1}=\frac{h}{3}(3f_n-f_{n-1}+4f_{n-2})$

是否收敛? 为什么?

39. 证明 Hamming 方法的校正公式是强稳定的.

40. 用算法 10.7 解初值问题:

$$y_1'=-4y_1-2y_2+\cos t+4\sin t,$$
$$y_2'=3y_1+y_2-3\sin t,$$

$0\leqslant t\leqslant 1,y_1(0)=0,y_2(0)=-1$. 取步长 $h=0.1$.

41. 应用经典的四阶 Runge-Kutta 方法求初值问题

$$y''+2ty'+t^2y=e^t,\quad 0\leqslant t\leqslant 1,$$
$$y(0)=1,\qquad y'(0)=-1$$

的数值解. 取步长 $h=0.1$.

42. 试给出解初值问题

$$y_1'=a_{11}y_1+a_{12}y_2,$$
$$y_2'=a_{21}y_1+a_{22}y_2,$$
$$y_1(0)=y_{1,0},\qquad y_2(0)=y_{2,0}$$

的改进的 Euler 方法的计算公式.

第 11 章　常微分方程边值问题的数值解法

这一章，我们主要介绍解二阶微分方程两点边值问题的差分方法和打靶法．二阶微分方程

$$y'' = f(x, y, y'),\quad a \leqslant x \leqslant b,\ -\infty < y < +\infty \tag{1.1}$$

的两点边值问题，简称边值问题，其边值条件有下面三类：

第一边值条件

$$y(a) = \alpha,\qquad y(b) = \beta; \tag{1.1-1}$$

第二边值条件

$$y'(a) = \alpha,\qquad y'(b) = \beta; \tag{1.1-2}$$

第三边值条件

$$y'(a) - \alpha_0 y(a) = \alpha_1,\quad y'(b) + \beta_0 y(b) = \beta_1, \tag{1.1-3}$$

其中 $\alpha_0 \geqslant 0, \beta_0 \geqslant 0, \alpha_0 + \beta_0 > 0$．微分方程(1.1)附加上第一、第二、第三边值条件，我们分别称它们为第一、第二、第三边值问题．

11.1　差 分 方 法

差分方法是解微分方程边值问题的一种基本数值方法，它是以差商代替导数，从而把微分方程离散化为一个**差分方程组**，即由若干个差分方程组成的方程组，然后以此方程组的解作为微分方程边值问题的近似解．

例如，考虑第一边值问题

$$y'' - f(x, y, y') = 0,\quad a \leqslant x \leqslant b,\quad -\infty < y < +\infty,$$

$$y(a) = \alpha,\quad y(b) = \beta.$$

我们取等距点

$$x_n = a + nh,\quad h = (b-a)/N,\quad n = 0, 1, \cdots, N.$$

设 $y(x)$ 是第一边值问题的解．我们把 $y(x_{n+1})$ 和 $y(x_{n-1})$ 在 x_n 按 Taylor 公式展开：

$$y(x_{n+1}) = y(x_n + h) = y(x_n) + hy'(x_n) + \frac{1}{2}h^2 y''(x_n) + \frac{1}{3!}h^3 y'''(x_n)$$

$$+ \frac{1}{4!}h^4 y^{(4)}(\xi_n'),\quad x_n < \xi_n' < x_{n+1},$$

$$y(x_{n-1}) = y(x_n - h) = y(x_n) - hy'(x_n) + \frac{1}{2}h^2y''(x_n) - \frac{1}{3!}h^3y'''(x_n)$$
$$+ \frac{1}{4!}h^4y^{(4)}(\xi_n''),\ x_{n-1} < \xi_n'' < x_n,$$

于是得到

$$y''(x_n) = \frac{y(x_{n+1}) - 2y(x_n) + y(x_{n-1})}{h^2} - \frac{1}{12}h^2y^{(4)}(\xi_n),$$
$$x_{n-1} < \xi_n < x_{n+1}. \tag{1.2}$$

从而可取

$$y''(x_n) \simeq \frac{y(x_{n+1}) - 2y(x_n) + y(x_{n-1})}{h^2},$$

再取

$$y'(x_n) \simeq \frac{y(x_{n+1}) - y(x_{n-1})}{2h}.$$

这样,据(1.1),(1.1-1)得到近似式

$$y_{n+1} - 2y_n + y_{n-1} - h^2f\left(x_n, y_n, \frac{y_{n+1} - y_{n-1}}{2h}\right) = 0. \tag{1.3}$$
$$n = 1,2,\cdots,N-1,$$
$$y_0 = \alpha,\quad y_N = \beta. \tag{1.3-1}$$

这是一个非线性方程组.我们把它的解 $y_0, y_1, \cdots, y_{N-1}, y_N$ 作为第一边值问题(1.1),(1.1-1)的解 $y(x)$在 $x_0, x_1, \cdots, x_{N-1}, x_N$ 的近似值.

11.1.1 解线性微分方程第一边值问题的差分方法

现在,我们讨论解线性微分方程第一边值问题

$$y'' - q(x)y = r(x),\quad q(x) \geqslant 0,\quad a \leqslant x \leqslant b, \tag{1.4}$$
$$y(a) = \alpha,\quad y(b) = \beta \tag{1.4-1}$$

的差分方法:

$$\frac{y_{n+1} - 2y_n + y_{n-1}}{h^2} - q_ny_n = r_n,\ n = 1,2,\cdots,N-1, \tag{1.5}$$

$$y_0 = \alpha,\quad y_N = \beta, \tag{1.6}$$

其中 $q_n = q(x_n), r_n = r(x_n)$.

据边值条件(1.6)将方程组(1.5)中的 y_0, y_N 消去,便得到一个$(N-1)\times(N-1)$阶线性方程组

$$A\boldsymbol{y} = \boldsymbol{r}, \tag{1.7}$$

其中

$$A = \begin{bmatrix} -(2+h^2q_1) & 1 & & & \\ 1 & -(2+h^2q_2) & 1 & & \\ & \ddots & \ddots & \ddots & \\ & & & & 1 \\ & & & 1 & -(2+h^2q_{N-1}) \end{bmatrix}, \quad (1.8)$$

$$\boldsymbol{y} = \begin{bmatrix} y_1 \\ y_2 \\ \vdots \\ y_{N-1} \end{bmatrix}, \quad \boldsymbol{r} = \begin{bmatrix} h^2r_1 - \alpha \\ h^2r_2 \\ \vdots \\ h^2r_{N-2} \\ h^2r_{N-1} - \beta \end{bmatrix}.$$

定理 1 设 $q(x)$在$[a,b]$上连续且 $q(x)\geqslant 0, x\in[a,b]$,则方程组(1.7)有唯一解.

证明 显然,由于 $q_n\geqslant 0$,因此三对角方程组(1.7)的系数矩阵 A 满足 3.2.6 节中所述的优对角条件.故方程组(1.7)有唯一解.

方程组(1.7)可用 3.2.6 节中介绍的三对角算法求解.

现在,我们讨论差分方法的收敛性.设 $y_0,y_1,\cdots,y_n,\cdots,y_N$ 是方程组(1.3),(1.3-1)的精确解,$y(x_n)$是第一边值问题(1.1),(1.1-1)的精确解在 x_n 处的值.假设 $h\to 0, n\to\infty$时,$x_n\to x$,若对所有 $x\in[a,b]$,$y_n\to y(x)$,则说数值方法(1.3),(1.3-1)是收敛的.为讨论第一边值问题(1.4),(1.4-1)的差分方法(1.5),(1.6)的收敛性,我们先证明下面的引理,它是建立在所谓极值原理的基础上.

引理 假设 $w_n(n=0,1,\cdots,N)$满足差分方程

$$w_{n+1} - (2+c_n)w_n + w_{n-1} = d_n, \quad n = 1,2,\cdots,N-1,$$

其中 $c_n\geqslant 0, d_n\geqslant 0, n=1,2,\cdots,N-1, w_0\leqslant 0, w_N\leqslant 0$ 都是给定的,则

$$w_n \leqslant 0, \quad n = 1,2,\cdots,N-1.$$

证明 对 $n=1,2,\cdots,N-1$,

$$w_n = \frac{w_{n-1}+w_{n+1}}{2+c_n} - \frac{d_n}{2+c_n} \leqslant \frac{w_{n-1}+w_{n+1}}{2},$$

因此,w_n 不能比它的相邻的值 w_{n-1}和 w_{n+1}都大,从而 w_n 的最大值必等于 w_0 或 w_N.于是有

$$w_n \leqslant w_0 \leqslant 0 \text{ 或 } w_n \leqslant w_N \leqslant 0, \quad n = 0,1,\cdots,N.$$

定理 2　设 $y(x)$是边值问题(1.4),(1.4-1)的解,且

$$M = \max_{x\in[a,b]} | y^{(4)}(x) |$$

存在,y_n是方程组(1.7)的解,$n=1,2,\cdots,N-1$,则

$$| y(x_n) - y_n | \leqslant \frac{Mh^2}{24}(x_n - a)(b - x_n), \tag{1.9}$$

且方法(1.5),(1.6)是收敛的.

证明　容易验证差分方程

$$z_{n+1} - 2z_n + z_{n-1} = \frac{h^4 M}{12}, \quad n = 1,2,\cdots,N-1, \tag{1.10}$$

$$z_0 = z_N = 0$$

的解是

$$z_n = \frac{-h^2 M}{24}(x_n - a)(b - x_n). \tag{1.11}$$

据(1.2)和(1.4)式,我们有

$$y(x_{n+1}) - 2y(x_n) + y(x_{n-1}) = h^2[q_n y(x_n) + r_n] + \frac{h^4}{12}y^{(4)}(\xi_n). \tag{1.12}$$

令 $\varepsilon_n = y(x_n) - y_n$,由(1.12)和(1.5)式可得

$$\varepsilon_{n+1} - 2\varepsilon_n + \varepsilon_{n-1} = h^2 q_n \varepsilon_n + \frac{h^4}{12}y^{(4)}(\xi_n). \tag{1.13}$$

将(1.13)和(1.10)式相加得

$$\begin{aligned}(z_{n+1} + \varepsilon_{n+1}) - (2 + h^2 q_n)(z_n + \varepsilon_n) + (z_{n-1} + \varepsilon_{n-1}) \\ = \frac{h^4}{12}(M + y^{(4)}(\xi_n)) - h^2 q_n z_n.\end{aligned} \tag{1.14}$$

由 $z_n \leqslant 0, q_n \geqslant 0$ 以及 M 的定义可知,(1.14)式右端非负.因 $z_0 + \varepsilon_0 = 0, z_N + \varepsilon_N = 0$,据引理可知

$$z_n + \varepsilon_n \leqslant 0,$$

即

$$\varepsilon_n \leqslant - z_n. \tag{1.15}$$

同理,从(1.10)减去(1.13)可推得

$$z_n - \varepsilon_n \leqslant 0,$$

即

$$\varepsilon_n \geqslant z_n. \tag{1.16}$$

合并(1.15)和(1.16)式得

$$| \varepsilon_n | \leqslant - z_n = \frac{Mh^2}{24}(x_n - a)(b - x_n).$$

令 $\varphi(x)=\dfrac{Mh^2}{24}(x-a)(b-x)$，不难验证，$\varphi(x)$ 在 $x=(a+b)/2$ 达到最大值

$$\varphi\left(\frac{a+b}{2}\right)=\frac{h^2M(b-a)^2}{96},$$

从而有

$$|\varepsilon_n|\leqslant\frac{h^2M(b-a)^2}{96}. \tag{1.17}$$

因此，当 $h\to 0$ 时，$y_n\to y(x)$.

一般地，对于二阶线性微分方程第一边值问题

$$y''-p(x)y'-q(x)y=r(x),\quad a\leqslant x\leqslant b, \tag{1.18}$$

$$y(a)=\alpha,\quad y(b)=\beta. \tag{1.18-1}$$

据(1.3)和(1.3-1)，我们有

$$\frac{y_{n+1}-2y_n+y_{n-1}}{h^2}-p_n\frac{y_{n+1}-y_{n-1}}{2h}-q_ny_n=r_n,\quad n=1,2,\cdots,N-1,$$

$$y_0=\alpha,\quad y_N=\beta,$$

其中 $p_n=p(x_n)$，$q_n=q(x_n)$，$r_n=r(x_n)$. 经整理得

$$-\left(1+\frac{h}{2}p_n\right)y_{n-1}+(2+h^2q_n)y_n+\left(-1+\frac{h}{2}p_n\right)y_{n+1}=-h^2r_n,$$

$$n=1,2,\cdots,N-1, \tag{1.19}$$

$$y_0=\alpha,\quad y_N=\beta. \tag{1.19-1}$$

将 $y_0=\alpha$，$y_N=\beta$ 代入(1.19)式，得到一个 $(N-1)\times(N-1)$ 阶线性方程组

$$A\boldsymbol{y}=\boldsymbol{b}, \tag{1.20}$$

其中

$$A=\begin{bmatrix} 2+h^2q_1 & -1+\frac{h}{2}p_1 & & & \\ -1-\frac{h}{2}p_2 & 2+h^2q_2 & -1+\frac{h}{2}p_2 & & \\ & \ddots & \ddots & \ddots & \\ & & & & -1+\frac{h}{2}p_{N-2} \\ & & & -1-\frac{h}{2}p_{N-1} & 2+h^2q_{N-1} \end{bmatrix},$$

$$\boldsymbol{y}=\begin{bmatrix}y_1\\y_2\\\vdots\\y_{N-1}\end{bmatrix},\qquad \boldsymbol{b}=\begin{bmatrix}-h^2r_1+\left(1+\dfrac{h}{2}p_1\right)\alpha\\-h^2r_2\\\vdots\\-h^2r_{N-2}\\-h^2r_{N-1}+\left(1-\dfrac{h}{2}p_{N-1}\right)\beta\end{bmatrix}.$$

定理 3　设 $p(x),q(x)$和 $r(x)$都在$[a,b]$上连续,$q(x)\geqslant 0,x\in[a,b]$.若 $h<2/L,L=\max\limits_{a\leqslant x\leqslant b}|p(x)|$,则方程组(1.20)有唯一解.

算法 11.1　用差分方法解边值问题

$$y''=p(x)y'+q(x)y+r(x),\quad a\leqslant x\leqslant b,$$
$$y(a)=\alpha,\quad y(b)=\beta.$$

输入　端点 a,b;边值 α,β;整数 N.

输出　解 $y(x)$在 x_i 的近似值 $y_i,i=1,\cdots,N-1$.

step 1　$h\leftarrow(b-a)/N$;

$x\leftarrow a+h$;

$d_1\leftarrow 2+h^2q(x)$;

$c_1\leftarrow -1+\dfrac{h}{2}p(x)$;

$b_1\leftarrow -h^2r(x)+\left(1+\dfrac{h}{2}p(x)\right)\alpha$.

step 2　对$i=2\cdots,N-2$

$x\leftarrow a+ih$;

$d_i\leftarrow 2+h^2q(x)$;

$c_i\leftarrow -1+\dfrac{h}{2}p(x)$;

$a_i\leftarrow -1-\dfrac{h}{2}p(x)$;

$b_i\leftarrow -h^2r(x)$.

step 3　$x\leftarrow b-h$;

$d_{N-1}\leftarrow 2+h^2q(x)$;

$a_{N-1}\leftarrow -1-\dfrac{h}{2}p(x)$;

$b_{N-1}\leftarrow -h^2r(x)+\left(1-\dfrac{h}{2}p(x)\right)\beta$.

step 4　用三对角算法解三对角方程(1.20)得

$y_1,\cdots,y_{N-1}$.

step 5 对 $i=1,\cdots,N-1$

$x\leftarrow a+ih$;

输出(x,y_i).

step 6 输出('Procedure is complete');

停机.

11.1.2 解线性微分方程第二、第三边值问题的差分方法

现在,我们简单介绍线性微分方程

$$y''-q(x)y=r(x),\ q(x)\geqslant 0,\ a\leqslant x\leqslant b$$

的第二、第三边值问题的差分方法.在第二边值条件

$$y'(a)=\alpha,\qquad y'(b)=\beta,$$

以及第三边值条件

$$y'(a)-\alpha_0y(a)=\alpha_1,\ y'(b)+\beta_0y(b)=\beta_1,$$

$$\alpha_0\geqslant 0,\ \beta_0\geqslant 0,\ \alpha_0+\beta_0>0$$

中出现了导数,我们也要用差商代替导数,自然可以取近似公式

$$y_0'=\frac{y_1-y_0}{h},\ y_N'=\frac{y_N-y_{N-1}}{h}.$$

但是,为了提高精度,我们采用其他公式.据 Newton 前差插值公式

$$\begin{aligned}y(x)=&y(x_0)+s\Delta y(x_0)+\frac{s(s-1)}{2!}\Delta^2y(x_0)+\cdots\\&+\frac{s(s-1)\cdots(s-n+1)}{n!}\Delta^ny(x_0)+\frac{s(s-1)\cdots(s-n)}{(n+1)!}h^{n+1}y^{(n+1)}(\xi),\end{aligned}$$

其中 $x=x_0+sh$.于是

$$\begin{aligned}y'(x)=&\frac{1}{h}\Big[\Delta y(x_0)+\frac{s+(s-1)}{2!}\Delta^2y(x_0)\\&+\frac{s(s-1)+(s-1)(s-2)+s(s-2)}{3!}\Delta^3y(x_0)+\cdots\\&+\frac{1}{(n+1)!}\sum_{i=0}^{n}\prod_{\substack{k=0\\k\neq i}}^{n}(s-k)h^{n+1}y^{(n+1)}(\xi)\\&+\frac{s(s-1)\cdots(s-n)}{(n+1)!}h^{n+2}\frac{\mathrm{d}}{\mathrm{d}x}y^{(n+1)}(\xi)\Big].\end{aligned}$$

但当 $x=x_i=x_0+ih$ 时,上式右端最后一项等于零.从而

$$y'(x_i)=\frac{1}{h}\Big[\Delta y(x_0)+\frac{2i-1}{2!}\Delta^2y(x_0)+\cdots$$

$$+\frac{1}{(n+1)!}\sum_{i=0}^{n}\prod_{\substack{k=0\\k\neq i}}^{n}(i-k)h^{n+1}y^{(n+1)}(\xi)\Big].$$

特别,当 $n=2$ 时,有

$$y'(x_0)=\frac{1}{h}\Big[\Delta y(x_0)-\frac{1}{2}\Delta^2y(x_0)\Big]+\frac{1}{3}h^2y'''(\xi)$$
$$=\frac{-y(x_2)+4y(x_1)-3y(x_0)}{2h}+\frac{1}{3}h^2y'''(\xi).\tag{1.21}$$

$$y'(x_1)=\frac{1}{h}\Big[\Delta y(x_0)+\frac{1}{2}\Delta^2y(x_0)\Big]-\frac{1}{6}h^2y'''(\xi)$$
$$=\frac{y(x_2)-y(x_0)}{2h}-\frac{1}{6}h^2y'''(\xi).\tag{1.22}$$

$$y'(x_2)=\frac{1}{h}\Big[\Delta y(x_0)+\frac{3}{2}\Delta^2y(x_0)\Big]+\frac{1}{3}h^2y'''(\xi)$$
$$=\frac{3y(x_2)-4y(x_1)+y(x_0)}{2h}+\frac{1}{3}h^2y'''(\xi).\tag{1.23}$$

据(1.21)和(1.23)式,我们可取

$$y_0'=\frac{-y_2+4y_1-3y_0}{2h},\tag{1.24}$$

$$y_N'=\frac{3y_N-4y_{N-1}+y_{N-2}}{2h}.\tag{1.25}$$

这样,求解第二边值问题的差分方程组为

$$\frac{y_{n+1}-2y_n+y_{n-1}}{h^2}-q_ny_n=r_n,\quad n=1,2,\cdots,N-1,\tag{1.26}$$

$$\frac{-y_2+4y_1-3y_0}{2h}=\alpha,\tag{1.27}$$

$$\frac{3y_N-4y_{N-1}+y_{N-2}}{2h}=\beta.\tag{1.28}$$

从(1.26)中取 $n=1$ 时的方程与(1.27)联立,消去 y_2 得

$$-2y_0+(2-q_1h^2)y_1=h^2r_1+2h\alpha,$$

从(1.26)中取 $n=N-1$ 的方程与(1.28)联立,消去 y_{N-2} 得

$$(2-h^2q_{N-1})y_{N-1}-2y_N=h^2r_{N-1}-2h\beta.$$

从而得到 $(N+1)\times(N+1)$ 阶线性方程组

$$A\boldsymbol{y}=\boldsymbol{r},\tag{1.29}$$

其中

$$A = \begin{bmatrix} -2 & (2-h^2q_1) & & & \\ 1 & -(2+h^2q_1) & 1 & & \\ & \ddots & \ddots & \ddots & \\ & & 1 & -(2+h^2q_{N-1}) & 1 \\ & & & 2-h^2q_{N-1} & -2 \end{bmatrix},$$

$$\boldsymbol{y} = \begin{bmatrix} y_0 \\ y_1 \\ \vdots \\ y_N \end{bmatrix}, \quad \boldsymbol{r} = \begin{bmatrix} h^2r_1 + 2h\alpha \\ h^2r_1 \\ \vdots \\ h^2r_{N-1} \\ h^2r_{N-1} - 2h\beta \end{bmatrix}.$$

若选取 h,使得 $0<2-h^2q_1<2$ 且 $0<2-h^2q_{N-1}<2$,则矩阵 A 满足 3.2.6 节中所述的优对角条件,从而方程组(1.29)有唯一解,并且采用三对角算法的计算过程可以进行到底.

第三边值条件可离散化为

$$\frac{-y_2+4y_1-3y_0}{2h} - \alpha_0 y_0 = \alpha_1, \tag{1.30}$$

$$\frac{3y_N-4y_{N-1}+y_{N-2}}{2h} + \beta_0 y_N = \beta_1, \tag{1.31}$$

其中 $\alpha_0 \geqslant 0, \beta_0 \geqslant 0, \alpha_0+\beta_0>0$. 从(1.26)中取 $n=1$ 的方程和(1.30)联立,消去 y_2 得

$$-(2+2\alpha_0 h)y_0 + (2-h^2q_1)y_1 = h^2r_1 + 2h\alpha_1, \tag{1.32}$$

从(1.26)中取 $n=N-1$ 的方程与(1.31)联立,消去 y_{N-2}得

$$(2-h^2q_{N-1})y_{N-1} - (2+2h\beta_0)y_N = h^2r_{N-1} - 2h\beta_1. \tag{1.33}$$

于是,解第三边值问题便化为解$(N+1)\times(N+1)$阶线性方程组

$$A'\boldsymbol{y} = \boldsymbol{r}'.$$

它与方程组(1.29)的不同之处,仅仅是它的第一个方程为(1.32),最后一个方程为(1.33).

若取 h,使 $0<2-q_1h^2<2$ 且 $0<2-q_{N-1}h^2<2$,则方程组 $A'\boldsymbol{y}=\boldsymbol{r}'$有唯一解,且可应用三对角算法求解.

11.1.3　非线性问题

现在,我们来讨论非线性问题

$$
\begin{aligned}
&y'' = f(x,y), \quad a \leqslant x \leqslant b, \ -\infty < y < +\infty, \qquad (1.34)\\
&y(a) = \alpha, \quad y(b) = \beta
\end{aligned}
$$

的差分方法

$$
\begin{aligned}
&-y_{n-1} + 2y_n - y_{n+1} = -h^2 f(x_n, y_n), \ n = 1,\cdots,N-1, \qquad (1.35)\\
&y_0 = \alpha, \quad y_N = \beta,
\end{aligned}
$$

其中 $x_n = x_0 + nh, h = (b-a)/N, x_0 = a, x_N = b$.若 $f(x,y)$不是 y 的线性函数,则(1.35)是非线性差分方程(组),我们把它简记为

$$
A\boldsymbol{y} = \boldsymbol{\varphi}(\boldsymbol{y}), \qquad (1.36)
$$

其中

$$
A = \begin{bmatrix} 2 & -1 & & & \\ -1 & 2 & -1 & & \\ & \ddots & \ddots & \ddots & \\ & & & & -1 \\ & & & -1 & 2 \end{bmatrix},
$$

$$
\boldsymbol{y} = \begin{bmatrix} y_1 \\ y_2 \\ \vdots \\ y_{N-1} \end{bmatrix}, \qquad \boldsymbol{\varphi}(\boldsymbol{y}) = \begin{bmatrix} \alpha - h^2 f(x_1, y_1) \\ -h^2 f(x_2, y_2) \\ \vdots \\ -h^2 f(x_{N-2}, y_{N-2}) \\ \beta - h^2 f(x_{N-1}, y_{N-1}) \end{bmatrix}.
$$

解非线性方程组(1.36)需用迭代法.在第 9 章中介绍的 Newton 法等都可用来解方程组(1.36).一种简单的迭代法是选取初始近似 $\boldsymbol{y}_0 = [y_1^{(0)}, \cdots, y_{N-1}^{(0)}]^{\mathrm{T}}$,令

$$
A\boldsymbol{y}_{m+1} = \boldsymbol{\varphi}(\boldsymbol{y}_m), \quad m = 0,1,2,\cdots, \qquad (1.37)
$$

其中 $\boldsymbol{y}_m = [y_1^{(m)}, \cdots, y_{N-1}^{(m)}]^{\mathrm{T}}$.设初值问题(1.34)的解为 $y(x)$.当 m 充分大时,取

$$
[y(x_1), \cdots, y(x_{N-1})]^{\mathrm{T}} \simeq \boldsymbol{y}_m = [y_1^{(m)}, \cdots, y_{N-1}^{(m)}]^{\mathrm{T}}.
$$

迭代法(1.37)的每一步迭代都要解一个$(N-1)$阶三对角线性方程组

$$
A\boldsymbol{y}_{m+1} = \boldsymbol{\varphi}(\boldsymbol{y}_m).
$$

由于 $\boldsymbol{\varphi}(\boldsymbol{y}_m)$是已知的,且三对角矩阵 A 满足优对角条件,因此它有唯一解,且可用三对角算法求解.

现在,我们来讨论迭代法(1.37)的收敛性.由于

$$A^{-1}=\begin{bmatrix}1-\frac{1}{N} & 1-\frac{2}{N} & 1-\frac{3}{N} & 1-\frac{4}{N} & \cdots & \frac{2}{N} & \frac{1}{N}\\ 1-\frac{2}{N} & 2\left(1-\frac{2}{N}\right) & 2\left(1-\frac{3}{N}\right) & 2\left(1-\frac{4}{N}\right) & \cdots & 2\left(\frac{2}{N}\right) & 2\left(\frac{1}{N}\right)\\ 1-\frac{3}{N} & 2\left(1-\frac{3}{N}\right) & 3\left(1-\frac{3}{N}\right) & 3\left(1-\frac{4}{N}\right) & \cdots & 3\left(\frac{2}{N}\right) & 3\left(\frac{1}{N}\right)\\ 1-\frac{4}{N} & 2\left(1-\frac{4}{N}\right) & 3\left(1-\frac{4}{N}\right) & 4\left(1-\frac{4}{N}\right) & \cdots & 4\left(\frac{2}{N}\right) & 4\left(\frac{1}{N}\right)\\ \vdots & \vdots & \vdots & \vdots & & \vdots & \vdots\\ \frac{1}{N} & \frac{2}{N} & \frac{3}{N} & \frac{4}{N} & \cdots & \frac{N-2}{N} & \frac{N-1}{N}\end{bmatrix},$$

其元素均为正数,因此 $\|A^{-1}\|_\infty=\|A^{-1}\boldsymbol{e}\|_\infty$,其中 $\boldsymbol{e}$ 的分量都是 1.

定理 4 设函数 $f(x,y)$关于 y 满足 Lipschitz 条件:

$$|f(x,y)-f(x,y^*)|\leqslant L|y-y^*|,$$

且

$$\frac{L(b-a)^2}{8}<1.$$

则迭代法(1.37)收敛.

证明 由于假设 $f(x,y)$满足 Lipschitz 条件,因此有

$$\begin{aligned}&\|A^{-1}\boldsymbol{\varphi}(\boldsymbol{y})-A^{-1}\boldsymbol{\varphi}(\boldsymbol{y}^*)\|_\infty\\ \leqslant&\|A^{-1}\|_\infty\|\boldsymbol{\varphi}(\boldsymbol{y})-\boldsymbol{\varphi}(\boldsymbol{y}^*)\|_\infty\\ \leqslant&Lh^2\|A^{-1}\boldsymbol{e}\|_\infty\|\boldsymbol{y}-\boldsymbol{y}^*\|_\infty\\ =&\frac{L(b-a)^2}{N^2}\|A^{-1}\boldsymbol{e}\|_\infty\|\boldsymbol{y}-\boldsymbol{y}^*\|_\infty.\end{aligned}\tag{1.38}$$

令

$$A^{-1}\boldsymbol{e}=\boldsymbol{w},$$

即

$$A\boldsymbol{w}=\boldsymbol{e}.$$

容易验证,方程组 $A\boldsymbol{w}=\boldsymbol{e}$ 的解为

$$\boldsymbol{w}=[w_1,\cdots,w_{N-1}]^{\mathrm{T}},$$

其中

$$w_n=\frac{(N-n)n}{2},\quad n=1,\cdots,N-1.$$

因此

$$\|A^{-1}\boldsymbol{e}\|_\infty=\max_{1\leqslant n\leqslant N-1}w_n\leqslant\frac{N^2}{8}.$$

将它代入(1.38)式得

$$\| A^{-1}\boldsymbol{\varphi}(\boldsymbol{y}) - A^{-1}\boldsymbol{\varphi}(\boldsymbol{y}^*) \|_\infty \leqslant \frac{L(b-a)^2}{8} \| \boldsymbol{y} - \boldsymbol{y}^* \|_\infty .$$

由假设条件 $L(b-a)^2/8<1$,且迭代法(1.37)可写成

$$\boldsymbol{y}_{m+1} = A^{-1}\boldsymbol{\varphi}(\boldsymbol{y}_m),$$

据压缩映射定理知,迭代法(1.37)收敛.

11.2 打 靶 法

解两点边值问题

$$\begin{aligned} &y'' = f(x,y,y'), \quad a \leqslant x \leqslant b, \quad -\infty < y < +\infty, \\ &y(a) = \alpha, \quad y(b) = \beta \end{aligned} \tag{2.1}$$

的**打靶法**实质上是把边值问题化为初值问题来解.我们设法确定 $y'(a)$的值为 t,使初值问题

$$\begin{aligned} &y'' = f(x,y,y'),\ a \leqslant x \leqslant b,\ -\infty < y < +\infty, \\ &y(a) = \alpha, \quad y'(a) = t \end{aligned} \tag{2.2}$$

的解 $y(x,t)$在 $x=b$ 的值$y(b,t)$满足

$$y(b,t) = \beta$$

或

$$| y(b,t) - \beta | < \varepsilon,$$

其中 ε 为允许的误差界.这样,我们把 $y(x,t)$作为边值问题(2.1)的近似解.为此,可以采用逐次逼近法来实现.

假设 $y(x)$为边值问题的解,我们估计 $y'(a)$的值为 t_0 后,解初值问题

$$\begin{aligned} &y'' = f(x,y,y'), \quad a \leqslant x \leqslant b, \quad -\infty < y < +\infty, \\ &y(a) = \alpha, \quad y'(a) = t_0 \end{aligned}$$

(在(2.2)中令 $t=t_0$).这样得到的解为 $y(x,t_0)$,并计算得 $y(b,t_0)=\beta_0$.一般地,$\beta_0\neq\beta$.但若 $\beta_0=\beta$ 或$|\beta_0-\beta|<\varepsilon$,则把 $y(x,t_0)$作为边值问题(2.1)的近似解;否则,必须调整 t_0,例如取 $t_1=\dfrac{\beta}{\beta_0}t_0$,则在(2.2)中令 $t=t_1$,再求解此初值问题.设计算得它的解为 $y(x,t_1)$,$y(b,t_1)=\beta_1$,若 $\beta_1=\beta$ 或$|\beta_1-\beta|<\varepsilon$,则 $y(x,t_1)$作为边值问题(2.1)的近似解;否则,再适当修改 t_1.如此重复计算,直至 $\beta_k=\beta$ 或$|\beta_k-\beta|<\varepsilon$ 时,便以 $y(x,t_k)$作为边值问题(2.1)的近似解,参见图 11.1.上面的积分曲线($y=y(x,t_0)$)的 β_0 过大,下面的曲线($y=y(x,t_1)$)的 β_1 过小.

在第 10 章中,我们已经介绍了解高阶微分方程初值问题的数值方法.现在的问题是如何确定参数 t_k.当 $t=t_k$ 时,从初值问题计算得解 $y(x,t_k)$.自然,我们希

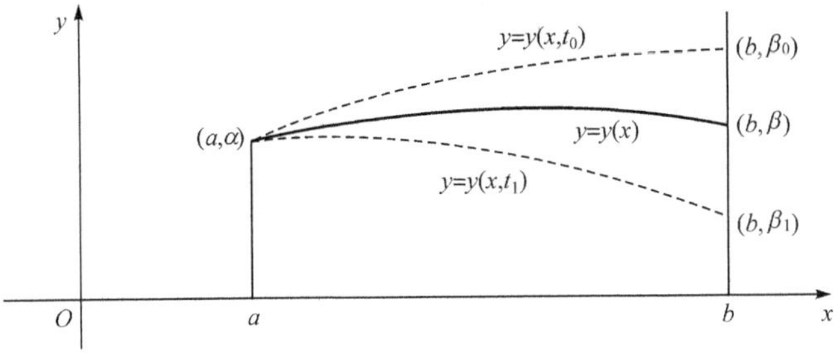

图 11.1

望

$$\lim_{k\to\infty} y(b,t_k) = y(b) = \beta.$$

因此,确定 t_k 的问题可归结为求方程

$$y(b,t) - \beta = 0 \tag{2.3}$$

的近似根.(2.3)是一个非线性方程.在第 2 章中讨论的区间分半法,割线法和 Newton 法都可以用来解方程(2.3).

假如用割线法来解方程(2.3),我们需要选取初始近似 t_0,t_1,由公式

$$t_k = t_{k-1} - \frac{(y(b,t_{k-1}) - \beta)(t_{k-1} - t_{k-2})}{y(b,t_{k-1}) - y(b,t_{k-2})}, \quad k = 2,3,\cdots. \tag{2.4}$$

生成序列$\{t_k\}$.按(2.4)式求 t_k,直到$|y(b,t_k)-\beta|<\varepsilon$ 为止,其中 ε 为允许的误差界.

综合上述,解边值问题(2.1)的打靶法(由割线法确定参数 t_k)的计算步骤如下:

令 $h=(b-a)/N, x_i=a+ih(i=1,\cdots,N-1,N)$.给定初始值 t_0,误差容限 TOL,最大迭代次数 m.

1.(1) 取 $t=t_0$,解初值问题(2.2)得解 $y(x,t_0)$在 $x=x_i(i=1,\cdots,N)$的近似值:

$$y(x_1,t_0),\cdots,y(x_{N-1},t_0), \qquad y(x_N,t_0)(=y(b,t_0)).$$

(2) 若$|y(x_N,t_0)-\beta|<TOL$,则输出

$$y(x_1,t_0),\cdots,y(x_{N-1},t_0),y(x_N,t_0)$$

作为初值问题(2.1)的解在 $x_1,\cdots,x_{N-1},x_N$ 的近似值;停机.

2.(1) 令 $t=t_1=\dfrac{\beta}{y(x_N,t_0)}t_0$,解初值问题(2.2)得解 $y(x,t_1)$在 $x=x_i(i=1,\cdots,N)$的近似值:

$$y(x_1,t_1),\cdots,y(x_{N-1},t_1),\ y(x_N,t_1)(=y(b,t_1)).$$

(2) 若 $|y(x_N, t_1) - \beta| < TOL$,则输出

$$y(x_1, t_1), \cdots, y(x_{N-1}, t_1), y(x_N, t_1)$$

作为初值问题(2.1)的解在 $x_1, \cdots, x_{N-1}, x_N$ 的近似值;停机.

3. 对 $k = 2, 3, \cdots, m$ 做

(1) 由(2.4)式计算 t_k;

(2) 令 $t = t_k$,解初值问题(2.2)得解 $y(x, t_k)$在 $x = x_i (i = 1, \cdots, N)$的(近似)值:

$$y(x_1, t_k), \cdots, y(x_{N-1}, t_k),\ y(x_N, t_k) (= y(b, t_k)).$$

(3) 若 $|y(x_N, t_k) - \beta| < TOL$,则输出

$$y(x_1, t_k), \cdots, y(x_{N-1}, t_k), y(x_N, t_k)$$

作为初值问题(2.1)的解在 $x_1, \cdots, x_{N-1}, x_N$ 的近似值;停机.

对第三边值问题,同样可用打靶法求解.设第三边值问题为

$$y'' = f(x, y, y'), \quad a \leqslant x \leqslant b, \tag{2.5}$$

$$p_1 y(a) + q_1 y'(a) = \alpha, \quad |p_1| + |q_1| \neq 0, \tag{2.6}$$

$$p_2 y(b) + q_2 y'(b) = \beta, \quad |p_2| + |q_2| \neq 0. \tag{2.7}$$

打靶法的基本过程如下:

(1) 选取参数 t_0,令 $y'(a) = t_0$. 设 $p_1 \neq 0$,则可由(2.6)式确定 $y(a)$,从而得到初值问题

$$\begin{cases} y'' = f(x, y, y'), \\ y(a) = \dfrac{1}{p_1}(\alpha - q_1 t_0), \quad a \leqslant x \leqslant b, \\ y'(a) = t_0. \end{cases} \tag{2.8}$$

求初值问题(2.8)的解 $y(x, t_0)$.

(2) 把 $y(x, t_0)$代入(2.7)式左端得

$$\beta_0 = p_2 y(b, t_0) + q_2 y'(b, t_0).$$

若 $\beta_0 = \beta$,则 $y(x, t_0)$为所求的边值问题的近似解;若 $\beta_0 \neq \beta$,则令

$$t_1 = \frac{\beta}{\beta_0} t_0.$$

设 $y'(a) = t_1$(以 t_1 取代 t_0)解初值问题(2.8),求得解 $y(x, t_1)$后再代入(2.7)式左端得

$$\beta_1 = p_2 y(b, t_1) + q_2 y'(b, t_1).$$

(3) 从 $t_0, t_1, \beta_0, \beta_1$ 出发,由割线法

$$t_k = t_{k-1} - \frac{(\beta_{k-1} - \beta)(t_{k-1} - t_{k-2})}{(\beta_{k-1} - \beta_{k-2})}, \quad k = 2, 3, \cdots. \tag{2.9}$$

产生 t_2,以 t_2 取代 t_0 解初值问题(2.8)确定 β_2,如此继续进行下去,求得序列 $\{t_k\}$,直到

$$|p_2 y(b,t_k)+q_2 y'(b,t_k)-\beta|< TOL$$

为止,TOL 为误差容限.

若 $p_1=p_2=0$,则(2.5),(2.6),(2.7)为第二边值问题,处理方法完全类似.

习　题　11

1. 用差分方法解边值问题

$$y''=(1+x^2)y,\quad -1\leqslant x\leqslant 1,$$
$$y(-1)=y(1)=1.$$

取步长 $h=\dfrac{1}{2}$.

2. 用差分方法解边值问题

$$y''+4y=\cos x,\quad 0\leqslant x\leqslant \frac{\pi}{4},$$
$$y(0)=0,\quad y\left(\frac{\pi}{4}\right)=0.$$

取步长 $h=\dfrac{\pi}{12}$.

3. 证明 11.1 节定理 3.

4. 对边值问题

$$y''=-\frac{4}{x}y'+\frac{2}{x^2}y-\frac{2\ln x}{x^2},\quad 1\leqslant x\leqslant 2,$$
$$y(1)=-\frac{1}{2},\quad y(2)=\ln 2,$$

取 $h=0.05$,证明方程组(1.20)有唯一解.

5. 用差分方法解边值问题

$$y''+(x+1)y'-2y=(1-x^2)e^{-x},\quad 0\leqslant x\leqslant 1,$$
$$y(0)=y(1)=0.$$

取 $h=0.1$.

6. 证明方程组(1.36)左端的系数矩阵 A 是正定的.

第 12 章　函数逼近

12.1　函数逼近问题

假设 $f(x)$是定义在某区间$[a,b]$上的函数,寻求另一个构造简单,计算量小的函数 $\varphi(x)$来近似地代替 $f(x)$的问题就是所谓**函数逼近问题**.通常取 $\varphi(x)$为区间$[a,b]$上的一个线性无关函数系 $\varphi_0(x),\varphi_1(x),\cdots,\varphi_n(x)$的某种线性组合:

$$\varphi(x)=\sum_{j=0}^{n}c_j\varphi_j(x),$$

其中 $c_0,c_1,\cdots,c_n$ 均为实常数.这个表达式或称为一个**广义多项式**.常用的函数系有幂函数系:

$$1,x,\cdots,x^n,$$

三角函数系:

$$1,\cos x,\sin x,\cos 2x,\sin 2x,\cdots,\cos nx,\sin nx,$$

以及指数函数系$\{e^{\lambda_j x}\}$等等.幂函数系的线性组合是一个多项式.因为多项式便于计算,容易求积分和微分,并且它是任意次可微的函数,因此幂函数系是最常用的.三角函数系的任一线性组合称为一个**三角多项式**.我们应当指出,往往需要根据函数 $f(x)$的性态或实际问题的背景选择适当的函数系$\{\varphi_j(x)\}$.

在第 4 章中介绍的插值法就是函数逼近的一个重要方法.这个方法是寻求一个不高于 n 次的多项式$p_n(x)$,使得在区间$[a,b]$中的 $n+1$ 个基点 x_i 处有

$$p_n(x_i)=f(x_i),\quad i=0,1,\cdots,n.$$

用它逼近 $f(x)$,只是在基点 $x_i(i=0,1,\cdots,n)$没有误差,而在其他点处就让 $f(x)\simeq p_n(x)$.从 4.2.4 节的分析可知,$p_n(x)$有可能很好地逼近 $f(x)$,也可能产生很大的误差,即使增加插值基点,也未必能保证 $p_n(x)$很好地逼近 $f(x)$.假设在区间$[a,b]$中给定一个基点无穷三角阵:

$$\left.\begin{array}{l}x_0^{(0)}\\ x_0^{(1)},x_1^{(1)}\\ x_0^{(2)},x_1^{(2)},x_2^{(2)}\\ \cdots\cdots\cdots\cdots\\ x_0^{(n)},x_1^{(n)},x_2^{(n)},\cdots,x_n^{(n)}\\ \cdots\cdots\cdots\cdots\end{array}\right\},\tag{1.1}$$

以(1.1)的每一行基点来构造 $f(x)$ 的 Lagrange 插值多项式序列

$$p_0(x), p_1(x), p_2(x), \cdots, p_n(x), \cdots.$$

若

$$\lim_{n\to\infty} p_n(x) = f(x), x \in [a, b], \tag{1.2}$$

则说插值过程是**收敛**的. 若(1.2)式一致成立,则说过程是**一致收敛**的.

设 $f(x)$ 为定义在 $[a, b]$ 上的整函数,则按基点属于 $[a, b]$ 的任何一个形如(1.1)的三角阵产生的插值多项式序列 $\{p_n(x)\}$ 在 $[a, b]$ 上都一致收敛于 $f(x)$. 然而,结论并不对所有定义在 $[a, b]$ 上的连续函数都成立. G. Faber 证明了,对于任何形如(1.1)的三角阵都存在连续函数 $f(x)$,由(1.1)产生的插值多项式序列 $\{p_n(x)\}$ 在 $[a, b]$ 上不一致收敛于 $f(x)$. Bernstein 还证明了,对于区间 $[-1, 1]$ 的函数 $|x|$,以

$$x_i^{(n)} = -1 + \frac{i}{n}, \qquad i = 0, 1, \cdots, 2n+2$$

为基点构造 Lagrange 插值多项式序列 $\{p_{2n+2}(x)\}$ 除 $x = -1, 0, 1$ 外,在 $[-1, 1]$ 中的其他任何点都不收敛于 $f(x) = |x|$.

样条插值法是 20 世纪 60 年代以来得到广泛重视与应用的一种函数逼近方法.

假如函数 $f(x)$ 在 $[a, b]$ 中某一点 x_0 的邻域内充分可微,那么可将 $f(x)$ 展成 Taylor 级数,取其部分和 $\varphi(x)$ 来逼近 $f(x)$. 然而,在离 x_0 较远的点 x 处,将会使 $\varphi(x)$ 与 $f(x)$ 产生很大的偏差.

在讨论函数逼近问题时,自然希望所寻求的函数 $\varphi(x)$ 在整个区间 $[a, b]$ 上能近似地表示 $f(x)$,或者说,在整个区间 $[a, b]$ 上 $\varphi(x)$ 与 $f(x)$ 的误差尽可能小,这就必须首先指出近似的意义(或误差度量标准),以及 $\varphi(x)$ 在某种意义(误差度量标准)下逼近 $f(x)$. 常用的误差度量标准有

(1) $\max\limits_{a\leqslant x\leqslant b} |f(x) - \varphi(x)|$;

(2) $\int_a^b |f(x) - \varphi(x)|^p W(x) \mathrm{d}x$,

其中 $p \geqslant 1$, $W(x) \geqslant 0$ 为权函数.

对给定的函数系 $\{\varphi_j(x)\}$,寻求函数

$$\varphi(x) = \sum_{j=0}^{n} c_j \varphi_j(x) \tag{1.3}$$

(确定 $c_j, j-0, 1, \cdots, n$),使

$$\lim_{n\to\infty} \max_{a\leqslant x\leqslant b} |f(x) - \varphi(x)| = 0 \tag{1.4}$$

的函数逼近称为**一致逼近**;使

$$\lim_{n\to\infty}\int_a^b |f(x)-\varphi(x)|^p W(x)\mathrm{d}x = 0 \tag{1.5}$$

的函数逼近称为(关于权函数 $W(x)$)的 L_p **逼近**,特别当 $p=2$ 时,称它为**平方逼近**.

关于一致逼近的问题,早在 1885 年,Weierstrass 就指出了下面的基本定理.

定理 设 $f(x)$是区间$[a,b]$上的连续函数,则对于任给 $\varepsilon>0$,存在一多项式 $p_\varepsilon(x)$,使不等式

$$|f(x)-p_\varepsilon(x)|<\varepsilon$$

对所有 $x\in[a,b]$一致成立.

这个定理的证明方法很多,1912 年 Bernstein 给出了一个构造性的证明. 由于线性变换

$$x = a+(b-a)t$$

可以把一般区间$[a,b]$变成区间$[0,1]$,因此,不失一般性,可以考虑区间$[a,b]=[0,1]$. 设 $f(x)$定义在区间$[0,1]$上,我们称

$$B_n(f,x) = \sum_{k=0}^{n} f\left(\frac{k}{n}\right)C_n^k x^k(1-x)^{n-k} \tag{1.6}$$

为关于 $f(x)$的 ***n* 次 Bernstein 多项式**,并规定

$$B_n(f,0) = f(0),\quad B_n(f,1) = 1.$$

可以证明,$B_n(f,x)$在区间$[0,1]$上一致收敛于 $f(x)$.

12.2 最佳一致逼近

Weierstrass 定理肯定了存在多项式一致逼近连续函数,而 Bernstein 多项式就是具有这种良好的一致逼近性质的多项式,但其缺点是收敛太慢. 若精确度要求很高,则 Bernstein 多项式的次数很高. Chebyshev 从另一观点去研究一致逼近问题. 他不让 n 趋于无穷大,而是在所有次数不超过固定次数 n 中去找一个最精确地逼近 $f(x)$的多项式.

设 $f(x)$是区间$[a,b]$上的连续函数,令 H_n 表示所有次数不超过 n 的多项式以及零多项式构成的集合,即 $H_n=\mathrm{span}\{1,x,\cdots,x^n\}$. 若 $p_n(x)\in H_n$,则称

$$\max_{a\leqslant x\leqslant b}|f(x)-p_n(x)|$$

为 $p_n(x)$与 $f(x)$的**偏差**. 量

$$E_n = \min_{p_n(x)\in H_n}\max_{a\leqslant x\leqslant b}|f(x)-p_n(x)| \tag{2.1}$$

称为 $f(x)$的 ***n* 次最佳逼近或最小偏差**. 显然,$\{E_n\}$为单调下降的非负数列,并由 Weierstrass 定理知 $E_n\to 0(n\to\infty)$. 如果在 H_n 中存在一个多项式 $p(x)$,使得

$$\max_{a \leqslant x \leqslant b} |f(x) - p(x)| = E_n,$$

那么,$p(x)$称为 $f(x)$的(n 次)**最佳一致逼近多项式**,简称为**最佳逼近多项式**. n 次最佳一致逼近多项式的次数不高于 n.

自然,我们要问最佳一致逼近多项式是否存在和唯一？下面我们来讨论这个问题.

假设 $g(x)$是$[a,b]$上的连续函数,若存在 n 个点 x_i:

$$a \leqslant x_1 < x_2 < \cdots < x_n \leqslant b$$

使得

$$|g(x_i)| = \max_{a \leqslant x \leqslant b} |g(x)|, \quad i = 1,2,\cdots,n,$$

且

$$g(x_i) = - g(x_{i+1}), \quad i = 1,2,\cdots,n-1,$$

则称 $x_1, x_2, \cdots, x_n$ 为 $g(x)$在$[a,b]$上的(Chebyshev)**交错点组**.

定理 1(chebyshev 定理) 设函数 $f(x)$在$[a,b]$上连续,$p(x) \in H_n$,则 $p(x)$是 $f(x)$的最佳一致逼近多项式的充分必要条件是 $f(x)-p(x)$在$[a,b]$上存在一个至少有 $n+2$ 个点组成的交错点组.

证明 充分性 假设 $f(x)-p(x)$在$[a,b]$上有一个交错点组:

$$x_1 < x_2 < \cdots < x_{n+2},$$

则

$$|f(x_i) - p(x_i)| = L = \max_{a \leqslant x \leqslant b} |f(x) - p(x)|, \quad i = 1,\cdots,n+2,$$

且

$$f(x_i) - p(x_i) = -(f(x_{i+1} - p(x_{i+1}))), \quad i = 1,2,\cdots,n+1. \quad (2.2)$$

假设 $p(x)$不是最佳一致逼近多项式,则在 H_n 中存在某一异于 $p(x)$的多项式 $q(x)$,使得

$$\max_{a \leqslant x \leqslant b} |f(x) - q(x)| < L. \quad (2.3)$$

不妨设 $f(x_1)-p(x_1)=L$(对 $f(x_1)-p(x_1)=-L$ 的情形,论述类似),据(2.3)和(2.2)式有

$$f(x_1) - q(x_1) \leqslant \max_{a \leqslant x \leqslant b} |f(x) - q(x)| < L = f(x_1) - p(x_1),$$

于是有

$$p(x_1) - q(x_1) < 0.$$

类似地,

$$f(x_2) - q(x_2) \geqslant - \max_{a \leqslant x \leqslant b} |f(x) - q(x)| > - L = f(x_2) - p(x_2),$$

于是

$$p(x_2) - q(x_2) > 0.$$

仿此推知,多项式 $p(x)-q(x)$在 $n+2$ 个点 $x_1,x_2,\cdots,x_{n+2}$交错变号,因此它在$[a,b]$中至少有 $n+1$ 个根.由于$(p(x)-q(x))\in H_n$,若 $p(x)-q(x)$有次数定义,则它的次数不超过 n,不可能有 $n+1$ 个根.因此,$p(x)-q(x)$只能是零多项式,即 $p(x)-q(x)=0$,亦即 $p(x)=q(x)$,这与假设矛盾.故证得 $p(x)$就是最佳逼近多项式.

必要性　设 $p(x)$是最佳逼近多项式,即

$$\max_{a\leqslant x\leqslant b}|f(x)-p(x)|=E_n.$$

由于 $f(x)-p(x)$在区间$[a,b]$上一致连续,因此,总可以把区间$[a,b]$用分点

$$a=u_0<u_1<\cdots<u_s=b$$

分成 s 个子区间$[u_k,u_{k+1}]$,$k=0,1,\cdots,s-1$,使每个子区间上函数 $f(x)-p(x)$的振幅小于 $E_n/2$.

现把 s 个子区间分成二组:凡含有使$|f(x)-p(x)|=E_n$ 的点的那些子区间都归入第一组,从左到右记作

$$I_1,I_2,\cdots,I_{N_1},$$

而其余的子区间归入第二组,记作

$$J_1,J_2,\cdots,J_{N_2},$$

$N_1+N_2=s$.据子区间的作法可知

$$|f(x)-p(x)|>\frac{E_n}{2},\quad x\in I_j,\ j=1,2,\cdots,N_1,\tag{2.4}$$

$$|f(x)-p(x)|<\frac{E_n}{2},\quad x\in J_i,\ i=1,2,\cdots,N_2.\tag{2.5}$$

由(2.4)式知,在每一个 I_j 中,$f(x)-p(x)$保持定号.为确定起见,不妨设在 I_1 上 $f(x)-p(x)>0$.于是,依 $f(x)-p(x)$的符号再把第一组子区间分成 m 个小组:

$$I_1,I_2,\cdots,I_{k_1}\quad (f(x)-p(x)>0),$$

$$I_{k_1+1},I_{k_1+2},\cdots,I_{k_2}\quad (f(x)-p(x)>0),$$

……………

$$I_{k_{m-1}+1},I_{k_{m-1}+2},\cdots,I_{k_m}\quad ((f(x)-p(x))(-1)^{m-1}>0),$$

$k_m=N_1$.这样,从这 m 个小组便可找到一个由 m 个点组成的交错点组,从而把问题归结为证明 $m\geqslant n+2$.我们用反证法来证明它.设 $m<n+2$.由于 $f(x)-p(x)$在 I_{k_1}与 I_{k_1+1}上不同号,因此 I_{k_1}的右端不能与 I_{k_1+1}的左端重合.这样,在 I_{k_i}与 I_{k_i+1}之间可以取一点 z_1.类似地,在 I_{k_i}与 I_{k_i+1}之间可取一点 $z_i(i=2,3,\cdots,m-1)$.由这些 z_i 作多项式

$$d(x)=(z_1-x)(z_2-x)\cdots(z_{m-1}-x).$$

由于 $m<n+2$,因此 $m-1\leqslant n$,即有 $d(x)\in H_n$. 据 z_i 的取法可知

$$(f(x)-p(x))d(x)>0,\quad x\in I_j, j=1,2,\cdots,N_1. \tag{2.6}$$

令

$$E=\max_{1\leqslant i\leqslant N_2}\max_{x\in J_i}|f(x)-p(x)|,$$
$$M=\max_{a\leqslant x\leqslant b}|d(x)|.$$

由(2.5)式知

$$E<E_n.$$

令取充分小正数 $\varepsilon>0$,使

$$\varepsilon M<\min\left(E_n-E,\frac{E_n}{2}\right). \tag{2.7}$$

令

$$Q(x)=p(x)+\varepsilon d(x),$$

则当 $x\in J_i, i=1,2,\cdots,N_2$ 时,由(2.7)式可知

$$\begin{aligned}|f(x)-Q(x)|&\leqslant|f(x)-p(x)|+\varepsilon|d(x)|\\&\leqslant E+\varepsilon M<E_n.\end{aligned} \tag{2.8}$$

当 $x\in I_j, j=1,2,\cdots,N_1$ 时,由(2.6)和(2.4)式得到

$$\begin{aligned}|f(x)-Q(x)|&=|f(x)-p(x)-\varepsilon d(x)|\\&=|f(x)-p(x)|-\varepsilon|d(x)|,\end{aligned}$$

因此

$$|f(x)-Q(x)|\leqslant E_n-\varepsilon|d(x)|.$$

因为当 $x\in I_j$ 时,$d(x)\neq 0$,所以

$$\min_{x\in I_j}|d(x)|>0.$$

故有

$$|f(x)-Q(x)|<E_n. \tag{2.9}$$

合并(2.8)和(2.9)式,可知对$[a,b]$上一切 x 都有

$$|f(x)-Q(x)|<E_n.$$

这与 $p(x)$是最佳逼近多项式的假设相矛盾. 因此证得 $m\geqslant n+2$.

定理 2 设函数 $f(x)$在$[a,b]$上连续,则在 H_n 中,$f(x)$有唯一的一个最佳一致逼近多项式 $p(x)$.

证明 最佳逼近多项式的存在性证明很繁,在此略去. 我们只证唯一性. 设在 H_n 中存在两个不同的最佳逼近多项式$p(x)$与 $q(x)$. 令

$$r(x)=\frac{p(x)+q(x)}{2},$$

则 $r(x)\in H_n$,且

$$\begin{aligned}|f(x)-r(x)| &= \left|\frac{f(x)-p(x)}{2}+\frac{f(x)-q(x)}{2}\right| \\ &\leqslant \frac{1}{2}|f(x)-p(x)|+\frac{1}{2}|f(x)-q(x)| \\ &\leqslant E_n,\end{aligned}$$

因此 $r(x)$也是 $f(x)$的一个最佳逼近多项式.据定理 1 知,$f(x)-r(x)$在$[a,b]$上便存在一个交错点组

$$x_1 < x_2 < \cdots < x_{n+2}. \tag{2.10}$$

设 x_j 是交错点组(2.10)中的一个点,且

$$f(x_j)-r(x_j)=E_n.$$

这表示

$$\frac{f(x_j)-p(x_j)}{2}+\frac{f(x_j)-q(x_j)}{2}=E_n.$$

但 $f(x_j)-q(x_j)\leqslant E_n$,因此

$$\frac{f(x_j)-p(x_j)}{2}+\frac{E_n}{2}\geqslant E_n,$$

从而

$$f(x_j)-p(x_j)\geqslant E_n. \tag{2.11}$$

另一方面,

$$f(x_j)-p(x_j)\leqslant E_n. \tag{2.12}$$

因此,据(2.11)和(2.12)式便得

$$f(x_j)-p(x_j)=E_n.$$

同理可证

$$f(x_j)-q(x_j)=E_n.$$

这么一来,我们得到

$$p(x_j)=q(x_j).$$

设 x_j 是交错点组(2.10)的一个点,而

$$f(x_j)-r(x_j)=-E_n.$$

仿上述推导,亦可得

$$p(x_j)=q(x_j).$$

因此 $p(x)-q(x)$有 $n+2$ 个根.设 $p(x)-q(x)$有次数,则其次数不超过 n,不可能有 $n+2$ 个根,故必须 $p(x)-q(x)=0$,即 $p(x)=q(x)$.

定理 3　设 $f(x)$在$[a,b]$上有 $n+1$ 阶导数,且 $f^{(n+1)}(x)$在$[a,b]$中保持定

号(恒正或恒负)，$p(x)\in H_n$ 是 $f(x)$ 的最佳一致逼近多项式，则区间 $[a,b]$ 的端点属于 $f(x)-p(x)$ 的交错点组.

证明 设 a 或 b 不属于 $f(x)-p(x)$ 的交错点组，则 $r(x)=f(x)-p(x)$ 在区间 (a,b) 内至少 $n+1$ 个点

$$a < x_1 < x_2 < \cdots < x_{n+1} < b$$

使得

$$r'(x_i) = 0,\ i = 1,2,\cdots,n+1.$$

反复应用 Rolle 定理可知，$r^{(n+1)}(x)$ 在 (a,b) 中至少有一个零点 η，即有

$$r^{(n+1)}(\eta) = 0.$$

但

$$r^{(n+1)}(x) = f^{(n+1)}(x) - p^{(n+1)}(x) = f^{(n+1)}(x),$$

因此有

$$f^{(n+1)}(\eta) = 0.$$

这与 $f^{(n+1)}(x)$ 在 $[a,b]$ 中保持定号的假设相矛盾. 定理得证.

例 1 求函数 $f(x)=\sqrt{x}$ 在区间 $\left[\frac{1}{4},1\right]$ 上的一次最佳一致逼近多项式.

解 设一次最佳逼近多项式为

$$p(x) = ax + b,$$

则

$$r(x) = f(x) - p(x) = \sqrt{x} - ax - b,$$

$$r'(x) = \frac{1}{2}x^{-\frac{3}{2}} - a.$$

易知 $f''(x)$ 在 $\left[\frac{1}{4},1\right]$ 上恒负. 假设交错点组为 $x_1<x_2<x_3$，则 $x_1=\frac{1}{4}$，$x_3=1$. 由 $r'(x_2)=0$，$r(x_1)=-r(x_2)=r(x_3)$，得方程组

$$\frac{1}{2}x_2^{-\frac{3}{2}} - a = 0,$$

$$\frac{1}{2} - \frac{1}{4}a - b = -x_2^{-\frac{1}{2}} + ax_2 + b,$$

$$1 - a - b = -x_2^{-\frac{1}{2}} + ax_2 + b.$$

解此方程组得

$$a = \frac{2}{3},\quad b = \frac{17}{48},\quad x_2 = \frac{9}{16}.$$

因此求得 $f(x)$ 的一次最佳逼近多项式为

$$p(x)=\frac{2}{3}x+\frac{17}{18}.$$

通常,在讨论连续函数的多项式逼近中,要具体求一连续函数的最佳一致逼近多项式是十分困难的,因此,在实际使用中,往往求一个近似的最佳逼近多项式.在4.7节中,我们提到Lagrange插值公式中余项极小化问题.若选取Chebyshev多项式的零点作为插值基点,则可使余项极小化.这样的Lagrange插值多项式,又称为**Chebyshev插值多项式**,它可以作为 $f(x)$ 的一个近似的最佳逼近多项式.

例2 求函数 $f(x)=xe^x$ 在 $[0,1.5]$ 上的三次近似最佳逼近多项式(Chebyshev插值多项式).

解 记 $[a,b]=[0,1.5]$.由插值基点公式

$$x_j=\frac{1}{2}\left[(b-a)\cos\frac{(2j+1)\pi}{2(n+1)}+b+a\right],\quad j=0,1,2,3,n=3,$$

计算得基点:

$$x_0=\frac{1}{2}\left(1.5\cos\frac{\pi}{8}+1.5\right)=1.44291,$$

$$x_1=\frac{1}{2}\left(1.5\cos\frac{3\pi}{8}+1.5\right)=1.03701,$$

$$x_2=\frac{1}{2}\left(1.5\cos\frac{5\pi}{8}+1.5\right)=0.46299,$$

$$x_3=\frac{1}{2}\left(1.5\cos\frac{7\pi}{8}+1.5\right)=0.05709.$$

以 x_0,x_1,x_2,x_3 为基点作 $f(x)$ 的三次插值多项式,得

$$p_3(x)=1.3811x^3+0.044445x^2+1.3030x-0.014357.$$

我们取 $p_3(x)$ 作为 $f(x)$ 在区间 $[0,1.5]$ 上的近似最佳逼近多项式.

另一个求函数的近似最佳逼近多项式的方法是利用Chebyshev多项式缩短幂级数.设函数 $f(x)$ 能展成收敛的幂级数

$$f(x)=a_0+a_1x+\cdots+a_mx^m+R_m,$$

R_m 为 $m+1$ 项以后的余项.然后,取部分和

$$S_m(x)=a_0+a_1x+\cdots+a_mx^m$$

作为 $f(x)$ 的近似表达式.为了达到一定精度要求(最大误差不超过 TOL),必须取足够大的 m.若把 $f(x)$ 展开成

$$f(x)=b_0T_0(x)+b_1T_1(x)+\cdots+b_nT_n(x)+R'_n,$$

其中 $T_j(j=0,1,\cdots,n)$ 是 j 次Chebyshev多项式.取

$$S'_n(x)=b_0T_0(x)+b_1T_1(x)+\cdots+b_nT_n(x)$$

作为 $f(x)$ 的近似表达式,为使最大误差仍不超过 TOL,可望 $n<m$.

我们以 $f(x)=e^x$ 为例来说明幂级数的缩短.把 e^x 展成幂级数

$$e^x = 1 + x + \frac{x^2}{2!} + \frac{x^3}{3!} + \frac{x^4}{4!} + \frac{x^5}{5!} + R_5, \tag{2.13}$$

若取

$$S_5(x) = 1 + x + \frac{x^2}{2!} + \frac{x^3}{3!} + \frac{x^4}{4!} + \frac{x^5}{5!}$$

作为 e^x 的近似,则在[-1,1]中最大误差为

$$\max_{x\in[-1,1]} |e^x - S_5(x)| = \frac{e}{6!} \simeq 0.0038.$$

若取

$$e^x \simeq S_4(x) = 1 + x + \frac{x^2}{2!} + \frac{x^3}{3!} + \frac{x^4}{4!},$$

则

$$\max_{x\in[-1,1]} |e^x - S_4(x)| \simeq 0.0227.$$

因此,为使最大误差不超过 0.01,则必须取 $e^x \simeq S_5(x)$.

现在,我们利用 Chebyshev 多项式来表示 $1, x, \cdots, x^5$(见 4.7 节),从而可将(2.13)式表示成

$$\begin{aligned} e^x =& \frac{81}{64}T_0(x) + \frac{217}{192}T_1(x) + \frac{13}{48}T_2(x) + \frac{17}{384}T_3(x) \\ &+ \frac{1}{192}T_4(x) + \frac{1}{1920}T_5(x) + R_5. \end{aligned} \tag{2.14}$$

在区间[-1,1]上,我们有

$$\left|\frac{1}{192}T_4(x) + \frac{1}{1920}T_5(x)\right| \leqslant \frac{1}{192}|T_4(x)| + \frac{1}{1920}|T_5(x)| \leqslant \frac{11}{1920} \simeq 0.0057.$$

由于

$$0.0057 + 0.0038 = 0.0095 < 0.01,$$

因此,在(2.14)式右端取到第四项,即取

$$S'_3(x) = \frac{84}{64}T_0(x) + \frac{217}{192}T_1(x) + \frac{13}{48}T_2(x) + \frac{17}{384}T_3(x)$$

作为 e^x 的近似,可使

$$\max_{x\in[-1,1]} |e^x - S'_3(x)| \simeq 0.0095 < 0.01.$$

再将 $S'_3(x)$ 转化成用幂函数来表示,则

$$S'_3(x) = \frac{1}{384}(382 + 383x + 208x^2 + 68x^3).$$

这只要计算到 x^3,而 $S_5(x)$ 则要计算到 x^5.

对于任一有限区间$[a,b]$上的逼近问题,可以通过变换

$$x = \frac{b-a}{2}t + \frac{a+b}{2}$$

将区间$[a,b]$化为$[-1,1]$.

12.3　最佳平方逼近

假设 $f(x)$是区间$[a,b]$上的连续函数,$\{\varphi_j(x)\}_{j=0}^{n}$是$[a,b]$上的一个线性无关函数系,且 $\varphi_j(x)$在$[a,b]$上都是连续的($j=0,1,\cdots,n$),并设 $W(x)$为$[a,b]$上的一个权函数.确定广义多项式

$$\varphi(x) = \sum_{j=0}^{n} a_j\varphi_j(x) \tag{3.1}$$

的系数 $a_0,a_1,\cdots,a_n$,使

$$\int_a^b [f(x) - \varphi(x)]^2 W(x)\mathrm{d}x = \min. \tag{3.2}$$

这样得到的函数 $\varphi(x)$称为 $f(x)$在$[a,b]$上关于权函数 $W(x)$的**最佳平方逼近(函数)**或**最小二乘逼近(函数)**.特别,若 $W(x)=1$,则说 $\varphi(x)$是 $f(x)$在$[a,b]$上的最佳平方逼近(函数).

据微分学中极值存在的必要条件知,欲使(3.2)式成立的 $a_0,a_1,\cdots,a_n$,必须满足方程组

$$\frac{\partial}{\partial a_k}\left\{\int_a^b [f(x) - \varphi(x)]^2 W(x)\mathrm{d}x\right\} = 0,\quad k = 0,1,\cdots,n,$$

即

$$\int_a^b [f(x) - \varphi(x)]\varphi_k(x) W(x)\mathrm{d}x = 0,\quad k = 0,1,\cdots,n,$$

或

$$\int_a^b \varphi(x)\varphi_k(x) W(x)\mathrm{d}x = \int_a^b f(x)\varphi_k(x) W(x)\mathrm{d}x,\quad k = 0,1,\cdots,n. \tag{3.3}$$

把(3.1)代入(3.3),并记

$$\begin{aligned}(\varphi_i,\varphi_j) &= \int_a^b \varphi_i(x)\varphi_j(x)W(x)\mathrm{d}x,\quad i,j = 0,1,\cdots,n\\ (\varphi_i,f) &= \int_a^b \varphi_i(x)f(x)W(x)\mathrm{d}x,\quad i = 1,\cdots,n,\end{aligned} \tag{3.4}$$

则可将方程组(3.3)写成

$$\begin{cases}(\varphi_0,\varphi_0)a_0+(\varphi_0,\varphi_1)a_1+\cdots+(\varphi_0,\varphi_n)a_n=(\varphi_0,f),\\(\varphi_1,\varphi_0)a_0+(\varphi_1,\varphi_1)a_1+\cdots+(\varphi_1,\varphi_n)a_n=(\varphi_1,f),\\\cdots\cdots\cdots\cdots\\(\varphi_n,\varphi_0)a_0+(\varphi_n,\varphi_1)a_1+\cdots+(\varphi_n,\varphi_n)a_n=(\varphi_n,f).\end{cases}\tag{3.5}$$

方程组(3.5)的系数矩阵是线性无关系$\{\varphi_j(x)\}_{j=0}^{n}$的 Gram 矩阵,因而非奇异.因此方程组(3.5)有唯一的一组解 $a_0,a_1,\cdots,a_n$.这组系数确使(3.2)式成立.事实上,设

$$Q(x)=\sum_{j=0}^{n}b_j\varphi_j(x)$$

是任一广义多项式,则

$$\begin{aligned}D&=\int_a^b[f(x)-Q(x)]^2W(x)\mathrm{d}x-\int_a^b[f(x)-\varphi(x)]^2W(x)\mathrm{d}x\\&=\int_a^b[Q(x)-\varphi(x)]^2W(x)\mathrm{d}x+2\int_a^b[Q(x)-\varphi(x)][\varphi(x)-f(x)]W(x)\mathrm{d}x,\end{aligned}$$

但由(3.3)式知

$$\begin{aligned}&\int_a^b[Q(x)-\varphi(x)][\varphi(x)-f(x)]W(x)\mathrm{d}x\\&=\sum_{k=0}^{n}(b_k-a_k)\int_a^b[\varphi(x)-f(x)]\varphi_k(x)W(x)\mathrm{d}x=0.\end{aligned}$$

故

$$D=\int_a^b[Q(x)-\varphi(x)]^2W(x)\mathrm{d}x\geqslant 0.$$

因此,我们有下面的定理.

定理 设函数 $f(x)$在$[a,b]$上连续,则其最佳平方逼近函数是存在而且唯一的,且可由(3.5)构造出来.

通常,(3.5)称为**法方程组**.

例 1 求 $f(x)=\sin\pi x$ 在$[0,1]$上的最佳平方逼近 $\varphi(x)=a_0+a_1x+a_2x^2$.

解 取 $\varphi_0(x)=1,\varphi_1(x)=x,\varphi_2(x)=x^2,W(x)=1$,则

$$(\varphi_i,\varphi_j)=\int_0^1x^ix^j\mathrm{d}x=\frac{1}{i+j+1},\quad i,j=0,1,2,$$

$$(\varphi_i,f)=\int_0^1x^i\sin\pi x\mathrm{d}x=\begin{cases}\dfrac{2}{\pi}, & i=0;\\[2mm]\dfrac{1}{\pi}, & i=1;\\[2mm]\dfrac{\pi^2-4}{\pi^3}, & i=2.\end{cases}$$

于是得到法方程组

$$a_0+\frac{1}{2}a_1+\frac{1}{3}a_2=\frac{2}{\pi},$$

$$\frac{1}{2}a_0+\frac{1}{3}a_1+\frac{1}{4}a_2=\frac{1}{\pi},$$

$$\frac{1}{3}a_0+\frac{1}{4}a_1+\frac{1}{5}a_2=\frac{\pi^2-4}{\pi^3}.$$

解此方程组得

$$a_0=\frac{12\pi^2-120}{\pi^3}\simeq -0.050465,$$

$$a_1=-a_2=\frac{720-60\pi^2}{\pi^3}\simeq 4.12251.$$

因此,我们求得 $f(x)=\sin\pi x$ 在$[0,1]$上的二次最佳平方逼近多项式

$$\varphi(x)=-4.12251x^2+4.12251x-0.050465.$$

假如取$\{\varphi_j(x)\}_{j=0}^n$为幂函数$\{x_j\}_{j=0}^n$, $W(x)=1$, $[a,b]=[0,1]$,则

$$(x^i,x^j)=\frac{1}{i+j+1},\quad i,j=0,1,\cdots,n,$$

$$(x^i,f)=\int_0^1 x^i f(x)\mathrm{d}x,\quad i=0,1,\cdots,n,$$

方程组(3.5)变成为

$$\begin{cases}a_0+\frac{1}{2}a_1+\cdots+\frac{1}{n+1}a_n=\int_0^1 f(x)\mathrm{d}x,\\ \frac{1}{2}a_0+\frac{1}{3}a_1+\cdots+\frac{1}{n+2}a_n=\int_0^1 xf(x)\mathrm{d}x,\\ \cdots\cdots\cdots\cdots\\ \frac{1}{n+1}a_0+\frac{1}{n+2}a_1+\cdots+\frac{1}{2n+1}a_n=\int_0^1 x^n f(x)\mathrm{d}x.\end{cases}\tag{3.6}$$

方程组(3.6)的系数矩阵是$(n+1)$阶 Hilbert 矩阵.当 n 较大时,它是极端坏条件的.求解这种方程组,由于计算过程中舍入误差的影响,得到的近似解的精确度是极差的.甚至给求解工作带来很大的困难.

我们自然要问,怎样才能作函数系$\{\varphi_j(x)\}_{j=0}^n$的最合适的选择呢?显然,从方程组(3.5)可以看到,若选取$\{\varphi_j(x)\}_{j=0}^n$为$[a,b]$上关于权函数 $W(x)$的直交函数系:

$$\int_a^b \varphi_i(x)\varphi_j(x)W(x)\mathrm{d}x=0,\quad i\neq j,$$

则方程组(3.5)的解为

$$a_j = (\varphi_j, f)/(\varphi_j, \varphi_j)$$
$$= \int_a^b \varphi_j(x) f(x) W(x) \mathrm{d}x \Big/ \int_a^b [\varphi_j(x)]^2 W(x) \mathrm{d}x. \tag{3.7}$$

在这种情形下,从广义上说,我们也称 a_j 为 $f(x)$ 关于直交函数系 $\{\varphi_j(x)\}_{j=0}^n$ 的 **Fourier 系数**.级数

$$\sum_{j=0}^{\infty} a_j \varphi_j(x)$$

称为 $f(x)$ 的**广义 Fourier 级数**.它是 Fourier 级数的直接推广.

例 2 求 $f(x) = e^x$ 在 $[-1,1]$ 上的三次最佳平方逼近多项式

$$P(x) = a_0 P_0(x) + a_1 P_1(x) + a_2 P_2(x) + a_3 P_3(x),$$

其中 P_i 是 i 次 Legendre 多项式,$i = 0,1,2,3$.

解 Legendre 多项式是 $[-1,1]$ 上关于权函数 $W(x) = 1$ 的直交多项式.由于

$$(P_j, P_j) = \int_{-1}^1 [P_j(x)]^2 \mathrm{d}x = \frac{2}{j+1}, \quad j = 0,1,2,3,$$

$$(P_0, f) = \int_{-1}^1 e^x \mathrm{d}x \simeq 2.3504,$$

$$(P_1, f) = \int_{-1}^1 x e^x \mathrm{d}x \simeq 0.7358,$$

$$(P_2, f) = \int_{-1}^1 \frac{1}{2}(3x^2 - 1) e^x \mathrm{d}x \simeq 0.1431,$$

$$(P_3, f) = \int_{-1}^1 \frac{1}{2}(5x^3 - 3x) e^x \mathrm{d}x \simeq 0.02013,$$

因此

$$a_0 = (P_0, f)/(P_0, P_0) \simeq 1.1752,$$
$$a_1 = (P_1, f)/(P_1, P_1) \simeq 1.1036,$$
$$a_2 = (P_2, f)/(P_2, P_2) \simeq 0.3578,$$
$$a_3 = (P_3, f)/(P_3, P_3) \simeq 0.07046.$$

于是,我们求得三次最佳平方逼近多项式

$$P(x) = 1.1752 P_0(x) + 1.1036 P_1(x) + 0.3578 P_2(x) + 0.07046 P_3(x).$$

若再用

$$P_0(x) = 1,$$
$$P_1(x) = x,$$
$$P_2(x) = \frac{1}{2}(3x^2 - 1),$$
$$P_3(x) = \frac{1}{2}(5x^3 - 3x)$$

代入上式右端,则得

$$P(x)=0.9963+0.9979x+0.5367x^3+0.1761x^3.$$

例3　三角函数系

$$1,\cos x,\sin x,\cos 2x,\sin 2x,\cdots,\cos nx,\sin nx$$

是$[-\pi,\pi]$上的直交系(权函数 $W(x)=1$).对于这个直交系,$f(x)$在$[-\pi,\pi]$上的最佳平方逼近函数是

$$\varphi(x)=\frac{1}{2}a_0+\sum_{j=1}^{n}(a_j\cos jx+b_j\sin jx). \tag{3.8}$$

它是一个三角多项式.据(3.7)式可知

$$\left.\begin{aligned} a_j&=\frac{1}{\pi}\int_{-\pi}^{\pi}f(x)\cos jx\,\mathrm{d}x,\quad j=0,1,\cdots,n,\\ b_j&=\frac{1}{\pi}\int_{-\pi}^{\pi}f(x)\sin jx\,\mathrm{d}x,\quad j=1,\cdots,n.\end{aligned}\right\} \tag{3.9}$$

若在(3.8)式中令 $n\to\infty$,则得到一个关于 $f(x)$的经典的 Fourier 级数.

例4　Chebyshev 多项式

$$T_n(x)=\cos(n\arccos x),\quad n=0,1,2,\cdots$$

是区间$[-1,1]$上关于权函数 $W(x)=\dfrac{1}{\sqrt{1-x^2}}$的直交多项式,且

$$\int_{-1}^{1}T_m(x)T_k(x)(1-x^2)^{-\frac{1}{2}}\mathrm{d}x=\begin{cases}0, & m\neq k;\\ \dfrac{\pi}{2}, & m=k\neq 0;\\ \pi, & m=k=0,\end{cases}$$

因此,函数 $f(x)$的最佳平方逼近是

$$p_n(x)=\frac{1}{2}a_0+\sum_{j=1}^{n}a_jT_j(x), \tag{3.10}$$

其中

$$a_j=\frac{2}{\pi}\int_{-1}^{1}T_j(x)f(x)\frac{\mathrm{d}x}{\sqrt{1-x^2}},\quad j=0,1,\cdots,n. \tag{3.11}$$

在(3.10)式中令 $n\to\infty$,便得到级数

$$\frac{1}{2}a_0+\sum_{j=1}^{\infty}a_jT_j(x). \tag{3.12}$$

我们称它为函数 $f(x)$的 **Chebyshev 级数**.(3.10)是 Chebyshev 级数的部分和,我们也说它是函数 $f(x)$按 Chebyshev 多项式展开的部分和.

用 $f(x)$的 Taylor 级数的部分和

$$S_n(x)=f(0)+f'(0)x+\frac{f''(0)}{2!}x^2+\cdots+\frac{f^{(n)}(0)}{n!}x^n$$

在区间[-1,1]逼近 $f(x)$时,一般说来,在 $x=0$ 的近旁才有较高的精确度.但离 $x=0$ 较远而靠近区间端点 -1,1 时,误差就逐渐增大.在整个区间[-1,1]上,欲使计算结果达到一定的精确度,就不得不提高多项式 $S_n(x)$的次数.Chebyshev 级数的部分和 $p_n(x)$却是 $f(x)$在整个区间[-1,1]上的最佳平方逼近,往往用较少的项数可以达到应有的精度.因此,常常用 Chebyshev 级数的部分和作为 $f(x)$在整个区间上的近似表达式.

若在(3.11)式中作变换 $x=\cos\theta$,则得到

$$a_j = \frac{2}{\pi}\int_0^\pi f(\cos\theta)\cos j\theta \mathrm{d}\theta. \tag{3.13}$$

用 a_j^* 和 b_j^* 表示 $g(\theta)=f(\cos\theta)$的经典 Fourier 系数,据(3.9)式有

$$a_j^* = \frac{1}{\pi}\int_{-\pi}^{\pi} g(\theta)\cos j\theta \mathrm{d}\theta = \frac{1}{\pi}\int_{-\pi}^{\pi} f(\cos\theta)\cos j\theta \mathrm{d}\theta,$$

$$b_j^* = \frac{1}{\pi}\int_{-\pi}^{\pi} g(\theta)\sin j\theta \mathrm{d}\theta = \frac{1}{\pi}\int_{-\pi}^{\pi} f(\cos\theta)\sin j\theta \mathrm{d}\theta.$$

令 $u=-\theta$,则

$$\begin{aligned}\int_{-\pi}^{0} f(\cos\theta)\sin j\theta \mathrm{d}\theta &= -\int_{\pi}^{0} f(\cos(-u))\sin(-ju)\mathrm{d}u \\ &= -\int_0^\pi f(\cos u)\sin ju \mathrm{d}u \\ &= -\int_0^\pi f(\cos\theta)\sin j\theta \mathrm{d}\theta,\end{aligned}$$

于是 $b_j^*=0$.类似地,可得

$$\int_{-\pi}^{0} f(\cos\theta)\cos j\theta \mathrm{d}\theta = \int_0^\pi f(\cos\theta)\cos j\theta \mathrm{d}\theta.$$

因此

$$\begin{aligned}a_j^* &= \frac{1}{\pi}\int_{-\pi}^{0} f(\cos\theta)\cos j\theta \mathrm{d}\theta + \frac{1}{\pi}\int_0^\pi f(\cos\theta)\cos j\theta \mathrm{d}\theta \\ &= \frac{2}{\pi}\int_0^\pi f(\cos\theta)\cos j\theta \mathrm{d}\theta = a_j.\end{aligned}$$

这样,$f(x)$的 Chebyshev 级数恰是 $g(\theta)=f(\cos\theta)$的经典 Fourier 级数.

例 5 求函数 $f(x)=\arccos x(-1\leqslant x\leqslant 1)$关于权函数 $1/\sqrt{1-x^2}$的 5 次最佳平方逼近.

解 据(3.13)式

$$a_0 = \frac{2}{\pi}\int_0^\pi \theta \mathrm{d}\theta = \pi,$$

$$a_j = \frac{2}{\pi}\int_0^\pi \theta\cos j\theta \mathrm{d}\theta = \frac{2}{\pi j^2}[(-1)^j - 1],$$

因此得到

$$a_1 = -\frac{4}{\pi},\ a_2 = 0,\ a_3 = -\frac{4}{9\pi},\ a_4 = 0,\ a_5 = -\frac{4}{25\pi},$$

所要求的最佳平方逼近是

$$p_5(x) = \frac{\pi}{2} - \frac{4}{\pi}T_1(x) - \frac{4}{9\pi}T_3(x) - \frac{4}{25\pi}T_5(x).$$

或将 $p_5(x)$转化为用幂函数来表示,则

$$p_5(x) = \frac{\pi}{2} - \frac{4}{\pi}\left[\frac{13}{15}x - \frac{16}{45}x^3 + \frac{16}{25}x^5\right].$$

12.4　离散的 Fourier 变换

假设已知函数 $f(x)$在区间$[a,b]$上的点 $x_1,x_2,\cdots,x_m$ 处的值(或近似值)分别为 $f(x_1),f(x_2),\cdots,f(x_m)$,$\{\varphi_j(x)\}(j=0,1,\cdots,n)$为区间$[a,b]$上的一个线性无关函数系,$n<m$.令

$$\varphi(x) = \sum_{j=0}^{n} a_j\varphi_j(x),$$

称

$$r_i = \sum_{j=0}^{n} a_j\varphi_j(x_i) - f(x_i),\quad i = 1,\cdots,m$$

为**残量**.一般说来,不可能选择实数 $a_0,a_1,\cdots,a_n$ 使

$$r_i = 0,\quad i = 1,2,\cdots,m,$$

但是,我们可以确定 $a_0,a_1,\cdots,a_n$ 使残量的平方和为极小:

$$\sum_{i=1}^{m} r_i^2 = \min.$$

这种函数逼近问题称为**离散的最佳平方逼近问题**.这样求得的 $\varphi(x)$称为 $f(x)$在**点集$\{(x_i)\}_{i=1}^{m}$上的最佳平方逼近**.离散的最佳平方逼近就是第 7 章中介绍的线性最小二乘拟合.

现在,假设给定数据点集$\{(x_j,y_j)\}_{j=0}^{2m-1}$,$\{x_j\}_{j=0}^{2m-1}$是区间$[-\pi,\pi]$中的等距点:$x_j = -\pi + \frac{j}{m}\pi$,$j=0,1,\cdots,2m-1$.我们取三角函数系 $\varphi_0(x),\varphi_1(x),\cdots,\varphi_{2n-1}(x)$:

$$\varphi_0(x) = \frac{1}{2},$$

$$\varphi_k(x) = \cos kx,\quad k = 1,2,\cdots,n,$$

$$\varphi_{n+k}(x) = \sin kx,\quad k = 1,2,\cdots,n-1,$$

考虑数据点集$\{(x_j,y_j)\}_{j=0}^{2m-1}$的形如

$$\varphi(x)=a_0\varphi_0(x)+a_n\varphi_n(x)+\sum_{k=1}^{n-1}(a_k\varphi_k(x)+b_k\varphi_{n+k}(x))$$
$$=\frac{1}{2}a_0+a_n\cos nx+\sum_{k=1}^{n-1}(a_k\cos kx+b_k\sin kx) \quad (4.1)$$

的最小二乘拟合.记

$$\boldsymbol{\varphi}_j=[\varphi_j(x_0),\varphi_j(x_1),\cdots,\varphi_j(x_{2m-1})]^{\mathrm{T}},\quad j=0,1,\cdots,2n-1.$$

我们将证明 $\boldsymbol{\varphi}_0,\boldsymbol{\varphi}_1,\cdots,\boldsymbol{\varphi}_{2n-1}$是直交向量系:

$$(\boldsymbol{\varphi}_k,\boldsymbol{\varphi}_l)=\sum_{j=0}^{2m-1}\varphi_k(x_j)\varphi_l(x_j)=0,\quad k\neq l. \quad (4.2)$$

这也就是说,$\varphi_0(x),\varphi_1(x),\cdots,\varphi_{2n-1}(x)$关于区间$[-\pi,\pi]$中等距点集$\{x_j\}_{j=0}^{2m-1}$是直交的.为此,我们先给出下面的引理.

引理 若整数 r 不是 $2m$ 的倍数,则

$$\sum_{j=0}^{2m-1}\cos rx_j=0,\quad \sum_{j=0}^{2m-1}\sin rx_j=0; \quad (4.3)$$

若整数 r 不是 m 的倍数,则

$$\sum_{j=0}^{2m-1}(\cos rx_j)^2=m,\quad \sum_{j=0}^{2m-1}(\sin rx_j)^2=m. \quad (4.4)$$

证明 据 Euler 公式,对每一个实数 β,我们有

$$e^{i\beta}=\cos\beta+i\sin\beta,\quad i=\sqrt{-1}.$$

据此,有

$$\sum_{j=0}^{2m-1}\cos rx_j+i\sum_{j=0}^{2m-1}\sin rx_j=\sum_{j=0}^{2m-1}(\cos rx_j+i\sin rx_j)=\sum_{j=0}^{2m-1}e^{irx_j}.$$

由于

$$e^{irx_j}=e^{ir(-\pi+ij\pi/m)}=e^{-ir\pi}\cdot e^{irj\pi/m},$$

因此

$$\sum_{j=0}^{2m-1}\cos rx_j+i\sum_{j=0}^{2m-1}\sin rx_j=e^{-ir\pi}\sum_{j=0}^{2m-1}e^{irj\pi/m}.$$

$\sum_{j=0}^{2m-1}e^{irj\pi/m}$ 是第一项为 1 且公比为 $e^{ir\pi/m}\neq1$ 的几何级数的前 $2m$ 项的部分和:

$$\sum_{j=0}^{2m-1}e^{irj\pi/m}=\frac{1-(e^{ir\pi/m})^{2m}}{1-e^{ir\pi/m}}=\frac{1-e^{2ir\pi}}{1-e^{ir\pi/m}}.$$

由于 $e^{2ir\pi}=\cos2r\pi+i\sin2r\pi=1$,从而有 $\sum_{j=0}^{2m-1}e^{irj\pi/m}=0$.于是

$$\sum_{j=0}^{2m-1}\cos rx_j+i\sum_{j=0}^{2m-1}\sin rx_j=0,$$

这就证得(4.3)式.

设 r 不是 m 的倍数,则

$$\sum_{j=0}^{2m-1}(\cos rx_j)^2 = \sum_{j=0}^{2m-1}\frac{1}{2}(1+\cos 2rx_j)$$
$$= \frac{1}{2}\left(\sum_{j=0}^{2m-1}1+\sum_{j=0}^{2m-1}\cos 2rx_j\right)$$
$$= \frac{1}{2}(2m+0) = m.$$

同理可证得

$$\sum_{j=0}^{2m-1}(\sin rx_j)^2 = m.$$

现在我们可以证明 $\{\boldsymbol{\varphi}_j\}_{j=0}^{2m-1}$ 的直交性.例如

$$(\boldsymbol{\varphi}_k, \boldsymbol{\varphi}_{n+l}) = \sum_{j=0}^{2m-1}\varphi_k(x_j)\varphi_{n+l}(x_j)$$
$$= \sum_{j=0}^{2m-1}(\cos kx_j)(\sin lx_j)$$
$$= \frac{1}{2}\sum_{j=0}^{2m-1}(\sin(k+l)x_j+\sin(l-k)x_j)$$
$$= \frac{1}{2}\left[\sum_{j=0}^{2m-1}\sin(k+l)x_j+\sum_{j=0}^{2m-1}\sin(l-k)x_j\right],$$
$$k = 0,1,\cdots,m,\ l = 1,2,\cdots,m-1.$$

由于 $l+k$ 和 $l-k$ 都不是 $2m$ 的倍数,据(4.3)式,上式为0.

定理 设 $x_j = -\pi+\frac{j}{m}\pi, j=0,1,\cdots,2m-1$,则数据 $\{(x_j,y_j)\}_{j=0}^{2m-1}$ 的最小二乘拟合(三角多项式)

$$\varphi(x) = \frac{1}{2}a_0 + a_n\cos nx + \sum_{k=1}^{n-1}(a_k\cos kx + b_k\sin kx)$$

中的系数为

$$\begin{aligned} a_k &= \frac{1}{m}\sum_{j=0}^{2m-1}y_j\cos kx_j, \quad k = 0,1,\cdots,n, \\ b_k &= \frac{1}{m}\sum_{j=0}^{2m-1}y_j\sin kx_j, \quad k = 1,2,\cdots,n-1. \end{aligned} \tag{4.5}$$

证明 现在,7.6节中法方程组(6.9): $G\boldsymbol{a} = \boldsymbol{b}$ 的未知解向量 $\boldsymbol{a} = [a_0,a_1,\cdots,a_n,b_1,\cdots,b_{n-1}]^{\mathrm{T}}$, G 为 $2n\times 2n$ 阶矩阵.由 $\boldsymbol{\varphi}_0,\boldsymbol{\varphi}_1,\cdots,\boldsymbol{\varphi}_{2n-1}$ 的直交性和(4.4)式知 G 是一个对角阵:

$$G=\operatorname{diag}((\boldsymbol{\varphi}_0,\boldsymbol{\varphi}_0),(\boldsymbol{\varphi}_1,\boldsymbol{\varphi}_1),\cdots,(\boldsymbol{\varphi}_n,\boldsymbol{\varphi}_n),(\boldsymbol{\varphi}_{n+1},\boldsymbol{\varphi}_{n+1}),\cdots,(\boldsymbol{\varphi}_{2n-1},\boldsymbol{\varphi}_{2n-1}))$$
$$=\operatorname{diag}\left(\frac{1}{2}m,m,\cdots,m\right).$$

方程组的右端向量

$$\boldsymbol{b}=[(\boldsymbol{y},\boldsymbol{\varphi}_0),(\boldsymbol{y},\boldsymbol{\varphi}_1),\cdots,(\boldsymbol{y},\boldsymbol{\varphi}_{2n-1})]^{\mathrm{T}}$$
$$=\left[\frac{1}{2}\sum_{j=0}^{2m-1}y_j,\sum_{j=0}^{2m-1}y_j\cos x_j,\cdots,\sum_{j=0}^{2m-1}y_j\cos nx_j,\sum_{j=0}^{2m-1}y_j\sin x_j,\cdots,\sum_{j=0}^{2m-1}y_j\sin(n-1)x_j\right]^{\mathrm{T}},$$

其中 $\boldsymbol{y}=[y_0,y_1,\cdots,y_{2m-1}]^{\mathrm{T}}$. 于是我们立即得到该方程的解为(4.5)式所表示.

现在,我们假设 y_j 是函数 $f(x)$ 在 x_j 处的值,即 $f(x_j)=y_j,j=0,1,\cdots,2m-1$,则具有系数表达式(4.5)的三角多项式(4.1)又称为函数 $f(x)$ 的**离散 Fourier 展开式**,它是用三角多项式作为数据 $\{(x_j,f(x_j))\}_{j=0}^{2m-1}$ 的最小二乘拟合. 由(4.5)式确定的 a_k,b_k 称为**离散的 Fourier 系数**.

我们再假设 $n=m$. 由于

$$\sum_{j=0}^{2m-1}(\cos mx_j)^2=2m \tag{4.6}$$

(参见习题 12 第 16 题),为使三角多项式的系数仍表示成(4.5)的形式,我们将(4.1)式改写成

$$\varphi(x)=\frac{a_0+a_m\cos mx}{2}+\sum_{k=1}^{m-1}(a_k\cos kx+b_k\sin kx), \tag{4.7}$$

其中

$$\begin{aligned}a_k&=\frac{1}{m}\sum_{j=0}^{2m-1}f(x_j)\cos kx_j,\quad k=0,1,\cdots,m,\\ b_k&=\frac{1}{m}\sum_{j=0}^{2m-1}f(x_j)\sin kx_j,\quad k=1,2,\cdots,m-1,\end{aligned} \tag{4.8}$$

此时,$\varphi(x)$ 满足插值原则:

$$\varphi(x_j)=f(x_j),\quad j=0,1,\cdots,2m-1. \tag{4.9}$$

这说明三角多项式 $\varphi(x)$ 是函数 $f(x)$ 的经过点集 $\{(x_j,f(x_j))\}_{j=0}^{2m-1}$ 的插值函数. 我们又称(4.7)为**三角插值多项式**. 由(4.8)式计算得系数 $a_j(j=0,1,\cdots,m)$,$b_j(j=1,2,\cdots,m-1)$ 必使残量平方和

$$E(a_0,a_1,\cdots,a_m,b_1,\cdots,b_{m-1})=\sum_{j=0}^{2m-1}(f(x_j)-\varphi_j(x_j))^2$$

为极小.

下面,我们来证明(4.9)式. 将 $x=x_p=-\pi+\frac{p}{m}\pi$ 代入(4.7)式的左端 $\varphi(x)$ 得

$$\varphi(x_p) = \frac{1}{2m}\sum_{j=0}^{2m-1} f(x_j) + \frac{1}{2m}\left(\sum_{j=0}^{2m-1} f(x_j)\cos mx_j\right)\cos mx_p$$
$$+ \sum_{k=1}^{m-1}\left[\left(\frac{1}{m}\sum_{j=0}^{2m-1} f(x_j)\cos kx_j\right)\cos kx_p + \left(\frac{1}{m}\sum_{j=0}^{2m-1} f(x_j)\sin kx_j\right)\sin kx_p\right]$$
$$= \frac{1}{m}\sum_{j=0}^{2m-1} f(x_j)\left[\frac{1}{2} + \frac{1}{2}\cos mx_j\cos mx_p + \sum_{k=1}^{m-1}(\cos kx_j\cos kx_p + \sin kx_j\sin kx_p)\right]$$
$$= \frac{1}{m}\sum_{j=0}^{2m-1} f(x_j)\left[\frac{1}{2} + \frac{1}{2}\cos mx_j\cos mx_p + \sum_{k=1}^{m-1}\cos k(x_j - x_p)\right].$$

由于

$$\begin{aligned}\cos(2m-k)(x_j - x_p) &= \cos(2m-k)\left(-\pi + \frac{j}{m}\pi + \pi - \frac{p}{m}\pi\right)\\ &= \cos(2m-k)(j-p)\frac{\pi}{m}\\ &= \cos\left(2(j-p)\pi - k(j-p)\frac{\pi}{m}\right)\\ &= \cos k(j-p)\frac{\pi}{m}\\ &= \cos k\left(-\pi + \frac{j}{m}\pi + \pi - \frac{p}{m}\pi\right)\\ &= \cos k(x_j - x_p),\end{aligned}$$

因此有

$$\begin{aligned}\sum_{k=1}^{m-1}\cos k(x_j - x_p) &= \frac{1}{2}\sum_{k=1}^{m-1}\cos k(x_j - x_p) + \frac{1}{2}\sum_{k=1}^{m-1}\cos k(x_j - x_p)\\ &= \frac{1}{2}\sum_{k=1}^{m-1}\cos k(x_j - x_p) + \frac{1}{2}\sum_{k=1}^{m-1}\cos(2m-k)(x_j - x_p)\\ &= \frac{1}{2}\sum_{k=1}^{m-1}\cos k(x_j - x_p) + \frac{1}{2}\sum_{k=m+1}^{2m-1}\cos k(x_j - x_p).\end{aligned}$$

又由于

$$\begin{aligned}\cos m(x_j - x_p) &= \cos mx_j \cdot \cos mx_p + \sin mx_j\sin mx_p\\ &= \cos mx_j \cdot \cos mx_p + \sin m\left(-\pi + \frac{j}{m}\pi\right)\sin m\left(-\pi + \frac{p}{m}\pi\right)\\ &= \cos mx_j \cdot \cos mx_p,\end{aligned}$$

于是

$$\varphi(x_p) = \frac{1}{2m}\sum_{j=0}^{2m-1} f(x_j)\sum_{k=0}^{2m-1}\cos k(x_j - x_p)$$

$$= \frac{1}{2m}\sum_{j=0}^{2m-1} f(x_j)\sum_{k=0}^{2m-1}\cos(j-p)\frac{k}{m}\pi$$

$$= \frac{1}{2m}\sum_{j=0}^{2m-1} f(x_j)\sum_{k=0}^{2m}\cos(j-p)\left(\pi-\pi+\frac{k}{m}\pi\right)$$

$$= \frac{1}{2m}\sum_{j=0}^{2m-1} f(x_j)(-1)^{j-p}\sum_{k=0}^{2m-1}\cos(j-p)x_k.$$

据(4.3)式,当 $j\neq p$ 时上式右端 $\sum_{k=0}^{2m-1}\cos(j-p)x_k = 0$, 因此

$$\varphi(x_p) = \frac{1}{2m}f(x_p)\sum_{k=0}^{2m-1}\cos 0 = \frac{1}{2m}f(x_p)\sum_{k=0}^{2m-1}1$$

$$= \frac{1}{2m}f(x_p)\cdot 2m = f(x_p), \quad p = 0,1,\cdots,2m-1.$$

现在,我们考虑计算

$$S(x) = \frac{1}{m}\sum_{k=0}^{2m-1} c_k e^{ikx} \tag{4.10}$$

中的复系数

$$c_k = \sum_{j=0}^{2m-1} y_j e^{ik\pi j/m}, \quad k = 0,1,\cdots,2m-1. \tag{4.11}$$

由 $\{y_j\}_{j=0}^{2m-1}$ 即 $\{f(x_j)\}_{j=0}^{2m-1}$ 计算 $\{c_k\}_{k=0}^{2m-1}$ 的过程称为**离散的 Fourier 变换**(**Discrete Fourier Transformation**),简称 **DFT**. 我们可用它来替代计算(4.8)式的 a_k 和 b_k. 事实上,据 Euler 公式,我们有

$$\frac{1}{m}c_k(-1)^k = \frac{1}{m}c_k e^{-i\pi k} = \frac{1}{m}\sum_{j=0}^{2m-1} y_j e^{ik\pi j/m}\cdot e^{-i\pi k}$$

$$= \frac{1}{m}\sum_{j=0}^{2m-1} y_j e^{ik(-\pi+(\pi j)/m)}$$

$$= \frac{1}{m}\sum_{j=0}^{2m-1} y_j\left(\cos k\left(-\pi+\frac{j}{m}\pi\right)+i\sin k\left(-\pi+\frac{j}{m}\pi\right)\right)$$

$$= \frac{1}{m}\sum_{j=0}^{2m-1} y_j(\cos kx_j + i\sin kx_j),$$

因此

$$a_k + ib_k = \frac{1}{m}(-1)^k c_k. \tag{4.12}$$

DFT 在数字信号处理,全息技术,光谱和声谱分析等领域都有广泛应用.

大量等距点数据的三角多项式插值可以得到很精确的结果. 但是,直接用(4.11)式来计算 c_k 则需 $2m$ 次复数乘法运算,计算全部 c_k 则共需 $(2m)^2$ 次乘法

运算.当 m 很大时,计算量很大以致许多实际问题在计算机上难以实现计算.直到20世纪60年代中期由Cooley和Tukey提出快速Fourier变换(FFT)算法,适当选择 m,例如取 $m=2^p$(p 为正整数),计算量降到 $O(m\log_2 m)$,大大提高了运算速度.这可以说在三角多项式插值的应用中引起了一场革命,30多年来出现各种快速算法.FFT算法减小乘法运算次数的基本思想是计算 $ab_1+ab_2+\cdots+ab_n$ 改用计算 $a(b_1+b_2+\cdots+b_n)$.这只要将(4.11)的求和式中的项重新聚集便可用这种思想.FFT算法的详细内容可参见[8],[25].

习　题　12

1. 试证,$f(x)=e^x$ 在$[0,b]$上以

$$x_j = jh,\quad h = b/n,\quad j = 0,1,\cdots,n$$

为基点的Lagrange插值多项式 $p_n(x)$一致收敛于 e^x.

2. 设函数 $f(x)$在区间$[a,b]$上连续,试证明 $f(x)$的 n 次最佳一致逼近多项式是$f(x)$在$[a,b]$上的某一个Lagrange插值多项式.

3. 求 $f(x)=e^x$ 在$[0,1]$上的一次最佳一致逼近多项式.

4. 求 $f(x)=\dfrac{1}{1+x}$在$[0,1]$上的一次最佳一致逼近多项式.

5. 设 $f(x)$在区间$[a,b]$上连续,试证 $f(x)$的零次最佳一致逼近多项式是

$$p(x) = \frac{M+m}{2},$$

其中

$$M = \max_{a\leqslant x\leqslant b} f(x),\quad m = \min_{a\leqslant x\leqslant b} f(x).$$

6. 求函数 $f(x)=\arctan x$ 在$[-1,1]$上的三次Chebyshev插值多项式.

7. 求 $f(x)=\ln x$ 在$[1,2]$上的二次Chebyshev插值多项式.

8. 求 $f(x)=xe^x$ 的Taylor级数的前六项.利用Chebyshev多项式将它缩短,使其在$[-1,1]$上的误差小于0.01.

9. 求多项式 $f(x)=2x^4+3x^3-x^2+1$ 在区间$[-1,1]$上的三次最佳一致逼近多项式 $p(x)$.

10. 求函数 $f(x)=\sqrt{x}$在$[0,1]$上的最佳平方逼近 $p(x)=a_0+a_1x$.

11. 求函数 $f(x)$在指定区间上的一次最佳平方逼近多项式(取函数系$\{1,x\}$):

(1) $f(x)=x^3-1$,　　$[0,2]$;

(2) $f(x)=\ln x$,　　$[1,2]$.

12. 对第11题中的函数及区间求二次最佳平方逼近多项式(取函数系$\{1,x,x^2\}$).

13. 设 $f(x)=\dfrac{1}{x}$,

(1) 求 $f(x)$在区间$[1,2]$上的零次和一次最佳一致逼近多项式,

(2) 求 $f(x)$在区间$[1,2]$上的零次和一次最佳平方逼近多项式.

14. 求 $f(x)=\left(\frac{1+x}{2}\right)^{\frac{1}{2}}$的 Chebyshev 级数.

15. 求 $f(x)=\arcsin x$ 的 Chebyshev 级数.

16. 证明(4.6)式.

部分习题答案

习题 6

2. $\boldsymbol{x}_k=(I-\omega D^{-1}A)\boldsymbol{x}_{k-1}+\omega D^{-1}\boldsymbol{b}$, $k=1,2,\cdots$.

3. $\boldsymbol{x}_5=[0.96875,0.96875,0.96875]^{\mathrm{T}}$, $\|G\|_\infty=0.7<1$,收敛.

4. 提示:$I-G$ 的 n 个特征值全为 1,因此 $\det(I-G)\neq 0$,从而方程 $\boldsymbol{x}=G\boldsymbol{x}+\boldsymbol{g}$ 有唯一解.其次,G 的特征多项式 $f_G(\lambda)=\det(\lambda I-G)=\lambda^n$,据 Hamilton-Caley 定理.有 $f_G(G)=G^n=O$.

5. $\boldsymbol{x}_6=[0.999925,0.999875,0.99985]^{\mathrm{T}}$,收敛.

6. 提示:B 在$(-\infty,-1)$,$(-1,1)$,$(1,+\infty)$内各有一个特征值 $\rho(B)>1$,不收敛.

7. $|t|>\sqrt{14}$.

8. 提示:令 $B_1=(I-D^{-1}A^{\mathrm{T}})$,则 ${B_1}^{\mathrm{T}}=I-AD^{-1}$. $D^{-1}{B_1}^{\mathrm{T}}D=I-D^{-1}A=B$,${B_1}^{\mathrm{T}}$ 与 B 相似从而特征值相同,而 B_1 与 ${B_1}^{\mathrm{T}}$ 的特征值相同,故 B 与 B_1 的特征相同.

9. $\boldsymbol{x}_5=[-0.985591,-3.980344,-2.97667]^{\mathrm{T}}$,$\boldsymbol{x}_5=[-0.999477,-3.999591,-2.999767]^{\mathrm{T}}$,$\|B\|_\infty=\dfrac{1}{2}<1$,两种迭代法均收敛且 Gauss-Seidel 迭代法较快收敛.

10. $\boldsymbol{x}_6=[3.0000,2.0000,1.0000]^{\mathrm{T}}$,收敛(系数矩阵为严格对角占优的).

11. $\rho((I-L)^{-1}U)=\dfrac{1}{2}<1$,收敛.

12. 不收敛,把此方程组改写成

$$\begin{cases}4x_1-x_2=3,\\ x_1-4x_2+2x_3=-1,\\ 2x_2+4x_3=6,\end{cases}$$
系数矩阵是严格对角占优的,收敛.

13. $\boldsymbol{x}_k=(I-\omega L)^{-1}((1-\omega)I+\omega U)\boldsymbol{x}_{k-1}+\omega(I-\omega L)^{-1}D^{-1}\boldsymbol{b}$, $k=1,2,\cdots$.

14. $\omega=1.2$, $\boldsymbol{x}_6=[0.999732,1.000002,1.000033]^{\mathrm{T}}$; $\omega=1.5$, $\boldsymbol{x}_{11}=[1.000878,1.000602,1.000133]^{\mathrm{T}}$.

15. 都具有相容次序.

21. 0.5,1.072,0.25,0.072,ln2,2ln2,−ln0.072.

22. 提示:对称正定矩阵 A 的特征值 λ_i 均大于零,迭代矩阵 $G=I-\tau A$ 的特征值为 $1-\tau\lambda_i(i=1,2,\cdots,n)$.

23. $\boldsymbol{x}_4=[109.375,359.375,109.375,359.375]^{\mathrm{T}}$.

24. 提示:
$$\frac{1}{T_m\left(\dfrac{\lambda_0+\lambda_1}{\lambda_0-\lambda_1}\right)}=\frac{2}{\left[\dfrac{\lambda_0+\lambda_1}{\lambda_0-\lambda_1}+\sqrt{\left(\dfrac{\lambda_0+\lambda_1}{\lambda_0-\lambda_1}\right)^2-1}\right]^m+\left[\dfrac{\lambda_0+\lambda_1}{\lambda_0-\lambda_1}-\sqrt{\left(\dfrac{\lambda_0+\lambda_1}{\lambda_0-\lambda_1}\right)^2-1}\right]^m}.$$

26. (1) $\boldsymbol{x}_1=[-1,1,1]^{\mathrm{T}}$;(2) $\boldsymbol{x}_2=[1,1,-1]^{\mathrm{T}}$.

29. 提示:A 正定,A^{-1}存在,令 $B=\sum\limits_{k=1}^{n}\boldsymbol{p}_k\boldsymbol{p}_k^{\mathrm{T}}/\boldsymbol{p}_k^{\mathrm{T}}A\boldsymbol{p}_k$,则 $BA\boldsymbol{p}_j=\sum\limits_{k=1}^{n}\boldsymbol{p}_k\boldsymbol{p}_k^{\mathrm{T}}A\boldsymbol{p}_j/\boldsymbol{p}_k^{\mathrm{T}}A\boldsymbol{p}_k=\boldsymbol{p}_j$. 又 $\boldsymbol{p}_1$, $\boldsymbol{p}_2,\cdots,\boldsymbol{p}_n$ 线性无关,对任一非零向量 $\boldsymbol{x}$ 有 $\boldsymbol{x}=\sum\limits_{j=1}^{n}c_j\boldsymbol{p}_j$,于是$(BA-I)\boldsymbol{x}=\boldsymbol{0}$

30. 提示:用归纳法证明 $\boldsymbol{p}_1,\boldsymbol{p}_2,\cdots$为 A 共轭向量系. 由 $r_k=Ax_k-b$ 有 $r_{n+1}=r_1+\alpha_1Ap_1+\cdots+\alpha_nAp_n$,从而可推得 $p_i^{\mathrm{T}}r_{n+1}=0,i=1,\cdots,n$. 再由 $p_1,\cdots,p_n$ 线性无关知 $r_{n+1}=\boldsymbol{0}$.

31. $\mathrm{cond}(A)_\infty=4004.001$,$\boldsymbol{r}(\boldsymbol{x}_1)=[\ \ 0.001,0]^{\mathrm{T}}$,$\boldsymbol{r}(\boldsymbol{x}_2)=[0.1,0.1]^{\mathrm{T}}$.

32. $\boldsymbol{x}_1=[0.64,1.9]^{\mathrm{T}}$, $\boldsymbol{x}_6=[1.00,1.00]^{\mathrm{T}}$.

习题 7

1. 提示:令 $\boldsymbol{x}_2=\boldsymbol{x}_1+\boldsymbol{z}$,由 $\|A\boldsymbol{x}_2-\boldsymbol{b}\|_2^2=\cdots=\|A\boldsymbol{x}_1-\boldsymbol{b}_2\|^2+\|A\boldsymbol{z}\|_2^2$ 得 $\|A\boldsymbol{z}\|_2^2=\|A(\boldsymbol{x}_2-\boldsymbol{x}_2)\|_2^2=0$. 或证明$(\boldsymbol{x}_1-\boldsymbol{x}_2)^{\mathrm{T}}A^{\mathrm{T}}A(\boldsymbol{x}_1-\boldsymbol{x}_2)=0$ 得 $\|A(\boldsymbol{x}_1-\boldsymbol{x}_2)\|_2^2=0$.

2. (1) $\boldsymbol{x}=t_1\begin{bmatrix}1\\0\\0\\1\end{bmatrix}+t_2\begin{bmatrix}-7\\4\\5\\0\end{bmatrix}+\begin{bmatrix}1\\ \dfrac{1}{3}\\0\\0\end{bmatrix}$,$t_1,t_2\in R$;

(2) $\boldsymbol{x}=\left[\dfrac{17}{28},\dfrac{11}{7},\dfrac{27}{28}\right]^{\mathrm{T}}$.

3. 提示:$\boldsymbol{x}\in R^n$ 使 $\sum\limits_{i=1}^{r}\|A\boldsymbol{x}-\boldsymbol{b}_i\|_2^2=$极小的充分必要条件是 $\boldsymbol{x}$ 为方程组集:

$$\begin{bmatrix}A\\ \vdots\\ A\end{bmatrix}\boldsymbol{x}=\begin{bmatrix}\boldsymbol{b}_1\\ \vdots\\ \boldsymbol{b}_r\end{bmatrix},$$

即 $A\boldsymbol{x}=\boldsymbol{b}_i(i=1,\cdots,r)$的最小二乘解.

4. 提示:(1) A 有满秩分解 $A=AI_n$;(2) A 有满秩分解 $A=I_mA$.

6. 提示:检验 penrose 方程.

9. (1) $$\begin{bmatrix}\dfrac{\sqrt{2}}{2} & -\dfrac{\sqrt{10}}{10} & \dfrac{\sqrt{10}}{5}\\ 0 & -\dfrac{\sqrt{10}}{5} & -\dfrac{\sqrt{10}}{10}\\ \dfrac{\sqrt{2}}{2} & \dfrac{\sqrt{10}}{10} & -\dfrac{\sqrt{10}}{5}\\ 0 & \dfrac{\sqrt{10}}{5} & \dfrac{\sqrt{10}}{10}\end{bmatrix}\begin{bmatrix}\sqrt{2} & 0 & \sqrt{2}\\ 0 & \sqrt{10} & \dfrac{2}{5}\sqrt{10}\\ 0 & 0 & \dfrac{1}{5}\sqrt{10}\end{bmatrix},$$

(2) $$\begin{bmatrix} 0 & \frac{1}{6}\sqrt{30} & \frac{1}{15}\sqrt{15} & \frac{1}{10}\sqrt{10} \\ \frac{2}{5}\sqrt{5} & -\frac{1}{30}\sqrt{30} & \frac{1}{15}\sqrt{15} & \frac{1}{10}\sqrt{10} \\ \frac{1}{5}\sqrt{5} & \frac{1}{15}\sqrt{30} & -\frac{2}{15}\sqrt{15} & -\frac{1}{5}\sqrt{10} \\ 0 & 0 & -\frac{1}{5}\sqrt{15} & \frac{1}{5}\sqrt{10} \end{bmatrix}\begin{bmatrix} \sqrt{5} & -\frac{2}{5}\sqrt{5} & \frac{4}{5}\sqrt{5} & 0 \\ 0 & \frac{1}{5}\sqrt{30} & -\frac{1}{15}\sqrt{30} & \frac{1}{6}\sqrt{30} \\ 0 & 0 & \frac{1}{3}\sqrt{15} & -\frac{2}{15}\sqrt{15} \\ 0 & 0 & 0 & \frac{3}{10}\sqrt{10} \end{bmatrix}.$$

10. $[0,0,\frac{3}{4}]^T$.

11. 提示:$D=R_2R_1^{-1}$,再证 $D^TD=I$.

12. $\begin{bmatrix} -5.916 & -6.084 \\ 0 & 0.830 \\ 0 & 0 \end{bmatrix}$.

13. $[-1,1,1]^T$.

14. $[-1,2]^T$.

15. 准确解$[1,1,1,1,1,1,1]^T$.

16. 提示:据矩阵 A 的奇异值分解 $A=UDV^T$ 易证得 A^TA 与 D^TD 相似,或者利用直交变换下 $\|A\|_2$, $\|A\|_F$ 保持不变(参见上册 3.4 节定理 11).

17. 提示:A 的奇异值分解 $A=UDV^T=UV^TVDV^T$.

18. 提示:利用二次型的极性:$\max\limits_{\boldsymbol{x}\neq\boldsymbol{0}}\frac{\boldsymbol{x}^TA^TA\boldsymbol{x}}{\boldsymbol{x}^T\boldsymbol{x}}=\lambda_1$, $\min\limits_{\boldsymbol{x}\neq\boldsymbol{0}}\frac{\boldsymbol{x}^TA^TA\boldsymbol{x}}{\boldsymbol{x}^T\boldsymbol{x}}=\lambda_n$, λ_1,λ_n 分别为 A^TA 的最大和最小特征值($\text{rank}A=n$, A^TA 为对称正定的)

20. $y=-\frac{7}{10}+\frac{11}{10}x$.

21. $y=0.989537+0.509128x$.

22. $f(x)=\frac{4}{3}-\frac{1}{3}x^2$.

23. $y=\frac{13}{10}+\frac{2}{5}x$, $y=\frac{11}{6}-\frac{2}{9}x^2$.

24. $f(x)=\frac{2}{3}-\frac{39}{28}x-\frac{11}{84}x^2$.

25. $a=\frac{-(n+1)}{4n+2}$.

27. $f(x)=1+x^2$.

28. $f(x)=\frac{7}{6}+\frac{13}{18}x^2$.

29. $$\begin{bmatrix} m & \sum_{i=1}^{m} x_i & \sum_{i=1}^{m} e^{-x_i} \\ \sum_{i=1}^{m} x_i & \sum_{i=1}^{m} x_i^2 & \sum_{i=1}^{m} xe^{-x_i} \\ \sum_{i=1}^{m} e^{-x_i} & \sum_{i=1}^{m} x_i e^{-x_i} & \sum_{i=1}^{m} e^{-2x_i} \end{bmatrix} \begin{bmatrix} a \\ b \\ c \end{bmatrix} = \begin{bmatrix} \sum_{i=1}^{m} y_i \\ \sum_{i=1}^{m} x_i y_i \\ \sum_{i=1}^{m} y_i e^{-x_i} \end{bmatrix}.$$

30. 提示：设 $p(x)=a_0+a_1x+\cdots+a_{m-1}x^{m-1}$ 是经过 $\{(x_i,y_i)\}_{i=1}^{m}$ 的 Lagrange 插值多项式，则

$$E_2(a_0,a_1,\cdots,a_{m-1})=\sum_{i=1}^{m}(p(x_i)-y_i)^2=0.$$

31. x^3-10x^2+1.

32. $G=\begin{bmatrix} 5 & 0 & 0 & 0 \\ 0 & \frac{5}{2} & 0 & 1 \\ 0 & 0 & \frac{7}{2} & 0 \\ 0 & 1 & 0 & 4 \end{bmatrix}$, $\mathrm{cond}G=\frac{25}{9}$.

33. $\varphi(x)=\frac{31}{7}T_0(t)+\frac{9}{14}T_1(t)-\frac{18}{7}T_2(t)$, $t=\frac{x-4}{3}$, $\varphi\left(\frac{5}{2}\right)=\frac{151}{28}$, $\varphi\left(\frac{13}{2}\right)=\frac{111}{28}$.

习题 8

1. (1)5, $\left[-\frac{13}{50},1,-\frac{6}{25}\right]^{\mathrm{T}}$; (2) $\frac{17}{5}$, $\left[\frac{10}{17},\frac{3}{17},1\right]^{\mathrm{T}}$.

2. 提示：由 $A\boldsymbol{x}_i=\lambda_i\boldsymbol{x}_i$ 有 $\boldsymbol{x}_i^{\mathrm{T}}A^{\mathrm{T}}=\lambda_i\boldsymbol{x}_i^{\mathrm{T}}$，又有 $A^{\mathrm{T}}\boldsymbol{u}_j=\lambda_j\boldsymbol{u}_j$. 从而由此二式可得 $(\lambda_i-\lambda_j)\boldsymbol{x}_i^{\mathrm{T}}\boldsymbol{u}_j=0$.

3. 提示：$v_k=A^kv_0/\|A^kv_0\|_\infty$，$\boldsymbol{u}_k=A^kv_0/\|A^{k-1}v_0\|_\infty$，再令 $v_0=\alpha_1\boldsymbol{x}_1+\alpha_2\boldsymbol{x}_2+\cdots+\alpha_n\boldsymbol{x}_n$，$\boldsymbol{x}_1,\boldsymbol{x}_2,\cdots,\boldsymbol{x}_n$ 分别是 A 的属于 $\lambda_1,\lambda_2,\cdots,\lambda_n$ 的特征向量.

4. 提示：注意到 $A-pI$ 的特征值为 λ_i-p，证明 λ_1-p 是 $A-pI$ 的模最大的特征值. 又设 $\boldsymbol{u}_i$ 是 A 的属于 λ_i 的特征向量，则它也是 $A-pI$ 的特征向量.

5. $\frac{252}{101}$.

6. $\begin{bmatrix} 2 & \sqrt{2} & 0 \\ \sqrt{2} & 1 & 0 \\ 0 & 0 & 3 \end{bmatrix}$, 0, 3, 3.

7. $\begin{bmatrix} 2 & 1 & 0 \\ 1 & -1 & 2 \\ 0 & 2 & 3 \end{bmatrix}$.

8. $\begin{bmatrix} 2 & -1 & 0 \\ -1 & -1 & -2 \\ 0 & -2 & 3 \end{bmatrix}$.

9. $\begin{bmatrix} 1 & -3 & 0 & 0 \\ -3 & \frac{7}{3} & -\frac{\sqrt{2}}{3} & 0 \\ 0 & -\frac{\sqrt{2}}{3} & \frac{7}{6} & -\frac{3}{2} \\ 0 & 0 & -\frac{3}{2} & \frac{1}{2} \end{bmatrix}$.

10. $\begin{bmatrix} 8 & -5 & 0 \\ -5 & \frac{33}{5} & -\frac{1}{5} \\ 0 & -\frac{1}{5} & \frac{22}{5} \end{bmatrix}$.

11. 2.

习题 9

1. $f(\boldsymbol{\eta})$.

2. $f(\boldsymbol{0})(\boldsymbol{\eta})=\frac{\eta_2^2}{\eta_1}, \eta_1\neq 0$; $f(\boldsymbol{0})(\boldsymbol{\eta})=0, \eta_1=0, \boldsymbol{\eta}=[\eta_1,\eta_2]^{\mathrm{T}}$.

3. 提示:$Df(\boldsymbol{0})=O$,反证法:设 $f'(\boldsymbol{0})$存在,则 $f'(\boldsymbol{0})=\mathrm{D}f(\boldsymbol{0})=O$,据 Frechet 导数定义,令 $\Delta\boldsymbol{x}=[\Delta x_1,\Delta x_2]^{\mathrm{T}}$. 当 $\Delta x_2=\Delta x_1\to 0$ 时定义中极限不存在.

4. 提示:由假设知 $f(\boldsymbol{x})$在 $\boldsymbol{x}_0$ 可微,再据全微分的定义可证得 f 在$\boldsymbol{x}_0$ Frechet 可微,且 $f'(\boldsymbol{x}_0)=\left[\frac{\partial f(\boldsymbol{x}_0)}{\partial x_1},\cdots,\frac{\partial f(\boldsymbol{x}_0)}{\partial x_n}\right]$.

5. 提示:据定义及第 4 题可证得 $\boldsymbol{f}$ 在 $\boldsymbol{x}$ 是 Frechet 可微,

$$\boldsymbol{f}'(\boldsymbol{x})=\begin{bmatrix} f_1'(\boldsymbol{x}) \\ \vdots \\ f_m'(\boldsymbol{x}) \end{bmatrix}=\begin{bmatrix} \frac{\partial f_1}{\partial x_1} & \cdots & \frac{\partial f_1}{\partial x_n} \\ \vdots & & \vdots \\ \frac{\partial f_m}{\partial x_1} & \cdots & \frac{\partial f_m}{\partial x_n} \end{bmatrix}.$$

6. $f'(\boldsymbol{x})=\boldsymbol{x}^{\mathrm{T}}(A+A^{\mathrm{T}})$.

7. $\boldsymbol{f}'(\boldsymbol{x})=\begin{bmatrix} 2x_1e^{x_1^2+x_2^2} & 2x_2e^{x_1^2+x_2^2} \\ 1-3\cos(3(x_1+x_2)) & 1-\cos(3(x_1+x_2)) \end{bmatrix}$, $x_1=x_2$ 或 $\cos(3(x_1+x_2))=1$ 时 $\det\boldsymbol{f}'(\boldsymbol{x})=0$.

8. 提示:据第 4,5 题只要证明 $f_1(\boldsymbol{x})=x_1+2x_3, f_2(\boldsymbol{x})=x_1\cos x_2, f_3(\boldsymbol{x})=x_2^2+x_3$ 关于 x_1,x_2,x_3 的偏导数都连续,则 $\boldsymbol{f}$ 必 Frechet 可微.

9. 提示:令 $\varphi(s)=f(\boldsymbol{x}+s(\boldsymbol{y}-\boldsymbol{x}))$,求 $\varphi'(s),\varphi''(s)$,再考虑 $\varphi(1)$关于 $s=0$ 的 Taylor 展开式可证得所需结果.

10. 提示:先证明 $\|\boldsymbol{g}(\boldsymbol{x})-\boldsymbol{g}(\boldsymbol{y})\|_\infty\leqslant L\|\boldsymbol{x}-\boldsymbol{y}\|_\infty, L<1$,再据压缩映射定理来证明所需结果.

11. 提示:应用 3.4 节定理 4(上册),以及本章 9.1 节定理 4 和 9.2 节定理 1.

12. $\left[\frac{125}{84},\frac{127}{168}\right]^{\mathrm{T}}$.

13. $[0.771844506, 0.419643377]^{\mathrm{T}}$.

14. 先应用压缩映射定理方程组有唯一解,再据 9.3 节定理 1 证明所需结果.

习题 10

4. $\begin{cases} y_{n+1}=y_n+h\left[\dfrac{1}{1+y_n^2}-\dfrac{hy_n}{(1+y_n^2)^3}+\dfrac{h^2}{3}\dfrac{5y_n^2-1}{(1+y_n^2)^5}\right], n=0,1,2,\cdots, \\ y_0=1. \end{cases}$

5. $y(1)\simeq y_4=2\left(\frac{3}{4}\right)^4=0.6328125, y(1)\simeq y_8=2\left(\frac{7}{8}\right)^8=0.687217831$.

6. $\int_0^{0.5} e^{t^2}\mathrm{d}t \simeq y_5 = 0.531854, \int_0^1 e^{t^2}\mathrm{d}t \simeq y_{10} = 1.381261$.

7. $\leqslant \frac{h}{4}(e^{\frac{1}{2}}-1)$

8.

n	t_n	y_n	$y(t_n)$	$\lvert y(t_n)-y_n\rvert$
0	0	1	1	0
1	0.2	1.24	1.242805516	2.8×10^{-3}
2	0.4	1.5768	1.583649395	6.85×10^{-3}
3	0.6	2.031696	2.044237601	1.25×10^{-2}
4	0.8	2.63066912	2.651081857	2.04×10^{-2}
5	1.0	3.405416326	2.436563657	3.11×10^{-2}

注: $y(t)=2e^t-(t+1)$.

9.(1)

n	t_n	y_n	$y(t_n)$	$\lvert y(t_n)-y_n\rvert$
0	0	1	1	0
1	0.2	1.020000	1.018731	1.27×10^{-3}
2	0.4	1.072400	1.070320	2.08×10^{-3}
3	0.6	1.151368	1.148812	2.56×10^{-3}
4	0.8	1.252122	1.249329	2.79×10^{-3}
5	1.0	1.370740	1.367879	2.86×10^{-3}

注: $y(t)=t+e^{-t}$.

(2)

n	t_n	y_n	$y(t_n)$	$\|y(t_n)-y_n\|$
0	0	1	1	0
1	0.2	1.461034184	1.46568331	4.65×10^{-3}
2	0.4	2.076861521	2.088554577	1.17×10^{-2}
3	0.6	2.893351804	2.91539008	2.21×10^{-2}
4	0.8	3.969082118	4.005973671	3.69×10^{-2}
5	1.0	5.378711625	5.436563657	5.79×10^{-2}

注:$y(t)=e^t(t+1)$.

10. 计算结果与第 9(1)题相同.

11. $y_{n+1}=\left(1-h+\dfrac{1}{2}h^2\right)y_n+\left(h-\dfrac{1}{2}h^2\right)t_n+h$, 能: $y_{n+1}=\left(1+ah+\dfrac{1}{2}a^2h^2\right)y_n+\left(\dfrac{ab}{2}h^2+bh\right)t_n+\left(\dfrac{ac+b}{2}\right)h^2+ch$.

12. 理由:梯形方法是一个二阶方法,它的局部离散误差为 $R_n=-\dfrac{h^3}{12}y'''(\xi_n)$.

13. 提示:利用 Hermite 插值公式(参见 4.5 节例 1 及习题 4 第 36 题),推导得局部离散误差为 $R_n=-\dfrac{h^4}{72}y^{(4)}(\xi_n)$.

14.

n	t_n	y_n
0	1	−2
1	1.5	−1.495408834
2	2.0	−1.330560411
3	2.5	−1.248046115
4	3.0	−1.198498525

15. $$\begin{cases} y_{i+1}=y_i+\dfrac{h}{6}\left[f(t_i)+4f\left(t_i+\dfrac{h}{2}\right)+f(t_i+h)\right], & i=0,1,\cdots,N-1,\\ y_0=y(t_0), \end{cases}$$

其中 $t_i=t_0+ih$, $h=\dfrac{T-t_0}{N}$, $i=0,1,\cdots,N$(N 为偶数).

在区间$[t_i,t_{i+1}]$上,有 $y_{i+1}-y_i=\dfrac{1}{3}\times\dfrac{h}{2}\left[f(t_i)+4f\left(t_i+\dfrac{h}{2}\right)+f(t_{i+1})\right]$,此式右端正是区间$[t_i,t_{i+1}]$上计算积分$\int_{t_i}^{t_{i+1}}f(t)\mathrm{d}t$ 的 Simpson 求积公式.

16. $y_{n+1}=y_n+\dfrac{h}{6}(K_1+2K_2+2K_3+K_4)$, $n=0,1,\cdots$,其中

$$K_1=f(y_n),\quad K_2=f\left(y_n+\frac{h}{2}K_1\right),$$

$$K_3=f\left(y_n+\frac{h}{2}K_2\right),\quad K_4=f(y_n+hK_3).$$

$$y(0.2)\simeq y_1=1.068537133,\quad y(0.4)\simeq y_2=1.128322.$$

17. $y(1)\simeq y_{10}=\left(\frac{3}{8}\right)^{10}$.

19. 提示：$\phi(t,y,h)=\frac{1}{1+y^2},\frac{\partial\phi}{\partial y}=\frac{-2y}{(1+y^2)^2}$，据 Lagrange 中值定理有

$$|\phi(t,y_1,h)-\phi(t,y_2,h)|=\left|\frac{-2\eta}{(1+\eta^2)^2}(y_1-y_2)\right|$$

$$\leqslant\left|\frac{2\eta}{(1+\eta^2)2\eta}\right||y_1-y_2|\leqslant 1\cdot|y_1-y_2|,$$

因此 $\phi(t,y,h)$对于 $0\leqslant t\leqslant 1, 0<h\leqslant h_0$ 以及一切实数. y 满足 Lipschitz 条件.

20. $(-\infty,0)\cup(2,+\infty)$.

21. $(-2,0),(-2,0)$.

22. $0<h<\frac{1}{5}$.

23. $0<h<2$.

24. 提示：$y_{n+1}=\left(1-h+\frac{1}{2}h^2-\frac{1}{6}h^3+\frac{1}{24}h^4\right)y_n+\left(h-\frac{1}{2}h^2+\frac{1}{6}h^3-\frac{1}{24}h^4\right)$，令 $\lambda=1-h+\frac{h^2}{2}-\frac{1}{6}h^3+\frac{1}{24}h^4,\mu=h-\frac{1}{2}h^2+\frac{1}{6}h^3-\frac{1}{24}h^4$，则 $\lambda=1-\mu$，于是

$$y_n=\lambda y_{n-1}+\mu=\lambda^n y_0+\mu(1+\lambda+\cdots+\lambda^{n-1})$$
$$=\lambda^n y_0+(1-\lambda^n).$$

$y(1)\simeq y_{10}=1.367879773$（$h=0.1$ 时 $\lambda=0.9048375$）.

25.

n	t_n	y_n
0	0	1
1	0.1	1.004837418
2	0.2	1.019111805
3	0.3	1.041489905
4	0.4	1.071219460
5	0.5	1.107610886
6	0.6	1.150030226
7	0.7	1.197906236
8	0.8	1.250721812
9	0.9	1.308008852
10	1.0	1.369343615

26.

n	t_n	y_n
0	0	0
1	0.1	0.09516250
2	0.2	0.18126910
3	0.3	0.25918158
4	0.4	0.32967690
5	0.5	0.39346436
6	0.6	0.45118144
7	0.7	0.50340647
8	0.8	0.55066172
9	0.9	0.59342028
10	1.0	0.63210994

27.

n	t_n	$y_n^{(0)}$	y_n
0	0		1
1	0.2		1.018733333
2	0.4	1.073113333	1.069548666
3	0.6	1.150557399	1.147538059
4	0.8	1.250231508	1.247761102
5	1.0	1.36186577	1.366166334

28.

n	t_n	y_n
0	1	−2
1	1.5	−1.49540883
2	2.0	−1.33056041
3	2.5	−1.24804611
4	3.0	−1.17988463

32. 提示:取 m 组初始值 $y(0)=1, y(1)=\cdots=y(m-1)=0$; $y(0)=0, y(1)=1, y(2)=\cdots=y(m-1)=0$; $\cdots$; $y(0)=y(1)=\cdots=y(m-2)=0, y(m-1)=1$ 分别得到的解 $y_1(n)$; $y_2(n)$; $\cdots$; $y_m(n)$线性无关.

33. 提示:设 $y_1(n),\cdots,y_m(n)$是差分方程(6.7)的线性无关解,则(6.7)的任一解 $y(n)$都可表示成 $y_1(n),\cdots,y_m(n)$的线性组合.

34. (1) $y(n)=C_1(-1)^n+C_2n(-1)^n+C_32^n$;

(2) $y(n)=C_1+C_2 2^n+C_3 n2^n$;

(3) $y(n)=C_1\cos n\theta+C_2\sin n\theta$.

35. $y(n)=C_1+C_2 n+\frac{1}{6}n^3$.

36. 提示:考虑差分方程 $y_{n+1}=(1+A)y_n+b$ 在初始条件 $y_0=\delta$ 下的解 y_n,证明 y_n 单调增加,再用归纳法证明 $u_n\leqslant y_n$.

37. 提示:令

$$u_n=\beta+\alpha h\sum_{j=0}^{n}|\varepsilon_j|,n=k-1,k,k+1,\cdots,$$

则有 $u_n-u_{n-1}=\alpha h|\varepsilon_n|\leqslant\alpha h u_{n-1}$,即有 $u_n\leqslant(1+\alpha h)u_{n-1}$,从而有

$$u_{n-1}\leqslant(1+\alpha h)u_{n-2}\leqslant(1+\alpha h)^{n-k}u_{k-1}\leqslant\rho^{\alpha(b-a)}u_{k-1}.$$

再由 $|\varepsilon_n|\leqslant u_{n-1}$ 可证得所需结论.

38. (1) 不收敛;(2) 不收敛;(3) 收敛;(4) 收敛.

40.

t_j	w_{1j}	w_{2j}
0.5	0.95671390	−1.08381950
1.0	1.30654440	−0.83295464

42. $\boldsymbol{y}_{j+1}=\boldsymbol{y}_j+\frac{h}{2}[\boldsymbol{f}(t_j,\boldsymbol{y}_j)+\boldsymbol{f}(t_{j+1},\boldsymbol{y}_j+h\boldsymbol{f}(t_j,\boldsymbol{y}_j))],j=0,1,\cdots,N-1$,

其中 $\boldsymbol{y}=\begin{bmatrix}y_1\\y_2\end{bmatrix},\boldsymbol{y}_j=\begin{bmatrix}y_{1j}\\y_{2j}\end{bmatrix},\boldsymbol{f}(t,\boldsymbol{y})=\begin{bmatrix}a_{11}y_1+a_{12}y_2\\a_{21}y_1+a_{22}y_2\end{bmatrix},\boldsymbol{y}_0=\begin{bmatrix}y_{10}\\y_{20}\end{bmatrix}$.

习题 11

1. $y_1=\frac{144}{205}$, $y_2=\frac{128}{205}$, $y_3=\frac{144}{205}$.

2. $y_1=-0.087748298$, $y_2=-0.085236392$.

3. 提示:应用 3.2 节定理 3. 这只要证明方程组(1.20)的系数矩阵满足优对角条件. 注意:由 $\left|\frac{h}{2}p_i\right|<1$ 可推得 $\left|-1-\frac{h}{2}p_i\right|+\left|-1+\frac{h}{2}p_i\right|=2$.

5. $y_1=-0.025261465,\cdots,y_5=-0.041902319,\cdots,y_9=-0.007894157$.

6. 提示:仿 8.4 节(4.16)和(4.17)式可建立矩阵 A 的顺序主子式 $D_r=\det(A_r)$ 满足三项递推关系式(二阶差分方程):$D_r=2D_{r-1}-D_{r-2}$,求此差分方程的解得 $D_r=1+r$.

习题 12

1. 提示:参见习题 4 第 11 题提示.

2. 提示:应用 Chebyshev 定理.

3. $(e-1)x+\frac{1}{2}[e-(e-1)\ln(e-1)]$.

4. $\frac{1}{4}+\frac{1}{2}\sqrt{2}-\frac{1}{2}x$.

5. 提示:使 $f(x_1)=m$, $f(x_2)=M$ 的点 $x_1,x_2(\in[a,b])$是 $f(x)-p(x)$的交错点组.

6. $p_3(x)=0.20183(x-0.38268)(x+0.38268)(x+0.92388)+0.23877(x-0.92388)(x+0.38268)(x+0.92388)+0.23877(x-0.92388)(x-0.38268)(x+0.92388)+0.20183(x-0.92388)(x-0.38268)(x+0.38268)$.

7. $p_2(x)=-0.2320x^2+1.3823x-1.1459$.

8. $0.00026+0.9870x+0.9953x^2+0.5521x^3+0.1792x^4$.

9. 提示:求 $p(x)$使 $\max\limits_{x\in[-1,1]}\left|\frac{1}{2}f(x)-\frac{1}{2}p(x)\right|=\min$,应用 5.7 节中 Chebyshev 多项式性质 (10). $p(x)=3x^3+x^2+\frac{3}{4}$.

10. $p(x)=\frac{4}{15}+\frac{4}{5}x$.

11. (1) $p_1(x)=-\frac{13}{5}+\frac{18}{5}x$;

(2) $p_1(x)=20\ln 2-\frac{29}{2}+(9-12\ln 2)x$.

12. (1) $p_2(x)=-\frac{3}{5}-\frac{12}{5}x+3x^2$; (2) $p_2(x)=-1.1430+1.3828x-0.2335x^2$.

13. (1) $\frac{3}{4},\frac{3}{4}+\frac{\sqrt{2}}{2}-\frac{1}{2}x$; (2) $\ln 2$, $28\ln 2-18+(12-18\ln 2)x$.

14. $\frac{2}{\pi}+\sum\limits_{j=1}^{\infty}\frac{4(-1)^{j-1}}{(2j-1)(2j+1)}T_j(x)$.

15. $1-\frac{\pi}{2}+\sum\limits_{j=1}^{\infty}\frac{2}{j^2\pi}((-1)^{j-1}+1)T_j(x)$.

16. 提示:$(\cos mx_j)^2=\frac{1}{2}(1+\cos 2mx_j)$.

参 考 文 献

[1] 南京大学数学系计算数学专业.数值逼近方法.北京:科学出版社.1978

[2] 南京大学数学系计算数学专业.线性代数计算方法.北京:科学出版社.1979

[3] 何旭初,苏煜城,包雪松.计算数学简明教程.北京:人民教育出版社.1980

[4] 李岳生,黄友谦.数值逼近.北京:人民教育出版社.1978

[5] 李荣华,冯果忱.微分方程数值解法.北京:人民教育出版社.1980

[6] 曹志浩,张玉德,李瑞遐.矩阵计算和方程求根.北京:人民教育出版社.1979

[7] 王德人编.非线性方程组解法与最优化方法.北京:人民教育出版社.1979

[8] Burden R L, Faires J D. Numerical Analysis (Seventh Edition). PWS, Boston. 2001

[9] Thomas King, J. 数值计算引论.林成森,颜起居,李明霞译. 南京:南京大学出版社.2000

[10] Young D M. Iterative Solution of Large Linear Systems. Academic Press. New York and London. 1971

[11] Ortega J M, Rheinboldt W C. 多元非线性方程组迭代解法.朱季纳译.北京:科学出版社.1983

[12] Golub G H, Van Loan C F. Matrix Computations. The Johns Hopkins University Press. Baltimore and London. 1989

[13] Wilkinson J H. 代数特征值问题.石钟慈,邓健新译.北京:科学出版社.1987

[14] Hageman L A, Young D M. 实用迭代法.蔡大用,施妙根译.北京:清华大学出版社.1984

[15] 蔡大用.数值代数.北京:清华大学出版社.1987

[16] 蒋尔雄.对称矩阵计算.上海:上海科学技术出版社.1984

[17] 孙继广.矩阵扰动分析.北京:科学出版社.1987

[18] 李庆扬,莫孜中,祁力群.非线性方程组的数值解法.北京:科学出版社.1987

[19] Henrici P. Discrete Variable Methods in Differential Equations. Wiley. New York. 1962

[20] Gear C W. Numerical Initial Value Problems in Ordinary Differential Equations. PrenticeHall, Englewood, NJ. 1971

[21] Lawson C L, Hanson R J. Solving Least Squares Problems. Prentice Hall. Englewood. Cliffs, NJ. 1974

[22] Rall L B. Nonlinear Functional Analysis and Applications. Academic Press. New York, London. 1971

[23] Rice J R. Numerical Methods, Software. and Analysis. New York. 1983

[24] 林成森,盛松柏.高等代数.南京:南京大学出版社.1993

[25] 李庆扬,王能超,易大义.数值分析.北京:清华大学出版社.2001